zeitreise 1

1. Auflage A 1 7 6 5 4 3 | 2012 2011 2010 2009 2008

Alle Drucke dieser Auflage sind unverändert und können im Unterricht nebeneinander verwendet werden. Die letzten Zahlen bezeichnen jeweils die Auflage und das Jahr des Druckes.

Internetadresse: www.klett.de

Autoren: Sven Christoffer, Kerstin Grimm, Helmut Heimbach, Arno Höfer, Uwe Jabs, Klaus Leinen, Dr. Peter Offergeld, Jörg Schelle, Hans Steidle, Klaus Wilmes, Dirk Zorbach
Redaktion: Dr. Birgit Scholz, Berlin

Gesamtgestaltung: Kassler-Design, Leipzig
Piktogramme: Erhard Müller, Leipzig und Kassler-Design, Leipzig
Kartographien: Kartographisches Büro Borleis & Weis, Leipzig
Grafiken: Rudolf Hungreder, Leinfelden; Kassler-Design, Leipzig; Lutz Erich Müller, Leipzig; Sandy Schygulla, Leipzig
Reproduktionen: Meyle + Müller, Medien-Management, Pforzheim
Herstellung: Josephin Müller
Druck: Firmengruppe APPL, aprinta druck, Wemding

Printed in Germany
ISBN 978-3-12-425010-0

9 783124 250100

zeitreise 1

Sven Christoffer
Kerstin Grimm
Helmut Heimbach
Arno Höfer
Uwe Jabs
Klaus Leinen
Peter Offergeld
Jörg Schelle
Hans Steidle
Klaus Wilmes
Dirk Zorbach

Ernst Klett Verlag
Stuttgart · Leipzig

Inhalt

Die Welt der Griechen 70

Den Römern auf der Spur 94

Leben im Mittelalter 140

Aufbruch in eine neue Zeit 196

Europa im Glauben gespalten 224

Europa im Zeitalter absolutistischer Herrscher 248

So arbeitest du mit diesem Buch

Dieses Buch hat neun Themeneinheiten. Jede beginnt mit einer Auftaktdoppelseite. Ein Bild und ein kurzer Text sagen dir, was dich in dieser Themeneinheit erwartet. Die große Karte hilft dir, dich in den Ländern und Kontinenten, um die es gehen wird, zurechtzufinden. Auf dem Zeitstrahl siehst du, durch wie viele Jahre oder Jahrhunderte du in dieser Themeneinheit „reisen" wirst.

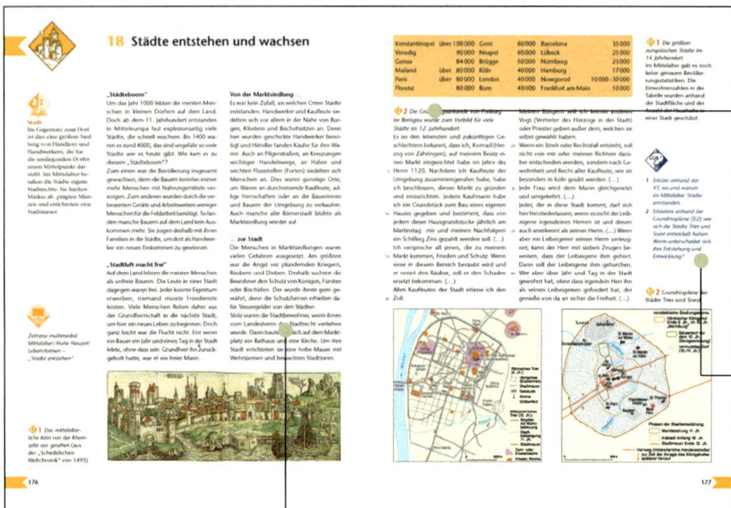

Zum anderen erhältst du verschiedene Materialien zum Thema: Abbildungen von Funden aus vergangenen Zeiten, Fotos und Zeichnungen, dazu Texte aus früheren Zeiten oder auch Berichte von heutigen Forschern. Fragen und Anregungen helfen dir, die Texte und Materialien zu erschließen.

Jede Themeneinheit ist in mehrere Kapitel eingeteilt, jedes Kapitel steht auf einer Doppelseite. Auf diesen Doppelseiten findest du zum einen Verfassertexte (VT), die unsere Autorinnen und Autoren für das Buch geschrieben haben.

In jeder Themeneinheit gibt es auch eine Projektseite. Auf diesen Seiten bekommen du und deine Klasse verschiedene Anregungen für Projekte, die ihr selber durchführen könnt.

Wenn du eine solche farbige Seite aufschlägst, weißt du sofort: Hier wird eine Methode vorgestellt, die dir beim Lernen in Geschichte hilft. Auf diesen Seiten übst du beispielsweise Bilder genau zu betrachten, mit Statistiken umzugehen oder alte Lieder zu verstehen.

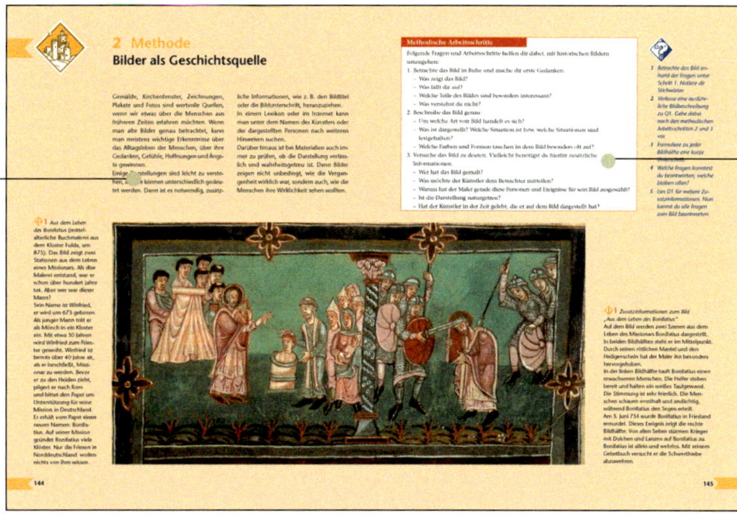

In dem Kasten mit dem roten Rahmen stehen die methodischen Arbeitsschritte, auf die es bei dieser Methode ankommt. Du findest alle Methoden noch einmal gesammelt am Ende des Buches im Methodenglossar.

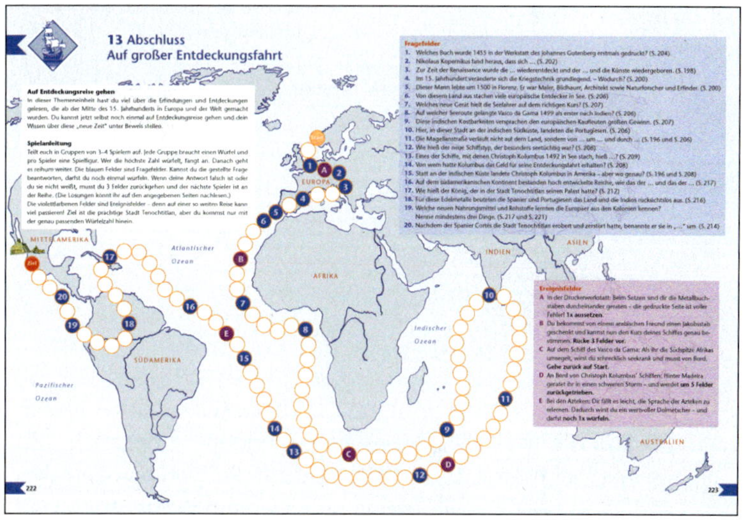

Auf der letzten Doppelseite einer Themeneinheit gibt es ein Spiel, Quiz oder Rätsel, wo es noch einmal um die wichtigsten Dinge aus den Kapiteln geht. Die Lösungen sind kein Problem – entweder weißt du die Antworten sowieso noch oder du schlägst einfach in den Kapiteln nach.

Kleine Symbole helfen dir, dich in den Kapiteln zurechtzufinden:

Jede Themeneinheit hat ihr eigenes Bild. Du findest es auf jeder Doppelseite links oben in der Ecke.

Hier findest du Vorschläge für Projekte, Lesetipps und Adressen von Informationsstellen.

Wichtige geschichtliche Begriffe oder auch schwierige Wörter werden in einem kleinen Lexikon erklärt.

Du kannst für das Fach Geschichte auch den Computer nutzen. Entweder kannst du dich an dieser Stelle mit einem Modul auf der Software „Zeitreise multimedial" beschäftigen. Oder du findest an dieser Stelle einen Hinweis auf interessante Links oder auch auf die Zeitreise-Website http//:www.klett-verlag.de/geschichte/zeitreise-extra. Hier halten wir weitere Materialien für euren Unterricht bereit.

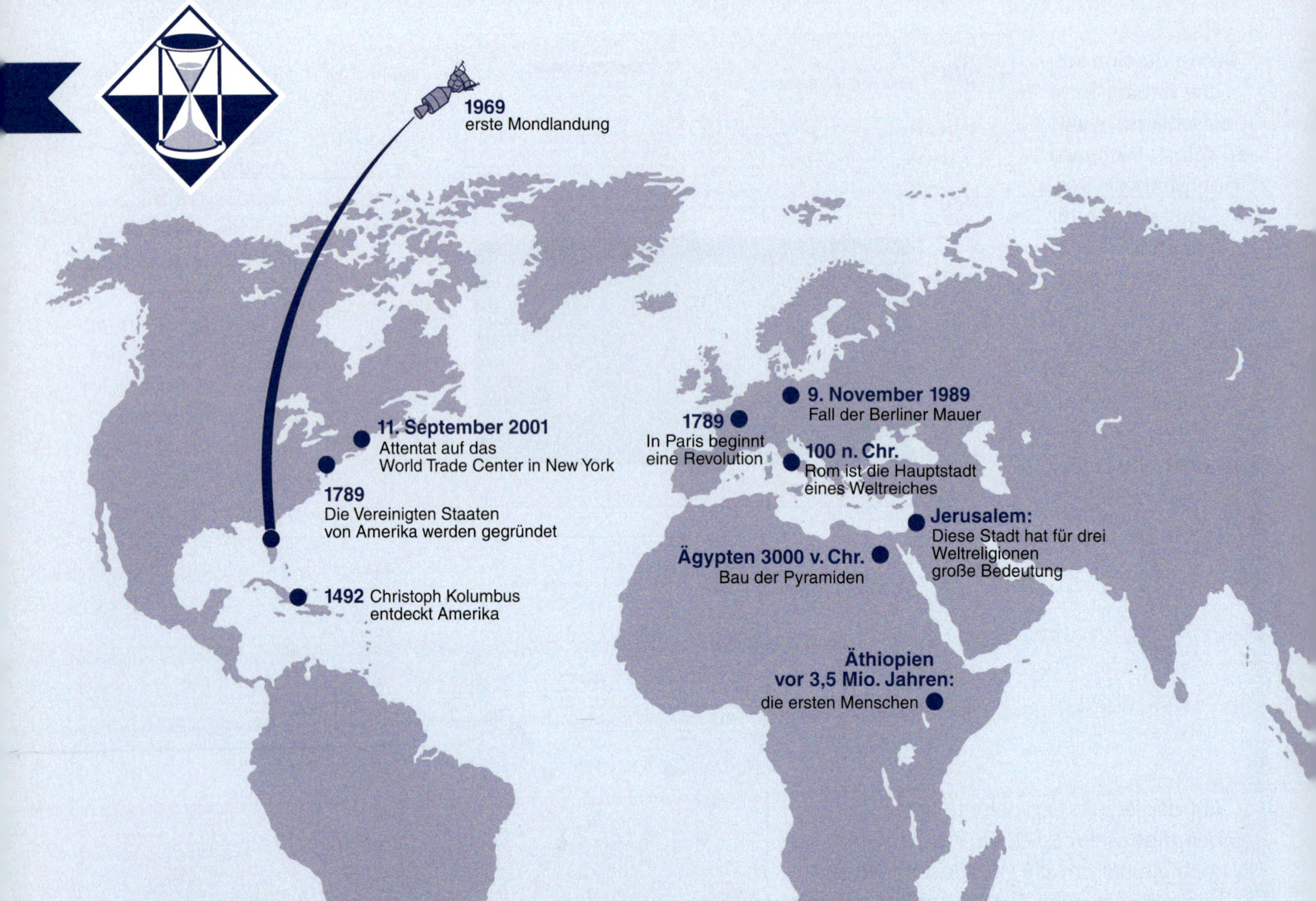

Diese Sätze kennst du bestimmt: „Ich habe keine Zeit“, „die Zeit verging wie im Flug“, „Zeit heilt alle Wunden“. Oder auch: „Zu meiner Zeit hättest du das nicht gedurft. Früher war eben alles anders als heute.“ Zeit, früher, heute – diese Wörter benutzen wir ständig. Auch das Fach Geschichte beschäftigt sich damit. Geschichtsforscher fragen, wie die Menschen in früheren Zeiten gelebt haben. Wie hat sich die Welt im Laufe der Zeit verändert? Warum sieht unser Leben heute so aus, wie wir es kennen? Und du – was würdest du gerne herausfinden, wenn du durch die Zeit reisen könntest?

Vor 500 000 – 400 000 Jahren	Vor ca. 5000 Jahren	Vor ca. 5000 – 3500 Jahren	1 n. Chr. Christi Geburt
Die Menschen lernen Feuer zu machen.	Die Menschen erfinden das Rad.	In Ägypten, Mesopotamien, China und Indien werden die ersten Schriften entwickelt.	Unsere Zeitrechnung beginnt.

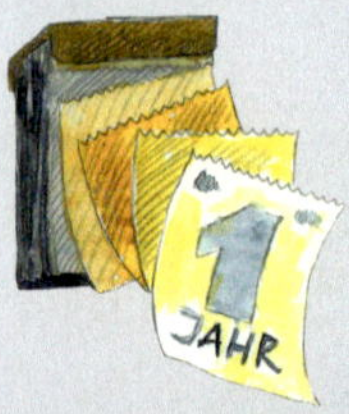

Eine Reise durch die Zeit

Viele Menschen hätten gerne eine Zeitmaschine.
Dieses Modell stammt aus dem Jahr 2002, und zwar aus dem Kinofilm „Time Machine".

um 1450	1825	1885/1886	1946
Johannes Gutenberg erfindet den Buchdruck.	In England fährt die erste Eisenbahn.	Carl Friedrich Benz und Gottlieb Daimler bauen die ersten Automobile.	Die ersten Computer werden eingesetzt.

1 Wie alt ist die Erde?

Geschichte(n) vom Anfang

Dass die Erde keine Scheibe ist, weiß heute jeder. Doch wie alt unser Erdball ist, können wir uns nur schwer vorstellen. Schon immer haben Menschen darüber nachgedacht, wie die Welt entstanden ist und wie alt sie ist. Völker aller Kontinente erzählen sich darüber Geschichten. Auch die Schöpfungsgeschichte in der Bibel erzählt, wie Himmel und Erde, Tiere und Menschen geschaffen wurden.

Um 1640 versuchte ein bibelkundiger Mann aus Irland das Erdalter genau zu berechnen. Er kam zu dem Schluss, dass Gott die Schöpfung der Welt am Sonntag, dem 23. Oktober 4004 vor der Geburt Christi, um 8:00 Uhr morgens abgeschlossen hat.

Eine Zahl mit neun Nullen

Im Laufe der Zeit haben Wissenschaftler herausgefunden, dass unsere Erde fast fünf Milliarden Jahre alt sein muss. Das ist eine Zahl mit neun Nullen – unvorstellbar! In diesen fünf Milliarden Jahren haben sich Kontinente verschoben, Gebirge sind ins Meer geschwemmt worden, Pflanzen, Wälder und Lebewesen sind entstanden und wieder vergangen.

D 1 *In dieser Erdzeituhr* hat ein Zeichner dargestellt, wie alt die Erde und das Leben darauf ist.

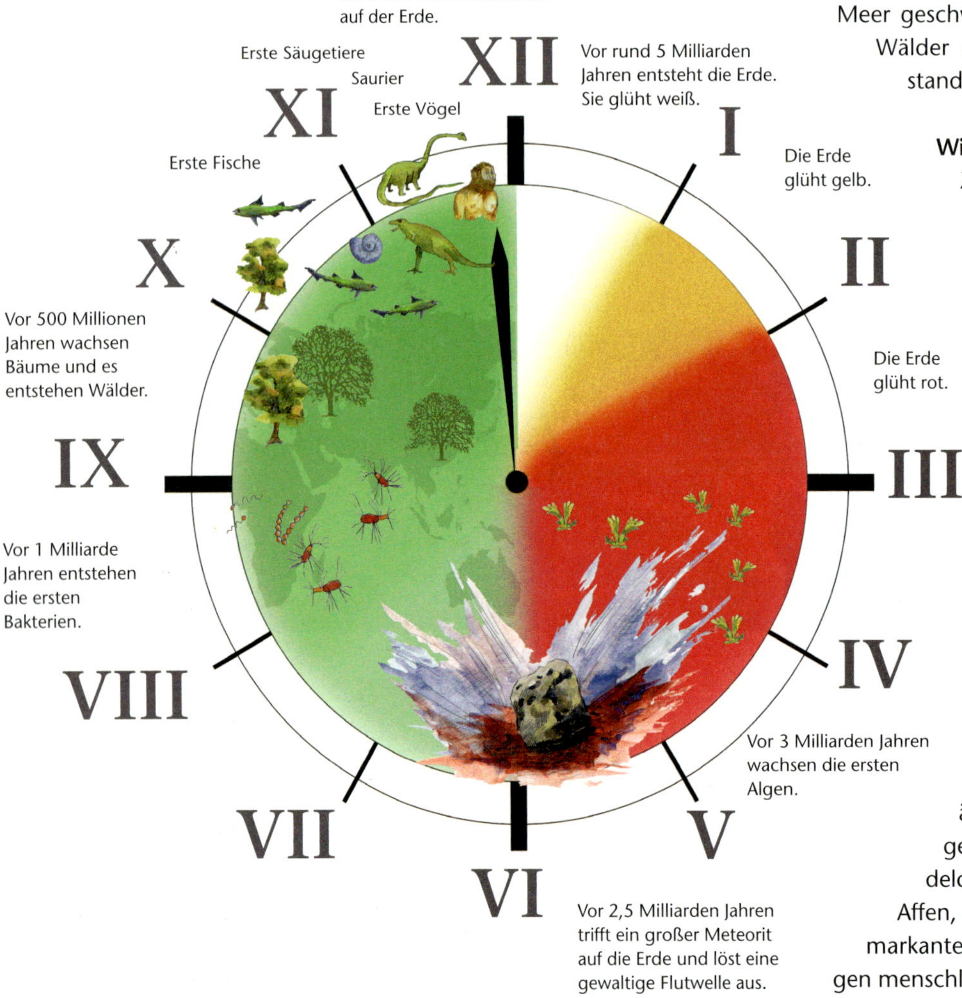

Wie alt ist der Mensch?

Zu allen Zeiten und in allen Ländern haben Forscher versucht herauszufinden, wann und wie die ersten Menschen auf der Erde gelebt haben. Eine kleine Sensation konnten wir im Juli 2002 verfolgen: Bei Ausgrabungen in Äthiopien wurden Schädelknochen und Zähne von Menschen gefunden, die vor fast 5 Millionen Jahren gelebt haben. Der Schädel hat eine seltsame Mischung aus menschen- und affenähnlichen Merkmalen, sagen die Forscher. Das Schädeldach gleiche eher dem von Affen, die kleinen Zähne und die markanten Augenbrauenwülste zeigen menschliche Züge.

1 *Eine Schöpfungserzählung aus Afrika:*

Moari (Gott) machte sich einen Menschen, der hieß Mwuetsi (Mond). Die Erde war damals ganz kahl und leer. Es gab keine Gräser. Es gab keine Büsche. Es gab keine Tiere. Moari gab Mwuetsi ein Mädchen, das hieß Massassi (Morgenstern). Mwuetsi ging abends mit Massassi in eine Höhle. Als Mwuetsi gegen Morgen aus dem Schlaf erwachte, blickte er zu Massassi hinüber. Da sah Mwuetsi, dass Massassis Leib geschwollen war. Als es Tag war, begann Massassi zu gebären. Massassi gebar Büsche. Massassi gebar Bäume. Massassi hörte nicht auf mit Gebären, bis die Erde mit Gräsern, Büschen und Bäumen bedeckt war. Als es am anderen Tage gegen Morgen war, erwachte Mwuetsi. Mwuetsi sah, dass der Leib Morongos (seiner zweiten Frau) geschwollen war. Als der Tag anbrach, begann Morongo zu gebären. Morongo gebar am ersten Tag Hühner, Schafe und Ziegen. Am andern Tag gebar Morongo Antilopen und Rinder. Am vierten Tag gebar Morongo erst Knaben und dann Mädchen.

2 *Eine alte griechische Schöpfungserzählung:*

Himmel und Erde waren geschaffen. Das Meer wogte in seinen Ufern. In seinen Wassern spielten die Fische, die Luft war erfüllt von Vogelgesang und der Erdboden trug zahllose Tiere. (…)
Da betrat Prometheus die Erde. Er entstammte dem alten Göttergeschlecht, das Zeus entthront hatte, und war ein Enkel von Uranos. (…) Prometheus (…) formte aus Ton eine Gestalt, ein Ebenbild der Götter, das er zum Herrn der Erde machen wollte. Um das Geschöpf zu beleben, entnahm er aus zahlreichen Tierseelen gute und böse Eigenschaften und schloss sie in die Brust seines Geschöpfes ein. Pallas Athene, die Göttin der Weisheit, bewunderte sein Werk. Sie hauchte dem halb beseelten Gebilde ihren göttlichen Atem ein und gab ihm den Geist. So entstanden die ersten Menschen.

4 *Dieses Bild aus der Lutherbibel* zeigt, wie Gott die Welt schuf.

3 *Zwei Schöpfungserzählungen der Indianer:*

a) Wie das Universum entstand

Ein listiger Rabe stahl den Indianern das Licht und verwandelte sich dann in Staub. Die Tochter des großen Herrschers des Universums verschluckte den Staub und wurde davon schwanger. Einige Jahre später ließ der große Herrscher seinen Enkel mit Säcken spielen. Es war das Kind, das seine Tochter von dem verschluckten Staub bekommen hatte. Das Universum war in den Säcken verpackt. Die Säcke hingen in dem Haus des großen Herrschers. Der Enkel öffnete den Sack mit der Sonne, dem Mond und den Sternen und schüttete ihn aus; danach verwandelte er sich in einen Raben und schenkte den Indianern die Sonne.

b) Wie die Menschen geschaffen wurden

Die Tochter des großen Geistes lebte mit ihrem Vater über der Erde und den Wolken. Eines Tages wurde sie neugierig, sie wollte wissen, was sich unter der Wolkendecke befinden könnte, und schaute durch ein Loch in den Wolken. Sie fiel durch das Loch und landete auf dem Rücken einer Schildkröte. Darauf baute sie Menschen und Früchte aus Schlamm.

TIPP

Noch mehr Erzählungen über die griechischen Götter zum Weiterlesen: Die schönsten Sagen der Griechen (Günther Sachse, Omnibus Verlag, 1998).

1. *Erzähle die Schöpfungsgeschichte aus der Bibel nach.*
2. *Vergleiche die verschiedenen Schöpfungserzählungen miteinander. Was ist ähnlich, wo gibt es Unterschiede?*

2 Methode
Einen Stammbaum erstellen

75 Jahre 12 Jahre

D 1 *Generationen einer Familie*

Ein Blick ins Telefonbuch einer Großstadt macht schnell deutlich: Hier leben Leute ganz unterschiedlicher Herkunft in einem Ort zusammen. Einige Namen klingen typisch deutsch, andere italienisch, türkisch, russisch oder polnisch. Sofort stellen wir uns viele Fragen: Woher kommen diese Menschen? Wie lange leben sie schon hier und warum haben sie ihre alte Heimat verlassen?
Die Antworten auf diese Fragen wären wahrscheinlich genauso bunt und vielfältig wie die Namenseinträge im Telefonbuch, denn jeder Mensch und seine Familie haben eine eigene Geschichte.
Wenn du deine Familiengeschichte erforschst, erfährst du viel über deine Vergangenheit und deine Vorfahren, z. B. woher deine Familie stammt, wie deine Vorfahren gelebt, wann sie geheiratet und welche Berufe sie ergriffen haben. Um die Geschichte deiner Familie zu ordnen, kannst du die Familienmitglieder nach Generationen einteilen.

Generation
Das Wort stammt aus der lateinischen Sprache und bedeutet so viel wie Altersstufe. Die ungefähr gleichaltrigen Mitglieder einer Familie bilden zusammen eine Generation. Ihre Kinder leben auf der nächsten Altersstufe und gehören deshalb zu einer anderen Generation.

Q 1 *Hochzeiten sind wichtige Ereignisse in der Geschichte einer Familie.* Bei dieser Hochzeit haben vier Generationen einer Oberhausener Familie miteinander gefeiert. Kannst du erkennen, welche Personen zur jungen, mittleren, älteren und der ältesten Generation gehören?

D 2 *So könnte dein Familienstammbaum aussehen. Vier Generationen haben darin Platz – das entspricht einem Zeitraum von rund 100 Jahren!*

Beispiel:

Methodische Arbeitsschritte

1. Zeichne auf einem DIN-A3-Blatt deinen Familienstammbaum. Orientiere dich dabei an der Vorlage D2. (Ganz vorne im Buch findest du auch eine Vorlage zum Kopieren.) Das oberste Feld ist für dich selbst, die zwei Felder darunter sind für deine Eltern gedacht.
2. Sammle folgende Angaben von jedem Familienmitglied: den Vor- und Nachnamen, das Geburts- (*) und gegebenenfalls das Todesdatum (†), den Geburtsort, die Kinderzahl und den Beruf. Die Daten kannst du erfragen oder im Familienbuch nachschlagen.
3. Trage die Angaben in die einzelnen Felder ein. Der Stammbaum wird für den Betrachter noch interessanter, wenn du Fotos deiner Verwandten oder andere Erinnerungsstücke neben das entsprechende Feld klebst.

1 Hänge deinen Familienstammbaum im Klassenraum auf und stelle ihn deinen Mitschülerinnen und Mitschülern vor.

2 Vergleicht die erstellten Familienstammbäume miteinander: Wie haben sich das Lebensalter, die Anzahl der Kinder, die Berufe und die Vornamen im Laufe der Jahre verändert?

3 Woher wir wissen, was früher war

Quellen
So werden alle Texte und Gegenstände genannt, die aus vergangenen Zeiten übrig geblieben oder überliefert sind. Wir unterscheiden mündliche und schriftliche Quellen, Bild- und Tonquellen sowie Überreste. Quellen, die in diesem Buch abgedruckt sind, sind mit einem Q gekennzeichnet.

Darstellungen
Das, was man über die Vergangenheit herausgefunden hat, kann auf verschiedene Art und Weise dargestellt werden: in Büchern, Zeitungsartikeln, Karten, Filmen, Schaubildern oder Tabellen. Solche Darstellungen erkennst du in diesem Buch an einem D.

Historiker
Das Wort „historia" stammt aus der lateinischen Sprache und bedeutet so viel wie Geschichte. Historiker sind also Wissenschaftler, die sich mit Geschichte befassen.

Quellen erzählen aus der Vergangenheit

Alles, was aus der Vergangenheit übrig geblieben ist, nennen wir „Quellen". Denn wie ein Fluss aus einer Quelle entspringt, so kommt auch unser Wissen über die Geschichte aus „Quellen". Das können sehr unterschiedliche Dinge sein: alte Fotografien und Gemälde, Briefe und Tagebücher, aber auch Burgen, Kirchen und Ruinen. Wer etwas über die Vergangenheit herausfinden will, ist auf Quellen angewiesen. Aber wie finden wir solche Quellen und wie gehen wir mit ihnen um?

Steine zum Sprechen bringen

Immer wieder werden im Boden Überreste aus der Vergangenheit gefunden: alte Mauersteine, Holzstücke, Tonscherben oder auch Knochen und Stofffetzen. Dann werden Archäologen gerufen. Ihr Beruf ist es, gezielt nach Bodenfunden zu suchen, sie auszugraben, zu vermessen und zu beschreiben. Mit wissenschaftlichen Methoden finden Archäologen auch heraus, wie alt die Funde sind und woher sie stammen. Außerdem vergleichen sie die Funde mit anderen Entdeckungen und berichten in wissenschaftlichen Zeitschriften darüber. Letztlich sorgen sie dafür, dass die Gegenstände erhalten und restauriert werden, um sie in Museen auszustellen.

1 *Eine Archäologin* findet ein fast 5000 Jahre altes Wagenrad.

In Quellen lesen

Historiker dagegen graben nicht im Boden, sondern sie spüren der Vergangenheit in Archiven, Bibliotheken oder auch an anderen Orten nach. Ihr Beruf ist zum einen, schriftliche Quellen zu entziffern, zu ordnen und zu bewerten. Zum anderen „lesen" Historiker auch in Bildquellen und Überresten und finden so weitere Dinge über die Vergangenheit heraus. Dabei arbeiten sie fast wie Detektive. Denn Historiker müssen aus unterschiedlichen Quellen so viele Informationen wie möglich sammeln und sorgfältig prüfen.

Alles, was Historikerinnen und Historiker über die Geschichte herausbekommen haben, fassen sie am Ende zusammen und veröffentlichen es in Büchern, Ausstellungen, Museen oder Filmen.

2 *Nachbau eines Wagens,* wie er vermutlich vor 5000 Jahren ausgesehen hat, wird hier von Schülern erprobt.

3 *Ausschnitt aus einem erhaltenen Wandmosaik* in einem Haus in Pompeji

4 *Haus in Pompeji* (Computerrekonstruktion von 1997)

5 *Pompeji war eine Stadt in Italien, die 79 n. Chr. durch einen Vulkanausbruch verschüttet wurde. Über diese Stadt schrieb ein Historiker im Jahr 2001:*

Als Pompeji am 24. August 79 n. Chr. unter vulkanischer Asche und Schlammlawinen verschüttet wurde, blickte die Stadt bereits auf eine mehrere Jahrhunderte währende Geschichte zurück. Verkehrstechnisch äußerst günstig in der Nähe der Küste und des Flusses Sarno auf einem Plateau gelegen, entwickelte sich die Siedlung (...) rasch zu einem bedeutenden regionalen Zentrum am Golf von Neapel (...). Seine wohl größte Blüte erlebte Pompeji im 2. Jh. v. Chr., als Landwirtschaft und Handel viel Geld in die Stadt brachten, mit dem der Bau prächtiger Wohnhäuser, Straßen und öffentlicher Gebäude finanziert wurde. (...) Einen deutlichen Einschnitt markiert das Erdbeben von 62 n. Chr., das (...) schwere Zerstörungen hinterließ. Trotz des (...) rasch vorangetriebenen Wiederaufbaus herrschte in Pompeji noch kein Normalzustand, als die Stadt siebzehn Jahre später ihr jähes Ende nahm.

6 *Ein altes Schulzeugnis aus dem Jahr 1918*

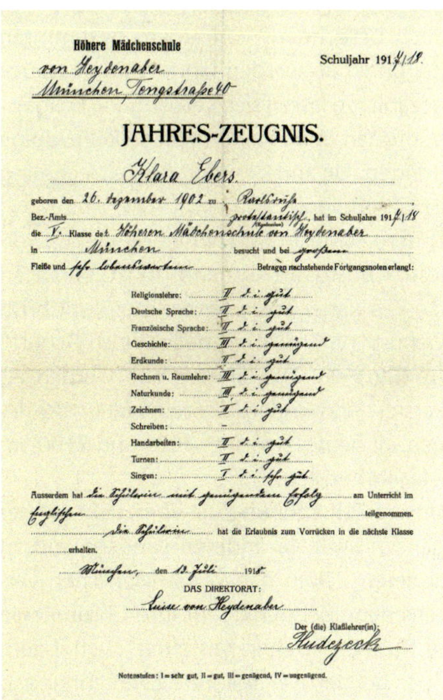

Höhere Mädchenschule
von Heydenaber
München, Tengstraße 40

Schuljahr 1917/18

JAHRES-ZEUGNIS.

Klara Ebers

geboren den 26. Dezember 1902 zu Karlsruhe
Bez.-Amts ... protestantisch, hat im Schuljahre 1917/18
die V. Klasse der Höheren Mädchenschule von Heydenaber
in München besucht und bei großem
Fleiße und sehr lobenswertem Betragen nachstehende Fortgangsnoten erlangt:

Religionslehre: II d. i. gut
Deutsche Sprache: II d. i. gut
Französische Sprache: II d. i. gut
Geschichte: III d. i. genügend
Erdkunde: II d. i. gut
Rechnen u. Raumlehre: III d. i. genügend
Naturkunde: III d. i. genügend
Zeichnen: II d. i. gut
Schreiben: –
Handarbeiten: II d. i. gut
Turnen: II d. i. gut
Singen: I d. i. sehr gut

Ausserdem hat die Schülerin mit genügendem Erfolg am Unterricht im Englischen teilgenommen.
Die Schülerin hat die Erlaubnis zum Vorrücken in die nächste Klasse erhalten.

München, den 13. Juli 1918.

DAS DIREKTORAT:
Luise von Heydenaber

Der (die) Klaßlehrer(in):
Hudeczek

Notenstufen: I = sehr gut, II = gut, III = genügend, IV = ungenügend.

Nr. 109 k. Verlag von J. Maiß, München, Herrnstr. 8.

1 *Stell dir vor, du könntest einer Archäologin oder einem Historiker einen Tag lang bei der Arbeit helfen. Für welchen Bereich würdest du dich entscheiden? Begründe deine Meinung.*

2 *Erkläre den Unterschied zwischen „Quelle" und „Darstellung". Untersuche dann die Abbildungen und Texte auf dieser Seite und entscheide, welche du mit einem Q und welche du mit einem D kennzeichnest.*

7 *Übersicht* über die verschiedenen Quellenarten

Textquellen	Bildquellen	Überreste
Akten	Fotos	Bauwerke
Briefe	Gemälde	Gräber
Gesetzestexte	Höhlenmalereien	Kleidungsstücke
Inschriften	Karikaturen	Möbel
Memoiren	Mosaike	Schmuck
Tagebücher		Statuen
Urkunden		Waffen
Verträge		Werkzeuge
Zeitungen		

4 Vergangenheit, Gegenwart, Zukunft

1 *Wie die Zeit „läuft“,* sieht man in einer Sanduhr besonders deutlich.

Zeit – ein unsichtbarer Begleiter
Sie ist unsichtbar und doch umgibt sie uns überall. Wir können sie nicht anfassen, trotzdem wissen wir, dass sie da ist. Eine Uhr können wir anhalten, vor- oder zurückstellen. Aber es ist umöglich, die Zeit anzuhalten.

Was hat die Vergangenheit mit der Zukunft zu tun?
Kannst du dich noch an deine Einschulung erinnern? Dieser wichtige Tag gehört zur Vergangenheit, so wie alle anderen Ereignisse, die bereits hinter dir liegen. In diesem Moment liest du in deinem neuen Geschichtsbuch. Das ist die Gegenwart. Und wenn du dir in deiner Fantasie ausmalst, wie dein Leben in 20 Jahren aussehen könnte, dann denkst du über die Zukunft nach.
Im Fach Geschichte wirst du dich vor allem mit Ereignissen in der Vergangenheit beschäftigen. Außerdem erfährst du, wie sich diese Ereignisse auf die heutige Zeit ausgewirkt haben. So wirst du merken, dass du einiges in der Gegenwart besser verstehst, wenn du die Vergangenheit kennst.

Zeit lässt sich messen
Schon sehr früh haben die Menschen die Natur beobachtet und dabei gelernt die Zeit zu messen und einzuteilen: In einem Jahr läuft die Erde einmal um die Sonne. Der Mond braucht rund 30 Tage um einmal die Erde zu umkreisen. Und die Erde dreht sich innerhalb eines Tages einmal um ihre eigene Achse. Als die Menschen dies erkannten, erstellten sie die ersten Kalender.
Später erfanden die Menschen verschiedene Uhren, mit denen sich der Tag in Stunden einteilen ließ. So gab es Sonnenuhren, Stundenkerzen oder besondere Gefäße, durch die Wasser oder Sand liefen.
Ganz genau konnte dann die Zeit gemessen werden, als vor rund 700 Jahren die Räderuhr erfunden wurde: Sie zählte sogar die Minuten und brauchte weder Sonne noch Wasser um zu funktionieren.

In der Zeit rechnen?
Wir können Zeit nicht nur messen, sondern auch berechnen. Von einem bestimmten Zeitpunkt an werden Jahre vor und zurück gezählt. So lassen sich vergangene Ereignisse ordnen und in eine zeitliche Reihenfolge bringen. Ein anderes Wort für Zeitrechnung ist Chronologie.
Unsere Zeitrechnung nimmt die Geburt von Jesus Christus als Ausgangspunkt. Wir teilen die Zeit daher in die Abschnitte „vor Christi Geburt“ (v. Chr.) und „nach Christi Geburt“ (n. Chr.) ein. Die Jahre 1–100 werden als „erstes Jahrhundert“ bezeichnet – also leben wir heute, zwischen 2001 und 2100, im 21. Jahrhundert.
Unsere Zeitrechnung gilt aber nicht auf der ganzen Welt. In anderen Ländern und zu anderen Zeiten haben die Menschen verschiedene Zeitpunkte für ihre Chronologie festgesetzt. Daher bestehen auch heute noch auf der Welt mehrere Zeitrechnungen nebeneinander.

A-Z

Chronologie
(von griech. chronos = Zeit)
Die Chronologie (Zeitrechnung) ordnet die Vergangenheit durch eine Jahreszählung. Die meisten Zeitrechnungen zählen die Jahre von einem bestimmten Ereignis aus vor und zurück. Chronos war in der Antike der Gott der Zeit.

2 *Mechanische Taschenuhr,*
um 1510 von dem Nürnberger Uhrmacher Peter Henlein angefertigt

Wie funktionierten ägyptische Uhren? Probiert einmal aus, wie mit der abgebildeten Auslaufuhr die Zeit gemessen wurde: www.klett.de/geschichte/zeitreise-extra

3 *Ägyptische Auslaufuhr,*
ca. 3500 Jahre alt

4 *Arabische Sonnenuhr*
aus dem 6. Jahrhundert v. Chr.

1 *Unterschiedliche Zeitrechnungen*

Kultur	***Ausgangspunkt für die Zeitrechnung***	***Ereignis***
jüdisch	3761 v. Chr.	Erschaffung der Welt
griechisch	776 v. Chr.	erste Olympische Spiele
römisch	753 v. Chr.	Gründung der Stadt Rom
christlich	1 n. Chr.	Geburt Jesu Christi
islamisch	622 n. Chr.	Mohammeds Flucht nach Medina

1 *Beschreibe, wie die hier abgebildeten Uhren funktionierten. Welche ist die älteste Uhr, welche die „jüngste"?*
2 *Rechne das Alter eines Menschen aus, der von 23 v. Chr. bis 19 n. Chr. gelebt hat. Aber Vorsicht: Das Jahr Null gibt es nicht!*
3 *In welchem Jahr lebst du heute nach der jüdischen Zeitrechnung?*
4 *Ordne die Begriffe „Vergangenheit", „Gegenwart" und „Zukunft" den verschiedenen Teilen der Sanduhr zu.*

5 Eine Reise auf dem Zeitstrahl

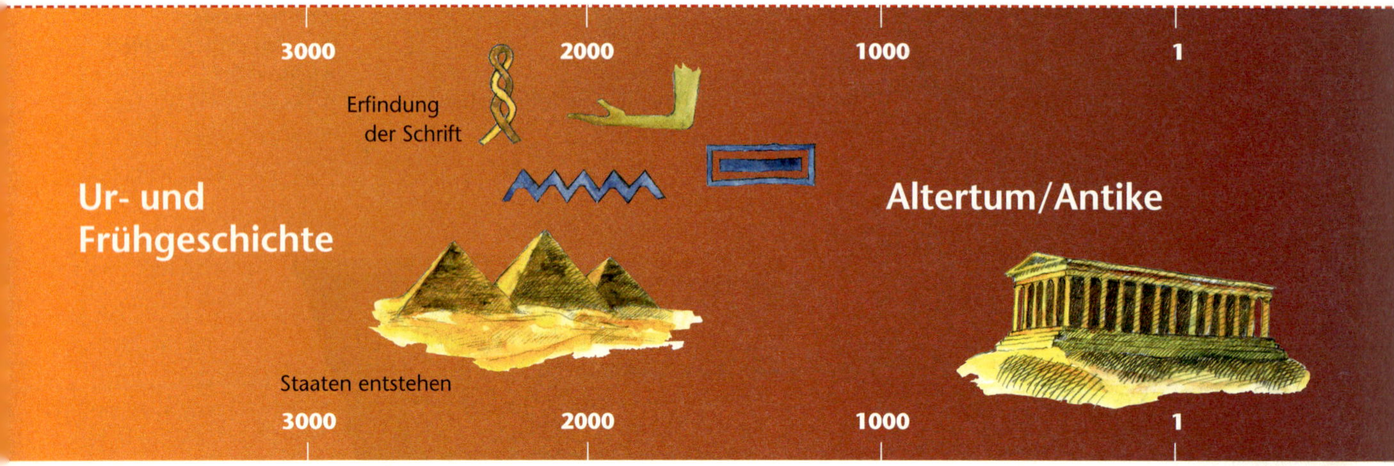

D 1 *Zeitstrahl der Menschheitsgeschichte*

Den Überblick behalten
In der Geschichte der Menschheit kommen zahlreiche Personen, Orte und Ereignisse vor. Um sich einen besseren Überblick zu verschaffen, haben Historiker die Geschichte in mehrere große Abschnitte unterteilt. Diese Zeitabschnitte nennt man Epochen. Die Epochen unserer Geschichte sind oben in dem Zeitstrahl abgebildet: Die Ur- und Frühgeschichte steht am Anfang. Darauf folgen das Altertum und das Mittelalter. An das Mittelalter schließt sich die Neuzeit an, in der wir noch heute leben.

Wann endet eine Epoche?
Immer wieder gab es Ereignisse, die den Verlauf der Geschichte stark beeinflusst haben. Manche Entwicklungen waren so gewaltig, dass sie eine Epoche beendeten und eine neue einläuteten. So endet die Ur- und Frühgeschichte um 3000 v. Chr., als die ersten Staaten entstehen und die Menschen die Schrift erfinden. Damit beginnt das Altertum, das die Zeit der Frühen Hochkulturen und der Griechen und Römer umfasst. Das Altertum endet, als sich die Völker in Europa neue Länder suchen und das Römische Reich um 500 n. Chr. zerfällt. Es folgt das Mittelalter, das bis ungefähr 1500 n. Chr. reicht. Der Umbruch zur Neuzeit geschieht gleich durch mehrere Entwicklungen: Johannes Gutenberg erfindet den Buchdruck, Christoph Kolumbus entdeckt Amerika und in Deutschland löst Martin Luther die Reformation aus.

Alles klar?
Um sich zu orientieren, ist es sehr nützlich, die Geschichte in Epochen einzuteilen. Allerdings gelten diese Abschnitte nur für Europa. In anderen Erdteilen ist die Geschichte anders verlaufen, da sich dort andere Ereignisse abgespielt haben. Deshalb unterscheiden die Menschen dort auch andere Zeitabschnitte.
Auch dürfen wir die Anfangs- und Enddaten der Epochen nicht zu starr sehen. Es haben immer mehrere Ereignisse dazu beigetragen, dass sich etwas in der Geschichte besonders stark verändert hat. Daher ist es schwierig zu sagen, wann genau eine Epoche endet und die nächste beginnt. Sogar Historikerinnen und Historiker sind sich darüber nicht immer einig.

Epoche
Das griechische Wort meint den Zeitpunkt eines wichtigen Ereignisses und den Zeitabschnitt, der auf dieses Ereignis folgt.

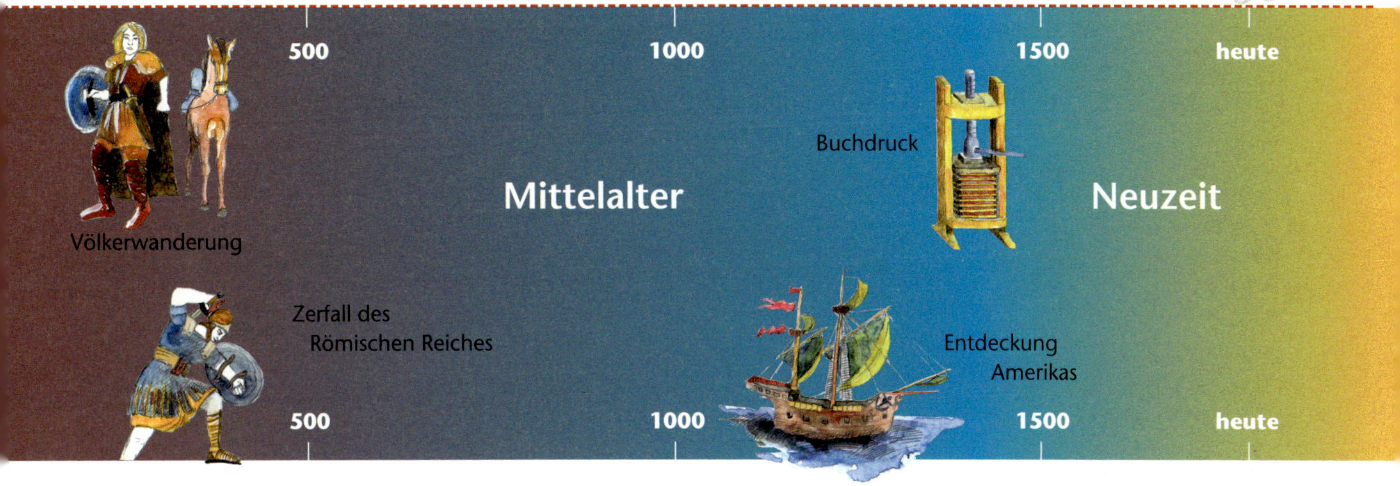

D 2 *Eine Weltneuheit: Gedruckte Bücher!*
Mainz, um 1450: Der Goldschmied Johannes Gutenberg erfindet den Buchdruck mit einzelnen Metallbuchstaben. In den Jahren 1452 bis 1454 entsteht in seiner Druckerei die „Gutenberg-Bibel", die noch heute zu den schönsten Büchern der Welt gehört.

D 3 *Sensation: Eine Frau ist Pharao!*
Ägypten, um 1340 v. Chr.: Im alten Ägypten herrscht eine Frau als Pharao. Ihr Name ist Nofretete, das bedeutet: „Die Schöne ist gekommen." Im Ägyptischen Museum in Berlin kann sie noch heute bewundert werden – als eine 50 cm hohe Büste, die 1912 bei Ausgrabungen in Ägypten gefunden wurde.

D 4 *Germanische Völker in Bewegung!*
Europa, im 4. Jahrhundert: Franken, Goten, Alemannen, Vandalen und Sueben verlassen ihre Siedlungsgebiete und ziehen kreuz und quer durch Europa. Einige Völker lockt der Reichtum in anderen Ländern, manche suchen besseres Land und wieder andere sind auf der Flucht vor einem asiatischen Reitervolk – den Hunnen.

D 5 *Ein Weltwunder!*
Ägypten, um 2500 v. Chr.: In Oberägypten wird die Cheops-Pyramide erbaut. Sie hat eine Höhe von 145 Metern und gehört zu den Sieben Weltwundern der Antike. Ihren Namen erhielt sie von dem ägyptischen Pharao, der sie erbauen ließ.

D 6 *Erster Mensch auf dem Mond!*
Weltall, 1969: „Ein kleiner Schritt für mich, aber ein großer Schritt für die Menschheit." Diesen berühmten Satz sagte der Amerikaner Neil Armstrong am 21. Juli 1969, kurz nachdem er als erster Mensch den Mond betreten hatte.

D 7 *Griechenland im Olympia-Fieber!*
Olympia, 776 v. Chr.: In dem griechischen Ort Olympia finden die ersten Olympischen Spiele zu Ehren des Gottes Zeus statt. Aus allen griechischen Städten kommen Athleten angereist, um miteinander um den Siegerpreis, einen Ölzweig, zu kämpfen.

TIPP

Bastelt einen Zeitstrahl für euren Klassenraum. Im Laufe des Schuljahres könnt ihr ihn mit vielen Texten, Fotos und Zeichnungen zu den einzelnen Kapiteln der „Zeitreise" füllen.

1 *Ordne die Berichte D2–D7 richtig auf dem Zeitstrahl ein.*
2 *Auf dem Zeitstrahl fließen die Farben der einzelnen Epochen ineinander. Wie erklärst du das?*

6 Projekt
Jugendbücher erzählen Geschichte

Spannende Geschichte(n)
Viele Schriftsteller haben Jugendbücher mit spannenden Geschichten aus der Vergangenheit geschrieben: über die Pyramiden, über junge Römerinnen und Römer, über Könige, Ritter und Burgfräulein. Die Schriftsteller haben sich diese Geschichten zwar ausgedacht, aber die meisten Autoren haben sich mit der Zeit, über die sie schreiben, genau beschäftigt. So erfahrt ihr beim Lesen viel Neues über eine bestimmte Epoche – und ihr erlebt eine spannende Geschichte!

TIPP

Ihr könnt auch eine Klassenkartei mit Lesetipps anlegen. Jeder von euch, der ein tolles Buch gelesen hat, schreibt die wichtigsten Angaben und eine kurze Inhaltsbeschreibung auf eine Karteikarte. Diese kommt dann in einen großen Karteikasten. Am besten ordnet ihr die Buchempfehlungen nach den geschichtlichen Epochen, in denen die Geschichten spielen.

„Historische Lesetipps"
In einem Projekt könnt ihr euch mit verschiedenen Jugendbüchern beschäftigen und euch gegenseitig interessante und spannende Bücher vorstellen.

Vorbereitung
1. Informiert euch in einer Buchhandlung, einer Bücherei oder auch im Internet über Jugendbücher mit geschichtlichen Themen. (Einige Büchertipps findet ihr schon auf der rechten Seite.) Stellt die Titel zusammen und schreibt auch die Epochen dazu, in denen die Geschichten spielen.
2. Findet euch in Zweiergruppen zusammen und wählt ein Buch aus, das euch am meisten interessiert.
3. Jetzt braucht ihr erst einmal einige Tage Zeit um euch das Buch zu besorgen und es zu lesen.

So stellt ihr euer Buch vor
1. Zu einer Buchvorstellung gehören als Erstes ganz bestimmte Informationen:
   - Wie heißt das Buch?
   - Wer hat es geschrieben?
   - Welcher Verlag hat das Buch herausgegeben?
   - In welchem Jahr ist es erschienen?

   Mit diesen Angaben können sich auch andere euer Buch besorgen.
2. Gebt eine kurze Inhaltsangabe. Darin nennt ihr die Hauptpersonen und worum es in der Geschichte geht.
3. Sagt, wie euch das Buch gefallen hat und ob ihr es euren Mitschülerinnen und Mitschülern zum Lesen weiterempfehlt.
4. Wählt eine Stelle im Buch als Leseprobe aus. Dies kann ein besonders spannender, interessanter, lustiger oder auch trauriger Textabschnitt sein.

Besonders viele Jugendbücher mit geschichtlichen Themen findet ihr bei diesen Verlagen:
www.dtvjunior.de/j_zeitspruenge
www.omnibus-verlag.de

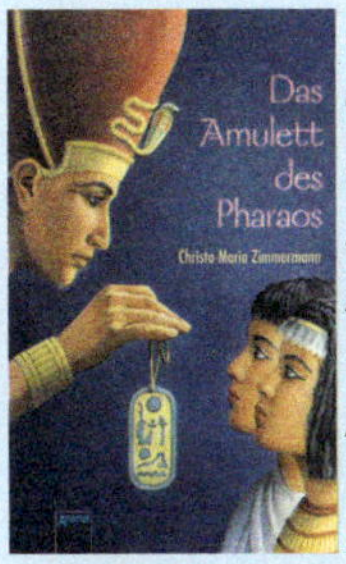

Das Amulett des Pharaos (Christa-Maria Zimmermann, Arena, 2001)

Ägypten im Jahr 1272 v. Chr. Die Zwillinge Meret und Antef haben herausgefunden, dass ein hoher Priester den Pharao Ramses II. ermorden will. Wenn Meret und Antef es nicht schaffen, Ramses rechtzeitig zu warnen, ist auch ihr Leben in Gefahr!

Quintus geht nach Rom (Hans Dieter Stöver, dtv, 1993)

Die Familie des 14-jährigen Quintus muss ihren Bauernhof aufgeben und geht nach Rom. Das Leben dort ist neu und aufregend für Quintus. Er findet Arbeit in einem Buchladen – doch bald steckt er schon in einem gefährlichen Abenteuer, das seinen ganzen Mut erfordert.

Die Sonne bleibt nicht stehen (Gabriele Beyerlein/ Herbert Lorenz, Arena 2000)

Der junge Stein-zeit-Jäger Dilgo stößt auf Mirtani, ein Mädchen aus einem Dorf von Ackerbauern und Viehzüchtern. Zunächst kann er vieles an ihrem Leben nicht verstehen. Auch die Dorfbewohner sind misstrauisch gegenüber dem jungen Jäger aus den Wäldern. Aber Mirtani schafft es, dass sich die Familien im Dorf mit Dilgo anfreunden.

Tochter des Nils (Eloise Jarvis McGraw, Beltz und Gelberg, 2002)

Mara ist Sklavin am Hof des weiblichen Pharaos Hatschepsut. Als man ihr verspricht sie freizulassen, nimmt sie einen gefährlichen Auftrag an: Sie soll Thutmosis, Hatschepsuts Sohn, ausspionieren. Schon bald gerät Mara dabei in Lebensgefahr.

Gib mir meine Legionen wieder (Josef Carl Grund, Loewe Verlag, 1992)

An den Grenzen des Römischen Reiches herrscht Krieg zwischen Römern und Germanen. In dieser Zeit freunden sich ein junger Römer und drei germanische Jugendliche miteinander an. Ob ihre Freundschaft stark genug sein wird, um die Kriegswirren zu überdauern?

Bis zum 13. Mond (Arnulf Zittelmann, Beltz, 2003)

Qila, die mit ihrer Gruppe im Eisland lebt, begegnet in ihren Träumen oft der Bisonfrau. Aber sie versteht nicht, was die Träume ihr sagen wollen. Der Heiler Mir schickt Qila hinaus in die Tundra, wo sie in Höhlen übernachtet, auf die Jagd geht und Lieder und Tänze erfindet. Schließlich kehrt sie als Heilerin zurück.

Kreuzzug ins Ungewisse (Thea Beckman, Arena, 2003)

Der 14-jährige Rolf wird durch eine Zeitmaschine in das Jahr 1212 versetzt, in die Zeit der Kreuzzüge. Er findet sich in einem Heer aus 8000 Kindern wieder, das von falschen Mönchen angeführt wird. Von Köln aus ziehen sie ins Heilige Land, wo sie gegen die Sarazenen kämpfen sollen.

Mein Glaube ist mir wichtig (Liselotte Wendl, Weinheim 2002)

Jael, Mehmet und Tim gehen zwar in die gleiche Klasse, wissen aber kaum etwas über ihren unterschiedlichen Glauben. Warum feiern Juden eigentlich nicht Weihnachten? Warum ziehen Muslime in der Moschee ihre Schuhe aus? Warum haben Christen einen anderen Kalender als Juden? Gemeinsam machen sich die drei auf die Suche nach Antworten auf ihre Fragen.

Rokal, der Steinzeitjäger (Dirk Lornsen, Thiemann, 1987)

Rokal lebt mit seiner Gruppe am Großen Fluss. Bei einem Vulkanausbruch wird das Lager verschüttet. Nur Rokal überlebt – aber er ist verletzt. Alleine treibt er mit seinem Boot flussabwärts und hofft Hilfe zu finden.

7 Abschluss
„Die Zeitreise-Quiz-Show“

Jetzt seid ihr einmal durch die Zeit gereist – von der Entstehung der Erde bis in die Neuzeit. Mit einer selbst gemachten Quiz-Show könnt ihr die Stationen eurer Reise noch einmal wiederholen.
Viel Spaß dabei!

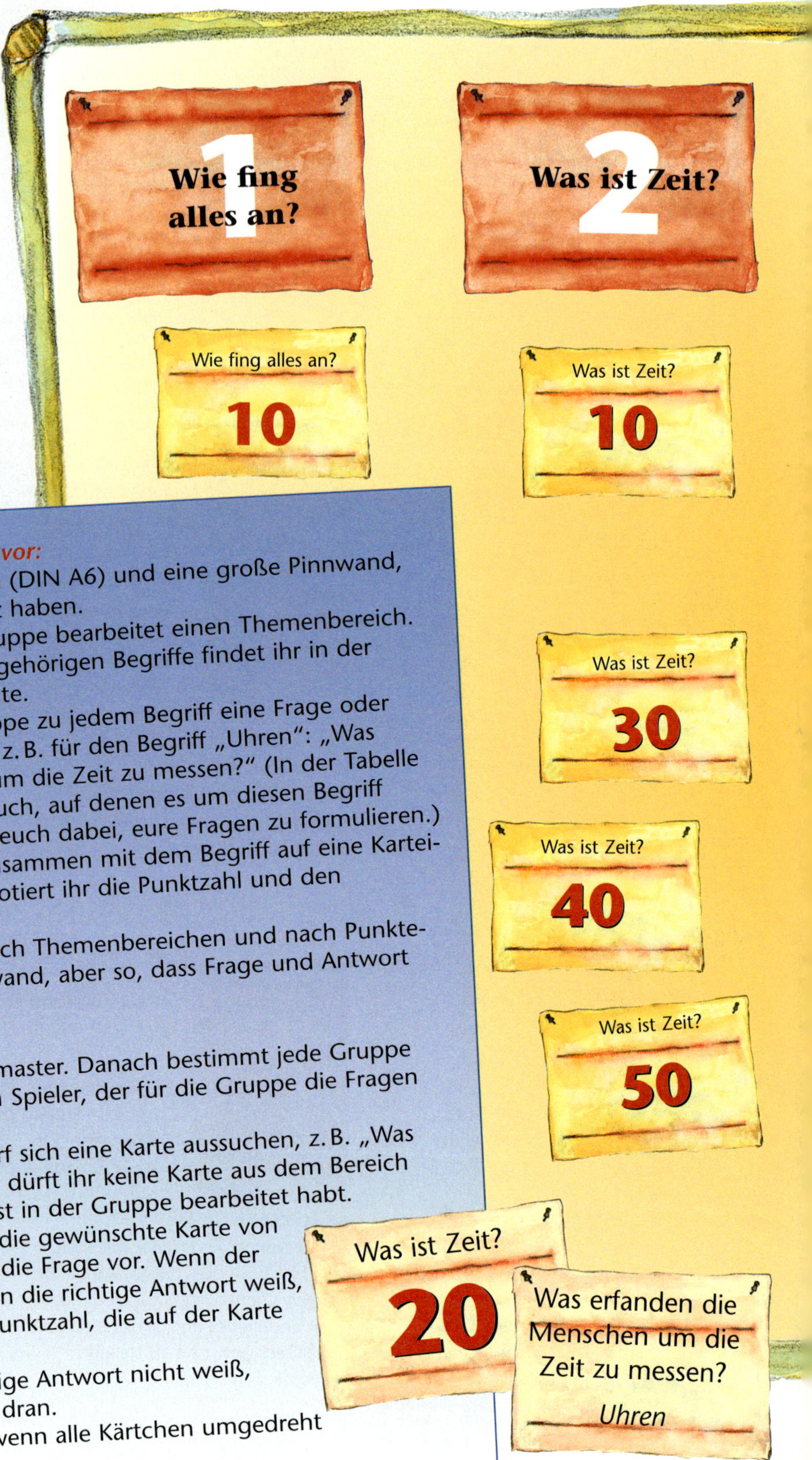

So bereitet ihr die Quiz-Show vor:

1. Ihr braucht 25 Karteikarten (DIN A6) und eine große Pinnwand, auf der alle 25 Karten Platz haben.
2. Bildet 5 Gruppen. Jede Gruppe bearbeitet einen Themenbereich. Die Themen und die dazugehörigen Begriffe findet ihr in der Tabelle auf der rechten Seite.
3. Überlegt euch in der Gruppe zu jedem Begriff eine Frage oder auch eine Umschreibung, z. B. für den Begriff „Uhren“: „Was erfanden die Menschen, um die Zeit zu messen?“ (In der Tabelle stehen auch die Seiten im Buch, auf denen es um diesen Begriff geht. Diese Seiten helfen euch dabei, eure Fragen zu formulieren.)
4. Die Fragen schreibt ihr zusammen mit dem Begriff auf eine Karteikarte. Auf die Rückseite notiert ihr die Punktzahl und den Themenbereich.
5. Hängt nun alle Karten nach Themenbereichen und nach Punktezahl sortiert an die Pinnwand, aber so, dass Frage und Antwort nicht zu sehen sind.

Und so wird gespielt:

1. Wählt zuerst einen Quizmaster. Danach bestimmt jede Gruppe eine Spielerin oder einen Spieler, der für die Gruppe die Fragen beantwortet.
2. Wer an der Reihe ist, darf sich eine Karte aussuchen, z. B. „Was ist Zeit – 20“. Allerdings dürft ihr keine Karte aus dem Bereich auswählen, den ihr selbst in der Gruppe bearbeitet habt.
3. Der Quizmaster nimmt die gewünschte Karte von der Pinnwand und liest die Frage vor. Wenn der Spieler bzw. die Spielerin die richtige Antwort weiß, erhält die Gruppe die Punktzahl, die auf der Karte steht.
4. Wenn jemand die richtige Antwort nicht weiß, ist die nächste Gruppe dran.
5. Das Quiz ist zu Ende, wenn alle Kärtchen umgedreht sind.
Die Gruppe mit den meisten Punkten hat gewonnen.

Themenbereiche und Begriffe

1. Wie fing alles an?	• vor 5 Milliarden Jahren	10 P	S. 12
	• vor 5 Millionen Jahren	20 P	S. 12
	• Schöpfungserzählungen	30 P	S. 12/13
	• Adam und Eva	40 P	S. 13
	• 11:59:52 Uhr/ 8 Sekunden vor 12	50 P	S. 12
2. Was ist Zeit?	• Kalender	10 P	S. 18
	• Uhren	20 P	S. 18/19
	• Chronologie	30 P	S. 18
	• Christi Geburt	40 P	S. 18
	• *jüdisch:* Erschaffung der Welt, 3761 v. Chr./ *islamisch:* Mohammeds Flucht nach Medina, 622 n. Chr.	50 P	S. 19
3. Was ist Geschichte?	• Vergangenheit	10 P	S. 20
	• Zeitstrahl	20 P	S. 20/21
	• Epochen	30 P	S. 20
	• Ur- und Frühgeschichte/ Altertum/Mittelalter	40 P	S. 20/21
	• Neuzeit	50 P	S. 20/21
4. Wie finden wir etwas über Geschichte heraus?	• Stammbaum	10 P	S. 15
	• Generationen	20 P	S. 14
	• Historikerinnen/Historiker	30 P	S. 16
	• Archäologen	40 P	S. 16
	• Quellen	50 P	S. 16
5. Wichtige Ereignisse in der Geschichte	• Entdeckung Amerikas	10 P	S. 21
	• Buchdruck	20 P	S. 10/11, S. 20/21
	• Schrift	30 P	S. 10/11, S. 20/21
	• Völkerwanderung	40 P	S. 20/21
	• Mondlandung	50 P	S. 10, S. 21

Vor 150 Jahren verkündete der britische Forscher Charles Darwin: „Der Mensch stammt vom Affen ab!“ Diese Nachricht war für viele Leute in Europa ein Schock. Heute wissen wir, dass Darwin nicht ganz richtig lag – Affen und Menschen haben nur einen gemeinsamen Vorfahren.

Aber uns interessiert immer noch die Frage, wie sich der Mensch entwickelt hat. Woher kamen die ersten Menschen? Wie sind die Steinzeitmenschen auf Jagd gegangen? Wann hat der Mensch das Feuer entdeckt? Und was bedeuten die rätselhaften Malereien, die Forscher in einigen Höhlen entdeckt haben?

um 4,2 Mio v. Chr.

Frühzeit
In Afrika entwickeln sich die Vormenschen.

um 600 000 v. Chr.

Altsteinzeit
Frühmenschen leben in Europa.

ab 130 000 v. Chr.

In Europa entwickelt sich der Neandertaler.

Vom Leben der frühen Menschen

Am 18. Dezember 1994 entdeckt der Hobbyforscher Jean-Marie Chauvet mit zwei Freunden in einer Höhle in Südfrankreich diese Malereien. 30 000 Jahre sind diese Höhlenbilder alt und damit die ältesten, die wir kennen.

b 40 000 v. Chr.

Der Jetztmensch breitet sich in Europa aus.

ab 5500 v. Chr.

Jungsteinzeit
Es gibt die ersten Bauern in Europa.

ab 2200 v. Chr.

Bronzezeit
Die Menschen nutzen die Bronze.

ab 800 v. Chr.

Eisenzeit
Es gibt die ersten Werkzeuge aus Eisen.

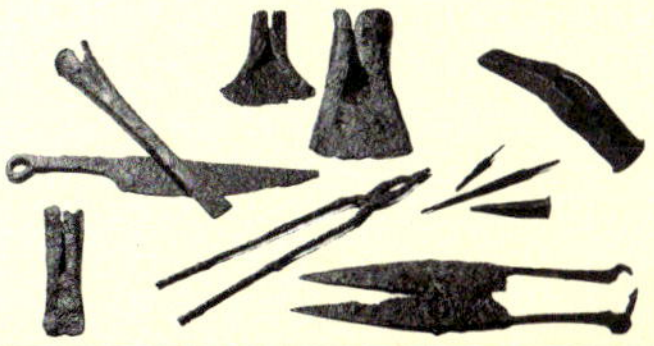

1 Anfänge in Afrika

Q 1 *Fußspuren von Vormenschen* entdeckte man 1978 bei Laetoli in Tansania. Diese Abdrücke im Sand wurden vor etwa 3,5 Millionen Jahren mit Vulkanasche bedeckt und sind dadurch erhalten geblieben.

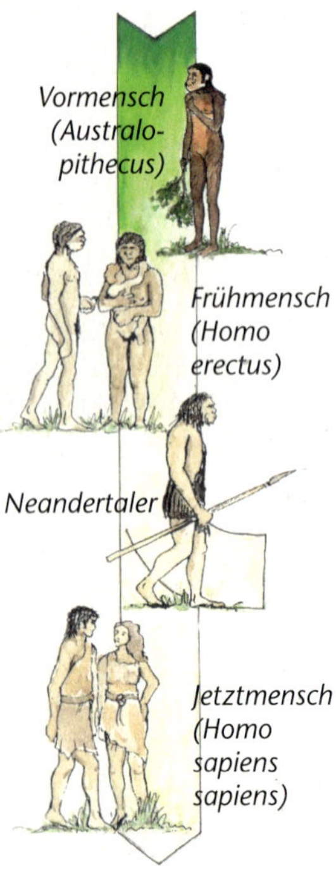

Knochen – eine Sensation?

12. November 1974: Im Hadargebiet, nördlich des Flusses Awash in Äthiopien, suchen amerikanische Wissenschaftler nach Spuren von frühen Menschen. In einer abgelegenen Schlucht entdecken sie Knochen, die sie als Teile eines menschlichen Skeletts bestimmen. Einer der beiden, Donald Johanson, erzählt:

„Wir standen auf und sahen nun noch weitere Knochenstücke am Hang: zwei Rückenwirbel und das Bruchstück eines Beckenknochens. Sie alle gehörten zu einem menschlichen Skelett. Mir schoss ein unglaublicher Gedanke durch den Kopf: Wie wäre es, wenn alle diese Knochen zusammenpassten? Ein solches Skelett war bisher nirgends gefunden worden."

Woher kommt der Mensch?

Fast alle Skelettfunde von Vormenschen haben Forscher in Afrika gemacht. Deshalb vermutet man, dass die ersten Menschen auf diesem Erdteil lebten. Auch war es dort vor Millionen Jahren angenehm warm und es regnete ausreichend. In diesem Klima konnten sich Pflanzen und Lebewesen besonders gut entwickeln.

Wissenschaftler suchten und suchen auch weiterhin vor allem in Afrika nach Knochen unserer menschlichen Vorfahren. Obwohl es nur wenige Überreste gibt, werden immer wieder Aufsehen erregende Entdeckungen gemacht: beispielsweise das Skelett eines etwa 10-jährigen Jungen, der vor 1,6 Millionen am Turkana-See gelebt hat. Dank dieser Forschungen wissen wir in etwa, wie sich der Mensch über einen sehr langen Zeitraum entwickelt hat.

Lucy – nicht Mensch, aber auch kein Affe

Wann gab es die ersten Menschen? Wie lebten sie und was unterschied sie von den Tieren? Johansons Team nannte das Skelett „Lucy". Die Untersuchungen ergaben, dass Lucy eine Vorläuferin des Menschen war. Wenn sie heute lebte, könnte man sie anziehen, wie man wollte, sie würde nicht aussehen wie ein menschliches Wesen. Sie verhielt sich aber schon anders als ein Menschenaffe. Wir nennen Lucy und ihre Verwandten deshalb „Vormenschen".

Diese Vormenschen waren etwa 1,50 m groß und hatten ein kleines Gehirn. Das Besondere an ihnen war, dass sie aufrecht gingen. Das war ein entscheidender Vorteil, denn so hatten sie einen guten Überblick über die Savannenlandschaft. Gefährlichen Raubtieren konnten sie nun rechtzeitig ausweichen und Beutetiere früh erkennen. Vielleicht haben die Vormenschen auch schon scharfkantige Steine als Schneidewerkzeuge benutzt.

D 1 *Der Vormensch*

Name:	Australopithecus („Südmensch")
Alter:	4,2–1,8 Millionen Jahre
Größe:	1,20–1,50 m
Gewicht:	35–65 kg
Wohnort:	Ost- und Südafrika
Ernährung:	Pflanzen

Besondere Kennzeichen: A. ist die älteste menschenähnliche Gattung. Er kann aufrecht gehen.

Q 2 *Lucys Knochengerüst* ist etwa 3,5 Millionen Jahre alt.

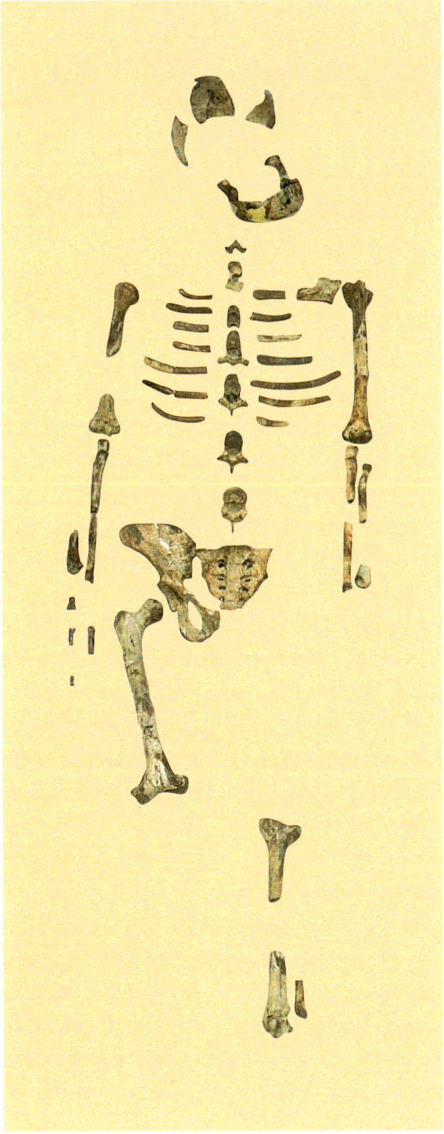

D 2 *Ein Archäologe bei der Arbeit.* Anhand von Knochenfunden werden der Schädel und das Gesicht eines unserer Vorfahren nachgebildet.

1 Erzähle über das Leben von Lucy und anderen Vormenschen.

2 Fertige zwei Tabellen an. Trage darin die Unterschiede ein:
a) zwischen Vormenschen und Affen,
b) zwischen den Vormenschen und den heutigen Menschen.

D 3 *Lucy könnte so ausgesehen haben.*

2 Jäger und Sammler der Altsteinzeit

1 *Lagerleben von Frühmenschen* bei Bilzingsleben (Thüringen) vor etwa 380 000 Jahren. Bei Ausgrabungen fand man Grundrisse von Rundhütten sowie Feuerstellen, Tierknochen, Reste von menschlichen Schädeln und Steinwerkzeuge.

Jäger und Sammler
ernähren sich von dem, was die Natur ihnen bietet. In Europa lebten die Menschen in der Alt- und Mittelsteinzeit so. Ob Männer und Frauen dabei jeweils spezielle Aufgaben hatten, ist bei den Forschern umstritten. Die Gruppen waren recht klein. Vermutlich musste deswegen jeder fast jede Tätigkeit ausüben können.

Altsteinzeit
in Mitteleuropa bis etwa 10 000 v. Chr. Die Menschen lebten in nicht-sesshaften Gruppen von Jägern und Sammlern. Sie lernten das Feuer zu nutzen und einfache Werkzeuge herzustellen.

Vom Leben der Frühmenschen

In einer Kiesgrube bei Heidelberg wurde 1907 ein Unterkiefer entdeckt. Forscher stellten fest, dass es der Kiefer eines Mannes war, der vor etwa 600 000 Jahren lebte. Die Menschen dieser Zeit werden Frühmenschen oder auch „aufrecht gehende Menschen" genannt. Ihr Gehirn war etwa doppelt so groß wie das von Lucy. Vermutlich waren sie aus Afrika über Vorderasien nach Europa eingewandert.

Die Frühmenschen lebten wahrscheinlich in Gruppen von 25 bis 30 Personen. Sie sammelten Beeren, Früchte, Wurzeln und essbare Gräser. Außerdem jagten sie Tiere. Wir nennen sie deshalb auch Jäger und Sammler. Allerdings lebten sie nicht ständig an demselben Ort. Wenn sie im Umkreis ihres Lagerplatzes nicht mehr genügend zu essen fanden, zogen sie weiter. Die Frühmenschen stellten Werkzeuge aus verschiedenen Materialien her. Da die meisten Gegenstände, die sich aus dieser Zeit erhalten haben, aus Stein sind, sprechen wir von Steinzeit. Den ersten Abschnitt nennen wir „Altsteinzeit".

Die Zeit der Neandertaler

Im Neandertal in der Nähe von Düsseldorf wurden im Jahr 1856 Knochen entdeckt, die denen heutiger Menschen schon sehr ähnlich waren. Nach dem Fundort der Knochen werden diese Menschen Neandertaler genannt. Sie lebten in der Zeit von 130 000 v. Chr. bis 27 000 v. Chr. in Europa.

Auch die Neandertaler waren Jäger und Sammler. Als Werkzeuge benutzten sie zunächst vor allem Faustkeile. Im Laufe der Zeit stellten sie dann ganz unterschiedliche Werkzeuge und Waffen aus Feuerstein und Tierknochen her, wie Klingen, Speerspitzen und Schaber.

Ausgestorben?

Was wir aber nicht genau wissen ist, warum die Neandertaler vor rund 30 000 Jahren ausstarben. Vielleicht wurden sie von einer neuen Menschenart verdrängt. Manche Forscher meinen auch, die Neandertaler haben sich mit diesen neuen Menschen vermischt.

D 2 *Der Frühmensch*

Name: Homo erectus („aufrecht gehender Mensch"; man kannte bei der Namensgebung die älteren Gattungen noch nicht)
Alter: 1,8 Millionen bis 40 000 Jahre
Größe: bis 1,65 m
Gewicht: bis 70 kg
Wohnort: Afrika, Asien, Europa
Ernährung: Pflanzen und Fleisch
Besondere Kennzeichen: H. e. stellt planvoll Werkzeuge her und nutzt das Feuer. Jagdbeute macht einen wachsenden Anteil seiner Ernährung aus.

D 3 *Der Neandertaler*

Name: Homo sapiens neandertalensis
Alter: 130 000–27 000 Jahre
Größe: bis 1,60 m
Gewicht: bis 80 kg
Wohnort: Europa und Vorderasien
Ernährung: Pflanzen und Fleisch
Besondere Kennzeichen: H. s. n. ist sehr stark und ein guter Jäger. Seine gedrungene Gestalt macht ihn widerstandsfähig gegen Kälte. Vermutlich kann er sprechen. H. s. n. ist wahrscheinlich kein direkter Vorläufer von uns heutigen Menschen; er wird von einer neuen Menschenart verdrängt.

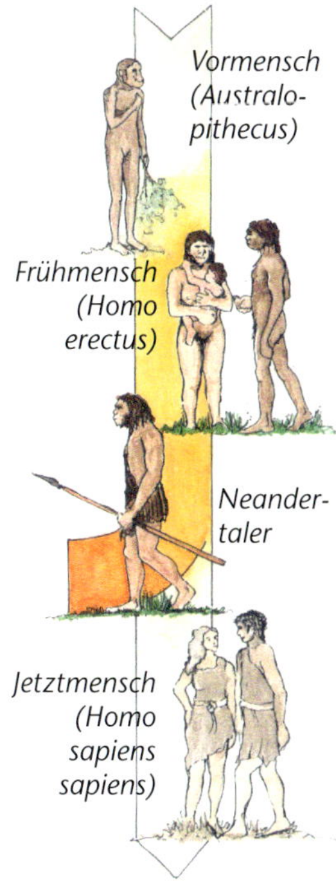

Q 1 *oben: Der Faustkeil* war das Werkzeug, welches in der Altsteinzeit für viele verschiedene Tätigkeiten verwendet wurde.
links: zwei Blattspitzen und eine Klinge aus Feuerstein (Haldensteinhöhle in Baden-Württemberg)

1. *Beschreibe, wie die Frühmenschen und die Neandertaler lebten.*
2. *Überlege, für welche Tätigkeiten sich der Faustkeil einsetzen lässt (Q1).*
3. *Betrachte die weiteren Werkzeuge der Neandertaler und erkläre, wozu sie wahrscheinlich verwendet wurden (Q1).*

D 4 *Neandertaler* beim Herstellen von Steinwerkzeugen (Rekonstruktion)

D 5 *Alte Frau und Neandertalerkind* am Lagerplatz (Rekonstruktion)

3 Überleben im Eiszeitalter

1 *Das Rentier* als Jagdbeute

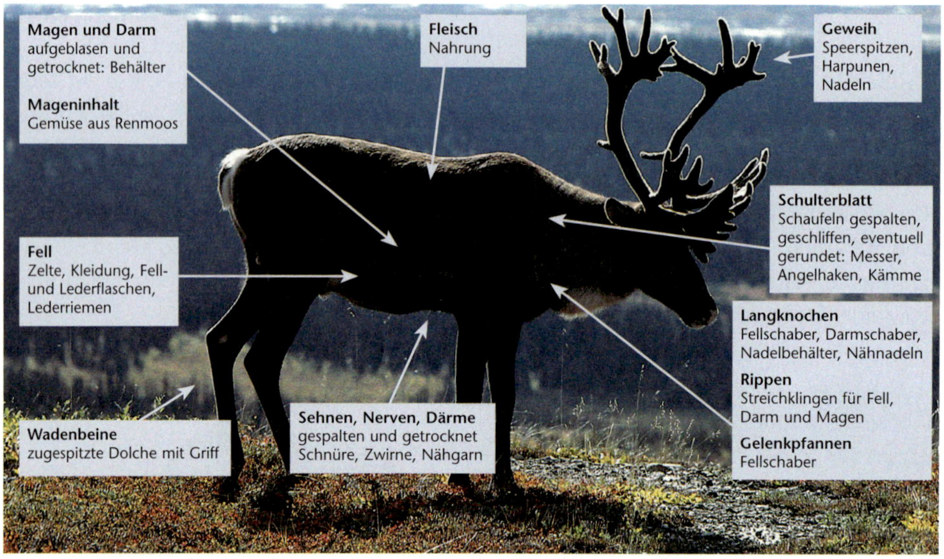

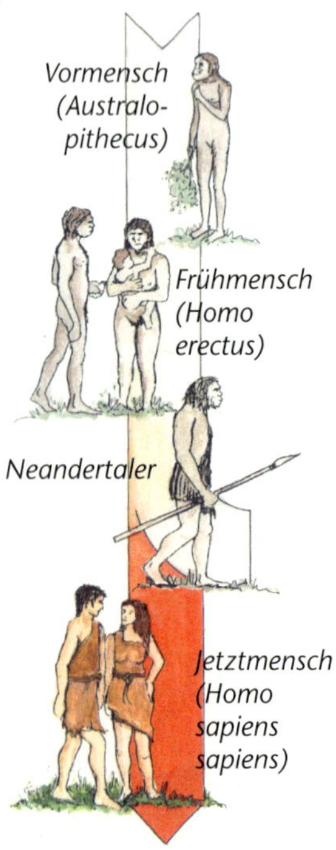

Raues Klima, karge Umwelt
Vor etwa 100 000 Jahren wurde das Klima in Europa kälter. Eine Eiszeit begann, die fast 90 000 Jahre dauerte. Ganz Skandinavien und das Gebiet der heutigen Ostsee lagen unter einem dicken Eispanzer. Auf dem Höhepunkt dieser Eiszeit, vor etwa 22 000 Jahren, waren sogar Teile Norddeutschlands vom Eis bedeckt.

Schutz vor der Kälte
Die Menschen mussten sich an die veränderte Umwelt anpassen und sich vor der Kälte schützen. Dazu fertigten sie Kleidung aus Fell und Tierhäuten an. Aus Ästen und Zweigen, Gras, Laub und Tierfellen errichteten die Menschen einfache Hütten. Wenn sie eine Höhle fanden, schlugen sie dort ihr Lager auf. Außerdem hatten die Menschen entdeckt, wie sie selber Feuer machen konnten. So konnten sie sich an Feuerstellen an ihren Lagerplätzen wärmen. In sehr kalten Zeiten verließen die Menschen aber auch ihre Siedlungsgebiete im Norden und wanderten in Gegenden mit einem milderen Klima, etwa nach Südfrankreich.

Für Großwildtiere wie Mammuts, Wildpferde und Rentiere, die an Kälte gewöhnt waren, war die Kältesteppe ein idealer Lebensraum. Die Jäger folgten diesen Tieren und errichteten ihre Lager nah an den Wanderwegen der Wildpferd- und Rentierherden.

Unsere Vorfahren
Vor etwa 40 000 Jahren kam ein neuer Menschentyp aus Afrika nach Europa. Wissenschaftler bezeichnen ihn als „klugen Menschen" (Homo sapiens sapiens). Er ist unser direkter Vorfahre und wird deshalb auch „Jetztmensch" genannt.
Die Jetztmenschen stellten verschiedene Jagdwaffen, wie Harpunen und Speerschleudern her. Auch bestatteten sie ihre Toten in Steingräbern oder Höhlen. Außerdem gibt es geheimnisvolle Höhlenbilder aus dieser Zeit, auf denen überwiegend Tiere zu sehen sind. Warum die Menschen diese Bilder malten, können wir nur vermuten. Vielleicht lernten die heranwachsenden Kinder anhand dieser Bilder das Jagdwild kennen.

D 2 *Der Jetztmensch*

Name: Homo sapiens sapiens („verständiger Mensch")
Alter: 150 000 bis heute
Größe: bis 1,80 m
Gewicht: etwa 80 kg
Wohnort: zunächst Ostafrika, dann auch Asien, Europa, Amerika und Australien
Ernährung: Pflanzen und Fleisch
Besondere Kennzeichen: H. s. s. entwickelt alle Arten von Werkzeugen, Kleidung und Kunstgegenstände. Er kann sprechen und hat religiöse Vorstellungen. Die Arbeit teilt er sich mit anderen Menschen.

D 3 *Im Jugendbuch „Rokal der Steinzeitjäger" beschreibt der Autor, wie ein Feuer entfacht wird:*

Bevor das letzte Tageslicht wich, hatte er vier armlange Forellen gespeert. Jetzt wollte er ein Feuer machen, um die Fische zu garen. Am Flusshang suchte er abgestorbenes Holz und trockene Gräser, mit denen sich das Feuer besonders gut entfachen ließ. Rokal drehte einen Holzstab schnell zwischen den Handflächen in ein Stück trockenes Holz hinein, bis feiner Rauch aufstieg. Jetzt reichte die Hitze in der Feuerbohrung aus, um die Glut anzublasen. Dann streute er die trockenen Gräser darüber, und eine zarte Flamme züngelte empor. Nun legte er Rindenstücke und trockene Hölzer nach und blies, bis das Feuer brannte. Als die Glut kräftig genug war, spießte Rokal die erste Forelle auf einen Stock und hielt sie über das Feuer.

1 Beschreibe, wie sich die Umwelt während der Eiszeit veränderte. Wie passten sich die Menschen an die Natur an (VT, D4)?

2 Erkläre, warum das Feuer für die Menschen so wichtig war (VT, D3).

3 Vergleiche noch einmal die verschiedenen Menschentypen miteinander. Welches waren die wichtigsten Schritte in der Entwicklung des Menschen?

D 4 *Europa während der letzten Eiszeit,* vor 100 000 Jahren bis vor etwa 12 000 Jahren

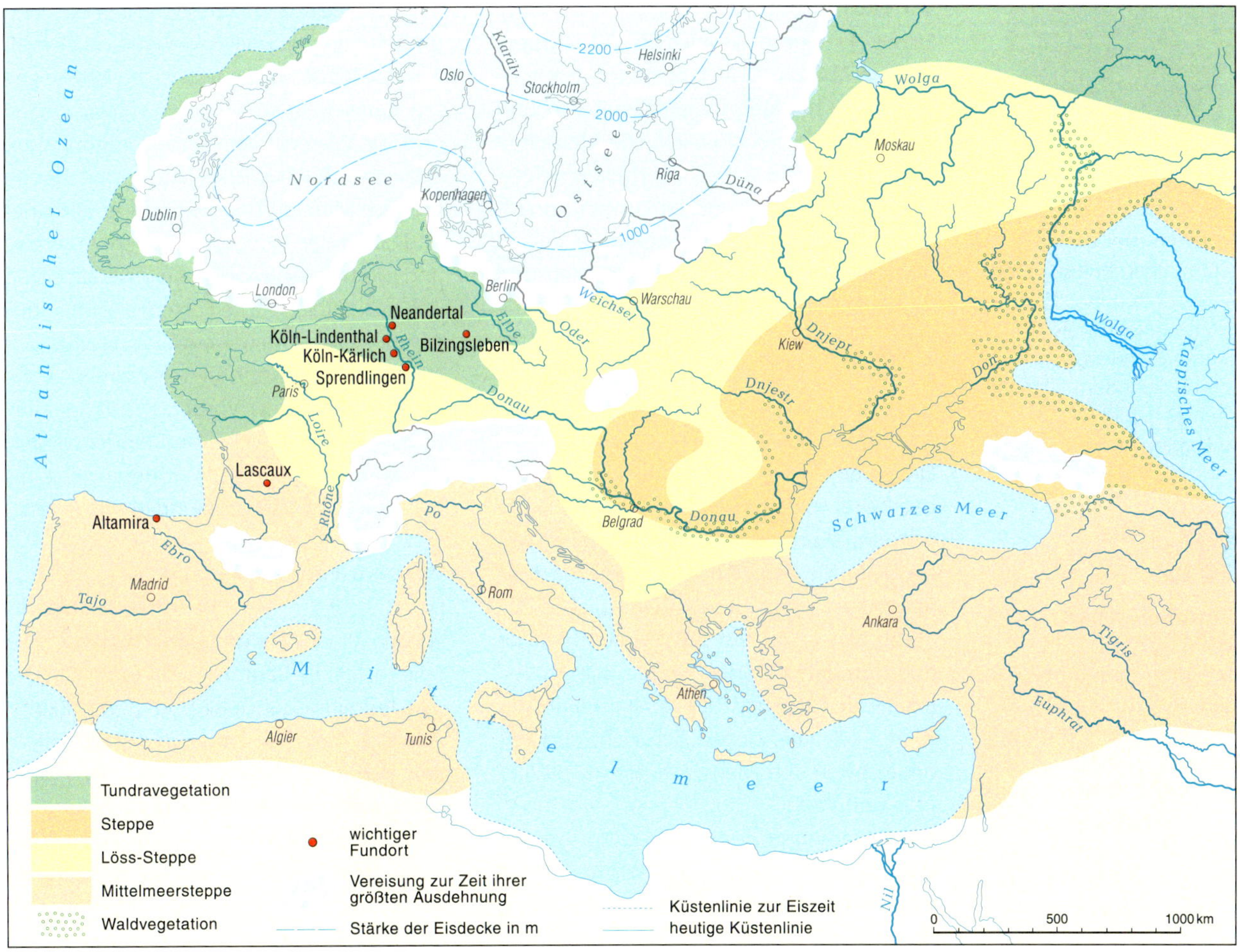

4 Die ersten Bauern

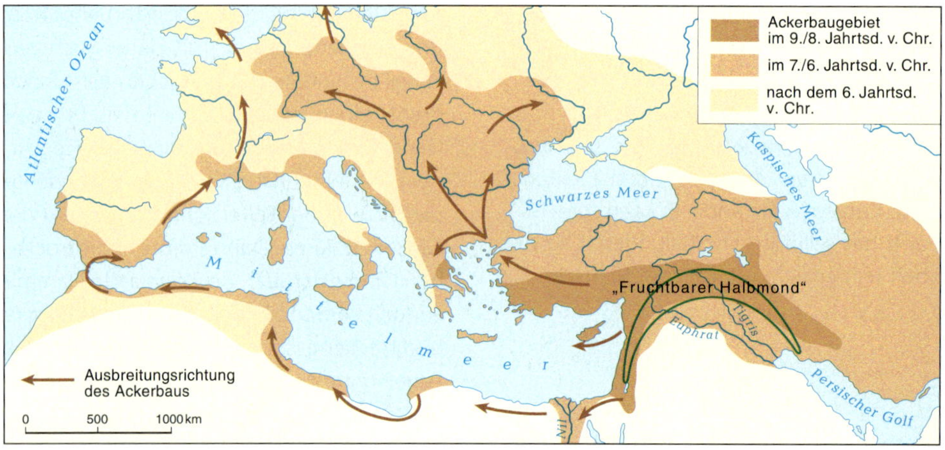

D 1 *Der Ackerbau breitet sich aus:* von Vorderasien, aus dem Gebiet, das man den „fruchtbaren Halbmond" nennt, bis nach Europa. (Wie du eine Geschichtskarte liest, erfährst du auf S. 100/101.)

Q 1 *Die ersten mitteleuropäischen Bauern* gehörten der „bandkeramischen Kultur" an. Sie verzierten ihre Tongefäße mit eingestochenen und eingeritzten Schmuckbändern. Das oben abgebildete Gefäß fand man bei Düren.

A-Z

Kulturlandschaft nennen wir die durch den Menschen umgestaltete Naturlandschaft. Die Menschen veränderten z. B. die natürlichen Landschaftsformen durch den Ackerbau, durch Dämme und Kanäle, durch den Bau von Städten, Mauern und Brücken.

Vom Sammeln zum Ackerbau

Vor etwa 10 000 Jahren endete die letzte Eiszeit. Es wurde wärmer. In Vorderasien, im fruchtbaren Gebiet des heutigen Irak, kam es zu heftigen Regenfällen. Gras und Getreide wuchsen reichlich. Die Menschen sammelten mehr Getreidekörner als sie verbrauchen konnten und begannen Vorräte anzulegen. Dabei beobachteten sie, dass in der Erde gelagerte Körner auskeimen und zu neuen Pflanzen werden. So begannen sie Felder anzulegen und Getreide zu ernten. Dadurch änderte sich ihre Lebensweise.

Menschen werden sesshaft

Die Ackerflächen mussten mehrmals im Jahr bearbeitet und vor wilden Tieren geschützt werden. Auch war es notwendig, das Getreide für den Winter und die nächste Aussaat zu speichern. Deshalb blieben die Menschen an einem Ort, bauten Häuser und gründeten Dörfer. Neben dem Ackerbau lernten sie auch Tiere zu halten und zu züchten. Schafe, Ziegen, Schweine und Rinder lieferten den Menschen Fleisch, Milch, Felle und Wolle.

Diese Veränderungen waren so grundlegend, dass manche Historiker heute von einer Revolution, der „jungsteinzeitlichen Revolution", sprechen.

Veränderungen in Mitteleuropa

In Mitteleuropa begannen die Menschen um 5500 v. Chr. von Ackerbau und Tierhaltung zu leben. Wir wissen nicht, ob die ersten Bauern aus Vorderasien einwanderten und ihr Wissen nach Europa mitbrachten oder ob sich das Wissen langsam von Asien bis nach Mitteleuropa ausbreitete. Die Jäger und Sammler in Europa haben Ackerbau und Tierhaltung möglicherweise auch von sich aus entdeckt. Die Forscher können uns darauf keine eindeutige Antwort geben.

In jedem Fall mussten Getreidesamen, Schafe und Ziegen aus Vorderasien eingeführt worden sein. Schweine und Rinder wiederum können von den Waldtieren abstammen, die in Mitteleuropa heimisch waren.

Wald wird gerodet

Europa war zu dieser Zeit von dichten Urwäldern aus Eichen und Linden bedeckt. Die Bauern fällten Bäume, beseitigten Büsche und befreiten den Waldboden von Baumwurzeln, um Siedlungen und Felder anlegen zu können. Größere Waldflächen rodeten sie mit Feuer (Brandrodung). Bereits um 5000 v. Chr. wurden große Teile Mitteleuropas landwirtschaftlich genutzt. Aus einer Naturlandschaft war eine von Menschen gestaltete Kulturlandschaft geworden.

D 2 *Mittelsteinzeitlicher Lagerplatz (oben) und Siedlung der Jungsteinzeit (unten).* Beide Bilder sind Rekonstruktionszeichnungen.

Mittelsteinzeit
Zeit der letzten Jäger und Sammler in Europa, ca. 9500 bis 5500 v. Chr. Die Menschen lebten in Hütten und Zelten in der Nähe von Seen und Flüssen.

Jungsteinzeit
begann in Mitteleuropa um 5500 v. Chr. und endete um 2200 v. Chr. Die Menschen lebten jetzt überwiegend von Ackerbau und Tierhaltung und waren sesshaft.

D 3 *Das Leben der Frauen in den Steinzeiten – zwei Wissenschaftlerinnen berichten.*

a) Die Archäologin Linda R. Owen schreibt:
Anhand von archäologischen Spuren und Vergleichen mit rezenten (heute lebenden) Wildbeutern können wir ein Bild von Frauen in der jüngeren Altsteinzeit erschließen. (...) Als Mütter haben sie die Kinder geboren, erzogen und ihnen ihre Kenntnisse und ihr Handwerk beigebracht. Als Sammlerinnen, Jägerinnen und Fischerinnen haben sie erheblich zur Ernährung und zur Gewinnung von Rohmaterialien beigetragen. (...) (Sie) haben ihre eigenen Werkzeuge hergestellt und für eine Vielzahl von Tätigkeiten verwendet. (...) Wir können aus den archäologischen Spuren (...) schließen, dass die Frauen der Altsteinzeit starke, aktive und geachtete Mitglieder ihrer Gesellschaft waren.

b) Die Archäologin Brigitte Röder über das Leben der Frauen in der Jungsteinzeit:
Im Vergleich zu den mesolithischen (mittelsteinzeitlichen) Wildbeuterinnen dürfte das Alltagsleben für die bandkeramischen (jungsteinzeitlichen) Bäuerinnen sogar entschieden schwieriger und härter geworden sein. Für Männer hingegen waren die Lebensumstände nicht annähernd so hart, da sie im Schnitt fast ein Jahrzehnt älter wurden. (...) Speziell für die bandkeramische Kultur Mitteleuropas kann man zur Arbeitsteilung zwischen den Geschlechtern folgende These aufstellen: Frauen hatten vorwiegend arbeitsreiche, aber wenig angesehene, Männer hingegen vor allem prestigeträchtige Aufgaben.

1 Beschreibe, wie sich Ackerbau und Tierhaltung entwickelten. Benutze auch die Karte D1.

2 Vergleiche die Bilder D2. Beschreibe die Veränderungen von der Alt- und Mittelsteinzeit zur Jungsteinzeit.

3 Beschreibe das Leben der Frauen in der Altsteinzeit. Was änderte sich für die Frauen in der Jungsteinzeit (D3)?

Mesolithikum (altgr. „Mitte" u. „Stein")
Bandkeramisch – älteste bäuerliche Kultur

5 Erfindungen und neue Werkzeuge in der Jungsteinzeit

D 1 *Nachgebildetes Haus der Jungsteinzeit* (etwa 4200 v. Chr.) im Freilichtmuseum Oerlinghausen

A-Z

Arbeitsteilung
gab es in Anfängen schon in der Jungsteinzeit. Einige Menschen stellten Werkzeuge her, andere bauten in Bergwerken hochwertigen Feuerstein ab. Händler brachten dann den Feuerstein in die Dörfer.

Tauschwirtschaft
So trieben die Menschen Handel, bevor sich das Geld als Zahlungsmittel durchsetzte. Lebensmittel und Rohstoffe wurden bei Händlern oder auf Märkten gegen andere Waren eingetauscht.

Erfindungen erleichtern das Leben

Für den Ackerbau entwickelten die Menschen viele neue Werkzeuge: Mit Steinbeilen rodeten sie ein Waldstück. Dann wurde der Boden mit Hacken aus Hirschhorn gelockert, damit das Saatgut keimen konnte. Geerntet wurde mit Sicheln, an denen Klingen aus Feuerstein befestigt waren.

Nach der Ernte musste das Getreide entweder gemahlen und danach zu Brot verarbeitet werden. Hierzu benötigte man Mahlsteine und einen Backofen. Oder das Getreide wurde erst einmal gelagert und ein Teil für die nächste Aussaat aufbewahrt. Hierfür fertigten die Menschen Tongefäße an, die sie zum Teil mit eingeritzten Mustern verzierten.

Die Menschen errichteten jetzt auch feste Häuser, in denen sie längere Zeit wohnen und ihr gesamtes Hab und Gut aufbewahren konnten.

Handel und Tauschwirtschaft

Zwar stellten die Menschen zum großen Teil alles selber her, was sie zum Leben benötigten. Doch es entstanden auch die Anfänge der Arbeitsteilung: In manchen Dörfern spezialisierten sich die Menschen darauf, Flachs anzubauen, manche stellten Steinbeile her und andere Kalkperlen für Halsketten. Diese Produkte wurden nicht verkauft, sondern gegen andere Waren eingetauscht. Händler zogen mit Holzwagen von Dorf zu Dorf. In sumpfigen Gegenden wurden Bohlenwege angelegt, damit die Wagen nicht im Moor stecken blieben.

Die Natur setzt Grenzen

Nach 15 bis 20 Jahren waren in den meisten Dörfern die Häuser baufällig. Auch der Ackerboden war weitgehend erschöpft, sodass die Menschen in einiger Entfernung wieder Wald roden und ein neues Dorf anlegen mussten.

D **3** *Steinklingen und zwei nachgebildete Steinbeile.* Sie dienten als Arbeitsgeräte, z.B. zum Bäumefällen. Die Klingen sind echt und stammen aus der Nähe von Stuttgart.

D **2** *Backofen* aus der Jungsteinzeit (Rekonstruktion)

D **4** *Eine jungsteinzeitliche Getreidemühle*

D **5** *Webstuhl der Jungsteinzeit,* rekonstruiert aus Fundbruchstücken und nach skandinavischen Felszeichnungen

1 Nenne die wichtigsten Erfindungen der Jungsteinzeit. Für welchen Bereich wurden besonders viele neue Werkzeuge entwickelt?

2 Entscheide dich für eine Arbeit, die du ausführen möchtest. Beschreibe deine Vorgehensweise.

D **6** *Wagen aus der Jungsteinzeit,* rekonstruiert nach in Mooren gefundenen Einzelteilen

6 Der Fund im Ötztal – Archäologen bei der Arbeit

1 *Die Leiche des „Gletschermannes"* im Ötztal (Foto 1991)

Archäologen
Wissenschaftler, die anhand von Funden und Überresten die Geschichte der frühen Menschen erforschen. Zu ihren Aufgaben zählt das Ausgraben, Auswerten, Datieren und Rekonstruieren, also das Nachbauen, historischer Funde.

Viele Informationen über „Ötzi" findest du unter: www.archaeologiemuseum.it

Die Entdeckung

Donnerstag, 19. September 1991: Beim Wandern in den Ötztaler Alpen entdeckt ein Nürnberger Ehepaar am Rande eines Schneefeldes in 3200 m Höhe einen braunen Gegenstand, der aus dem Gletschereis hervorragt. Die Frau ruft: „Das ist ja ein Mensch!"

Die Leiche wird geborgen

Der Fundort liegt am Hauslabjoch an der Grenze zwischen Österreich und Italien. Da die Italiener mit der ganzen Sache nichts zu tun haben wollen, bergen die Österreicher vier Tage später die Leiche. Durch den rücksichtslosen Einsatz von Eispickeln wird der Körper leicht verletzt. In einem Bergsack wird der Tote mit einem Hubschrauber ins Tal geflogen.

Das Ergebnis: eine Sensation

Bei der medizinischen Untersuchung in Innsbruck vermutet man, dass es sich hier um einen Ureinwohner des Ötztals handelt. Die Archäologen der Universität Innsbruck werden alarmiert. Sie stellen fest: Der Mann lebte vor etwa 5300 Jahren. Er war also ein Mensch der Jungsteinzeit (s. S. 35). Noch nie ist ein Leichnam aus dieser Zeit in so gutem Zustand gefunden worden. Dieser Mensch war jedoch durch den Wind ausgetrocknet und durch das Gletschereis „tiefgekühlt" worden. Ein Glücksfall für die Archäologie! Zeitungen in ganz Europa berichten über den Mann, der seitdem meist „Ötzi" genannt wird.

Archäologen auf Spurensuche

Rund 100 Archäologen und andere Wissenschaftler machen sich an die Arbeit. Sie untersuchen und sichern die Spuren am Fundort, erforschen den Leichnam und seine Ausrüstung. Durch das Nachbilden von „Ötzis" Kleidung und seiner Gegenstände wollen sie so viel wie möglich über das Leben des Gletschermannes herausfinden. Weitgehend erforscht ist die Ausrüstung: Der Mann aus dem Ötztal hatte einen noch unfertigen Bogen aus Eibenholz bei sich sowie einen Köcher mit Pfeilen, einen Feuersteindolch und weitere kleine Gegenstände. Außerdem besaß er ein Kupferbeil, welches bestimmt sein wertvollster Besitz war. Denn Werkzeuge oder Waffen aus Metall waren in der Jungsteinzeit noch sehr selten.

Warum musste „Ötzi" sterben?

Zum Zeitpunkt seines Todes war „Ötzi" rund 45 Jahre alt. Röntgenbilder zeigen eine Pfeilspitze in seiner linken Schulter. Wahrscheinlich starb er an den Folgen dieser Schussverletzung. Warum der Gletschermann jedoch angeschossen wurde, bleibt für die Archäologen ein Rätsel.

D 1 *Der Wissenschaftler, der „Ötzi" genau untersuchte, schrieb in einem Aufsatz:*

Es wird überdeutlich, dass es sich hier nicht um einen „fertigen" Fund handelt, so wie wir ihn aus Gräbern gewohnt sind. Der Mann vom Hauslabjoch war unterwegs. Er hatte alles bei sich, was er für einen längeren Aufenthalt in der Wildnis (…) benötigte. (…) Dennoch muss manche Frage (…) unbeantwortet bleiben. Was trieb ihn überhaupt ins Gebirge?

Q 2 *Archäologen untersuchen den Fundort.* Die Stelle wird genau vermessen und nach weiteren Spuren und Überresten abgesucht.

D 2 *So könnte „Ötzi" ausgesehen haben;* sein Mantel war aus Gras (Rekonstruktion nach den Funden).

Q 3 *„Ötzis" Ausrüstung*

1. *Beschreibe die Ausrüstung und die Kleidungsstücke, die „Ötzi" trug (D2, Q3).*
2. *Erkläre, wofür die verschiedenen Werkzeuge und Waffen gebraucht wurden. Wenn du dir nicht sicher bist, musst du vermuten – wie die Archäologen.*
3. *Einige Fragen zu „Ötzis" Leben haben die Forscher noch nicht beantworten können. Welche sind das? Überlege, warum.*
4. *Nenne und erkläre die wichtigsten Aufgaben der Archäologen (VT, Q2, S. 16).*

7 Methode
Vom Fund zur Rekonstruktion

D 1 *Der Mann aus dem Ötztal und seine Ausrüstung* (Rekonstruktionszeichnung)

D 2 *Der Fund: Steinklinge aus der Jungsteinzeit;* Nachbildung: Sichel mit einem Griff aus Holz, in den die Steinklinge eingesetzt wurde

Wozu dienen Rekonstruktionen?
Das Leben der Menschen in früheren Zeiten können wir uns besser vorstellen, wenn man ihre Werkzeuge, Gefäße, Kleidung und Behausungen rekonstruiert. Das bedeutet, dass anhand der Überreste Kopien oder kleinere Modelle angefertigt werden. Solche Nachbildungen können auch für Experimente genutzt werden, z.B. ein Steinbeil zum Bäumefällen. Originalfunde dagegen müssen sehr vorsichtig behandelt werden, weil sie im Laufe der Zeit zerbrechlich geworden sind. Rekonstruktionen – für Versuche oder als Anschauungsmaterial – sind für Wissenschaftler und Museen heute eine unverzichtbare Methode.

Rekonstruktionen sind vielfältig
Die einfachste Form ist eine Zeichnung von einem einzelnen Fund. Diese Methode wird sehr häufig angewendet. Bei einer Ausgrabung zeichnen die Archäologen jeden gefundenen Gegenstand im Maßstab 1:1 auf. Sehr viel Wissen benötigt man, wenn eine ganze Situation dargestellt werden soll (D1). Bei solchen Rekonstruktionen ist nicht jede Einzelheit durch einen Fund belegt. Die Rekonstruktion sagt uns nur, dass es so vor über 5000 Jahren mit großer Wahrscheinlichkeit gewesen sein könnte.

Viel Arbeit erfordert der Nachbau von Tongefäßen und Geräten. Bei fast vollständigen Originalfunden, z.B. zerbrochenen Tongefäßen, ist dies in der Regel gut machbar. Sind aber nur wenige Originalteile vorhanden, z.B. bei einem Wagen, ist eine Rekonstruktion sehr schwierig.

Den größten Aufwand erfordert der Nachbau eines Hauses. Ausgrabungen geben oft nur über den Grundriss eine genaue Auskunft. Nur in Mooren oder im Uferbereich des Bodensees, bei den so genannten Pfahlbauten, haben sich Holzreste erhalten (D3). Deshalb sind Pfahlbauhäuser für Rekonstruktionen besonders gut geeignet. Aber auch hier bleiben Fragen offen: Wie hoch waren die Häuser? Welches Material nahm man für das Dach?

D 3 *Der Fund: Pfahlfeld von einer jungsteinzeitlichen Siedlung am Bodensee.* Die Pfähle und Querbalken sind etwa 6000 Jahre alt. Bauliche Rekonstruktion: Ein Haus im Pfahlbaumuseum in Unteruhldingen.

D 4 *Der Fund: Leinen-Gewebe aus der Jungsteinzeit,* gefunden bei Wangen am Bodensee. Zeichnerische Rekonstruktion: Eine junge Frau, gekleidet in ein Gewand aus grobem Stoff, arbeitet am Webstuhl.

Methodische Arbeitsschritte

1. Beschreibe den ursprünglichen Fund: Wie viel war von dem Gegenstand oder Gebäude erhalten und in welchem Zustand war der Fund?
2. Vergleiche die Rekonstruktion mit dem Fund. Was wurde originalgetreu wiedergegeben? An welchen Stellen hat der Archäologe etwas hinzugefügt?
3. Betrachte die Rekonstruktion kritisch: Was konnte der Archäologe wissen, wo musste er dagegen Vermutungen anstellen? Hat er vielleicht auch an manchen Stellen seine Fantasie spielen lassen?

1 Untersuche die Rekonstruktionszeichnung D1 von „Ötzi" nach den methodischen Arbeitsschritten. Nimm dazu auch die Abbildungen auf Seite 39 zuhilfe.

2 Untersuche das rekonstruierte Pfahlbauhaus nach den methodischen Arbeitsschritten. Welche Hausteile sind durch Funde belegt?

8 Projekt
Zurück in die Steinzeit

Häuser bauen, Gefäße töpfern, Brot backen …
Viele Arbeiten der Jungsteinzeit könnt ihr selber ausprobieren. Vielleicht habt ihr auch Lust in eurem Klassenraum ein eigenes Steinzeit-Museum einzurichten. Auf einem Schulfest oder bei einem Elternabend könnt ihr diese Ausstellung anderen Schülern und euren Eltern zeigen.

Ein Haus aus der Jungsteinzeit
Die Abbildungen rechts zeigen euch, wie die Häuser damals konstruiert waren. Als Baustoffe wurden vor allem Holz, Lehm und Schilf verwendet. Zum Nachbau dieses Hauses als Modell benötigt ihr:
- eine Styroporplatte oder einen Kasten mit Sand,
- Stöcke für 24 dicke Pfosten und 70–80 dünnere Pfosten,
- Ton für die Wände,
- Strohhalme oder trockene Gräser für das Dach.

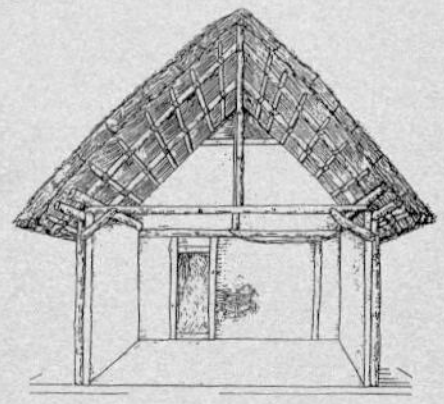

D 1 *Verkleinertes, rekonstruiertes Modell eines Hauses aus der Jungsteinzeit.* Das Modell und die Zeichnung der Innenansicht zeigen, wie das Haus vor etwa 6000 Jahren ausgesehen haben könnte.

Schüsseln aus Ton – selbst gemacht
Besorgt euch in einem Baumarkt braunen oder roten Ton. Teilt den Tonblock in 20–25 Stücke.
Knetet die Tonstücke gut durch. Gebt dabei vorsichtig Wasser hinzu; der Ton darf nicht zu weich werden.
Für den Boden der Schüssel formt ihr eine Kugel und drückt sie platt.
Dann rollt ihr Stränge für die Außenwand. Sie sollten nicht zu dick sein.
Legt nun den ersten Strang auf die Bodenplatte und drückt ihn leicht an. Darauf setzt ihr den zweiten, den dritten und so weiter. Streicht vorsichtig die zusammengefügten Stränge glatt. Mit feuchten Fingern geht es besser. Ihr könnt zum Schluss, wie die Bandkeramiker, noch Verzierungen einritzen. Lasst das Gefäß trocknen oder brennt es in einem Töpferofen.

Q 1 *Dieses Gefäß* fand man bei Aschersleben in Sachsen-Anhalt. Das typische Muster der Bandkeramik ist hier sehr gut zu erkennen.

Steinzeitbrot
Besorgt euch vom Bauern oder aus dem Naturkostladen Getreidekörner. Ihr braucht noch eine Steinplatte und einen möglichst runden Stein.
Legt die Getreidekörner auf die Steinplatte und zerreibt sie mit dem Stein zu Mehl. Vermischt das Mehl vorsichtig mit Wasser, bis ein Teig entsteht. Formt daraus 1 cm dicke Fladen. Die Fladen könnt ihr auf einem heißen Stein oder im Backofen backen.

9 Kupfer, Bronze und Eisen – mit Metall geht vieles besser

Ein neuer Werkstoff

Lange Zeit blieb Stein das wichtigste Material für Werkzeuge und Waffen. Aber ab dem 5. Jahrtausend v. Chr. entdeckten die Menschen einen neuen Werkstoff: das Metall. Wahrscheinlich hatten Handwerker Kupferstücke im Geröll aufgelesen und später festgestellt, dass sie sich durch Hitze verformen und schmelzen lassen. In Ägypten, Vorderasien und auf dem Balkan begannen die Menschen nach Kupfer zu suchen und es zu verarbeiten. Händler brachten dieses Wissen nach Europa. In den Mittelgebirgen wurde daraufhin kupferhaltiges Gestein in Bergwerken abgebaut.

Besser als Stein?

Aus dem Kupfer stellten die Menschen nun Waffen, Geräte und Schmuckstücke her. Oft benutzten sie bei ihren Arbeiten aber auch noch Werkzeuge aus Stein. Denn die Kupferbeile wurden beim Bäumefällen schon nach kurzer Zeit stumpf und mussten mühsam nachgeschärft werden.
Bald fanden die Menschen heraus, dass ein festerer Werkstoff entsteht, wenn man Kupfer und Zinn mischte: die Bronze. Sie war fast so hart wie Stein. Im letzten Jahrtausend v. Chr. kam ein weiteres Metall hinzu, das wiederum härter als die Bronze war: das Eisen.

Handwerk und Handel

Geräte aus Metall wurden rasch zu einer begehrten Handelsware. Denn im Norden und Westen Europas gab es kaum Kupfervorkommen und die Techniken zur Metallverarbeitung waren nicht leicht zu beherrschen. So entwickelten sich besondere Berufe: Bergleute, Schmiede, Bronzegießer und Metallhandwerker waren Spezialisten für die Metallverarbeitung, während Händler die neuen Geräte und Schmuckstücke transportierten und tauschten.

D 1 *Kupfergewinnung:*
① Gestein wird mit Feuer erhitzt und dann mit Wasser abgekühlt.
② Mit Schlägel und Hacke werden Felsstücke abgelöst.
③ Felsstücke werden zermahlen, um das Kupfererz herauszusammeln.
④ Ein Ofen wird unten mit Holzkohle, darüber mit Erz gefüllt. Das Feuer wird mit Blasebälgen angefacht, um eine Temperatur über 1000° C zu erreichen.
⑤ Für die Herstellung eines Gerätes wird das Kupfer noch einmal geschmolzen und in eine Form aus Holz, Stein oder Ton gegossen.

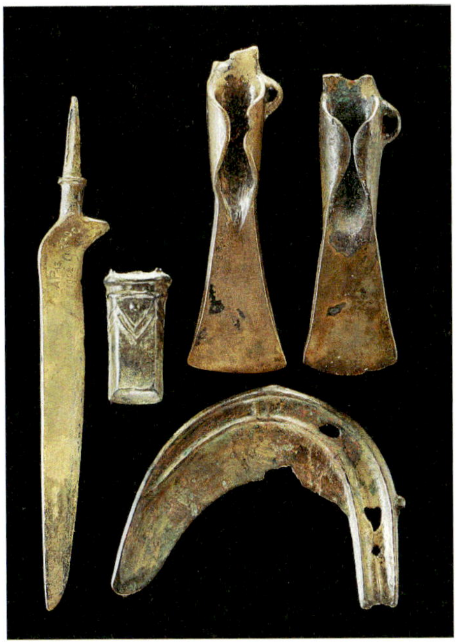

1 *Funde aus der Bronzezeit:* Messer, Sichel und Treibhammer aus Bronze wurden am Federsee in Baden-Württemberg gefunden.

2 *„Germanen" nannten die Römer die Völker, die rechts des Rheins lebten. Um 100 n. Chr. berichtete der römische Schriftsteller Cornelius Tacitus über sie:*

Sie (haben) Schwerter oder größere Lanzen in Gebrauch. Sie führen Speere oder – mit einem Wort ihrer Sprache – „Framen". Diese haben nur eine schmale, kurze, aber so scharfe und zweckdienliche Eisenspitze, dass sie ein- und dieselbe Waffe je nach den taktischen Erfordernissen im Nah- und Fernkampf einsetzen können.

Auch ein Krieger zu Pferd begnügt sich (anders als der römische) mit Schild und Frame. Die Kämpfer zu Fuß werfen auch Geschosse, jeder Mann mehrere, und diese schleudern sie ungeheuer weit. Den Oberkörper haben sie nackt oder nur mit einem leichten Umhang bedeckt.

Ein Prunken mit der Ausrüstung gibt es nicht; lediglich ihre Schilde bemalen sie mit schön ausgesuchten Farben.

3 *Werkzeuge* aus der Eisenzeit

4 *Das schönste Bronzegefäß Deutschlands* stammt aus dem Hochsauerland.

5 *In solchen Gussformen* wurde das flüssige Metall zu Waffen und Werkzeugen modelliert.

TIPP

Kupferschmuck selbst gemacht

Aus einem Kupferdraht kannst du einen Arm- oder Fußring herstellen, wie er in der Bronzezeit in Mode war. Du benötigst einen Draht von 1 Meter Länge und 1,5 Millimeter Dicke. Mit einer Zange biegst du die Drahtenden zu einem kleinen Kreis. Wickel den Draht in der Mitte einmal um dein Handgelenk; beide Drahtenden müssen gleich lang sein. Zieh deinen Arm aus dem Draht heraus. Mit der Zange drehst du jetzt beide Enden zu Spiralen auf.

1 *Beschreibe die Vorzüge, die der Werkstoff Metall für die Menschen hatte.*
2 *Erläutere anhand von D1 die einzelnen Arbeitsschritte bei der Kupfergewinnung.*
3 *Lies Q2. Wofür verwendeten die Germanen Metalle?*

10 Abschluss
Von „Lucy“ in die Eisenzeit

Spielanleitung
Teilt euch in Gruppen von 2–4 Spielern auf. Jede Gruppe braucht einen Würfel und pro Spieler eine Spielfigur.
Wer die niedrigste Zahl würfelt, darf anfangen. Danach geht es reihum weiter.
Kommst du auf ein Feld, wo schon ein anderer Spieler steht, dürft ihr beide 3 Felder vorrücken, denn gemeinsam war das Leben der frühen Menschen leichter.
Die blauen Felder sind Fragefelder. Kannst du die gestellte Frage beantworten, darfst du noch einmal würfeln. Wenn deine Antwort falsch ist oder du sie nicht weißt, musst du leider 3 Felder zurückgehen. (Die Lösungen könnt ihr auf den angegebenen Seiten nachlesen.)
Die grünen Felder sind Ereignisfelder. Lass dich überraschen, was dir alles passieren kann!
Ziel ist das Erreichen der Eisenzeit. In die gelangst du aber nur mit der genau passenden Würfelzahl.

1 *Wo und wann lebte „Lucy“? (S. 28)*

2 *Vor rund 600 000 Jahren gab es schon Frühmenschen in Europa. Was unterschied sie vom Vormenschen? (S. 30/31)*

3 *Die Frühmenschen lebten als … und … (S. 30)*

4 *Welches war das wichtigste Werkzeug zu Beginn der Altsteinzeit? (S. 31)*

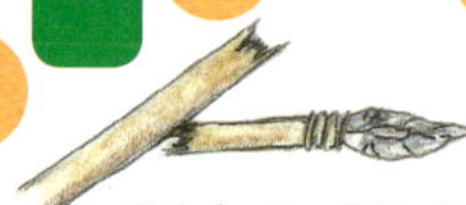

Bei der Jagd ist dein Speer zerbrochen. Setze 1x aus um dir einen neuen anzufertigen.

Deine Gruppe hat ein junges Mammut erlegt! Gestärkt dürfen alle Spieler 2 Felder vorrücken.

7 *Nun kommen unsere direkten Vorfahren nach Europa. Wann we das und woher kamen sie? (S. 32*

5 *Um 120 000 v. Chr. entwickelte sich in Europa ein anderer Menschentyp – der … (S. 30)*

6 *Vor 100 000 Jahren wurde es bitterkalt in Europa – was war passiert? (S. 32/33)*

Du hast vergessen das Feuer zu bewahren Alle in der Gruppe frieren und fürchten sic Geh 5 Felder zurück um nach brennbarem Material zu suchen.

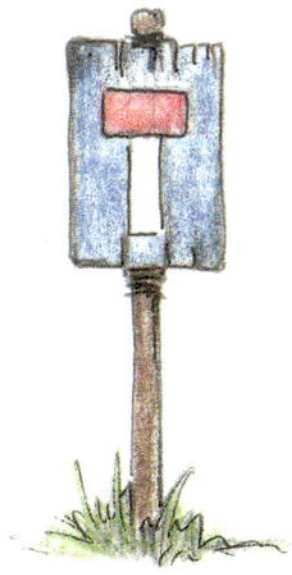

Der Neandertaler stirbt aus. Geh zurück zum Fragefeld 3.

9 Um 5500 v. Chr. beginnt in Europa die Jungsteinzeit. Die Menschen leben nun von … und … (S. 35)

8

8 Wann stirbt der Neandertaler aus? (S. 30)

Du willst ein Zelt bauen, aber es fehlen dir Rentierhäute. Geh auf die Jagd und setze dafür 1x aus.

9

Deine Gruppe hat viel Getreide geerntet. Euer Überleben ist für die nächste Zeit gesichert. Rückt alle 2 Felder vor.

Du bist besonders geschickt im Weben. Rücke 2 Felder vor.

10

10 Nenne 3 wichtige Erfindungen der Jungsteinzeit. (S. 36/37)

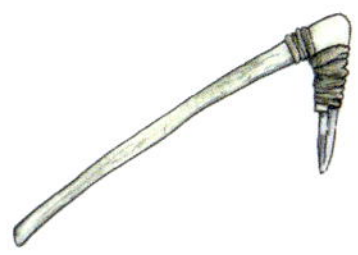

11

11 Nenne fünf Gegenstände, die zu Ötzis Ausrüstung gehörten. (S. 39)

In den Ötztaler Alpen kommt ein Mitglied eurer Gruppe ums Leben. Derjenige, der zurzeit führt, muss 1x aussetzen.

12

12 Mit Metall geht vieles besser. Aus welchen Metallen wurden in der Frühgeschichte Werkzeuge, Waffen und Schmuckstücke hergestellt? (S. 44)

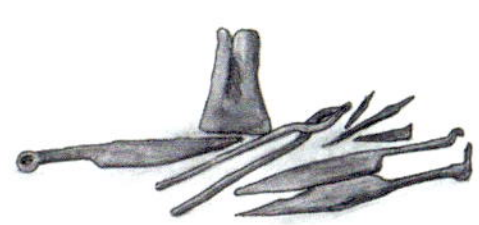

Du bist ein geschickter Händler und gehst mit deinen Waren auf Reisen – und 3 Felder vor.

Geschafft! Du bist in der Eisenzeit angekommen.

ca. 5000 v. Chr.

Nomaden lassen sich im Niltal nieder.

ca. 3000 v. Chr.

Ober- und Unterägypten werden ein Reich; die Ägypter entwickeln eine eigene Schrift.

ca. 2500 v. Chr.

Die Pyramiden von Gise werden gebaut.

Ägypten – Frühe Hochkultur am Nil

Der Nil ist der längste Fluss der Erde. An seinen Ufern entstand vor mehreren tausend Jahren das große Reich Ägypten. Bis heute gibt es uns viele Rätsel auf: Wie schafften es die Ägypter, die gewaltigen Pyramiden zu bauen? Wie lassen sich die rätselhaften Schriftzeichen entziffern? Und wer war die Person, die uns hier entgegenblickt?

ca. 1600 – 1000 v. Chr.

Im Neuen Reich regieren die Pharaonen Hatschepsut, Echnaton, Tutanchamun und Ramses.

30 v. Chr.

Ägypten wird römische Provinz; Kleopatra ist die letzte ägyptische Herrscherin.

1922

Der Archäologe Howard Carter entdeckt im Tal der Könige die Grabkammer des Pharaos Tutanchamun.

1 Ägypten – ein „Geschenk" des Nils?

1 *„Überschwemmte" Felder:* Nach Rückgang des Nil-Hochwassers bildete sich eine ca. 1 mm dicke Schlammschicht. Die Bauern brauchten diesen „Dünger" für ihre Felder.

Fruchtbares Land in der Wüste

Ägypten besteht zum größten Teil aus heißer, trockener Wüste. Doch mitten in dieser Trockenheit gibt es sehr fruchtbares Ackerland mit reichlich Wasser – das Niltal. Hierhin wanderten um 5000 v. Chr. Nomaden aus der nordafrikanischen Steppe ein, sie ließen sich nieder und wurden sesshaft. Ihre neue Heimat war aber kein Paradies. Die Menschen arbeiteten hart um in dem feuchten Tal ihre Felder bestellen zu können. Sie mussten Sümpfe trockenlegen und Dämme gegen Hochwasser bauen.

Der ägyptische Kalender

Jedes Jahr im Sommer führte der Nil Hochwasser, wenn es in seinem Quellgebiet in Äthiopien stark geregnet hatte. Wann genau der Nil anschwoll, konnten die Ägypter berechnen: Immer wenn der Stern Sirius zum ersten Mal in der Morgendämmerung am Horizont auftauchte, folgte das Hochwasser. Die Ägypter erstellten daraufhin einen sehr genauen Kalender. Das „Niljahr" umfasste 365 Tage.

A–Z

Nomaden
sind nicht sesshafte Hirtenvölker, die mit ihren Herden von Weideplatz zu Weideplatz ziehen.

Das Volk am Fluss

Das Hochwasser der Nilschwelle brachte fruchtbaren Schlamm für die Felder mit. Deshalb erwarteten die Ägypter das Wasser jedes Jahr mit großer Hoffnung. Wenn die Überschwemmung langsam zurückging und der Schlamm auf den Feldern liegen blieb, kamen die Feldvermesser. Sie waren Beamte des Königs, die die Ackerfläche berechneten und einteilten. Anschließend teilten sie den Bauern ihre Felder zu.

Der Nil stellt Aufgaben

Um nach der Aussaat genügend Wasser für die Felder zu haben, bauten die Bauern Dämme, Kanäle und Schöpfräder. So konnten sie das Wasser auf die höher gelegenen Felder transportieren. Dabei hatten die Ägypter erkannt, dass sie die vielen Aufgaben nicht einzeln bewältigen konnten. Keiner von ihnen konnte einen Kanal alleine graben. Nur gemeinsam war es möglich, das Niltal zu bestellen und genügend Nahrung zu gewinnen. Jeder Einzelne hatte dabei einen Teil der gemeinsamen Aufgaben zu erfüllen.
Im Laufe der Zeit bildeten sich für bestimmte Aufgaben Spezialisten. War das Getreide reif, kam der Schreiber. Er führte Buch über die Ernte und legte die Steuern fest. Der „oberste Scheunenverwalter" war für die Versorgung der Bevölkerung zuständig. Ein anderer hoher Beamter war der, „der die Kanäle anlegt". Er musste die Bewässerungsanlagen überwachen und Abgaben eintreiben. Auf Grund ihrer Fähigkeiten besaßen diese Beamten Macht und Ansehen in der Bevölkerung.

2 *Das Niltal bei Beni Nassan heute.* Der schmale fruchtbare Streifen ist zwischen einem und 20 km breit.

Q3 *Das Schaduf,* ein Gerät, mit dem die Felder und Gärten bewässert wurden. Die Ägypter benutzten es seit ca. 1400 v. Chr. (Aquarell nach einem Wandgemälde im Grab des Ipui, Deir el-Medina, um 1240 v. Chr.). – Versuche zu erklären, wie das Schaduf funktionierte.

Zeitreise multimedial: Ägypten – „Der Nil"

Q4 *Über Saat und Ernte im Niltal schrieb der griechische Geschichtsschreiber Herodot im 5. Jahrhundert v. Chr.:*

Offenbar sind die Gebiete Ägyptens, die von Griechen besucht werden, Neuland und ein Geschenk des Stromes. Die Ägypter ernten den Ertrag ihres Bodens heute recht mühelos wie kaum andere Menschen. Sie haben es nicht nötig, mühevoll mit dem Pflug Furchen zu ziehen, den Boden zu hacken oder Feldarbeiten zu tun, womit sich andere plagen. Der Strom kommt von selbst, bewässert die Äcker und fließt dann wieder ab. Dann besät jeder seinen Acker und treibt Schweine darauf. Wenn er die Tiere die Saat hat festtreten lassen, wartet er ruhig die Ernte ab. Über die Natur des Flusses habe ich weder von den Priestern noch von sonst jemand etwas erfahren können. Ich hätte gern wissen wollen, warum der Fluss von der Sommersonnenwende an fast 100 Tage so wasserreich strömt und auch, warum er danach wieder zurückgeht.

Q5 *Über den Nil schrieb der Dichter Cheti um 1300 v. Chr.:*

Sei gegrüßt Nil, der aus der Erde herauskommt (...) um Ägypten zu ernähren; von Rê (dem Sonnengott) erschaffen um alle Durstigen zu beleben. Der Gerste schafft und Emmer entstehen lässt. Ist er träge, (...) dann verarmt jedermann. Wenn er steigt, dann ist das Land in Jubel, dann ist jeder Bauch in Freuden.

Herr der Hoheit, der alles Gute bringt, der den Herden das Futter bringt, der jedem Gott Schlachtopfer zukommen lässt, der die Speicher füllt und die Scheunen weit macht, der den Armen Besitz gibt. Der Bäume wachsen lässt, der das Schilf hervorbringt durch seine Kraft.

Niemand weiß, wo seine Quelle ist, der zu seiner Zeit kommt, Ober- und Unterägypten zu füllen. Der Frieden schafft, einer, dem keine Grenzen gesetzt werden können. Nil, komm nach Ägypten, lass die Gesetze entstehen.

1 *Sage dem Dichter Cheti (Q5), wo die Quelle des Nils liegt. Nimm einen Atlas zuhilfe.*

2 *Lies Q4 und erkläre, warum Herodot Ägypten als ein „Geschenk des Stromes" bezeichnet.*

3 *Stelle dir vor, der Dichter Cheti nimmt dich mit auf eine Nilreise am Ende der Überschwemmung. Berichte von deinen Beobachtungen und Erlebnissen.*

2 Schule, Schrift und Schreiber

Q 1 *Stein von Rosetta,* 1799 im Niltal gefunden, jetzt im Britischen Museum in London. Der Name Ptolemaios war das erste Wort, das entziffert werden konnte.

ΠΤΟΛΕΜΑΙΟΣ

Hochkultur
Der Begriff wird verwendet, wenn ein Volk schon früh eine Schrift, eine Zeitrechnung, eine Verwaltung, Städte und eine von allen anerkannte Ordnung besitzt. Auch besonders herausragende Leistungen in der Kunst, Literatur und Architektur machen eine Hochkultur aus.

Hieroglyphen
So nannten die Griechen die ägyptischen Schriftzeichen, die sie an Tempeln fanden, aber nicht lesen konnten. Der Name für die von den Ägyptern um 3000 v. Chr. entwickelte Schrift gilt noch heute.

Phiops muss in die Schule

An einem Sommertag im Jahre 1880 v. Chr. segelt der Schreiber Duauf mit seinem Sohn Phiops auf dem Nil südwärts in Richtung Theben. Phiops soll in der Schule des Tempels von Theben zum Schreiber ausgebildet werden. Der Sohn ist acht Jahre alt und überhaupt nicht begeistert, für einige Jahre von zu Hause weg zu sein. Der Vater hat aber Recht. Schule, Schrift und Schreiber bedeuteten in Ägypten sehr viel.

Eine Schrift wird notwendig

Als die Ägypter das Niltal immer stärker besiedelten, benötigten sie für die vielen Aufgaben Schriftzeichen, um bedeutende Ereignisse, wie z. B. das Nilhochwasser, notieren zu können. Listen über Vorräte und Abgaben der Bauern mussten angelegt, Berichte der Beamten verfasst, Aufträge und Befehle geschrieben werden. Die Erfindung der Schrift war der entscheidende Schritt für die Entwicklung zu einer „Hochkultur".

Hieroglyphen werden entziffert

Lange Zeit war der Sinn der ägyptischen Schriftzeichen, Hieroglyphen genannt, für die Nachwelt ein Rätsel. Erst im Jahr 1822 gelang dem Franzosen Champollion die Entzifferung der Schrift. Auf einem im Niltal gefundenen Stein entdeckte er einen Text, der in Hieroglyphen und Griechisch gleich lautend geschrieben war. Champollion ging vom bekannten Text in Griechisch aus, entdeckte dort die Namen zweier Könige, Kleopatra und Ptolemaios, und fand sie im Hieroglyphentext wieder – der Schlüssel zur Lösung des Rätsels war gefunden.

In die Schule darf jeder

Doch kehren wir zurück zu Duauf und seinem Sohn. Oft hat Phiops seinem Vater beim Schreiben zugesehen. Der Vater hat ihm erklärt, dass es neben den Hieroglyphen auch eine einfachere Schrift für den täglichen Gebrauch gibt. Für sie verwendet man als Schreibmaterial den Papyrus.
In der Schule wird Phiops Mitschüler aus allen Gruppen der Bevölkerung treffen. Mädchen wird er nur selten sehen. Sein Vater kennt aber Frauen, die als Beamtinnen, Ärztinnen und Priesterinnen das Schreiben beherrschen. Das Lernen in einer Schreibschule war kein Vorrecht, sondern jedem gestattet. Der Vater erzählt von einem Priester, der arm war. Dank seiner Klugheit wurde er in die Schule aufgenommen und stieg zum „Dolmetscher für jedes Ausland" auf. Der Vater erzählt außerdem, dass er auch Mathematik, Bildhauerei, Malerei, Geographie und Sport zu lernen habe. Die Lehrer werden von Phiops strengen Gehorsam verlangen. Die jungen Menschen sollten erkennen, dass sie ein Teil der allgemeinen Ordnung seien, die nur mit strenger Disziplin zu bewahren sei. Erziehung und Lernen waren für die Ägypter ein Teil der göttlichen Ordnung.

Q 2 *Figur eines Schreibers,* Kalkstein um 2500 v. Chr. Auf seinen Knien hat der Schreiber einen Papyrus aufgerollt. Mit der linken Hand hält er die Rolle, mit der rechten will er gerade schreiben. Sein straff gespannter Schurz dient ihm als Schreibunterlage.

Q 4 rechts: *Türschild des Pharaos.* Die Hieroglyphen auf diesem Metallschild bedeuten: „Der geliebte Sohn des Rê, Amenophis, der Gott und Herrscher von Theben, wird ewig leben." In dem ovalen Rahmen, Kartusche genannt, ist der Königsname zu finden.

Hieroglyphen	Gegenstand	Laut	Bedeutung
	Brot	t	
	"Sandalen-riemen"	anch	leben
	Schilfrohr	i	
	Brettspiel	men	bleiben
	Wasser	n	
	Zepter	heka	Herrscher
	Korb	neb	Herr
	Mistkäfer	cheper	verwandeln/ Verwandlung
	Sonne	rê	Sonnengott

D 1 *Die Hieroglyphen* entwickelten sich aus Bildzeichen.

Q 3 *Der Schreiber Duauf an seinen Sohn Phiops (ca. 1250 v. Chr.):*

Ich lasse dich die Schriften mehr lieben als deine Mutter. Ich führe dir die Schönheit vor Augen; sie ist größer als die aller anderen Berufe. Kaum ist ein Schriftkundiger herangewachsen, wird man ihn grüßen. Der Steinmetz graviert mit dem Meißel in allerlei harten Steinen. Hat er die Arbeit vollendet, so versagen ihm seine Arme und er ist müde. Der Töpfer steckt in seinem Lehm; der beschmiert ihn mehr als ein Schwein. Wenn der Weber den Tag vollbracht hat ohne zu weben, wird er mit 50 Peitschenhieben geschlagen. Siehe, es gibt keinen Beruf, in dem einem nicht befohlen wird, außer dem des Schreibers; da ist er es, der befiehlt. Wenn du schreiben kannst, wird dir das mehr Nutzen bringen als alle Berufe, die ich dir genannt habe. Nützlich ist dir schon ein Tag in der Schule und eine Ewigkeit hält die in ihr geleistete Arbeit vor.

Q 5 *Schultag eines Jungen (ca. 1200 v. Chr.):*

Mit einem „Wach auf, an deinen Platz!" wird der Junge geweckt. „Die Bücher liegen schon vor deinen Kameraden. Bring deine Kleider in Ordnung (der Junge schläft in seiner Kleidung) und zieh die Sandalen richtig an!", so fing der Tag an. Dann hieß es: „Du legst deine Aufgaben täglich ordnungsgemäß vor. Sei nicht faul! Man gibt auf: 3+3 (...). Dann fängst du an ein Buch zu lesen, rechnest und bist dabei still. Lass keinen Laut aus deinem Mund hören! Schreibe mit deiner Hand und lies mit deinem Mund! Faulenze nie oder wehe deinen Gliedern! Suche zu verstehen, was dein Lehrer will, höre auf seine Mahnungen; werde ein Schreiber!"

1. *Welche Hieroglyphen auf dem Türschild (Q4) kannst du erkennen und übersetzen?*
2. *Der Text Q3 wurde in Schulen als Schreibübung verwendet. Überlege, welche Wirkung er auf die Schüler haben sollte. Was sagt der Text über den Beruf des Schreibers und über dessen Stellung in der Gesellschaft aus?*
3. *Der König hat dich zum Schreiber ernannt. Handwerker beschweren sich, dass nur sie hart arbeiten müssten. Wie verteidigst du dich? Nimm Q5 zuhilfe.*

3 Projekt
Schreiben wie die Ägypter

Q 1 *Deutzeichen* wurden bei Namen oder Berufsbezeichnungen hinzugefügt, damit man sehen konnte, ob ein Mann oder eine Frau gemeint war (oben). Der Name eines Pharaos wurde immer mit einem Ring umgeben (unten).

Ein Besuch bei Phiops in der Schreiberschule
Bald nach der Ankunft in der Schule hatte Phiops seine ersten Unterrichtsstunden. Zunächst musste er lernen Hieroglyphen zu lesen und zu schreiben. Das war schwierig. Wir können uns das leichter machen und basteln uns eine Scheibe, mit der wir die Hieroglyphen entziffern können.

Ganz hinten im Buch findest du diese beiden Scheiben in Schwarz-Weiß. Kopiere sie und klebe sie auf passende Pappscheiben. Jetzt kannst du die Bilder und Zeichen farbig ausmalen. Wenn dir die Zeichen zu klein sind, kannst du die Kopien auch vergrößern. Schneide dann das kleine Fenster in der einen Scheibe aus. Dann musst du die beiden Scheiben in der Mitte so befestigen,

dass man sie drehen kann. Dazu machst du in die Mitte ein kleines Loch und nimmst einen Metallverschluss für Versandbeutel.

Mithilfe der Scheibe kannst du auch selber Hieroglyphen schreiben. Da Hieroglyphen Bildzeichen sind, sollten die Bilder auch gemalt werden. Ein Kugelschreiber oder Füller ist weniger geeignet.

Als Schreibgerät kannst du einen Pinsel nehmen. Die Ägypter schrieben mit roter und schwarzer Farbe. Du nimmst am besten schwarze und rote Tinte oder Tusche.

Papier aus Papyrus kann man in guten Bastelläden kaufen.

Q 2 *Schreibrichtung.* Die Ägypter schrieben entweder von oben nach unten (rechts), von rechts nach links (oben) oder von links nach rechts (unten). Erkennen kann man das an den Menschen- und Tierfiguren.
Sie schauen immer zum Zeilenanfang.

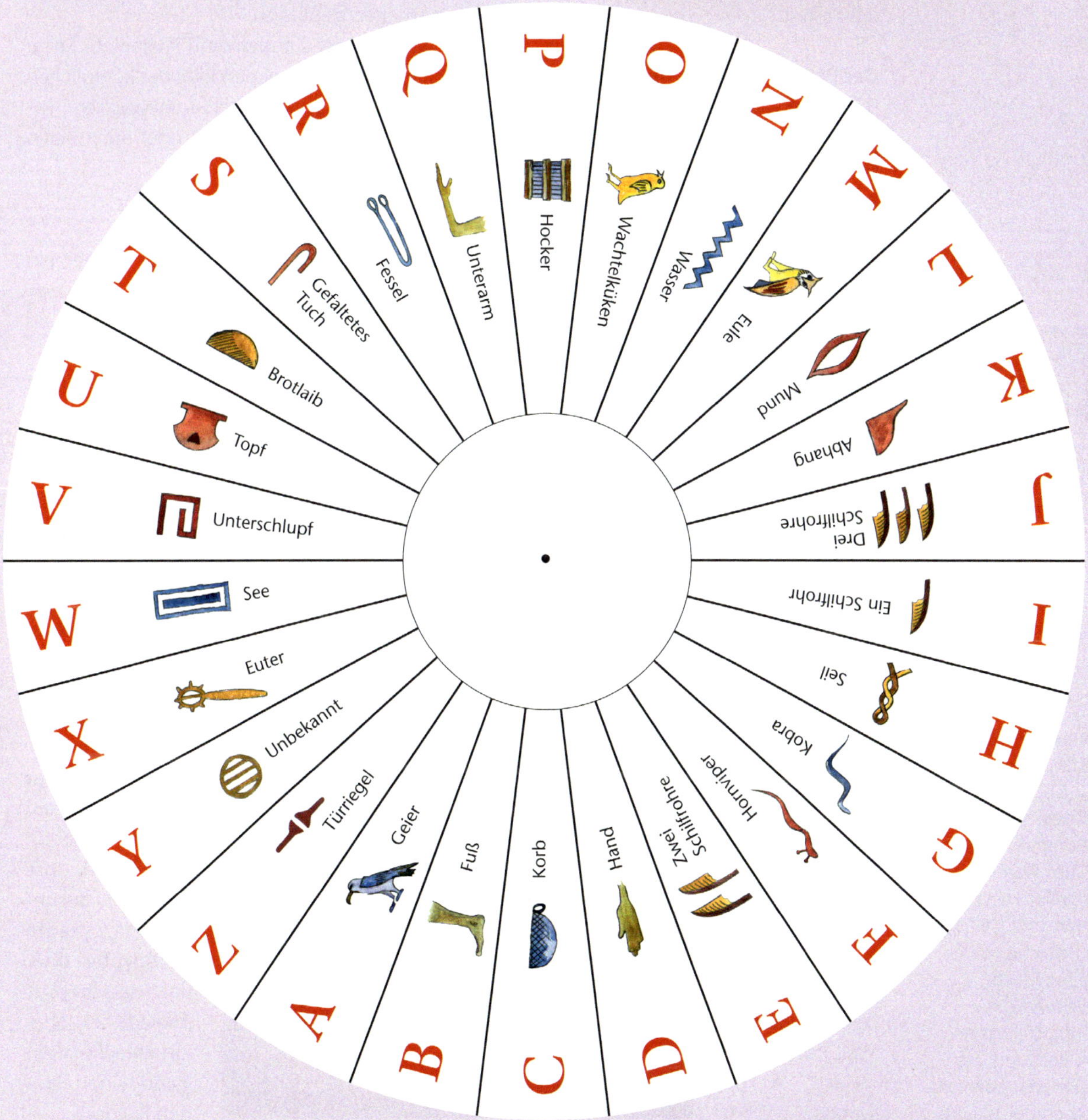

4 Der Pharao – Gott und König

Die ägyptische Götterwelt
Die Ägypter glaubten an viele Göttinnen und Götter. Auf Bildern sind diese Gottheiten häufig als Menschen, aber mit Tierköpfen dargestellt. Die Ägypter verehrten auf diese Weise die besonderen Fähigkeiten der Tiere, beispielsweise das scharfe Auge des Falken.

Der Pharao bewahrt die Weltordnung
Die Götterwelt war von der Welt der Menschen streng getrennt. Die einzige Verbindung zwischen Göttern und Menschen war der Pharao. Für ihn hatten die Ägypter viele verschiedene Titel. Einer ist „Lebender Horus auf Erden". Damit wurde der Pharao dem Himmelsgott Horus gleichgestellt. Weitere Titel waren „Sohn des Rê", des Sonnengottes, und „Herr von Ober- und Unterägypten".
Der Pharao war Herr und Gebieter über seine Untertanen. Da er gleichzeitig als Gott angesehen wurde, galt er als unfehlbar.
Ein Pharao schrieb seinem Sohn und Nachfolger folgende Lehre: „Halte dich fern von deinen Untergebenen, die nichts sind. Kenne keinen Freund, schaffe dir keine Vertrauten, denn es kommt nichts dabei heraus." Der Pharao sollte sich durch nichts davon ablenken lassen, die göttliche Weltordnung, die „Maat", zu bewahren.

Pharao – „Großes Haus"
Der Pharao lebte in einem prächtigen Palast, den die Ägypter „Großes Haus" nannten. In der Sprache der Ägypter hieß das „Pharao". Da diese Häuser aus Lehmziegeln und nicht wie die Pyramiden aus Stein gebaut wurden, ist von ihnen fast nichts erhalten geblieben.
Viele Diener standen dem Pharao zur Seite: Es gab die „Geheimen Räte des königlichen Schmucks", den „Diadembewacher", einen „Sandalenverwalter" oder auch einen „Haarmacher".

Eine Frau wird Pharao
Eigentlich musste der Pharao immer ein Mann sein, denn Tapferkeit und Stärke galten als männliche Eigenschaften. Doch als der Pharao Thutmosis II. im Jahr 1490 v. Chr. starb, übernahm seine Witwe Hatschepsut die Regierung. Denn ihr Sohn war noch nicht alt genug um zu regieren. Hatschepsut übergab dem Sohn aber auch nicht die Macht, als er volljährig wurde. Damit geschah etwas Unglaubliches: Eine Frau wurde Pharao.
Für die Ägypterinnen und Ägypter war das ein Verstoß gegen die göttliche Ordnung. Aber Hatschepsut war ein sehr guter Pharao. „Sie ist die Meisterin der Herrschaft, ihre Pläne sind ausgezeichnet", sagte ein Ägypter über sie. Hatschepsut regierte 20 Jahre und brachte dem Land einen langen Frieden.

Zeitreise multimedial: Ägypten – „Die Götterwelt der Ägypter"

Q1 *Eingeweidesarg des Tutanchamun (14. Jh. v. Chr.)* aus Gold, Halbedelsteinen und Glas. Geier und Kobra auf der Stirn waren Zeichen seiner Herrschaft. Krummstab und Geißel, eine Art Peitsche, waren Symbole für Macht und verliehen Kraft und Schutz. Der umgebundene Bart und das Kopftuch waren ebenfalls Kennzeichen der Macht.

Q2 *Pharao Meri-Ka-Rê schrieb um 1480 v. Chr. folgende Ratschläge an seinen Sohn:*
Sei geschickt im Reden, damit du die Oberhand behältst; Reden ist erfolgreicher als Kämpfen. Ahme deine Väter nach, die vor dir gestorben sind. Sei nicht böse; freundlich sein ist gut. Zeige dich deinem Land gütig, man preist deine Güte und betet für deine Gesundheit. Mache deine Beamten vermögend, damit sie nach deinen Gesetzen handeln. Wer reich ist, ist nicht parteiisch. Sag die Wahrheit in deinem Hause, dann haben die Großen vor dir Respekt. Tu du als Pharao das Rechte, quäle keine Witwe. Hüte dich davor, ungerechterweise zu strafen. Mache keinen Unterschied zwischen dem Sohn eines Vornehmen und dem niedriger Herkunft; hole dir einen Mann wegen seiner Fähigkeiten.

Q3 *So wurde Pharao Sesostris I. gelobt:*
Er ist ja ein Gott ohne seinesgleichen; nie gab es einen, der ihn übertrifft. Über Weisheit verfügt er, trefflich ist er im Planen, wirkungsvoll im Befehlen; man zieht aus und kehrt zurück auf sein Verlangen (…). Ein Held ist er, der mit seinem Arm wirkt, ein Kämpfer, dem niemand gleichkommt (…). Auch ein Liebenswürdiger ist er, mit großer Gnade, der durch Liebe erobert hat.

Q4 *Hatschepsut, eine Frau als Pharao (Statue um 1465 v. Chr.).* Nach ihrem Tod ließ ihr Sohn Thutmosis III. nahezu alle Statuen und Inschriften von ihr zerstören.

D1 *Ägyptische Götter*
① *Rê* sorgt für den täglichen Umlauf der Sonne. Man erkennt ihn an der Sonnenscheibe. Oft wird er mit einem Falkenkopf dargestellt, weil Falken hoch am Himmel fliegen.
② *Thot*, Gott der Weisheit und der Schreibkunst, wird mit dem Kopf eines Ibis dargestellt.
③ *Anubis* beschützt die Toten. Vielleicht malten ihn die Ägypter mit einem Schakalkopf, weil Schakale häufig auf Friedhöfen nach Knochen suchten.
④ *Maat* ist die Göttin der Wahrheit und Gerechtigkeit. Sie trägt eine Pfauenfeder auf dem Kopf.

① ② ③ ④

1. *Lies Q2 und Q3. Fasse mit eigenen Worten zusammen, wie ein guter Pharao sein sollte.*
2. *Vergleiche die Darstellung der Hatschepsut Q4 mit der des Tutanchamun Q1. Warum hat sich Hatschepsut so darstellen lassen?*
3. *Überlege, warum Thutmosis III. alle Andenken an seine Mutter vernichten wollte (VT, Q4).*

5 Methode
Ein Schaubild verstehen

Ein Schaubild soll Informationen aus der Geschichte übersichtlich darstellen. Es richtig zu „lesen", will jedoch gelernt sein. Hier zeigen wir dir, wie du ein Schaubild verstehen und ihm wichtige Informationen entnehmen kannst.

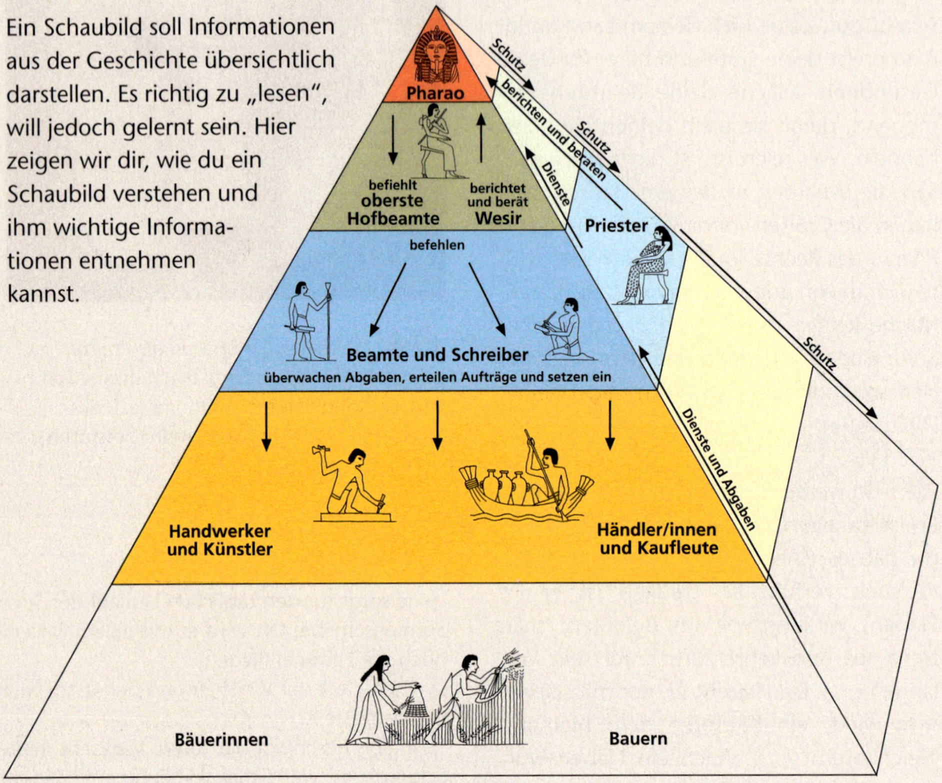

D1 *Schaubild der ägyptischen Gesellschaft um 2200 v. Chr.*
Der Pharao nahm in der Rangordnung der Gesellschaft den ersten Platz ein. Darum ist er im Schaubild an die Spitze gesetzt worden. Alle wichtigen Entscheidungen traf er selbst und gab dem Wesir und den obersten Hofbeamten Befehle. Umgekehrt berichteten ihm der Wesir, die obersten Beamten und die Priester in den Tempeln über die Ereignisse im Reich und berieten ihn. Alle anderen Untertanen dienten dem Pharao und mussten einen Teil ihrer Einnahmen oder Ernte als Steuer abgeben. Der Pharao war wiederum dafür verantwortlich, seine Untertanen zu beschützen und für ihr Wohlergehen zu sorgen.

Hierarchie
Das Oben und Unten bzw. Nebeneinander in einer Gesellschaft ist die Rangordnung. Die Griechen nannten das „Hierarchie", das bedeutet „heilige Ordnung". Auf welcher Stufe der Rangordnung Menschen stehen, hängt z. B. davon ab, ob sie arm oder reich sind, hohes oder niedriges Ansehen oder Bildung besitzen, viele oder wenige Rechte haben oder als Frau oder Mann geboren wurden.

Methodische Arbeitsschritte

1. Stelle fest, welches Thema das Schaubild behandelt. Die Legende verrät es dir.
2. Untersuche, warum einzelne Teile des Schaubildes in verschiedenen Farben dargestellt sind.
3. An welchen Stellen werden Pfeile und Linien verwendet? Was sagen sie über die Beziehungen zwischen den Personen aus?
4. Warum eignet sich die Form einer Pyramide besonders gut, um die ägyptische Gesellschaft darzustellen? Kannst du dir noch eine andere Form vorstellen?

D2 Mein Vater fährt im Auftrag der Verwaltung oder des Tempels mit dem Boot in ferne Länder. Er bringt Gold, Edelsteine, Weihrauch, Parfüm und Gewürze mit. Die wertvolleren Waren gehören natürlich dem Pharao. Den Rest verkauft meine Mutter auf dem Markt. Bald darf ich mit meinem Vater mitfahren.

D3 Mein Vater ist sehr geachtet und wichtig für den Pharao. Sein Vorgesetzter ist der Wesir. Mein Vater kann lesen und schreiben, er treibt Steuern ein, kontrolliert die Arbeit der Bauern und notiert den Bestand an Vieh und Getreide. Bei guter Arbeit kann er in der Beamtenlaufbahn aufsteigen. Wir leben sehr angenehm. Nach zwölf Jahren Schreiberschule kann auch ich den Beruf meines Vaters ausüben.

D4 Meine Mutter ist Parfümherstellerin. Duftstoffe sind in unserem Land sehr begehrt. Wir leben ganz gut, obwohl wir einen Teil des Parfüms als Steuer an die Schreiber abgeben müssen. Den Rest tauschen wir gegen Brot, Bier und manchmal Fleisch ein. Für eine Schreiberlehre reicht es aber nicht.

D5 Meine Eltern gehören zu den einflussreichsten Menschen in Ägypten und beraten sogar den Pharao. Sie sorgen dafür, dass die Götter in richtiger Weise verehrt werden, und bereiten den göttlichen Pharao nach seinem Tod für seine Fahrt ins Totenreich vor. Im Lebenshaus erlerne ich alle heiligen Handlungen, Gebete und geheimen Künste, um später das Amt meiner Eltern zu erben.

D6 Mein mächtiger Vater sorgt dafür, dass die Befehle des Pharaos ausgeführt werden. Er legt die Steuern fest und schlichtet Streitigkeiten. Bei wichtigen Entscheidungen holt der Pharao Ratschläge von meinem Vater ein. In einem Palast werde ich als sein Nachfolger von einem Privatlehrer unterrichtet.

D7 Unsere ganze Familie bestellt die Äcker des Pharaos. Unser Dorf muss den größten Teil der Ernte bei den Beamten des Pharaos abliefern. Für uns bleibt nur wenig zum Leben. Wer seine Abgaben nicht entrichtet, wird in die Kupferbergwerke geschickt. Bei Hochwasser arbeitet mein Vater im Auftrag der Beamten auf der Pyramidenbaustelle.

1 Versuche, die Personen (D2–D7) in das Schaubild einzuordnen. Begründe deine Entscheidung.

2 Suche nach Gründen, warum du die Personen in der Hierarchie weiter oben oder unten eingeordnet hast. Lies dazu auch die Erklärung zum Begriff „Hierarchie".

3 Auf dieser Seite werden nur einige Berufe beschrieben. Informiere dich in den anderen Kapiteln des Buches über weitere Personengruppen und ordne sie in das Schaubild ein.

6 Die Pyramiden – Bauten für die Ewigkeit

Rätselhafte Pyramiden

Die berühmtesten Bauwerke Ägyptens sind die Pyramiden. Ungefähr 70 sind bis heute entdeckt worden. Schon in der Antike zählte man sie zu den Weltwundern. Um manche Pyramiden ranken sich geheimnisvolle Geschichten. Sagenhafte Schätze seien in ihnen verborgen. Grabräuber und Forscher sollen auf unerklärliche Weise im Inneren einer Pyramide ums Leben gekommen sein.
Viele Leute haben versucht den Sinn der Pyramiden zu erklären. Für die einen waren es Kornspeicher, erbaut von den ägyptischen Königen, um vor Hungersnöten sicher zu sein. Andere meinten, die Pyramiden seien als Schutz gegen die Sintflut errichtet worden. Was wissen wir wirklich?

Die Cheops-Pyramide

Die großen Pyramiden stammen aus dem dritten Jahrtausend v. Chr. Die größte ist die des Pharaos Cheops. Sie ist 147 m hoch, eine Seite ist 230 m lang. Zum Bau benötigte man ca. 2,5 Millionen Steinblöcke, von denen jeder 2,5 Tonnen wog. Ungefähr 20 Jahre lang waren tausende Ziegelmacher, Maurer, Zimmerleute, Bildhauer, Maler und Steinmetze beschäftigt. Den Transport der Steine mussten Bauern in der Zeit leisten, in der sie wegen des Nilhochwassers nicht auf ihren Feldern arbeiten konnten.
Den Wissenschaftlern geben die Pyramiden heute kaum noch Rätsel auf: Diese Bauwerke waren Grabanlagen für die Pharaonen.

„Häuser für das ewige Leben"

Die Ägypter nannten die Pyramiden „Häuser für das ewige Leben", denn sie waren fest davon überzeugt, dass es ein Weiterleben nach dem Tod gab. In der Nähe der Pyramiden fand man in großen Gruben vergrabene Schiffe, die dem toten König im Jenseits zur Verfügung stehen sollten. Nach dem Glauben der Ägypter wird das himmlische Jenseits mit Schiffen durchfahren.
Im Inneren der Pyramide befand sich die Sargkammer. An den Wänden standen Texte in Hieroglyphen, die das Begräbnis des Königs und seinen Weg ins Jenseits beschrieben. Dieser Weg war der Aufstieg des Verstorbenen in das Reich des Vaters, des Sonnengottes Rê. Die Pyramide war wohl eine steinerne Treppe für diesen Himmelsaufstieg. In der späteren Zeit wurden die Könige nicht mehr in Pyramiden, sondern in Felsengräbern im Tal der Könige bestattet.

A-Z

Pyramide
So werden die Gräber der ägyptischen Könige genannt. Das Wort bedeutete auch „Weizenbrot". Dieses hatte im alten Ägypten die Form eines Kegels.

Q1 *Das Pyramidenfeld von Gise* mit den Pyramiden der ägyptischen Herrscher Mykerinos, Chephren und Cheops (von links nach rechts) aus den Jahren 2510 bis 2457 v. Chr. Im Vordergrund stehen kleine Pyramiden von Königinnen und Prinzessinnen. Beim Bau der Cheopspyramide sollen zeitweise bis zu 100 000 Arbeiter beschäftigt gewesen sein. Sie lebten in einer Stadt mit Werkstätten, Vorratslagern und Getreidespeichern.

D 1 *Pyramidenbau – gerade oder umlaufende Rampen?*

Archäologen nehmen an, dass Rampen angelegt wurden, auf denen Mannschaften von Arbeitern die Steinblöcke mit Schlitten herbeischafften. Sand, Schlamm und Wasser dienten als Schmiermittel. Die Rampen wurden aus Steinen und Sand gebaut. Beides konnte später als Füllmaterial im Inneren der Pyramide wiederverwendet werden. Wie die Rampen ausgesehen haben, darüber streiten sich die Forscher.

① Eine gerade auf die Pyramide zulaufende Rampe hätte die Ecken und Seiten der Pyramide frei gelassen. So konnte ständig die richtige Neigung der Pyramide überprüft werden. Ab etwa 20 m Höhe wurde die Steigung für die Arbeiter unüberwindbar. Um die Steigung gering zu halten, hätte man die Rampe so lang bauen müssen, dass sie mehr Material verschlungen hätte als die ganze fertige Pyramide.

② Manche Fachleute gehen von mehreren Rampen aus, die sich von unten um die Pyramide herumwanden. Auch diese Rampen wurden ab einer bestimmten Höhe zu steil.

Wie die Pyramiden im oberen Teil bis zur Spitze gebaut wurden, ist unklar. Nach neueren Erkenntnissen arbeiteten die Ägypter mit Hebeln, Walzen, Brechstangen und Schlitten.

Zeitreise multimedial: Ägypten – „Die Pyramiden"

Q 2 *Über die Technik des Pyramidenbaus schreibt der Grieche Herodot (um 450 v. Chr.):*

Beim Bau der Pyramide ging man so zu Werke: Man baute sie wie eine Treppe, die manche Stufen nennen. War zunächst eine solche Stufe gebaut, wand man die übrigen Steine mithilfe eines Gerüstes aus kurzen Holzstangen hinauf. So hob man die Steine von der Erde auf den ersten Treppenabsatz. Jedes Mal, wenn der Stein auf ihn gebracht war, legte man ihn auf ein anderes Gerüst, das auf der ersten Stufe stand; von dort wurde er auf den zweiten Absatz, auf ein anderes Gerüst, gewunden. Es gab so viele Vorrichtungen wie Treppenstufen, falls man nicht die Hebevorrichtung auf jede neue Stufe setzte. Mir ist nämlich beides erzählt worden.

Q 3 *Vom Bau der Cheops-Pyramide berichtet Herodot:*

(Cheops) zwang alle Ägypter für ihn zu arbeiten. Die einen mussten Steinblöcke aus den Steinbrüchen im arabischen Gebirge bis an den Nil schleifen. Über den Strom wurden sie auf Schiffe gesetzt. Andere mussten die Steine weiterziehen (…).

So wurde das Volk bedrückt. Es dauerte 10 Jahre, ehe nur die Straße gebaut war, auf der die Steine dahergeschleift wurden. Dieses Werk finde ich fast ebenso gewaltig wie den Bau der Pyramide selber. Denn die Straße ist 890 m lang, 18 m breit, an der höchsten Stelle 14 m hoch und aus geglätteten Steinen hergestellt.

1 *Welche Einzelheiten über den Pyramidenbau weiß man sicher, was kann man nur vermuten (D1, Q2, Q3)? Diskutiert die Vor- und Nachteile der beiden Modelle.*

2 *Stell dir vor, deine Heimatzeitung hätte dich als Reporter zum Bau der Cheops-Pyramide geschickt. Verfasse einen Bericht.*

3 *Die Pyramiden gehören zu den „Sieben Weltwundern". Erkundige dich nach den anderen sechs.*

7 Der Weg ins Jenseits

Zeitreise multimedial: Ägypten – „Die Sargkammer des Sennedjem“; „Das Leben im Jenseits“

Mumien geben Rätsel auf

In den letzten 200 Jahren hat man in Ägypten nicht nur im Tal der Könige oder in Pyramiden, sondern auch in einfachen Gräbern eine große Zahl von sorgfältig einbalsamierten Körpern gefunden. Sie ruhten in Särgen, von denen manche aus edlem Holz oder sogar aus Gold gefertigt waren. Warum haben die Ägypter ihre Toten so aufwändig hergerichtet, dass sie noch bis in unsere Zeit gut erhalten geblieben sind?

Q 1 *Mumie in einem reich bemalten Sarg.* Diese thebanische Priesterin wurde in einem Sarg in Menschengestalt bestattet (1,83 m lang, um 1000 v. Chr.).

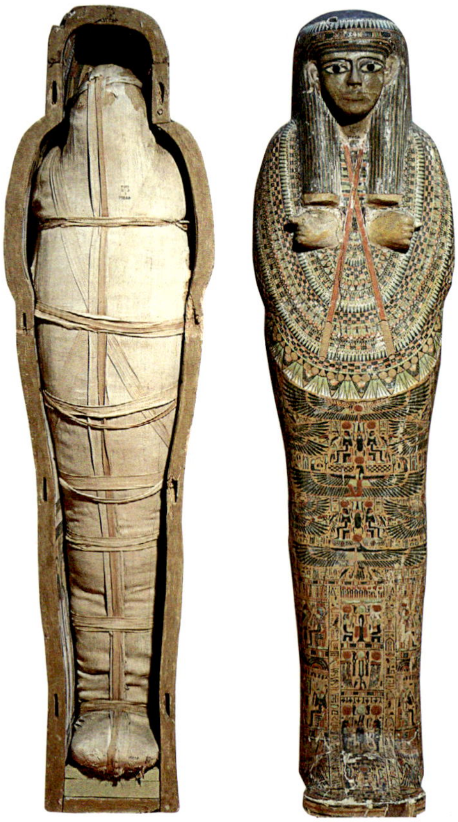

Mumie
Mumien sind einbalsamierte Körper verstorbener Menschen und Tiere. In einem aufwändigen Verfahren wurde der Körper vor Verwesung geschützt. Die Ägypter machten das aus religiösen Gründen, denn sie glaubten an ein Weiterleben nach dem Tod. Auch heilige Tiere wurden so behandelt.

Tod und Trauer

Wenn ein Ägypter gestorben war, begann für die Familie die Zeit der Trauer. Die Männer rasierten sich nicht mehr, die Frauen beschmierten ihr Gesicht mit Schlamm. „Klageweiber“, die von den Trauernden bezahlt wurden, liefen laut schreiend durch die Straßen und riefen: „Wehe, das Unglück!“ Der Leichnam wurde dann zu den Einbalsamierern gebracht. Die Toten der armen Leute wurden in Binsenmatten gewickelt und in der Erde verscharrt. Für einen Pharao oder hohen Würdenträger kam dagegen nur ein Mumienbegräbnis infrage.

Körper für die Ewigkeit

Die Vorbereitungen dauerten bis zu 70 Tage. Zuerst wurde dem Verstorbenen mit Haken das Gehirn durch die Nasenhöhle entfernt. Dann wurden alle Organe mit Ausnahme des Herzens aus dem Körper genommen und in besonderen Gefäßen, den Kanopenkrügen, einzeln einbalsamiert. Das Innere des Leichnams rieb man mit Natronsalz ein. Damit wurde dem toten Körper das Wasser entzogen. Nur so konnte er vor dem Verwesen bewahrt werden. In einem weiteren Arbeitsgang wurde der Körper mit duftendem Harz gefüllt.
Wenn nach ca. 40 Tagen der Leichnam vollständig ausgetrocknet war, stopfte man Füllmaterial (z. B. Papyrus) in den Körper, damit der Tote wieder die natürliche Form erhielt. Zum Schluss wurde er mit langen Leinenstreifen umwickelt. Nachdem der Tote in einen Sarg gelegt worden war, wurde er in einem Trauerzug zum Nil getragen. Ein Boot fuhr ihn dann zum Westufer zur Stadt der Toten. Hier wurde der Sarg ins Grab gelassen. Jetzt stand der Tote auf der Schwelle zum Jenseits. Bevor er es aber betreten durfte, musste er sich vor dem Totengericht verantworten. Das galt auch für einen verstorbenen Pharao.

Q2 *Totengericht (aus dem Papyrus des Hunefer, um 1300 v. Chr.)*
① Der Gott Anubis mit dem Schakalkopf, der Wächter der Toten, führt den verstorbenen Hunefer zu dem Gott Osiris.
② Das Herz des Hunefer wird auf der Waage gegen die Maatfeder, das Zeichen für Ordnung und Wahrheit, gewogen. Anubis überwacht die Waage.
③ Der Gott Thot notiert das Ergebnis des Wägens auf einer Tafel.
④ Der falkenköpfige Gott Horus führt den Verstorbenen nun vor den Thron des Osiris zur Urteilsverkündung.
⑤ Oben sitzen Götter als Richter und fällen das Urteil, ob Hunefer ins Jenseits eingehen kann. Wenn die Waage nicht im Gleichgewicht ist, wird die Fresserin (das Ungeheuer mit Krokodilskopf und dem Körper eines Löwen) zu ihrem Recht kommen. Andere Richter haben ähnliche Namen, z. B. Knochenbrecher oder Därmeverschlinger.

TIPP

Besprecht, mit welchen ägyptischen Motiven ihr die Zeitleiste in eurem Klassenzimmer ergänzen wollt.

Q3 *In einer Pyramide fand man diesen Totenspruch für einen Pharao:*
Hallo, erhebe dich, o Pharao! Nimm deinen Kopf, sammle deine Knochen, raff deine Glieder zusammen, schüttle die Erde von deinem Fleische! Empfange dein Brot, das nicht schimmelt, und dein Bier, das nicht schal wird! Du stehst an der Tür, die die Menschen fern hält. Der Gott Chontamenti[1] kommt zu dir und ergreift deine Hand. Er geleitet dich zum Himmel zu deinem Vater Geb[2]. Er jubelt bei deinem Nahen, er umarmt dich, er küsst dich. Er setzt dich an die Spitze der unvergänglichen Sterne. Die (Götter) preisen dich. Gerste ist für dich gedroschen, Emmer ist für dich gemäht. Erhebe dich, o Pharao! Du sollst nicht sterben!

1 *Chontamenti führt die Verstorbenen in den Himmel.*
2 *Geb ist der Vater der Götter.*

Q4 *Dienerfiguren, so genannte Uschebtis,* wurden dem Verstorbenen mit ins Grab gegeben. Sie sollten ihm die Pflichten abnehmen, falls ihn die Götter zur Arbeit riefen (Theben, um 1250 v. Chr.).

1. *Sicher kannst du erklären, warum die Ägypter den Pharao besonders sorgfältig mumifizierten.*
2. *Was sagt der Pyramidenspruch Q3 über die Vorstellungen der Ägypter vom Jenseits aus? Wie empfanden die Ägypter den Tod?*
3. *Erzähle die Handlung auf dem Bild Q2 nach. Finde eine Überschrift für jeden Bildabschnitt.*
4. *Vergleiche die Jenseitsvorstellungen der Ägypter mit denen anderer Religionen (z. B. Christentum oder Islam).*

8 Deir el-Medina – ein Dorf im alten Ägypten

Das Dorf in der Wüste

Bisher war von Schreibern, Priestern, Wesiren und Pharaonen die Rede. Wer aber hat deren Tempel, Paläste und Grabanlagen errichtet? Es waren Handwerker und Arbeiter. Ihre Häuser waren meist aus Nilschlammziegeln, Palmblättern, Holz, Schilf und Stroh, die die Zeit nicht überstanden haben. Erhalten sind uns aber die Grundmauern einer Siedlung, nicht weit von Theben entfernt. Die Archäologen fanden Papyrusschriften sowie zahlreiche beschriebene Stein- und Tonscherben. Diesen Quellen können wir entnehmen, dass das Dorf ungefähr zwischen 1500 und 1000 v. Chr. bewohnt war. Es hieß Deir el-Medina.
Hier lebten Handwerker und Arbeiter, die man extra für den Bau an den königlichen Grabanlagen angesiedelt hatte. Da die Einzelheiten über die königlichen Gräber geheim bleiben mussten, wurden die Arbeiter streng bewacht. Auch durften die Frauen und Kinder das Dorf nicht verlassen. Als „Gegenleistung" erhielten die Familien in Deir el-Medina allerdings besonders gute Nahrungsmittel, wie Obst, Gemüse, Honig und Geflügel, was sich andere Arbeiter in Ägypten kaum leisten konnten.

Q 1 *Das ausgegrabene Deir el-Medina heute.* Rechts sind die Ruinen des Friedhofs zu sehen, im Hintergrund die Überreste des Totentempels von Pharao Ramses III. Die Arbeiter von Deir el-Medina haben ihn erbaut. Dahinter liegt das bewässerte fruchtbare Land am Nil.

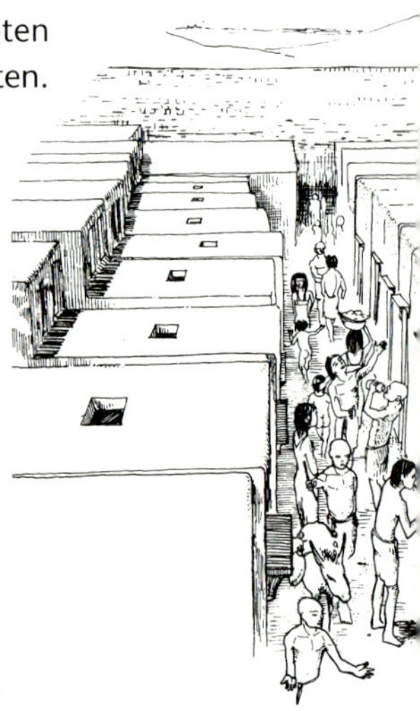

D 1 *Ansicht eines Arbeiterhauses in Deir el-Medina.* Den größten der Räume kann man mit zwei großen Schritten durchqueren. Der Fußboden besteht aus gestampftem Lehm, die Decke aus Palmzweigen. Die Wände sind mit Kalk weiß getüncht, damit man Spinnen und Skorpione besser erkennen kann. Im Nebenraum und im Keller werden Haushaltsgegenstände, Werkzeuge, Kleidungsstücke und Nahrungsmittel aufbewahrt. Im Hintergrund sind die Grabanlagen des Dorfes zu sehen.

Zeitreise multimedial: Ägypten – „Ein Wohnhaus in Deir el-Medina"

D 2 *Die Archäologin Viviane Koenig schreibt in einem Jugendbuch, wie das Leben in Deir el-Medina im Jahr 1162 v. Chr. gewesen sein könnte:*

Heute, am 15. Tag des ersten Sommermonats, im 32. Jahr der Herrschaft des Pharaos Ramses III., kommt der Polizeichef Mentoumes nach Deir el-Medina. Er ruft: „Der Pharao ist tot. Sein Sohn Ramses IV. hat sich auf den Thron gesetzt." In wenigen Augenblicken ist die Hauptstraße von Deir el-Medina mit Menschen gefüllt. Die königlichen Beamten zählen 120 Feuerstellen, das heißt, hier wohnen etwa 1200 Menschen. Die Dorfbewohner freuen sich. Sie werden das Grab des neuen Pharaos bauen, und darum werden sie viel Trockenfisch, Holz, Wein und Gemüse bekommen (...). In den winzigen Häusern trinken Männer und Frauen Bier und sprechen über die Neuigkeiten (...). Aus Brot und Zwiebeln besteht das tägliche Essen im Dorf. Dazu wird Bier getrunken. Die Arbeiter wissen, dass sie großes Glück haben: Sie essen jeden Tag, was in Ägypten keineswegs üblich ist. Die Frauen backen vierzig verschiedene Brotsorten und Kuchen mit Gerstenmehl, Dinkel oder Weizen, mit Honig, Milch oder Butter. Die Ägypter sind große Feinschmecker.

Q 2 *Ein Beschwerdebrief eines Arbeiters aus Deir el-Medina an den Wesir Ta:*

Ich teile meinem Herrn mit, dass ich an den Gräbern der Königskinder arbeite, deren Errichtung der Wesir befohlen hatte. Wir Arbeiter sind sehr elend geworden. Alle Sachen für uns, die das staatliche Schatzhaus liefern sollte, sind nicht verteilt worden. Nicht leicht ist das Tragen von Steinen! Man hat uns auch die $1\frac{1}{2}$ Sack Gerste fortgenommen um uns stattdessen $1\frac{1}{2}$ Sack Dreck zu geben! Möge mein Herr handeln, so dass wir leben können, denn wir sind schon am Sterben. Wir haben kein Brot, wir haben keine Kleider. Denn man gibt uns nichts, gar nichts! Schreibt an den König, unseren Herrn, damit er uns zu leben gebe.

Die Arbeiter verweigern daraufhin die Arbeit. Erst als die Lohnzahlungen endlich eintreffen, beruhigen sie sich wieder. Für die Streikaktionen wird niemand bestraft. Angeblich handelt es sich hier um den ersten Streik in der Weltgeschichte.

1. *Beschreibe, was du auf dem Bild der Ausgrabung entdecken kannst.*
2. *Was fällt dir an der Bauweise der Häuser auf (D1)? Warum gab es so wenige und so kleine Fenster?*
3. *Stelle die Vor- und Nachteile des Lebens in Deir el-Medina dar (VT, D2).*
4. *Worüber beschwert sich der Schreiber in Q2? Warum wendet er sich nicht erst an einen Beamten, sondern gleich an den Wesir?*

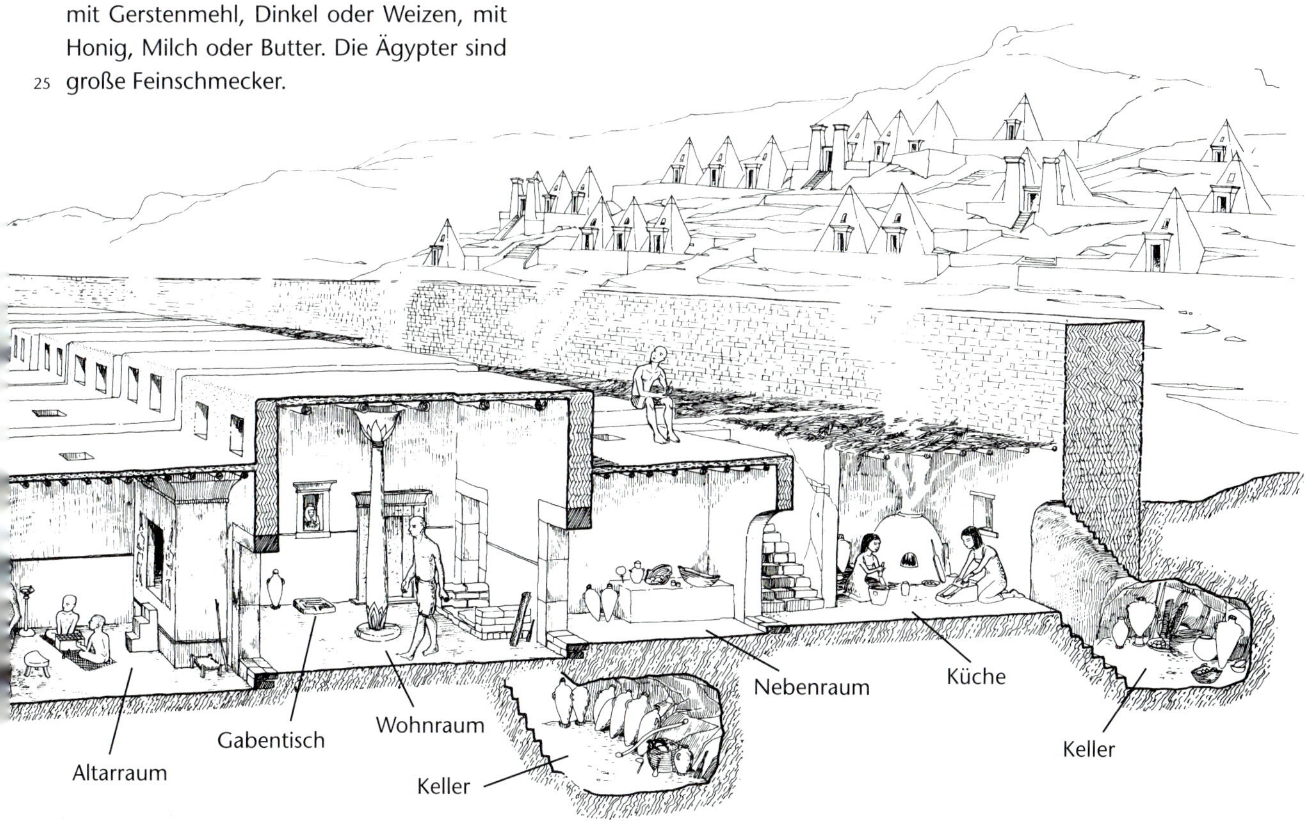

9 Mesopotamien – das Land zwischen den Flüssen

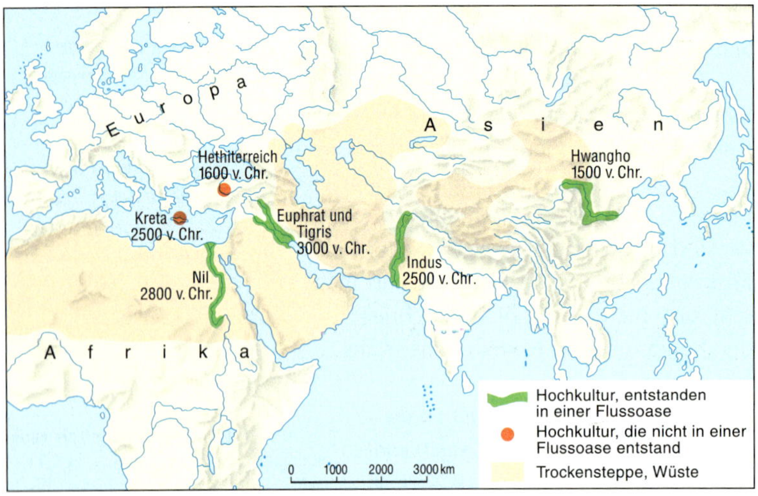

D 1 *Frühe Hochkulturen* in Asien, Afrika und Europa

Leben im Land der Sumerer

Die Griechen nannten das Land zwischen den Flüssen Euphrat und Tigris „Mesopotamien". Das bedeutet „Zwischenstromland". Hier lebte das Volk der Sumerer. Etwa zur gleichen Zeit wie in Ägypten entwickelte sich auch in diesem Land eine Hochkultur. Wie der Nil traten Euphrat und Tigris über die Ufer, wenn in ihren Quellgebieten der Schnee schmolz. Der fruchtbare Schlamm, den die Flüsse mitbrachten, düngte die überschwemmten Felder. Anders als in Ägypten geschah das aber nicht regelmäßig. Daher mussten die Sumerer nicht nur Dämme und Deiche gegen das Hochwasser bauen, sondern auch in der Trockenzeit die Felder bewässern.

Q 1 *Tafel mit Keilschrift* (um 3000 v. Chr.). Die Zeichen wurden mit einem angespitzten Holzstäbchen in den Ton gedrückt. Anschließend ließ man das Täfelchen in der Sonne trocknen.

Die Arbeiten an den komplizierten Bewässerungsanlagen waren nur zu bewältigen, wenn viele Menschen zusammenarbeiteten. Deshalb schlossen sich die Sumerer in Siedlungen zusammen, in denen sie nach gemeinsamen Regeln und Gesetzen lebten.

Die ersten Städte entstehen

Die Siedlungen wuchsen mit der Zeit, weil immer mehr Menschen aus den umliegenden Bergen und aus der Wüste in das fruchtbare Land kamen. Aus Dörfern wurden Städte, in denen Menschen mit vielerlei Berufen lebten. Um Besitz und Leben zu schützen, umgaben die Sumerer ihre Siedlungen mit festen Mauern.
Im Mittelpunkt einer Stadt stand der Tempel. Hier wurden die Götter mit Opfergaben verehrt. Der Tempel war auch ein wirtschaftliches Zentrum. In großen Vorratsräumen sammelte und speicherte man die Ernteerträge der Bauern.
Vom Tempel aus wurde auch regiert und Recht gesprochen. An der Spitze der Stadt stand ein König, der zugleich oberster Priester war. Er verteilte das Land gegen eine Pachtgebühr an die Bauern. Für die Aufgaben in der Stadt entwickelten die Sumerer schon früh eine Schrift – vermutlich früher als die Ägypter ihre Hieroglyphen.

Gleiches Recht für alle

Einer der wichtigsten Herrscher im Land zwischen den Flüssen war Hammurapi, der von 1728 bis 1686 v. Chr. lebte. Er gründete die Hauptstadt Babylon. Nach dieser Stadt wurde das Land nun Babylonien genannt. Hammurapi stellte 280 Gesetze zusammen und ließ sie auf eine Steinsäule meißeln. Am Anfang dieser Sammlung steht, dass jeder Bürger, der in Not ist, vor das Bild des Königs treten und sich die Gesetze vorlesen lassen solle. So sollte er sein Recht bekommen.

D2 *Das Ischtartor und die Prozessionsstraße von Babylon* (Rekonstruktion im Vorderasiatischen Museum in Berlin). König Nebukadnezar von Babylon ließ das Original im 6. Jahrhundert. v. Chr. erbauen. „Ischtar" bedeutet „Überwinderin der Feinde".

Q2 *Aus den Gesetzen Hammurapis:*

§ 53: Wenn ein Bürger seinen Deich nicht befestigt hat und in seinem Deich eine Öffnung entsteht, sodass der Acker vom Wasser weggeschwemmt wird, so soll der Bürger, in dessen Deich die Öffnung entstanden ist, das Getreide, das er dadurch vernichtet hat, ersetzen.

§ 54: Wenn er das Getreide nicht ersetzen kann, so verkauft man ihn und seinen Besitz; und seine Mitbürger, deren Getreide das Wasser weggeschwemmt hat, teilen den Erlös.

§ 128: Wenn ein Bürger eine Ehefrau genommen, aber keine vertragliche Abmachung über sie aufgesetzt hat, so ist diese Frau keine Ehefrau.

§ 138: Wenn sich ein Bürger von seiner ersten Gemahlin, die ihm keine Kinder geboren hat, scheiden lassen will, so gibt er ihr Geld in Höhe ihres Brautpreises zurück. Außerdem entschädigt er sie für die Mitgift; dann erst kann er sich von ihr scheiden lassen.

§ 139: Wenn ein Brautpreis nicht vorhanden ist, so gibt er ihr 1 Mine Silber als Trennungsgeld.

Q3 *Im Nachwort seiner Gesetzessammlung schreibt Hammurapi:*

Um den Schwachen vom Starken nicht entrechten zu lassen, um der Witwe, der Waise Recht zu verschaffen, habe ich in Babylon (…) meine köstlichen Worte auf meinen Denkstein geschrieben. (…) Der Bürger, der vor Gericht steht, soll vor mein Bild, das des Königs der Gerechtigkeit, treten, sich meine beschriebene Steinsäule vorlesen lassen und meine kostbaren Worte hören. Meine Steinsäule soll ihm zeigen, wie sein Fall steht, sein Urteil soll er finden, sein Herz soll aufatmen: Hammurapi, soll er sagen, der Herr, der wie ein leiblicher Vater zu den Menschen ist, hat das Herz des Gottes Marduk erfreut, seinem Volk Wohlbefinden bereitet und dem Land Recht verschafft.

D3 *Frühe Hochkultur* in Mesopotamien

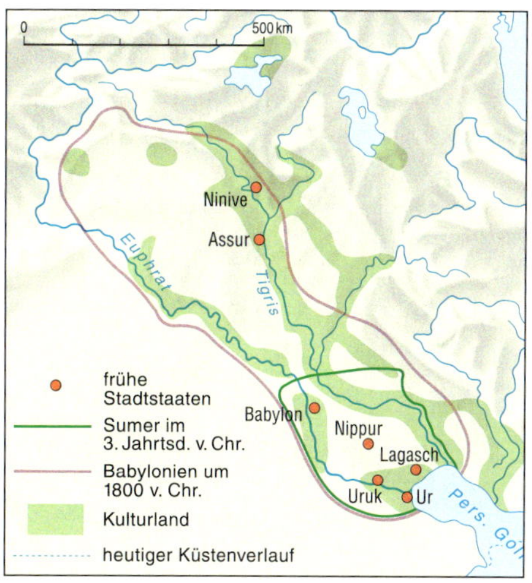

1 *Begründe, warum Hammurapi Bürger bestrafen ließ, die ihren Deich nicht geschützt hatten (Q2).*

2 *Überlege, was Hammurapi mit seinen Gesetzen zur Ehescheidung beabsichtigte (Q2).*

3 *Nenne Merkmale, die die ägyptische und die mesopotamische Kultur zu Hochkulturen machten.*

10 Abschluss
Die Schätze des Tutanchamun

Am Ende des Kapitels über das alte Ägypten seid ihr zu einer Zeitreise in das Jahr 1922 eingeladen. Ihr seid dabei, als der Archäologe Howard Carter das Grab des Tutanchamun öffnet. Zusammen blickt ihr in die Sargkammer: Jeder Gegenstand darin sagt etwas über die Kultur, den Glauben und das Leben im ägyptischen Reich aus.
Eure Aufgabe ist es, zu diesen Funden kurze Texte zu verfassen, denn sie sollen in einem Museum ausgestellt werden. Dabei könnt ihr so vorgehen:
1. Worum handelt es sich bei dem Gegenstand? Welche Einzelheiten kann man erkennen?
2. Was erfahren wir daraus über das alte Ägypten? Ein Tipp – über diese Themen solltet ihr etwas schreiben können:
- Das fruchtbare Land am Nil
- Schrift und Schreiber
- Pharao – Gott und König
- Die ägyptische Götterwelt
- Mumien – Körper für die Ewigkeit

Figur des schakalköpfigen Gottes Anubis

Sarg des Tutanchamun aus reinem Gold

Der britische Archäologe Howard Carter öffnet am 26. November 1922 die letzte Tür zur Sargkammer des Pharaos Tutanchamun. Heiße Luft, die drei Jahrtausende lang nicht aus der Grabkammer entweichen konnte, schießt ihm wie ein Gasstoß ins Gesicht. Mit einer Kerze leuchtet er in die Kammer hinein. Auf die Frage seines Begleiters „Can you see anything?“, antwortet Carter: „Yes, wonderful things!“ Später sagte Carter über diesen Augenblick: „The 26th November was the day of days!“

Hieroglyphen mit dem Namen des Tutanchamun

Holzfiguren von Bauern bei der Feldarbeit

„Griechenland – Land der Hellenen, Wiege der abendländischen Kultur. Eine Reise ins Land des klassischen Altertums bedeutet Sonne, Meer und traumhafte Landschaft."

So wird in bunten Reiseprospekten das gebirgige Land an der Südspitze der Balkanhalbinsel angepriesen, das von vielen Touristen besucht wird. Sie genießen das warme, trockene Klima an den Stränden des Mittelmeeres; aber sie besichtigen auch Tempel, Theater und Sportstätten, die über 2000 Jahre alt sind.

Auch im Alltagsleben begegnen wir Dingen, die aus der Welt der Griechen stammen. Ob wir von Atom, Alphabet oder Demokratie reden, noch heute benutzen wir Wörter, die aus der griechischen Sprache kommen.

Wer waren die Menschen, denen wir so vieles verdanken?

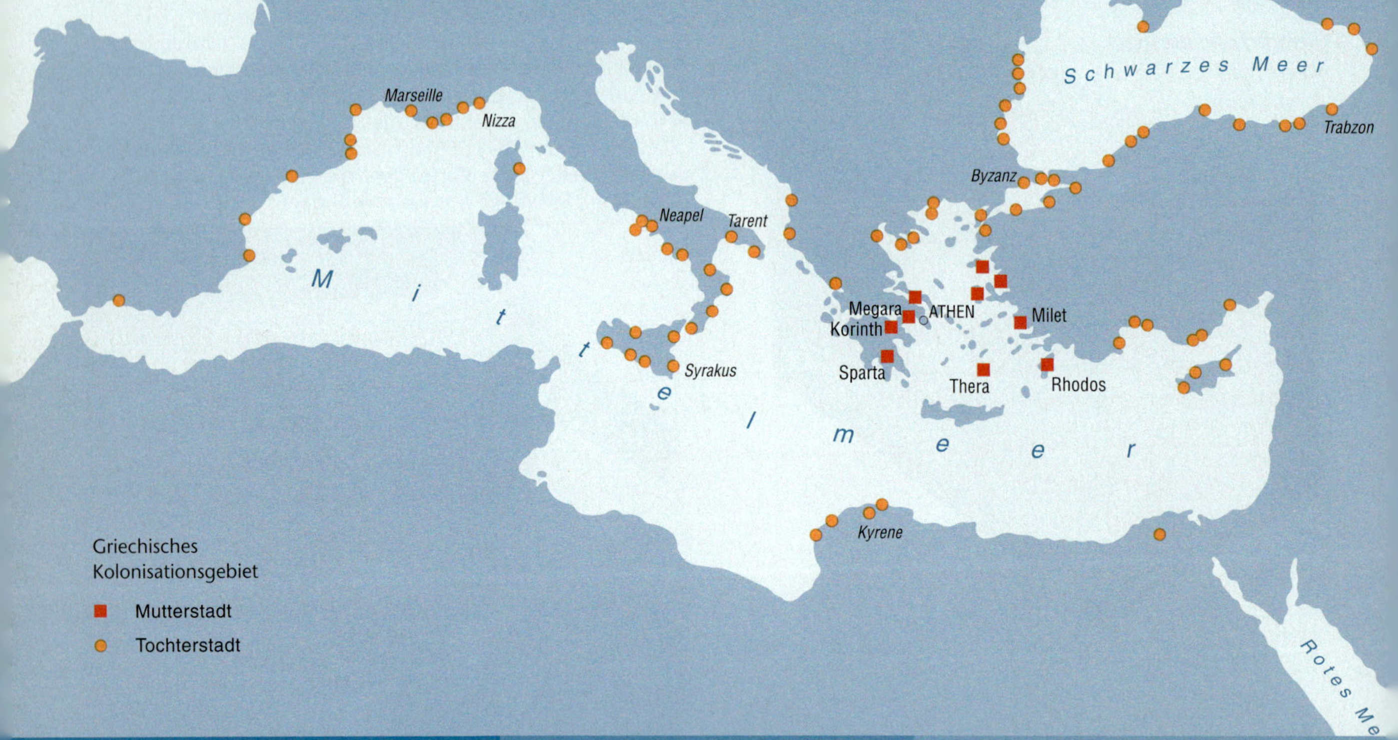

ca. 1200 v. Chr.

Troja wird zerstört.

776 v. Chr.

Laufwettbewerbe in Olympia

ca. 750 – 550 v. Chr.

Die Griechen gründen Kolonien an den Küsten des Mittelmeers und des Schwarzen Meers.

Die Welt der Griechen

Stadion, Theater und Apollon-Tempel in Delphi
In Delphi trafen sich die Griechen alle vier Jahre zu Musik-, Theater- und Sportwettkämpfen. Links im Bild sind die Überreste des Apollon-Tempels erkennbar. Apollon galt den Griechen als Gott der Heilkunst, der bildenden Kunst, des Theaters, der Musik und der Wissenschaften. Im Tempel konnten Menschen den Gott um Rat fragen. Das nannten die Griechen Orakel. Im Allerheiligsten des Tempels teilte eine Priesterin Apollons Ratschläge in unverständlichen Lauten mit. Ein Priester „übersetzte" das Gehörte für die Bittsteller.

um 500 v. Chr.
Entwicklung der Demokratie in Athen

431–404 v. Chr.
Peloponnesischer Krieg zwischen Athen und Sparta

334–323 v. Chr.
Alexander der Große erobert das Perserreich.

3.–1. Jh. v. Chr.
Alexandria ist Zentrum der hellenistischen Welt.

1 Wettkampf zu Ehren der Götter

D 1 *Die Olympischen Spiele der Neuzeit:*
1896 Athen
1900 Paris
1904 St. Louis
1908 London
1912 Stockholm
1920 Antwerpen
1924 Paris
1928 Amsterdam
1932 Los Angeles
1936 Berlin
1948 London
1952 Helsinki
1956 Melbourne
1960 Rom
1964 Tokio
1968 Mexiko
1972 München
1976 Montreal
1980 Moskau
1984 Los Angeles
1988 Seoul
1992 Barcelona
1996 Atlanta
2000 Sydney
2004 Athen
2008 Peking

Das Wettrennen der Viergespanne

„Verehrte Hörer, wir berichten live aus der Polis Olympia vom mit Spannung erwarteten Wagenrennen am dritten Tag der Zeusspiele. In diesem Augenblick lässt der Rennleiter den bronzenen Delphin über der Startlinie fallen. Die Taue vor den Startplätzen senken sich, Wagenlenker schreien, die Wagen schießen los ... Elf Runden lang erleben die Zuschauer ein atemberaubendes Rennen. Unter tosendem Beifall rasen die Wagen zum letzten Mal vorbei. Ein Aufschrei geht durch zehntausend Kehlen. Zwei Wagen haben sich ineinander verkeilt – geborstene Räder und splitternde Achsen fliegen umher. Einer der Wagenlenker hat sich beim Sturz nicht mehr aus dem Riemen lösen können. In rasendem Galopp wird er durch den Sand der Rennbahn geschleift. Inzwischen haben die übrigen Viergespanne die letzte Wendemarke umrundet. Unter dem Gebrüll der Zuschauer rast das siegreiche Athener Gespann mit dem Lenker Demetrios an der Zielsäule vorbei."
So ähnlich hätte ein Reporter über die Olympischen Spiele der Antike berichtet, wenn es das Radio schon gegeben hätte.

Im Heiligtum des Göttervaters

In Olympia sind Hunderte von jungen Männern zusammengekommen um sich im sportlichen Wettkampf zu messen. Frauen sind nicht zugelassen; selbst zuschauen dürfen nur die unverheirateten. Die Athleten haben hart trainiert und nach einer strengen Diät gelebt. Vor Göttervater Zeus, dem zu Ehren die Wettkämpfe stattfinden, und den Zuschauern möchte sich niemand unwürdig zeigen. Die Zuschauer sind aus den vielen hundert Kleinstaaten Griechenlands und selbst aus den entferntesten Kolonien gekommen um Zeus zu ehren und die Sieger zu feiern. Am letzten Tag versammeln sich Sportler und Kampfrichter im Zeustempel zum Dankopfer. Die Sieger stehen mit weißer Stirnbinde vor dem Standbild des Göttervaters. Bald werden sie mit dem Siegerkranz aus den Zweigen eines heiligen Ölbaums in die Heimatstadt zurückkehren und von ihren Mitbürgern wie Helden gefeiert werden. Man wird ihnen im Theater einen Ehrenplatz zuweisen, eine Statue aufstellen, die Steuern erlassen oder wertvolle Geschenke machen.

Die Olympischen Spiele der Neuzeit

Nach einer Pause von rund 1500 Jahren belebte der französische Baron de Coubertin Ende des 19. Jahrhunderts die Idee der Olympischen Spiele. Er wollte junge Menschen aus aller Welt zu sportlichen Wettkämpfen zusammenbringen. Sie sollten sich kennen lernen und Freundschaften schließen. Er hoffte, dadurch Kriege auf der Welt vermeiden zu können. 1896 fanden die ersten Spiele der Neuzeit in der Hauptstadt Griechenlands statt.

Q 1 *Viergespann beim Wagenrennen* (Vasenmalerei aus dem 6. Jahrhundert v. Chr.). Als Olympiasieger galt nicht der Lenker, sondern der Besitzer des Gespanns.

Q 2 *Cathy Freeman,* Olympiasiegerin im 400-Meter-Lauf bei den Olympischen Spielen in Sydney 2000, ist Angehörige der Ureinwohner Australiens (Aborigines).

Q 3 *Das olympische Feuer* wird alle vier Jahre an den antiken Wettkampfstätten durch Sonnenstrahlen entzündet. Dann wird es durch Läuferstafetten in die Olympiastadt gebracht. Bei den Spielen in Australien entzündete Cathy Freeman mit der Fackel das Feuer im Olympiastadion von Sydney.

Zeitreise multimedial: Griechenland – „Olympia – Spiele für die Götter"

D 2 *Der Ablauf der Spiele in Olympia*

1. Tag: Eid der Athleten und Trainer vor der Zeusstatue
2. Tag: Wettkämpfe der Knaben
3. Tag: Pferde- und Wagenrennen, Fünfkampf (Diskuswerfen, Weitsprung, Speerwerfen, Lauf, Ringkampf)
4. Tag (Vollmond): Prozession und Opfer für Zeus, Festmahl
5. Tag: Laufwettbewerbe, Kampfsportarten (Faustkampf, Ringkampf, Allkampf), Waffenlauf
6. Tag: Siegerehrung im Zeustempel

Q 4 *Stadionlauf,* dargestellt auf einer Amphore aus dem 6. Jahrhundert v. Chr. Die ersten bekannten Olympischen Spiele fanden im Jahr 776 v. Chr. statt. Vielleicht gab es damals nur einen Wettlauf der Männer.

Q 5 *Wettlauf der Frauen,* dargestellt auf einer Amphore aus dem 5. Jahrhundert v. Chr. Frauen und Mädchen hatten in Olympia eigene Spiele. Sie fanden zu Ehren der Göttin Hera statt.

1. *Welche sportlichen Disziplinen der Griechen (D2) gibt es auch bei den Olympischen Spielen der Neuzeit?*
2. *Welche heutigen Disziplinen haben die Griechen noch nicht gekannt?*
3. *Wie wurden die Olympiasieger bei den Griechen belohnt, wie heute?*
4. *Warum wird das Feuer für die modernen Spiele in Olympia entzündet (Q3)?*
5. *Cathy Freeman (Q2) kann als Symbol für die Olympischen Spiele der Neuzeit gelten. Warum?*
6. *Diskutiere über den Sinn der Olympischen Spiele bei den Griechen und heute.*

3 Land und Volk der Griechen

Polis
(Mehrzahl: Poleis) bedeutete ursprünglich „Burg“ oder „Stadt“. Später nannten die Griechen ihre Stadtstaaten „Polis“. Von „Polis“ leitet sich unser Wort „Politik“ ab: das, was alle angeht.

Sagen
sind überlieferte Erzählungen aus längst vergangenen Zeiten. Wirkliches Geschehenes ist mit bloß Erdachtem vermischt. Die berühmtesten griechischen Sagen stammen von dem Dichter Homer.

Das Land der Griechen

Griechenland ragt im Südosten Europas als große Halbinsel ins Mittelmeer hinein. Die Sommer sind heiß und trocken, die Winter regenreich. Das Land besteht zum größten Teil aus zerklüfteten Gebirgen mit schwer zugänglichen Tälern. Die Küstenebenen sind durch steil ins Meer abfallende Berge voneinander getrennt.

Die frühen Griechen

Seit etwa 2000 v. Chr. verließen Völker ihre Heimat an der Donau und am Schwarzen Meer. Sie wanderten nach Süden und siedelten sich bevorzugt an den Küsten des Ägäischen Meeres (Ägäis) an. Durch ihre Sprache und den Glauben an dieselben Götter fühlten sie sich untereinander verbunden.
400 Jahre später gründeten mächtige Fürsten Königreiche mit stark befestigten Burgen. Diese Zeit war sehr kriegerisch. Später erzählten fahrende Sänger und Dichter in Heldensagen davon.

Viele hundert Kleinstaaten

Um 1200 v. Chr. wurden die Königreiche von den Dorern zerstört. Das war ein weiteres griechisches Volk, das von Norden her einwanderte. Viele Griechen flohen nun auf die Inseln und an die Küsten Kleinasiens. So machten sie das Ägäische Meer zu einem griechischen Meer.
Durch die Natur des Landes bedingt konnte kein einheitlicher Staat, wie etwa in Ägypten, entstehen. Es bildeten sich vielmehr hunderte von Kleinstaaten, die selten größer waren als ein Gebirgstal, eine Küstenebene oder eine Insel. Einen solchen Kleinstaat nannten die Griechen Polis. Manchmal bestand sie nur aus einem Hauptort mit einer Burg und einigen bäuerlichen Siedlungen in der Umgebung. Von der Burg aus wurde das kleine Gebiet regiert. In Kriegszeiten war die Burg Fluchtort für die Bevölkerung. Jeder dieser Stadtstaaten wachte streng über sein Gebiet. Nachbarstaaten wurden als Rivalen betrachtet.

D 1 *Griechenland und Kleinasien – Landschaft und Besiedlung.* – Was sagt die Karte über die Verteilung von Gebirgen, Ebenen und Küsten aus?

Zeus (Jupiter)

Hera (Juno)

Apollon (Apollo)

Hermes (Merkur)

Hades (Pluto)

Artemis (Diana)

Dionysos (Bacchus)

Ares (Mars)

Aphrodite (Venus)

Demeter (Ceres)

Athene (Minerva)

Hephaistos (Vulcanus)

Poseidon (Neptun)

D2 *Die olympische Familie – so nennt man die Hauptgötter der Griechen nach ihrem Wohnort, dem Berg Olymp im Norden Griechenlands. Die römischen Namen der Göttinnen und Götter stehen in Klammern. Ihre Aufgaben und ihre Bedeutung für die Menschen kannst du erfahren, wenn du die folgenden Aussagen richtig zuordnest:*

1 Der Göttervater ist auch Himmelsgott; sein Zeichen ist der Adler. Als Wettergott schickt er Gewitter und Stürme. Zeus

2 Die Göttermutter trägt einen goldenen Haarreif. Als Beschützerin der Ehe und Familie hasst sie die Geliebten ihres Gatten Zeus. Hera

3 Die Göttin der Liebe betrachtet sich gern im Spiegel. Sie ist mit ihrem Bruder Hephaistos verheiratet. Aphrodite

4 Der Götterbote eilt mit Flügelschuhen. Er ist der Beschützer der Reisenden, Kaufleute und Diebe. Die Seelen der Toten geleitet er in die Unterwelt. Hermes

5 Der Gott des Krieges ist ein Sohn des Zeus und der Hera. Er liebt den wilden Kampf, aber auch Aphrodite. Ares

6 Der Gott der Unterwelt herrscht im düsteren Reich der Verstorbenen. Sein Begleiter ist der Höllenhund Zerberus. Hades

7 Die Göttin der Weisheit und die Lieblingstochter des Zeus ist als Beschützerin Athens eine wehrhafte Dame. Athene

8 Der Gott der Schmiedekunst ist ein Sohn des Zeus und der Hera. Wenn er in der Glut Feuer speiender Berge Waffen schmiedet, langweilt sich seine Frau Aphrodite. Hephaistos

9 Der Gott des Weines hat nichts gegen einen Rausch und liebt frohe Feste. Dionysos

10 Die Göttin der Fruchtbarkeit und des Getreides ist eine Schwester des Zeus. Demeter

11 Die Göttin der Jagd und Beschützerin der wilden Tiere ist eine Tochter des Zeus. Sie bringt Geburt und Tod. Artemis

12 Der Gott der Musik, des Dichtens und des Heilens schickt auch die Pest. Er ist der Zwillingsbruder der Jagdgöttin. Apollon

13 Der Gott des Meeres, der Erdbeben und der Pferde wühlt mit seinem Dreizack die Meere auf. Er ist ein Bruder des Zeus. Poseidon

Zeitreise multimedial: Griechenland – „Die griechischen Götter"

1 *Beschreibe, wie das griechische Festland und die Inseln besiedelt wurden (VT, D1).*

2 *Warum entstanden in Griechenland viele kleine Staaten (D1)?*

3 *Die Römer haben die griechischen Götter übernommen, ihnen aber römische Namen gegeben (D2). Einige Namen findest du bei den Planeten wieder. Welche?*

4 „Wie die Frösche um einen Teich"

D 1 *Waren für den Athener Markt*

Kolonisation
Griechen gründeten zwischen 750 und 550 v. Chr. an den Küsten des Mittelmeeres und des Schwarzen Meeres neue Siedlungen. Diese Kolonien waren von der Mutterstadt unabhängige Staaten.

Geldwirtschaft
Im 7. Jh. v. Chr. verwendeten Kaufleute in Kleinasien abgewogenes Edelmetall (z. B. Silber) als Zahlungsmittel. Allmählich begann man daraus Münzen zu schlagen. So konnte man den Wert einer jeden Ware in Geld festlegen.

Griechen suchen eine neue Heimat
„Wir sitzen um unser Meer wie die Frösche um einen Teich." So beschrieb Platon, der im 5./4. Jahrhundert v. Chr. lebte, den Siedlungsraum der Griechen. Wenn du auf die Geschichtskarte oben schaust, kannst du sicher erkennen, was er damit meinte.
Seit dem 8. Jahrhundert v. Chr. war der griechische Siedlungsraum durch den Zuwachs an Bevölkerung eng geworden. Wenn das Getreide in einem trockenen Frühjahr verdorrte, mussten die Menschen Hunger leiden. Viele Bauernhöfe auf kargen Böden konnten auch in normalen Erntejahren ihren Besitzer und seine Familie kaum ernähren. Hatte der Bauer mehrere Söhne, musste das Land geteilt werden. Einen Ausweg bot für viele nur die Auswanderung. Manche suchten in der Fremde nach neuen Handelsplätzen, wo sie gute Gewinne machen konnten. Neue Geschäfte lockten auch, weil die Geldwirtschaft allmählich den Tauschhandel ersetzte. Andere gingen aus bloßer Abenteuerlust von zu Hause weg.

Die Kolonisten bleiben Griechen
So gründeten die Griechen zwischen 750 und 550 v. Chr. viele Ackerbaukolonien und Handelsstädte. Alle lagen nahe an der Küste, waren also über See leicht zu erreichen. Ihre neuen Nachbarn lernten die griechische Sprache, Lebensart und Architektur kennen. Die Griechen vermittelten ihnen auch zwei entscheidende Neuerungen, die sie selbst im Osten kennen gelernt hatten: das Buchstabenalphabet und die Vorteile der Geldwirtschaft.
Zu den Mutterstädten entstanden rege Handelsbeziehungen. Obwohl die Griechen über viele Stadtstaaten verstreut lebten, fühlten sie sich durch ihre gemeinsame Sprache und Kultur als ein Volk. Wer es sich leisten konnte, reiste zu den Festen der Götter oder zu den großen Sportwettkämpfen nach Griechenland. Es war üblich, alle Hellenen, wie sich die Griechen nannten, als Gäste willkommen zu heißen. Fremde bezeichneten sie als Barbaren, weil deren Sprache sich für sie wie „barbarbar" anhörte.

Q 1 *Griechische Schiffe* auf einer Trinkschale aus dem 5. Jahrhundert v. Chr.
Zu dieser Zeit besaß die Polis Athen die meisten Handels- und Kriegsschiffe.

Q 2 *Der Geschichtsschreiber Herodot (5. Jahrhundert v. Chr.) berichtet, wie Bürger der Insel Thera (heute Santorin) um 630 v. Chr. eine Tochterstadt gründen:*

Nun aber blieb sieben Jahre lang der Regen in Thera aus; während dieser Zeit verdorrten alle Bäume der Insel. Da befragten die Theraier das Orakel von Delphi*, und die Pythia* erinnerte sie an das Gebot des Gottes Apollon eine Kolonie in Libyen zu gründen. Die Theraier beschlossen, dass aus allen sieben Gemeinden der Insel immer einer von zwei Brüdern auswandern sollte. Zum Anführer der Auswanderer wurde Battos bestimmt. Daraufhin fuhren sie in Richtung Libyen ab. Da sie aber keine günstigen Winde hatten, kehrten sie nach Thera zurück. Die Theraier aber schossen auf sie und ließen sie nicht landen. Notgedrungen fuhren sie wieder zurück und ließen sich auf der Insel Platea vor der libyschen Küste nieder. Hier wohnten sie zwei Jahre, aber es ging ihnen auch hier schlecht und so fuhren sie nach Delphi; nur einen einzigen Mann ließen sie zurück. Doch Pythia bestand auf der Ansiedlung in Libyen.

Als Battos und seine Gefährten das hörten, fuhren sie wieder zurück. (…) Sie segelten zur Insel, nahmen den Zurückgelassenen an Bord und gingen gegenüber jener Insel in Libyen an Land. An dieser Stelle wohnten sie sechs Jahre. Dann führten die Libyer sie weiter an einen noch schöneren Ort. Dort gründeten sie Kyrene.

*Pythia war die Priesterin im Apollonheiligtum in Delphi. An dieses Orakel wandten sich die Griechen in wichtigen Fragen.

Q 3 *Tetradrachme (= Vierdrachmenstück)* aus Athen. Die Rückseite der Münze zeigt das Wappentier der Athene. Athene ist die Schutzgöttin der Stadt. Ihr Bild ist auf der Vorderseite der Münze zu sehen. Die Inschrift ΑΘΕ steht für die ersten drei Buchstaben des Ausgabeortes: ΑΘΕΝΑΙΩΝ = Münze der Athener.
Das Silber für die berühmte Athener Eulenmünze kam aus den Bergwerken von Laurion auf der Halbinsel Attika. Dort arbeiteten bis zu 20 000 Sklaven unter unmenschlichen Bedingungen.

1 Warum verließen viele Griechen ihre Heimat (VT, Q2)?

2 Wodurch gab es noch lange Zeit nach der Gündung einer Kolonie sehr enge Beziehungen zur „Mutterstadt" (VT)?

3 Liste in einer Tabelle die Waren für den Markt von Athen auf (D1) und setze den jeweiligen Herkunftsort daneben.

4 Bereitet ein Rollenspiel vor: Ihr lebt um 630 v. Chr. auf der Insel Thera (Q2). Eine Hungersnot droht. Einige schlagen vor, man solle aus jeder Familie einen von zwei Brüdern wegschicken. Bildet Gruppen (z. B. Mütter, Väter, Bauern, Fischer, Rat der Ältesten) und diskutiert verschiedene Möglichkeiten. Tragt eure Vorschläge in einer Ratsversammlung vor.

5 In Athen regieren die Bürger

Monarchie
heißt Alleinherrschaft. An der Spitze des Staates steht ein König.

Oligarchie/Aristokratie
bedeutet die Herrschaft weniger bzw. die Herrschaft der Adligen.

Demokratie
bedeutet Volksherrschaft. Bei dieser Regierungsform bestimmen die Bürger selbst. Die Athener führten um 500 v. Chr. die erste Demokratie ein.

Wir leben in einer Demokratie

Alle vier Jahre wählen die Bürgerinnen und Bürger der Bundesrepublik Deutschland die Abgeordneten für den Deutschen Bundestag. Dort werden die Gesetze beschlossen, nach denen wir uns alle richten müssen. Die Abgeordneten des Bundestages wählen den Bundeskanzler als den Chef der Regierung. Würde uns jemand sagen, das könnte man auch einfacher haben, etwa durch Losen, hielten wir ihn schlicht für verrückt.

Die erste Demokratie war anders

So war es aber vor 2500 Jahren bei den Athenern. Sie haben als Erste die Demokratie ausprobiert, und sie wollten sichergehen, dass keiner bevorzugt würde.
Die Regierungsgeschäfte besorgte eine Gruppe von Bürgern, die jedes Jahr neu ausgelost wurde. Das war der Rat der 500. Dort wurden Vorschläge für neue Gesetze ausgearbeitet und Themen für die nächste Volksversammlung festgelegt. Dann kamen alle Bürger, die Zeit hatten und sich für die Sache interessierten, auf dem Versammlungsplatz zusammen. Sie hörten sich die Vorschläge an, berieten darüber und stimmten am Ende ab. Die Mehrheit entschied.

Nicht alle waren gleichberechtigt

Jeder Bürger konnte also mitreden und mit entscheiden. Er hatte sogar gute Chancen ein Amt zu bekommen, denn auch die 6000 Richter wurden ausgelost. Bei 40 000 Bürgern und einer Amtszeit von nur einem Jahr war also jeder irgendwann dabei. Athen war eine Demokratie – freilich nur für Männer. Frauen, Metöken, so hießen die Zugewanderten, und Sklaven wurden nicht nach ihrer Meinung gefragt.

Ein bedeutender Politiker

Die Athener haben die Macht eines Einzelnen gefürchtet. Doch es gab ein Amt, das man unmöglich verlosen konnte und bei dem auch eine Wiederwahl erlaubt sein musste: das des Strategen. So nannte man einen Feldherrn. 30 Jahre lang wählten die Athener Perikles als einen ihrer Anführer im Krieg. Perikles war aber auch ein glänzender Redner in der Volksversammlung. Dadurch konnte er die Büger bei wichtigen Entscheidungen überzeugen.
In einer erfundenen Bildergeschichte begleiten wir nun den Athener Bürger Kleon und seinen ägyptischen Geschäftspartner Eje durch Athen. Es ist das Jahr 431 v. Chr.

D 1 *Wer soll herrschen: einer, wenige, alle?*
In Athen veränderte sich die Staatsordnung mehrmals. Rot umrandet ist der Teil der Bevölkerung, der jeweils an der Herrschaft beteiligt war.

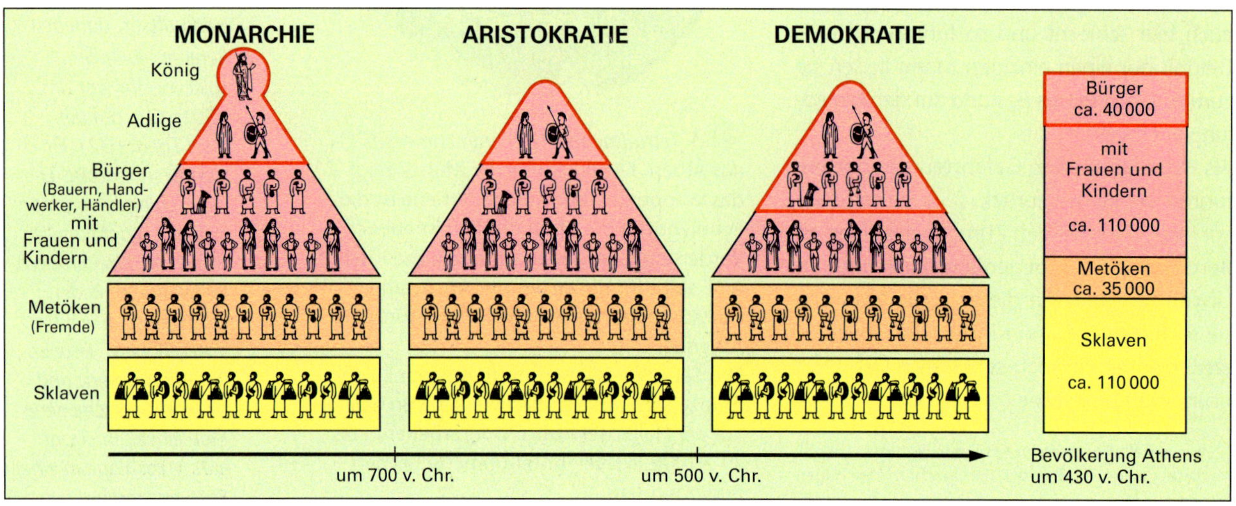

D2

KLEON UND EJE

Q1 *Wie das Scherbengericht funktionierte, erklärt der griechische Geschichtsschreiber Plutarch:*

Am jährlichen Gerichtstag nahm jeder Bürger eine Tonscherbe, darauf schrieb er den Namen des Mannes, den er verbannen wollte. Dann brachte er die Scherbe an einen Ort auf dem Markt, der rings mit Schranken umschlossen war. Die Beamten zählten zunächst die gesamten abgelieferten Scherben; wenn weniger als 6000 abgegeben worden waren, war die Abstimmung ungültig. Wer von der Mehrzahl aufgeschrieben worden war, den verbannten sie auf zehn Jahre. Sein Vermögen blieb ihm erhalten.

Q2 *Tonscherbe als Stimmzettel.*

Diese Tonscherbe wurde in Athen gefunden. Der Name eines bekannten Politikers ist eingeritzt; vielleicht kannst du ihn entziffern. Darunter steht, dass er der Sohn des Xanthippos war – eine Zusatzinformation um jede Verwechslung auszuschließen.

1. *Zu wessen Gunsten haben sich jeweils die Herrschaftsverhältnisse in Athen verändert (D1)?*
2. *Im Comic erklärt Kleon wichtige Elemente der Demokratie in Athen. Nenne sie.*
3. *Spielt den Comic nach. Den Text könnt ihr erweitern: Eje erzählt vom Pharao, Kleon erklärt das Scherbengericht genauer …*

6 Projekt
Demokratie im Klassenzimmer

Demokratie ist für uns etwas Selbstverständliches. Von der Gemeinde bis hin zur Europäischen Union wählen wir in regelmäßigen Abständen Vertreterinnen und Vertreter, die für uns Politik machen. In Gemeinderäten, Stadträten, Landtagen, im Bundestag oder Europaparlament treffen sie wichtige Entscheidungen. Wählen darf aber erst, wer mindestens 18 Jahre alt ist. Doch es gibt Ausnahmen. Jugendliche dürfen da wählen, wo es um ihre Interessen geht: Sie wählen in Vereinen oder Betrieben die Mitglieder einer Jugendvertretung. In vielen Städten gibt es Jugendparlamente.

Nach dem Schulgesetz haben Schülerinnen und Schüler das Recht, ihre Interessen zu vertreten und das Schulleben mitzugestalten. Dazu wählt ihr jedes Jahr eine Klassensprecherin oder einen Klassensprecher, auf Schulebene eine Schülersprecherin oder einen Schülersprecher.
So eine Wahl kann ganz schön spannend sein, wenn man die Bewerber um das Amt persönlich kennt. Einen richtigen „Wahlkampf" mit anschließender Wahl und Stimmenauszählung könnt ihr spielerisch ausprobieren.

Q1 *„... An Fastnacht soll eine Riesendisco an unserer Schule stattfinden ... Außerdem will ich für einen Getränkeautomaten und Schließfächer sorgen ..."*

Q2 *Einwurf der Stimmzettel in die Wahlurne*

Wahlkampf im Klassenzimmer

1 Bildet Gruppen, in denen ihr Wahlprogramme für eine Schülersprecherwahl ausarbeitet. Wer gewählt werden will, muss überzeugend argumentieren können.
2 Benennt pro Gruppe eine Sprecherin oder einen Sprecher. Sie halten eine kurze „Wahlkampfrede" vor der Klasse. Die Mitglieder der Gruppe könnten als Wahlhelfer ein Plakat zeigen.
3 Führt die Wahl zunächst geheim durch. Bereitet dafür Wahlzettel mit den Namen der Kandidaten vor. Alle Schülerinnen und Schüler der Klasse wählen nacheinander in einer „Wahlkabine" (z. B. hinter einer Wandkarte), indem sie einen Namen ankreuzen. Der Wahlzettel wird gefaltet und in eine Wahlurne (eine geschlossene Pappkiste mit Schlitz) gesteckt. Zwei Schüler sollten das Ganze als Wahlhelfer leiten und überwachen.
4 Wählt anschließend noch einmal, doch diesmal offen, indem ihr durch Handzeichen für die einzelnen Kandidaten stimmt.
5 Vergleicht die Wahlergebnisse miteinander. Warum kommt nicht unbedingt das gleiche Ergebnis zustande?

Demokratisch wählen: zwei unterschiedliche Wege

Normalerweise findet die Wahl des Schülersprechers durch die Klassensprecherversammlung statt. Das ist durchaus demokratisch, weil die Klassensprecher aus Wahlen hervorgegangen sind, an denen Schülerinnen und Schüler aller Klassen beteiligt waren. Sie handeln in der Klassensprecherversammlung als Vertreter ihrer jeweiligen Gruppe, oder um es politisch auszudrücken: als Repräsentanten ihrer Klasse. In diesem Fall kann man die Klassensprecherversammlung mit einem modernen Parlament vergleichen, in dem gewählte Männer und Frauen Entscheidungen für ein ganzes Land treffen.
Es geht aber auch anders: eine Schülersprecherwahl, bei der alle Schülerinnen und Schüler unmittelbar über die Kandidaten in einer Schülervollversammlung abstimmen. Diese Form der Mitentscheidung nennt man direkte Demokratie, so wie sie die alten Griechen vor über 2500 Jahren erfunden haben.

Q **5** *„Am demokratischsten ist doch, wenn alle abstimmen dürfen. Deshalb bin ich für die Direktwahl durch die Schülervollversammlung."*

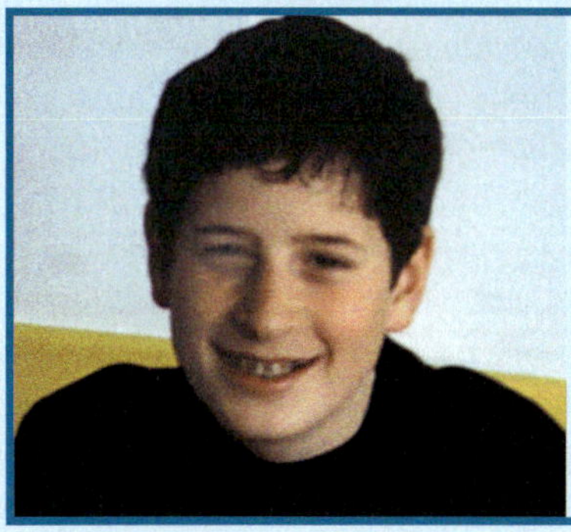

Q **6** *„Bei fast 800 Schülern gibt es ein Chaos, wenn alle beteiligt sind. Außerdem zieht doch jeder nur seine Show ab, um gut anzukommen. In der Klassensprecherversammlung muss man sachlicher argumentieren, da weiß man auch besser, wer nur ein Schaumschläger ist."*

Q **3** *Auszug aus dem Schulgesetz des Landes Rheinland-Pfalz:*

§ 27 Bei der Verwirklichung des Bildungs- und Erziehungsauftrags der Schule wirken Schüler durch ihre Schülervertretungen eigenverantwortlich mit.
§ 39 Wahlen sind geheim; Wahlen, die in Wahlversammlungen (...) durchgeführt werden, können offen erfolgen, wenn alle anwesenden Wahlberechtigten zustimmen.

Q **4** *Auszug aus den Verwaltungsvorschriften über die Schülervertretung vom 30. März 2000:*

5.6.5 Die Schülersprecherin oder der Schülersprecher und die Stellvertreterin oder der Stellvertreter (SV-Vorstand) werden, soweit keine Wahl durch die Schülervollversammlung erfolgt, von den Vorsitzenden der Klassensprecherversammlung (...) und ihren Stellvertretern aus ihrer Mitte gewählt.

Q **7** *Öffnen der Wahlurne und Entnehmen der Stimmzettel*

1 Sollen Schülersprecher durch die Schülervollversammlung oder durch die Klassensprecherversammlung gewählt werden? Entscheide dich und vertritt deine Meinung in einer Diskussion.

7 Alltagsleben in Athen

D 1 *Ein Leben unter freiem Himmel* – das war für viele Athener etwas Alltägliches. Kinder spielten und lernten in den Straßen der Stadt (Illustration aus einem Jugendbuch).

Unterschiedliche Bevölkerungsgruppen

Wer den Markt von Athen besuchte, begegnete dort Menschen aus vielen Ländern. Die meisten kamen über den Hafen Piräus, der Athen mit dem ganzen Mittelmeerraum verband. Manche Zugereisten blieben in der Stadt und ließen sich als Händler oder Handwerker nieder. Obwohl sie für die Wirtschaft Athens wichtig waren, bekamen sie nicht das volle Bürgerrecht. Die so genannten Metöken bezahlten eine besondere Steuer, waren ansonsten aber kaum schlechter gestellt als die Bürger.

Das galt nicht für so manchen Schmied, Schuster oder Schneider, der rund um den Markt unter einem Sonnenschutz seinem Handwerk nachging. Viele von ihnen waren rechtlose Sklaven der Athener. Sie erwirtschafteten den Wohlstand, der es den Bürgern erlaubte, sich um Politik zu kümmern und den Söhnen eine gute Ausbildung zu bezahlen.

Erziehung der Jungen

In den ersten Jahren bezahlte der Vater einen Privatlehrer, der den Kindern schreiben, lesen und etwas rechnen beibrachte. Später mussten die Jungen Gedichte und Heldensagen auswendig lernen. Wohlhabende Väter schickten ihre Söhne danach zu einem „Gymnasion", wo sie vor allem Sport trieben. Mit 18 Jahren begann eine militärische Ausbildung. Jeder männliche Bürger Athens musste im Krieg seine Stadt verteidigen.

Frauen und Mädchen

Mädchen blieben etwa bis sie fünfzehn waren bei der Mutter und lernten von ihr alle häuslichen Arbeiten. Dann heirateten sie meistens. Es gab aber auch Väter, die für ihre Töchter Privatlehrer ins Haus holten, damit sie wie die Söhne lesen und schreiben lernten.

Das Leben der wohlhabenden Frau war fast ganz auf das Haus beschränkt. Wenn sie ihre Verwandten besuchte oder an einer religiösen Feier teilnahm, wurde sie von einer Sklavin begleitet. Die Frauen der ärmeren Bürger und der Bauern mussten oft hart arbeiten; dafür hatten sie aber auch mehr Freiheiten.

Q 3 *Frauen bei der Stoffherstellung* (Vasenmalerei, 6. Jahrhundert v. Chr.).

Q 1 *Bildung für Mädchen* (Nachzeichnung eines Vasenbildes). Mädchen aus besserem Hause lernten auch lesen, schreiben und tanzen. Diese Frau liest in einer Papyrusrolle. Eine gebildete Frau war z. B. die Dichterin Sappho.

Q 2 *Die Ehe aus der Sicht des Mannes. Der Schriftsteller Xenophon schrieb im 4. Jh. v. Chr. ein Buch über Hauswirtschaftslehre. Darin äußert sich ein Athener über das Verhältnis von Mann und Frau so:*

Sie war noch keine fünfzehn Jahre alt, als ich sie heiratete. Die Zeit vorher hatte man fürsorglich auf sie aufgepasst, damit sie möglichst wenig sah, hörte und fragte. Ich war schon damit zufrieden, dass sie bei ihrem Kommen bereits verstand, mit Wolle umzugehen und ein Gewand anzufertigen, und dass sie auch schon bei der Spinnarbeit der Dienerinnen zugesehen hatte. Außerdem wusste sie – das erscheint mir sehr wichtig – im Kochen gut Bescheid (…).

Mir scheinen die Götter dieses Paar, Mann und Frau, besonders gut zusammengepasst zu haben, damit es sich gemeinsam so viel Nutzen bringe wie möglich. Denn erstens ist dieser Bund geschlossen um miteinander Kinder zu zeugen. Zweitens schaffen sie sich mit den Kindern, die aus diesem Bunde hervorgehen, Stützen für das Alter. (…)

Da beide Arten von Arbeit nötig sind, die draußen und die drinnen, schufen die Götter die Natur der Frau für die Arbeiten im Haus, die des Mannes für die Arbeiten außerhalb des Hauses (…). Die Frauen haben größere Liebe zu den Säuglingen, ihre Fürsorge ist gut geeignet für die Überwachung der Vorräte; der Mann dagegen ist mutiger, wenn es um den Schutz von Haus und Eigentum geht. Er ist eher dazu geschaffen, Kälte und Wärme, Märsche und Feldzüge zu ertragen.

?

1. *Du siehst in D1 einen Jungen mit Korb. Er beobachtet die Menschen auf dem Markt. Was könnte er seiner Mutter erzählen? Schreibe dazu einen kurzen Text.*
2. *Die Vasenmalerei in Q4 zeigt Lehrer und Schüler beim Unterricht. In welcher Art fand er statt?*
3. *Vergleiche die Ausbildung von Jungen und Mädchen in Athen (VT, Q1–Q4).*
4. *Die Frau in Q1 liest ein Buch. Erkläre den Unterschied zu heute. Welcher Schicht gehört sie wohl an?*

Q 4 *Ausbildung von Jungen* auf einer Schale aus Athen, um 480 v. Chr. Links: Musikunterricht mit der Lyra. Rechts: Unterricht in Grammatik und Literatur.

8 Die Polis Athen als Großmacht

Perserreich

mit Persien verbündete Griechenstaaten

Staaten mit wechselnder Haltung

neutrale griechische Staaten

griechische Bundesgenossen gegen Persien

Weg des persischen Heeres 480–479 v. Chr.

Weg der persischen Flotte 480 v. Chr.

Weg der griechischen Flotte 479 v. Chr.

480 Thermopylen – bedeutende Schlacht

befreite griechische Staaten, die dem Attischen Seebund beitraten

D 1 *Griechen und Perser im See- und Landkrieg*

Perser
Die Perser hatten ein Reich erobert, das von Indien bis zum Mittelmeer reichte.

Kleinstaat gegen Großreich

Im Frühling des Jahres 480 v. Chr. setzte sich eine Streitmacht in Bewegung, wie es sie wohl noch nie zuvor gegeben hatte. Mehr als 100 000 Fußsoldaten und Reiter brachen aus ihren Winterlagern an der kleinasiatischen Küste auf. Nachdem die Soldaten über die Meerenge zwischen Asien und Europa gesetzt hatten, marschierten sie nach Süden. Ihr Ziel war die Stadt Athen.

Der persische Großkönig Xerxes hatte die Armee geschickt, weil er die Athener bestrafen wollte. Erst hatten sie einen Aufstand der kleinasiatischen Griechen gegen die Perser unterstützt, dann ein persisches Heer bei Marathon wieder ins Meer gejagt.

Angesichts der gewaltigen Übermacht hatten sich schon viele Griechenstaaten den Persern unterworfen. Doch andere griechische Poleis wollten ihre Freiheit um keinen Preis verlieren. Sie schlossen sich unter Spartas Führung zu einem Kriegsbündnis zusammen, dem auch Athen mit 200 neuen Schiffen angehörte.

Die Niederlage an den Thermopylen

Ein kleines griechisches Heer von 7000 Mann sollte den persischen Ansturm zunächst aufhalten. Unter dem Befehl des Spartanerkönigs Leonidas sperrten die Verteidiger an den Thermopylen einen 50 Meter breiten Engpass zwischen steil abfallenden Felsen und dem Meer. Zwei Tage lang wehrten sie sich gegen die Übermacht. Doch dann zeigte ein griechischer Verräter den Persern einen Gebirgspfad, über den sie in den Rücken der Griechen gelangen und sie dadurch schlagen konnten.

Der Seesieg bei Salamis

Der Weg nach Athen war frei. Weil die Verteidigung der Stadt zwecklos erschien, wurden Frauen, Kinder und Alte auf zwei Inseln gebracht. Die Perser zerstörten Athen. Doch ihre zahlenmäßig überlegene Flotte wurde von den Griechen geschickt in die Meerenge von Salamis gelockt und besiegt. Im Jahr darauf konnten die Spartaner und ihre Verbündeten das persische Landheer bei Plataiai schlagen. Nun gingen die Griechen unter Führung Athens zum Gegenangriff über und befreiten die kleinasiatischen Küstenstädte. 477 v. Chr. verbündeten sich die Griechen in einem Seebund.

Griechen gegen Griechen

In seiner Glanzzeit umfasste der Seebund über 400 Mitglieder. Die Athener stellten den Großteil der Flotte, die kleinen Staaten zahlten vor allem Geld in die Bundeskasse. Unzufriedene Staaten wurden von den Athenern daran gehindert, auszutreten.

Das rächte sich, als es zu einem fast 30-jährigen Krieg mit Sparta um die Vorherrschaft in Griechenland kam. Viele Bundesgenossen fielen von Athen ab. Als es den Großteil seiner Flotte einbüßte, war der Krieg verloren. Aber auch Sparta konnte seine Vorherrschaft nur wenige Jahrzehnte erhalten.

D **2** *Die Seeschlacht von Salamis als moderne Rekonstruktionszeichnung.* Der Athener Stratege Themistokles hatte die schmale Meerenge aus zwei Gründen als Schlachtort gewählt: Zum einen konnten die Griechen so die einlaufende persische Flotte von der Seite angreifen, zum anderen waren furchtsame griechische Kapitäne durch den engen Raum an der Flucht gehindert.

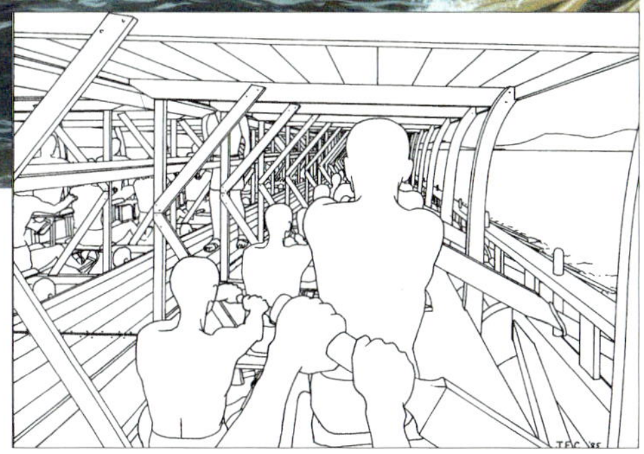

D **3** *Blick in das Innere einer Triere (Dreiruderer) mit etwa 170 Ruderern*

Q **1** *Vor der Seeschlacht bei Salamis wendete Themistokles eine List an. Darüber berichtet der griechische Geschichtsschreiber Herodot (5. Jahrhundert v. Chr.):*

Die Hellenen waren voll Furcht und Besorgnis, besonders die Peloponnesier. Sie sollten hier in Salamis sitzen und sich für das Land der Athener schlagen, während ihr Heimatland ohne Schutz und Verteidiger war! (...) Endlich kam der Unwille offen zum Ausbruch. Eine Versammlung wurde berufen und viele Reden gehalten. Die einen erklärten, man müsse nach der Peloponnes fahren und sein Leben nicht hier bei Salamis für ein bereits erobertes Land wagen. Die Athener (...) dagegen sagten, man müsse hier bleiben und den Feind zurückschlagen. Da Themistokles von den Peloponnesiern überstimmt wurde, verließ er heimlich den Kriegsrat und schickte in einem Boot einen Mann mit einem bestimmten Auftrag ins persische Lager. (Die Botschaft lautete, die Griechen seien uneinig und würden bei einem sofortigen Angriff kaum Widerstand leisten.) (...) Die Feldherren in Salamis fuhren mit ihren Redekämpfen fort und wussten nicht, dass die feindliche Flotte sie rings umzingelt hatte. (Schließlich) kam ein Dreiruderer (...) und brachte die sicherste Kunde. (...) Die Hellenen rüsteten sich zur Seeschlacht.

1. *Warum kam es zwischen Griechen und Persern zum Krieg?*
2. *Beschreibe den Aufbau einer Triere nach D2 und D3. Warum heißt das Schiff Dreiruderer?*
3. *Nenne die wichtigsten Schlachten der Jahre 480 und 479 v. Chr. Unterscheide nach See- und Landschlachten.*
4. *Informiere dich über das Perserreich und trage der Klasse das Thema vor.*

9 Alexander – der Große?

Makedonien
Staat am nördlichen Rand des Ägäischen Meeres. König Philipp (382–336 v. Chr., seit 359 König) hatte die dort lebenden Stämme zu einem mächtigen Staat geeint. Er besiegte die zerstrittenen griechischen Poleis, darunter auch Athen und Theben, und machte diese zu seinen Verbündeten.

Q 1 *Alexandermosaik aus Pompeji* (fast 6 m breit, beschädigt), entstand nach einem griechischen Gemälde um 300 v. Chr. Es zeigt Alexander (links) und seinen Gegner, den persischen Großkönig Dareios III (Mitte).

Makedonien – eine neue Großmacht

Der Königssohn Alexander war mit zwanzig Jahren Herrscher von Makedonien im gebirgigen Norden Griechenlands geworden. Schon sein Vater Philipp hatte ein schlagkräftiges Heer aufgebaut und die griechischen Stadtstaaten besiegt. Sie mussten sich in einem Bund unter makedonischer Führung zusammenschließen. Das gemeinsame Ziel sollte ein Feldzug gegen die Perser sein, die Griechenland zwei Generationen zuvor überfallen und dabei auch die Akropolis von Athen zerstört hatten. Mitten in den Kriegsvorbereitungen wurde Philipp 336 v. Chr. von einem seiner Offiziere ermordet.

Alexander erobert das Perserreich

Zwei Jahre später setzte Alexander als Oberfeldherr des griechischen Bundes mit 35 000 Griechen und Makedonen nach Kleinasien über. In den folgenden zehn Jahren legte er mit seinen Soldaten mehr als 20 000 Kilometer zurück: über eisige Gebirge und durch glühend heiße Wüsten. Wegen Hunger, Durst, Kälte und der übermäßigen Strapazen starben wahrscheinlich mehr Männer als in den Schlachten.

Den Weg von Alexanders Heer bis ans Ende der damals bekannten Welt zeigt die folgende Tabelle. Die einzelnen Stationen findest du in der Karte (D1):

Issos: Alexanders Heer besiegt die Soldaten des Perserkönigs Dareios III.

Oase Siwa: Die Priester des Heiligtums begrüßen Alexander als Sohn des Gottes Amun, der für die Griechen gleichbedeutend mit Zeus ist.

Gaugamela: Alexander vernichtet das letzte große Heer des Dareios. Er nennt sich nun „König von Asien".

Persepolis: Alexander findet in der persischen Königsstadt unermessliche Schätze. Der Palast wird aus Rache für die Zerstörung der Akropolis angezündet.

Am Indus verweigern die Soldaten den Gehorsam, als Alexander noch weiter nach Osten vorstoßen will.

Susa: Alexander heiratet eine Tochter des Dareios. Gleichzeitig nehmen fast 10 000 Makedonen Perserinnen zur Frau.

Babylon: Alexander plant einen neuen Feldzug nach Westen, um Herrscher der ganzen bekannten Welt zu werden. Sein plötzlicher Tod im Jahr 323 v. Chr. verhindert dies.

Q 2 *Alexanders Soldaten streiken. Alexander stürzte sich in der Schlacht oft selbst ins ärgste Kampfgetümmel. So gewann er die Achtung seiner Soldaten und konnte sie immer wieder zu neuen Zügen begeistern. Am Indus zwangen sie ihn aber zur Umkehr. Der Geschichtsschreiber Arrian (2. Jahrhundert n. Chr.) hat uns die Rede eines makedonischen Soldaten überliefert:*

Du siehst ja selber, wie viele Makedonen und Griechen zusammen mit dir auszogen und wie wenige von uns noch übrig sind. (…) Von den übrigen Griechen sind die einen in den von dir gegründeten Städten angesiedelt und nicht einmal diese bleiben alle gerne dort. Die anderen aber, die noch mit dir Strapazen und Gefahren bestehen, sie und das makedonische Heer haben viele in den Schlachten verloren; viele von ihnen sind durch ihre Verwundungen zu Invaliden geworden. Aber die Mehrzahl ist durch Krankheit umgekommen. Nur wenige von den vielen sind noch da, aber die sind in körperlicher Hinsicht durchaus nicht mehr voller Kraft wie einst. (…) Und alle haben Heimweh nach ihren Eltern, wenn sie noch welche haben, und Heimweh nach Frau und Kindern, ja, Heimweh nach der Heimaterde selber! (…) Du darfst sie jetzt nicht gegen ihren Willen weiterführen!

Q 3 *Der griechische Geschichtsschreiber Plutarch schreibt um 100 n. Chr.:*

Alexander gründete im Barbarenland über siebzig Städte. Er übersäte Asien mit Pflanzstädten griechischer Kultur und rottete die Wildheit des Lebens aus.

D 1 *Ein heutiger Geschichtsschreiber urteilt über Alexanders Leistung:*

Die angeblich mehr als siebzig Städtegründungen, die griechische Sprache und Kultur im Orient verbreiten halfen, waren in Wahrheit längst bestehende Siedlungen, die Alexander mit neuem Namen schmückte. (…) Alexanders hauptsächliches Werk ist Eroberung und Zerstörung, Plünderung und Mord; Hunderttausende von Toten, die der Zug kostete, seien es Zivilpersonen, die von plündernden Truppen erschlagen bzw. von Alexander hingerichtet wurden (…), seien es die persischen, indischen, baktrischen Soldaten, Makedonen oder griechische Söldner, die im Kampf fielen, an den Strapazen des Marsches, an Unglücksfällen oder Krankheiten starben, sind sein Beitrag zur Lösung des Bevölkerungsproblems. (…) An sichtbaren Zeugnissen hinterließ Alexander, Münzen und Statuen ausgenommen, nur Ruinen.

D 2 *Das Alexanderreich* umfasste Makedonien, die griechischen Stadtstaaten und das eroberte Perserreich. – Vergleiche die Größenverhältnisse.

Zeitreise multimedial: Griechenland – „Der Alexanderzug"

1. *Schlage in einem Atlas nach, durch welche heutigen Länder Alexanders Heer gezogen ist.*
2. *Mit welchen Argumenten will der griechische Soldat Alexander am Indus zur Umkehr bewegen (Q2)?*
3. *Vergleiche die Bewertung Alexanders in Q3 und D1. Wie unterscheiden sich die Positionen?*

10 Hellenismus – Erbe der griechischen Kultur

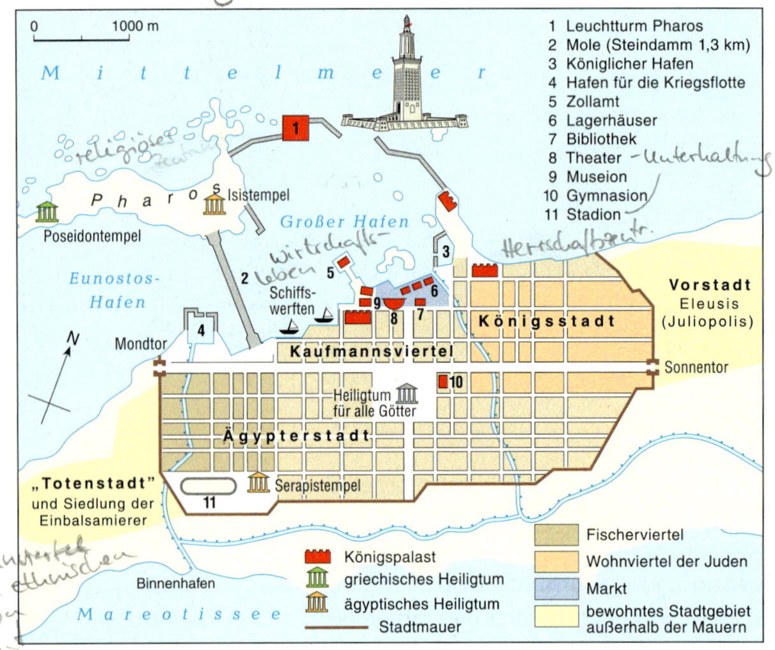

D 1 *Alexandria* wurde von Alexander dem Großen 331 v. Chr. gegründet. Das Wahrzeichen der Stadt war der Leuchtturm mit einer Höhe von 120 Metern.

Philosoph
heißt im Griechischen „Freund der Weisheit“. Die Philosophen waren frühe Wissenschaftler, die nach dem Ursprung der Dinge suchten.

Hellenismus
Ausbreitung der griechischen (= hellenischen) Kultur seit etwa 300 v. Chr.

Die Kultur des Hellenismus

Nach Alexanders Tod errichteten seine Heerführer neue Reiche, in denen sie sich wie Gottkönige verehren ließen. In die neu gegründeten Städte zogen zehntausende Griechen, die natürlich auch ihre Lebensweise mitbrachten. Hier konnten sie als Kaufleute, Beamte, Offiziere, Handwerker oder Künstler meistens besser leben als in der alten Heimat. Dafür waren sie aber Untertanen eines uneingeschränkt regierenden Königs.
Überall im ehemaligen Alexanderreich wurde Griechisch nun zu einer Art Weltsprache, wie es das Englische heute ist. Griechische Schauspieler führten im Theater Stücke auf; im „Gymnasion“ übten sich Knaben im Sport. Die Griechen übernahmen auch viel von den Menschen des Orients, besonders im Bereich der Religion. Wir nennen die ersten drei Jahrhunderte nach Alexanders Tod die Zeit des Hellenismus, weil sie stark von der Kultur der Griechen (= Hellenen) geprägt war.

Die „Weltstadt“ Alexandria

Die bedeutendste Stadt in der hellenistischen Welt war Alexandria in Ägypten. Vielleicht war sie mit ihren 500 000 Einwohnern um 100 v. Chr. sogar die größte Stadt der Welt. Von hier aus führten Karawanenwege nach Afrika und Arabien. Seeschiffe konnten alle Häfen des Mittelmeeres erreichen und über das Rote Meer bis nach Indien fahren. Binnenschiffe brachten den ganzen Reichtum Ägyptens in die Häfen der Stadt. Alexandria wurde wohl mit Recht „Knotenpunkt der Erde“ genannt.
Berühmt war die Bibliothek von Alexandria. Sie umfasste fast 700 000 Buchrollen und war damit die größte Büchersammlung des Altertums. Darin war beinahe das gesamte Wissen der damaligen Zeit enthalten. Kein Wunder, dass Gelehrte aus dem ganzen Mittelmeerraum nach Alexandria kamen. Nirgendwo sonst konnten sie sich so umfassend über alle Wissensgebiete informieren. Im Museion, der ersten Universität der Welt, lebten und forschten die Gelehrten auf Kosten des Staates. Sie kamen dabei zu Ergebnissen, die teilweise noch heute Gültigkeit haben. Eratosthenes aus Kyrene bewies die Möglichkeit der Erdumseglung und berechnete den Erdumfang schon sehr genau.

Mit den Philosophen fing es an

Noch bis ins 6. Jahrhundert v. Chr. hat man fast alle Naturerscheinungen dem Wirken der Götter zugeschrieben. Einzelne Menschen begannen aber, nach verstandesmäßigen Erklärungen zu suchen. Die Griechen nannten diese Männer, die nach Wahrheit und Wissen suchten, Philosophen. Sie stellten Fragen, die uns noch heute beschäftigen: Was ist der Sinn des Lebens? Welche Staatsform ist die beste?
Einer von ihnen war Sokrates. Er verwickelte seine Mitbürger in Gespräche um sie zum Nachdenken zu bringen.

D 2 *Diese Erfindungen aus der Zeit des Hellenismus* stammen von den Wissenschaftlern des Museion in Alexandria.

a) *Wunderaltar* des Heron. Wenn das Altarfeuer angezündet wurde, öffnete sich die Tempeltür und eine Göttin zeigte sich. Das Brennmaterial (z. B. „heiliges" Öl) konnten die Gläubigen von den Priestern kaufen. – Wem hat diese Erfindung genutzt?

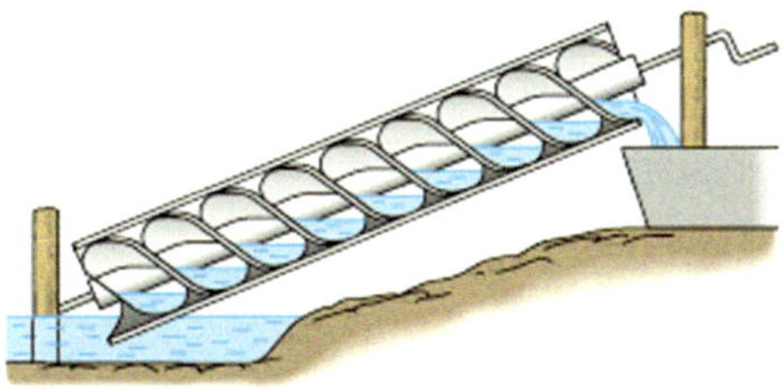

b) *Die archimedische Schraube* wurde zur Entwässerung in Bergwerken oder zur Bewässerung auf Feldern eingesetzt. Elektrisch angetrieben, arbeitet sie heute in Kläranlagen.

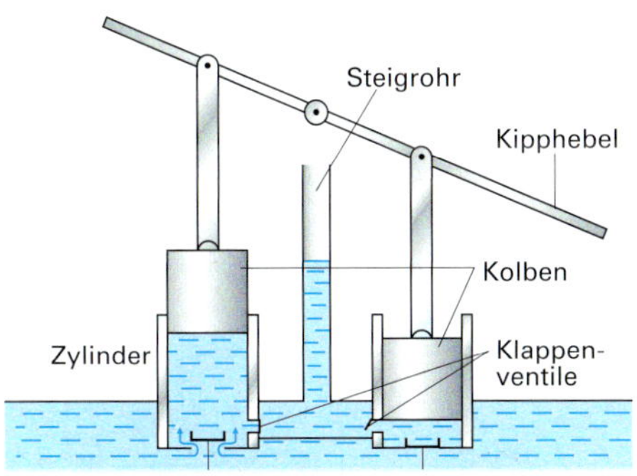

c) *Die Wasserpumpe* des Ktesibios diente noch bis ins 20. Jahrhundert hinein zur Brandbekämpfung.

Q 1 *Xenophon (ca. 430–354 v. Chr.) erinnert sich an seinen Lehrer Sokrates:*

Er lebte immer in der Öffentlichkeit. Er ging früh in die Wandelhallen und Gymnasien. Wenn sich der Markt füllte, war er dort zu sehen (…) Er redete auch nicht über die Natur des Weltalls wie die meisten anderen Philosophen (…) Er unterhielt sich immer nur über die menschlichen Dinge und forschte, was fromm, was göttlich, was schön, was hässlich, was gerecht, was ungerecht, (…) was Staat, was Staatsmann, was Herrschaft über Menschen, was ein Herrscher über Menschen sei.

Q 2 *Der Schriftsteller Vitruv erzählt um 25 v. Chr. von einer Entdeckung, die der Wissenschaftler Archimedes 200 Jahre zuvor gemacht hatte:*

König Hieron wollte den Göttern einen goldenen Kranz weihen. Er beauftragte einen Goldschmied mit der Arbeit und gab ihm das abgewogene Gold. Dieser legte zur gegebenen Zeit das schön gearbeitete Werkstück zur Abnahme vor, und er schien das Gewicht des Kranzes genau abgeliefert zu haben. Später wurde Anzeige erstattet, es sei Gold weggekommen und dem Kranz ebenso viel Silber beigemischt. Da Hieron, erbost über den Betrug, nicht herausbekam, wie er die Unterschlagung nachweisen konnte, bat er Archimedes den Fall zu übernehmen. Während dieser darüber nachdachte, ging er zufällig in eine Badestube, und als er dort in eine Badewanne stieg, bemerkte er, dass ebenso viel wie er von seinem Körper in die Wanne eintauchte, an Wasser aus der Wanne herausfloss. Weil dieser Vorgang einen Weg für die Lösung der Aufgabe gezeigt hatte, hielt er sich daher nicht weiter auf, sondern sprang voller Freude aus der Badewanne, lief nackt nach Hause und rief mit lauter Stimme: „Ich hab's gefunden!"

Q 3 *Der Philosoph Sokrates (470–399 v. Chr.).* Römische Marmorkopie nach einer griechischen Bronzestatue. Sokrates machte sich mit seinen unbequemen Fragen viele Feinde. Sie klagten ihn an, er verderbe die Jugend und verachte die Götter. Ein Athener Gericht verurteilte ihn 399 v. Chr. zum Tode.

Schierlingsbecher (Gifttrank)
Anklage: Gottlosigkeit / hatte Schüler, die sich gegen die Demokratie stellten / verdirbt die Jugend / knappes Urteil / wollte nicht fliehen (Freunde))

1 *Woran erkennst du in D1, dass Alexandria keine über viele Jahrhunderte „gewachsene", sondern eine geplante Stadt ist?*

2 *Nenne verschiedene Gründe, warum das Athener Gericht Sokrates zum Tode verurteilt haben könnte (VT, Q3).*

3 *Erkläre die technischen Erfindungen in D2.*

4 *Besprecht Archimedes' „Badewannenerlebnis" (Q2) in eurem Physikunterricht.*

11 Abschluss
Griechische Geschichte

Jeweils zwei Scherben ergeben einen Satz. Ordne die Scherben und schreibe die richtigen Sätze in dein Heft.

- Der Olympiasieger erhielt als Preis
- Bei den Griechen war der Waffenlauf
- Die Polis Sparta
- war ein Leuchtturm.
- einen Kranz aus Olivenzweigen.
- Ein Bürger der Stadt Athen konnte in der
- fanden 1896 in Athen statt.
- Alexander der Große
- eine olympische Disziplin.
- Das Wahrzeichen von Alexandria
- Küsten des Mittelmeeres zahlreiche Kolonien.
- ist der höchste Berg Griechenlands.
- liegt auf der Halbinsel Peloponnes.
- Wer etwas über die Zukunft wissen wollte,
- konnten einen Athener in die Verbannung bringen.
- denn er herrschte in der Unterwelt über die Toten.
- Zum Gott Hades wollte niemand gehen,
- fragte das Orakel des Gottes Apollon in Delphi.
- Die Griechen gründeten an den
- war ein griechischer Stadtstaat.
- Viele Tonscherben mit dem eigenen Namen
- Volksversammlung ein neues Gesetz vorschlagen.
- die Kultur der Griechen in vielen Ländern aus.
- In der Zeit des Hellenismus breitete sich
- Die ersten Olympischen Spiele der Neuzeit
- Eine Polis
- eroberte das Perserreich.
- Der Berg Olymp

Chaos bei den Griechen!

Die Texte und Jahreszahlen dieser Seite sind durcheinander geraten. Übertrage die Zeitleiste in dein Heft. Schreibe die Jahreszahlen und die dazugehörigen Texte an die richtige Stelle. Setze die fehlenden Begriffe in die Lücken.

800 v. Chr.
700 v. Chr.
600 v. Chr.
500 v. Chr.
400 v. Chr.
300 v. Chr.
200 v. Chr.
100 v. Chr.

776 v. Chr.

Die Griechen gründeten überall an den Küsten des Mittelmeeres und des Schwarzen Meeres … Die Städte Tarent, Syrakus und … in Italien sind griechischen Ursprungs. Zu dieser Zeit ersetzte die … den Tauschhandel.

König Alexander von … setzt mit einem Heer von Europa nach … über und beginnt einen Eroberungskrieg. Sein Gegner ist der persische Großkönig … Alexander stirbt 323 v. Chr. in der Stadt …

750–550 v.Chr.

um 500 v. Chr.

Die Staatsform der … ist eine Erfindung der Athener. 2500 Jahre später ist sie überhaupt nicht unmodern.

Der persische König … schickte ein riesiges Heer gegen die Griechen. Der Spartanerkönig … verlor die Schlacht bei den … wegen eines Verräters. Die Perser zerstörten …

480 v. Chr.

Alle … Jahre kamen die Griechen in … zusammen um sich zu Ehren des Göttervaters … im sportlichen Wettkampf zu messen. Es gab dort zu einem anderen Zeitpunkt auch Wettkämpfe der Frauen und Mädchen zu Ehren der Göttin …

334 v. Chr.

um 100 v. Chr.

Die Stadt … an der Mündung des Flusses Nil ist die größte Stadt der Welt. Sie besitzt mehrere Häfen, in denen Schiffe aus allen Teilen des … einlaufen. Händler, Wissenschaftler und Reisende aus vielen Ländern des Ostens verständigen sich in der … Sprache.

Um 100 n. Chr. musste es Römerinnen und Römern fast so erscheinen, als sei die Macht Roms grenzenlos. Im Westen und Norden stieß das Römische Reich an Meere, die viele für das Ende der Welt hielten; im Süden lag jenseits der Grenzen nur eine gewaltige, undurchdringliche Wüste; einzig im Osten und Nordosten gab es noch Völker und Reiche, die nicht dem römischen Machtbereich eingegliedert waren. Die Stadt Rom schien der glanzvolle Mittelpunkt der Welt zu sein.

Nur wenige Jahrhunderte zuvor waren die Römer noch ein kleines Bauernvolk in Italien gewesen. Und so fragten sich die Menschen damals schon, was Rom so stark gemacht hatte. War es vor allem die kriegerische Tüchtigkeit der Römer oder hatten sie ihren Staat besonders gut organisiert?
Die Ausdehnung ihres Reiches ließ die Römer zu Nachbarn jener Menschen werden, die damals dort wohnten, wo du heute lebst. Das waren die Germanen. Teile des heutigen Deutschland waren von den Römern besetzt. Sie haben auch bei uns viele Spuren hinterlassen.

753 v. Chr.

Der Sage nach wird in diesem Jahr die Stadt Rom gegründet.

um 500 v. Chr.

Rom wird Republik.

264–146 v. Chr.

Krieg der Römer gegen Karthago

27 v. Chr.

Unter Augustus wird aus der römischen Republik eine Monarchie.

Den Römern auf der Spur

Das Forum Romanum war über viele Jahrhunderte der Mittelpunkt der Stadt Rom und des Römischen Reiches. Heute ist der Platz zwischen den Hügeln Kapitol und Palatin ein Ruinenfeld. Täglich kommen Tausende Touristen hierher, um sich die Spuren der Vergangenheit anzuschauen.

64 n. Chr.

Verfolgung der Christen unter Kaiser Nero

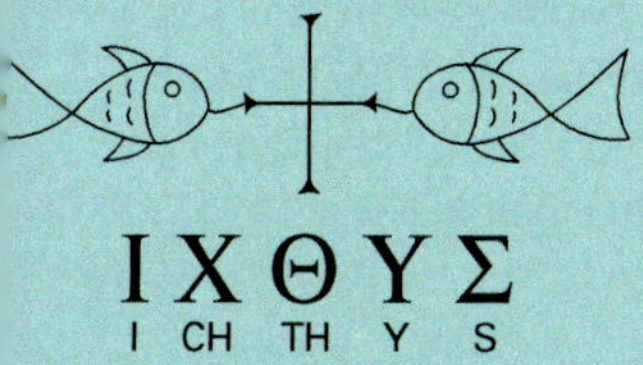

ca. 70 – 160

An der Grenze zu den Germanen errichten die Römer den Limes.

375 – 476

Völkerwanderung in Europa; das Römische Reich zerfällt.

1 Auch Rom fing einmal klein an

Romulus und Remus gelten der Sage nach als Gründer der Stadt Rom. Mit dem Spruch „Sieben–fünf–drei, Rom schlüpft aus dem Ei“, merkt man sich das Gründungsdatum leicht. Im Jahr 753 v. Chr. begann auch die römische Zeitrechnung.

Die Sage von Romulus und Remus

Ein grausamer Onkel wollte die Zwillinge Romulus und Remus töten. Daher ließ er sie gleich nach der Geburt in einem Schilfkorb auf dem Fluss Tiber aussetzen. So wären sie in den sicheren Tod getrieben, wenn sich das Körbchen nicht in den Zweigen eines Feigenbaums verfangen hätte. Eine Wölfin hörte das Wimmern der Knaben und zog sie in einer Höhle wie ihre eigenen Jungen auf. Später fand sie ein Hirte, der Romulus und Remus mit in seine Hütte nahm.

Als die beiden zu starken jungen Männern herangewachsen waren, wollten sie auf dem Hügel Palatin am Tiber eine Stadt gründen. Romulus errichtete einen kleinen Erdwall. So wollte er den heiligen Bezirk der Stadt markieren. Mit einem Satz sprang sein Bruder darüber, um Romulus zu verspotten. Der geriet in solchen Zorn, dass er Remus erschlug. Das soll im Jahre 753 v. Chr. gewesen sein.

Q1 *Die Wölfin* ist bis heute das Wahrzeichen der Stadt Rom. Diese Plastik aus Bronze entstand um 500 v. Chr., die Zwillinge hat man fast 2000 Jahre später ergänzt.

Wie war es wirklich?

Archäologen haben am Hügel Palatin die Reste einfacher Hütten ausgegraben, die fast 3000 Jahre alt sind. Vermutlich hatten sich verschiedene Volksstämme aus dem Norden Italiens hier um 1000 v. Chr. niedergelassen. Der Ort war sehr günstig: Das Land war fruchtbar und der Tiber ließ sich an dieser Stelle leicht überqueren. Außerdem konnte man mit Schiffen schnell das Mittelmeer erreichen.

Die Menschen in den kleinen Siedlungen lebten vor allem als Hirten, Bauern und Fischer. Der mächtigste Volksstamm waren die Etrusker, von denen viele gute Handwerker und Künstler waren. Nach und nach schlossen sich die Siedlungen auf den sieben Hügeln zu einer kleinen Stadt zusammen. Die Etrusker gaben ihr den Namen Ruma. Regiert wurde die Stadt von einem König.

Eine große Stadt entsteht

Nach und nach entwickelte sich Rom zu einer großen Stadt mit Häusern aus Stein, mit Tempeln für die Götter und mit Brücken über den Tiber. Ringsum war die Anlage mit Mauern und Wällen befestigt. Um 500 v. Chr. beherrschten die Römer ein Gebiet, das schon so groß war wie Hamburg heute. Außerdem gelang es den Römern, die Sümpfe zwischen den Hügeln Stück für Stück trockenzulegen. Kanäle wurden angelegt um den Boden zu entwässern. So entstand Raum für einen großen öffentlichen Platz.

Hier, auf dem Forum Romanum, versammelten sich die Bürger und trieben auch Handel. Denn immer mehr Römer arbeiteten nun als Handwerker und Händler. Am Forum lag auch der Tempel. Bei wichtigen Entscheidungen beobachteten die römischen Priester den Flug der Vögel und deuteten ihn als Zeichen der Götter. Dann gaben sie dem König einen Rat.

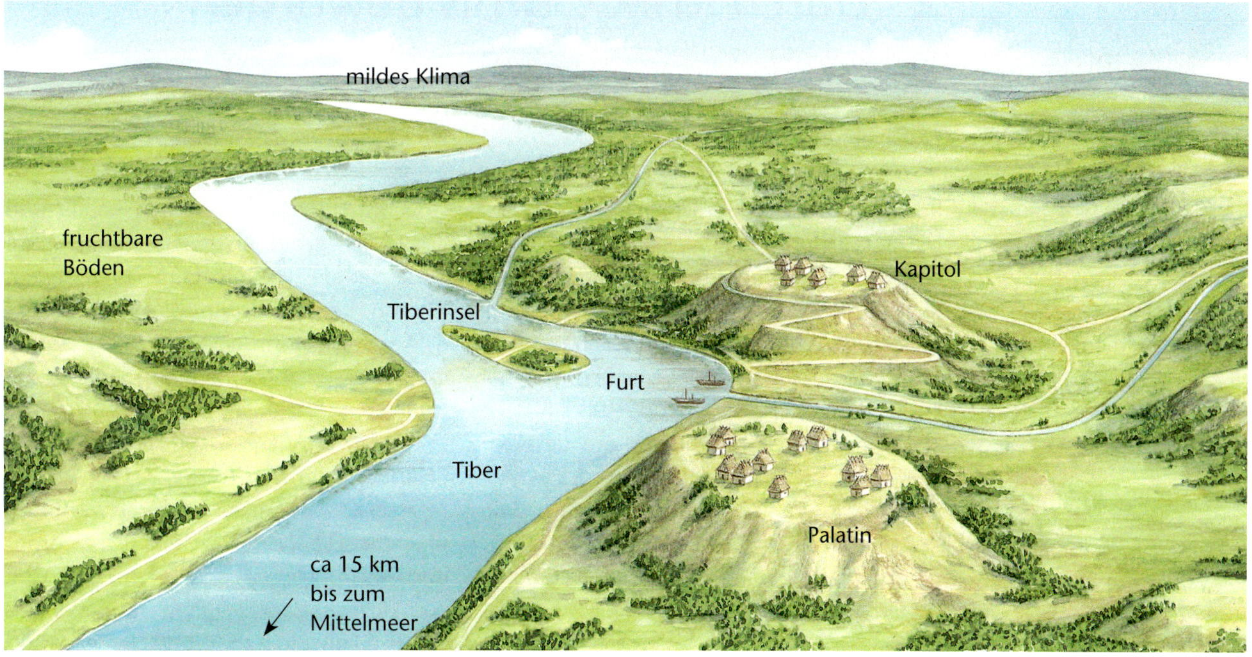

D 1 *Rom vor ca. 2700 Jahren.* Die Rekonstruktionszeichnung zeigt den Platz, an dem Rom entstand. Wenn man vom Mittelmeer her kam, gab es an dem Ort die erste Furt im Tiber. Das ist eine seichte Stelle, an der sich der Fluss leicht überqueren lässt.

D 2 *Rom um 300 n. Chr. im Modell:* ① Heilige Straße durch das Forum Romanum ② Palatinhügel mit den Kaiserpalästen ③ Circus Maximus ④ Tiber ⑤ Marcellustheater für Schauspiele ⑥ Kapitolhügel mit dem Tempel des Jupiter ⑦ Fernstraße Via Flaminia ⑧ Kolosseum ⑨ Wasserleitung ⑩ Therme (Badeanlage mit Schwimmbecken Ruheräumen und Läden)

1 *Warum ist das Wahrzeichen der Stadt Rom eine Wölfin (VT, Q1)?*
2 *Wie erklärten sich die Römer den Namen ihrer Stadt?*
3 *Rom konnte sich aufgrund seiner guten Lage zur Stadt entwickeln. Schau dir die Zeichnung D1 genau an. Was war für die Bauern günstig, was für die Fischer? Welche Vorteile gab es für Händler? Wie konnten sich die Menschen vor Feinden schützen?*
4 *Vergleiche die Darstellungen D1 und D2. Wie müsste man D2 drehen, um den gleichen Blickwinkel zu erhalten?*

2 Durch Kriege groß geworden

Provinz
So nannten die Römer ihre Besitzungen außerhalb Italiens. Die Bewohner der Provinzen besaßen zunächst kein Bürgerrecht. Ein römischer Statthalter, meist ein ehemaliger Konsul, verwaltete die Provinz und zog Steuern ein.

Rom wird Herrin über Italien

Die Römer führten unzählige Kriege: Erst eroberten sie kleinere Nachbarstädte, später andere Volksstämme Italiens. Auf ihren Kriegszügen erlitten die Römer anfangs zwar auch manche schwere Niederlage, doch am Ende setzten sie sich immer durch.
Die Römer lernten im Laufe der Zeit, dass es besser war, die Besiegten durch Verträge an sich zu binden als sie nur auszuplündern. So machten sie in Italien aus Gegnern Bundesgenossen, die ihnen im Krieg mit Truppen und Material halfen.

Wem gehört das Mittelmeer?

Diese Hilfe brauchte Rom, als es sich 264 v. Chr. in einen Krieg um die Insel Sizilien einließ. Der westliche Teil Siziliens gehörte zu Karthago, einer sehr mächtigen Stadt an der Nordküste Afrikas. Die Karthager, von den Römern Punier genannt, waren ein Handelsvolk. Mit ihrer Flotte beherrschten sie das westliche Mittelmeer. Auf den fruchtbaren Plantagen Siziliens bauten die karthagischen Kaufleute Obst, Wein und Getreide für den Mittelmeerhandel an. Diese Insel wollten auch die Römer besitzen, um ihre Macht in Süditalien zu sichern und weiter auszudehnen.
Über 20 Jahre lang kämpften Römer und Karthager erbittert gegeneinander. Am Ende siegten die Römer mit ihrer starken Kriegsflotte. Karthago musste den Römern Sizilien sowie die Inseln Korsika und Sardinien überlassen und zudem 80 Tonnen Silber zahlen.

„Hannibal vor den Toren!"

Doch bald war Karthago wieder reich und mächtig. Die Römer fühlten sich bedroht und erklärten erneut den Krieg. 218 v. Chr. zog der punische Feldherr Hannibal mit 50 000 Fußsoldaten, 9000 Reitern und 37 Kriegselefanten über die Alpen nach Italien und schlug mehrere römische Heere. Allein bei Cannae verloren etwa 50 000 junge Römer ihr Leben. „Hannibal vor den Toren!", riefen schon die entsetzten Bürger Roms, doch Hannibal griff die Stadt nicht an.
Als Karthago selbst bedroht wurde, musste Hannibal nach Afrika übersetzen. 202 v. Chr. wurde er von dem römischen Feldherrn Scipio geschlagen. Karthago verlor alle Besitzungen außerhalb Afrikas, seine Kriegsflotte und sein Silber – als Gegner Roms war es endgültig ausgeschaltet. Trotzdem zerstörten die Römer 50 Jahre später die Stadt vollständig.

Das Weltreich der Römer

In den folgenden Jahrhunderten vergrößerten die Römer ihr Reich durch immer neue Kriege. Die eroberten Gebiete machten sie zu römischen Provinzen.
Um 150 v. Chr. kontrollierten die Römer das gesamte Mittelmeer, auch Griechenland stand unter römischer Herrschaft. 250 Jahre später, zur Zeit des Kaisers Trajan, erlangte das Römische Reich seine größte Ausdehnung. Seine Grenzen reichten nun bis auf die britischen Inseln. Es war zum Weltreich geworden.

D 1 *Römisches Kriegsschiff* (Rekonstruktion). Ein solches Kriegsschiff war bis zu 50 m lang und konnte neben den Seeleuten und Ruderern 120 Soldaten aufnehmen.

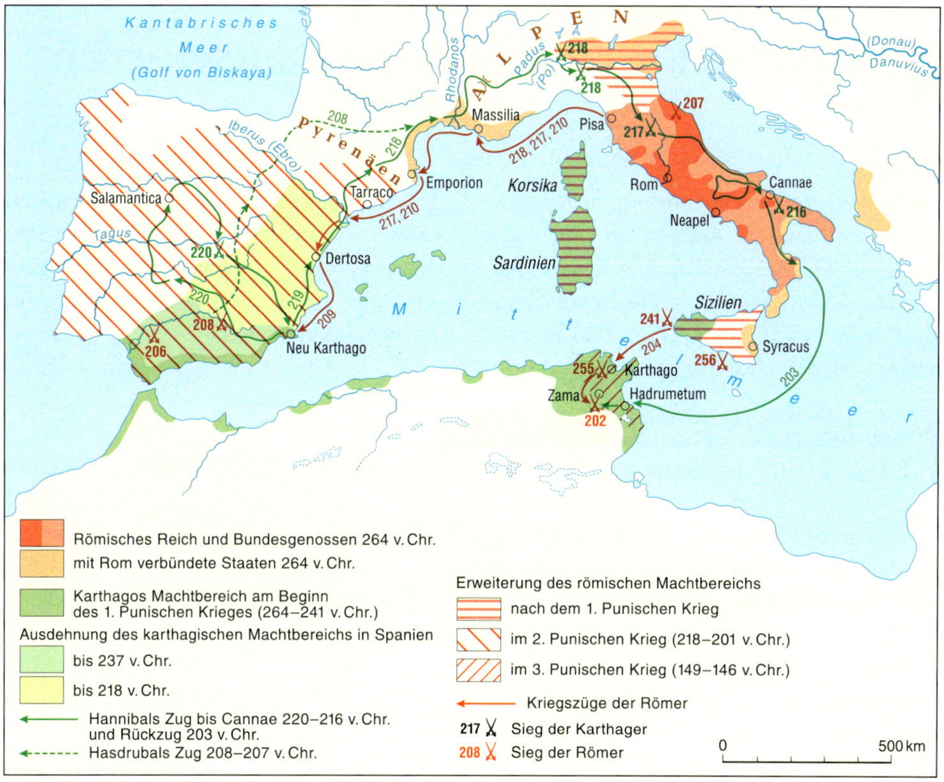

D2 *Rom gegen Karthago, 264–146 v. Chr.*

Q1 *Nach dem römischen Geschichtsschreiber Livius (59 v. Chr.–17 n. Chr) soll Hannibal seine Truppen mit den folgenden Worten angefeuert haben:*

Dieses so grausame und stolze Volk der Römer nimmt alles in Besitz und unterwirft alles seiner Entscheidung. (...) Es schließt uns ganz eng in Grenzen von Bergen und Flüssen ein, die wir nicht überschreiten dürfen, und hält selbst die Grenzen nicht ein. (...) Ist es nicht genug, dass du (Rom) mir meine alten Besitzungen (Sizilien, Sardinien, Korsika) genommen hast? Nimmst du mir nun auch noch Spanien? Und wenn ich dieses räume, wirst du nach Afrika hinübergehen.

Q2 *Über die Kriege Roms urteilte Livius in seinem Geschichtswerk so:*

Gibt es (außer den Römern) sonst noch ein Volk auf der Welt, das Kriege führt zur Verteidigung der Freiheit anderer, damit auf Erden keine unrechtmäßige Macht bestehe, sondern überall Recht, Sitte und Gesetz ungebrochen herrschen?

Q3 *Der Untergang Karthagos im Jahr 146 v. Chr. wird von dem Geschichtsschreiber Appian (2. Jh. v. Chr.) beschrieben:*

Die Karthager hatten zunächst Geiseln gestellt, dann hatten die Römer die Herausgabe aller Waffen verlangt. Nun hofften die Karthager, von den Römern einen Friedensvertrag zu erhalten. Doch der römische Konsul teilte ihnen mit: „Karthager, euer Gehorsam (...) ist lobenswert. Aber es muss noch etwas hinzugefügt werden: Unterwerft euch einem weiteren Befehl des Senats. Übergebt uns Karthago und siedelt euch 10 Meilen vom Meer an. Wir haben nämlich beschlossen, eure Stadt zu zerstören."

Darauf traten die Karthager zur letzten verzweifelten Schlacht an. Sechs Tage und Nächte dauerte der Kampf in der brennenden Stadt unter schrecklichen Verlusten für die Karthager, bis sich die Überlebenden ergaben. Diese wurden von den Römern im Landesinneren angesiedelt, Karthago aber wurde dem Erdboden gleichgemacht.

1. *Arbeite mit der Karte D2. Welche Gebiete verlor Karthago nach dem ersten Punischen Krieg, welche nach dem zweiten?*
2. *Wie hat Rom auf die Überlegenheit der Karthager zur See reagiert (VT, D1)?*
3. *Beurteile die römische Politik gegenüber Karthago nach den Quellen Q1 und Q3. Welchen Hinweis erkennst du in der Einleitung Q1, dass die Ansprache Hannibals, so wie Livius sie wiedergibt, auch erfunden sein könnte?*
4. *Wie rechtfertigt der Geschichtsschreiber Livius in Q2 die Kriege Roms?*

3 Methode
Geschichtskarten lesen und auswerten

Karten werden nicht nur im Erdkundeunterricht benötigt. Auch in der Geschichte helfen sie dabei, sich zu orientieren. Aus einer Geschichtskarte kann man schnell und anschaulich Informationen erhalten, in welchem Gebiet der Welt, an welchem Ort und zu welcher Zeit sich Ereignisse und Entwicklungen abspielten. Zum Beispiel, wie Reiche sich ausdehnten, wie Kriegszüge verliefen, wo Menschen gesiedelt haben oder wohin sie gewandert sind.

Methodische Arbeitsschritte

1. Über welches Thema gibt die Karte Auskunft? Beachte dafür die Überschrift und die Legende.
2. Welcher Raum wird gezeigt? Welche Orte werden hervorgehoben? Vergleiche im Geografie-Atlas, um welches heutige Gebiet es sich handelt.
3. Über welche geschichtliche Zeit informiert die Karte? Bezieht sie sich auf ein bestimmtes Jahr, auf einen kurzen oder langen Zeitabschnitt? Werden unterschiedliche Zeitstufen dargestellt?
4. Beachte die Legende. Was bedeuten die Zeichen, Farben, Linien und Pfeile in der Karte?

D 1 *Die Entwicklung des Römischen Reichs zu einem Weltreich*

Hinweise zur Arbeit mit Geschichtskarten

Geschichtskarten sind leichter zu verstehen, wenn man ihre „Zeichensprache" kennt. Diese Zeichen müssen entschlüsselt werden, damit man die Karte lesen kann. Hierzu dient die Legende.

Maßstab
Mithilfe des Maßstabs kannst du bestimmen, wie nah oder fern Orte beieinander lagen, wie weit sich Länder und Gebiete ausdehnten oder wie lang Handelsstrecken, Kriegszüge oder Wanderungen waren.

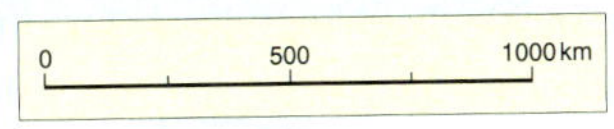

Ausschnitt oder Ganzes
Die Karte auf dieser Doppelseite zeigt den gesamten Mittelmeerraum sowie den größten Teil Europas und Teile des Nahen Ostens. Damit ist das gesamte Römische Reich zur Zeit seiner größten Ausdehnung abgebildet. Von einem anderen großen Reich, dem Partherreich im Osten, ist allerdings nur ein Ausschnitt zu sehen.

Begriffe, z. B. Britannia 43 n. Chr.
Namen und Jahreszahlen geben an, wann genau ein Gebiet erobert und Teil des Römischen Reichs wurde.

Farbige Flächen
Unterschiedliche Farben kennzeichnen Gebiete und Staaten sowie verschiedene Zeiten. Hier sind es die Gebiete in Afrika, Asien und Europa, die von den Römern im Laufe der Zeit erobert wurden.

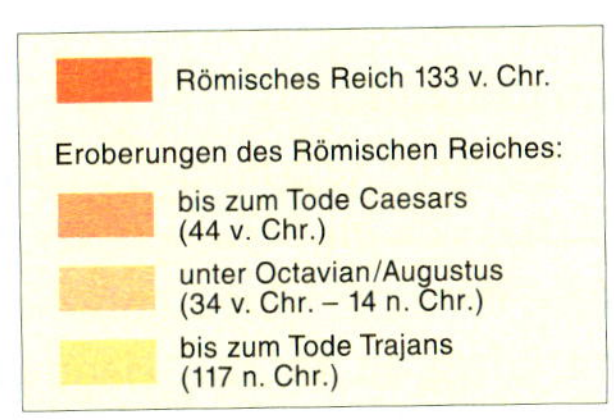

Farbige Linien, Pfeile und Symbole
Durchgehende, gestrichelte oder gepunktete Linien stellen Grenzen dar. In dieser Karte sind so zum einen die äußeren Grenzen des Römischen Reichs und zum anderen die Provinzgrenzen innerhalb des Reichs dargestellt.

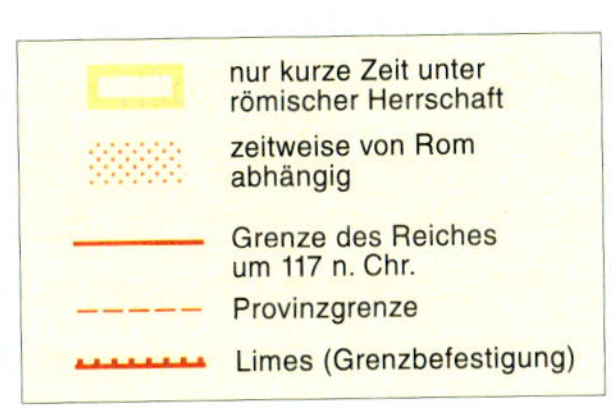

Begriffe, z. B. Goten
Hinter den Grenzen des Römischen Reichs lebten in Nord- und Osteuropa verschiedene Germanenvölker. Die größten Völker und ihre Siedlungsgebiete sind auf dieser Karte eingezeichnet.

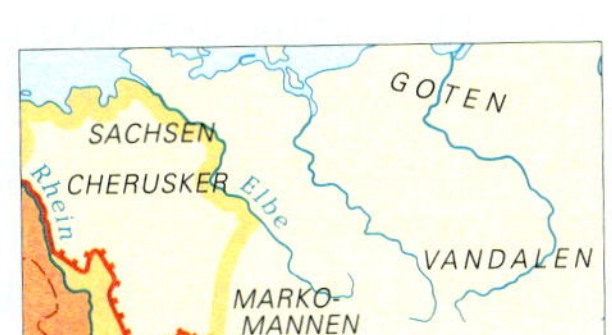

Zeitreise multimedial: Rom – „Rom wird eine Weltmacht"

1. *Untersuche die Geschichtskarte D1 anhand der methodischen Arbeitsschritte.*
2. *Fasse in eigenen Worten zusammen, wie sich Rom im Laufe der Zeit zu einem Weltreich ausdehnte.*
3. *Bereitet in Gruppen einen Vortrag zu der Karte vor. Achtet darauf, dass eure Zuhörer Informationen zu folgenden Punkten erhalten:*
   - *die römischen Eroberungen*
   - *die größte Ausdehnung des Römischen Reichs*
   - *der Verlauf des Limes*
   - *Völker hinter den Grenzen im Norden und Osten*

5 Die Herren der Welt besitzen nichts

1 *Die neue Nutzung des Landes* prägte seit dem 2. Jahrhundert v. Chr. auch das Landschaftsbild Italiens. – Beschreibe, was du auf dem Bild siehst. Beachte die Anordnung der Felder und die unterschiedliche Nutzungsart.

Zeitreise multimedial: Rom – „Bauer in Rom"

Proletarier
(von lat. proles = Nachkomme) wurden die ärmeren römischen Bürger genannt, weil sie außer ihren Kindern kaum etwas besaßen. Sie waren zumeist arbeitslos und wohnten in billigen Massenunterkünften.

Ritter
waren wohlhabend, aber nicht adlig. Im Krieg kämpften sie als Reiter.

Arme Römer – reiche Römer

Im 2. Jahrhundert v. Chr. war Rom durch seine Feldzüge reich geworden. Adlige Offiziere hatten aus Afrika, Spanien, Griechenland und Asien Gold, Silber, Kunstschätze und Sklaven mitgebracht. Die Ritter verdienten in den eroberten Provinzen meist als Händler riesige Vermögen. Diese Schicht sehr reicher Römer lebte in einem unvorstellbaren Luxus. Sie veranstalteten gerne Festessen, bei denen man nach griechischer Sitte auf Polstern lag und sich von Sklaven bedienen ließ.

Das alles sah Tiberius Gracchus, ein junger Römer aus vornehmer Familie. Er sah aber auch, dass sich die Armenviertel der Stadt Rom füllten. Hier lebten jene Römer, denen die vielen Eroberungen keinen Vorteil gebracht hatten, etwa ehemalige Kleinbauern, deren Höfe verfallen waren, weil sie selbst Jahr für Jahr in den Krieg ziehen mussten. Andere waren ruiniert, weil billiges Getreide aus den Provinzen den römischen Markt überschwemmte.

Adlige Grundbesitzer und reiche Spekulanten kauften die Höfe zu einem Spottpreis und legten sie zu großen Gütern zusammen. Mithilfe billiger Sklavenarbeit bauten sie vor allem Obst, Wein und Oliven an oder sie nutzten die Flächen um Vieh zu halten. Bauern, die auf dem Land blieben, wurden oft Tagelöhner oder Knechte bei den Reichen.

Brot und Spiele

Auch in Rom war es schwierig, Arbeit zu finden, weil bereits viele Sklaven im Handwerk und Handel arbeiteten. So wurden aus Bauern besitzlose Proletarier. Allerdings waren die Reichen noch auf ihre Stimmen angewiesen, wenn sie sich um Staatsämter bewarben. Deshalb ließen die Patrizier Brot und Getreide verteilen und veranstalteten kostenlose Schaukämpfe in den Arenen.

Wer hilft den Proletariern?

Tiberius Gracchus wollte die Lage der Proletarier verbessern. Als Volkstribun schlug er ein neues Gesetz vor: Die Grundbesitzer sollten einen Teil ihres Landes für die Besitzlosen hergeben. So könnten Arbeitslose als tüchtige Bauern leben. Wie in alter Zeit würden sie dem Staat dann auch wieder ihre Söhne als Soldaten geben.

Die meisten Senatoren lehnten das Gesetz ab, denn sie gehörten selbst zu den Grundbesitzern. Die Volksversammlung dagegen stimmte dem Gesetz zu. Nun war Rom gespalten in Anhänger und Gegner des Tiberius Gracchus. Als Tiberius versuchte, die Verfassung zu verletzen und sich ein zweites Mal zum Volkstribun wählen zu lassen, griffen seine Gegner zur Gewalt. Während einer Wahlversammlung wurden er und 300 seiner Anhänger erschlagen. Einige Senatoren beteiligten sich sogar selber an der Bluttat.

Q1 *Landhaus einer reichen Familie* (Wandbild aus einer Villa in Pompeji aus dem 1. Jahrhundert n. Chr.). Reiche Römer hatten mehrere Häuser: ein Stadthaus in Rom und Villen auf dem Land oder an der See.

D2 *Mietshaus in Rom.* Das Modell zeigt zwei verschiedenartige Wohngebäude. Das rechte könnte von einem Kaufmann oder Bauunternehmer mit gehobenen Ansprüchen bewohnt worden sein. Vielleicht war er sogar der Eigentümer des großen Mietshauses daneben: mit kleinen Wohnungen und engen Zimmern für arme Proletarierfamilien. Häufig stürzten solche Häuser ein, weil sie zu billig gebaut waren oder Reparaturen unterblieben.

Q2 *Tiberius Gracchus hielt 133 v. Chr. vor der Volksversammlung eine Rede, deren Inhalt viele Römer erschütterte. Etwa 200 Jahre später schrieb sie der griechische Schriftsteller Plutarch in der folgenden Weise auf:*

Die wilden Tiere Italiens haben jedes eine Höhle, eine Lagerstätte, einen Schlupfwinkel. Doch die Männer, die für Italien kämpfen und sterben, haben nichts außer Luft und Licht. Heimatlos, ja ohne ein Dach über dem Kopf, irren sie mit Frau und Kind umher. Die Feldherren lügen, wenn sie ihre Soldaten in der Schlacht auffordern, die Gräber und Heiligtümer gegen den Feind zu verteidigen. Denn von so vielen Römern hat keiner mehr einen väterlichen Herd, keiner mehr ein Grab seiner Ahnen aufzuweisen. Nur für das schöne Leben und den Reichtum anderer müssen sie kämpfen und fallen. Sie heißen Herren der Welt, ohne auch nur ein einziges Stück Ackerland ihr eigen nennen zu können.

Q3 *In allen eroberten Gebieten gab es römisches „Staatsland". Eigentlich sollte es an Interessenten verkauft oder verpachtet werden. Der Geschichtsschreiber Appian beschrieb, was im 2. Jahrhundert v. Chr. allerdings häufig mit dem Staatsland geschah:*

Die Reichen nämlich nahmen sich vom noch nicht verteilten Land den Großteil; mit der Zeit verließen sie sich dann darauf, dass ihnen dies niemand mehr wegnehmen werde. Sie übernahmen die ganzen anderen Güter, nämlich die den ihren nahe gelegenen kleinen Anwesen der Armen, indem sie diese teils zum Verkauf überredeten, teils mit Gewalt vertrieben. Schließlich konnten sie somit große Ländereien statt einzelner Güter bearbeiten lassen, wozu sie Sklaven als Landarbeiter und Hirten einsetzten. (...) So also wurden die Mächtigen vollends reich und die Sklaven vermehrten sich im Land, während die Zahl der freien Bauern abnahm.

1. *Welche Folgen hatte es für einen einfachen Bauern, wenn er oder sein Sohn vom Frühjahr bis zum Herbst Kriegsdienst leisten musste (VT)?*
2. *Warum konnte ein Adliger über viele Jahre an Feldzügen teilnehmen, ohne dass seine Landgüter vernachlässigt wurden (VT, Q3)?*
3. *Mit welchen Mitteln wollte Tiberius den Proletariern helfen? Welchen Nutzen hätten seine Reformen dem römischen Staat gebracht (VT)?*

6 Bürgerkriege zerreißen Rom

Optimaten
(von lat. „optimi" = die Besten)
Politiker der Senatspartei

Popularen
(von lat. „populus" = das Volk)
Politiker der Volkspartei

Römer gegen Römer
„Früher führten Volk und Senat von Rom gemeinschaftlich und ohne Hass die Staatsgeschäfte. Doch dann fing der Adel an, seine Macht und seine Vorrechte zu missbrauchen. Auch das Volk begann seine Freiheiten in Willkür ausarten zu lassen. Jeder versuchte für sich zu nehmen, zu raffen und zu rauben. So wurde alles in zwei Parteien auseinander gerissen; die Republik aber ging zwischen beiden zugrunde."
So beschrieb der römische Geschichtsschreiber Sallust den Zustand Roms im 1. Jahrhundert v. Chr. Das Unvorstellbare war geschehen: Zum ersten Mal kämpften römische Soldaten gegeneinander.

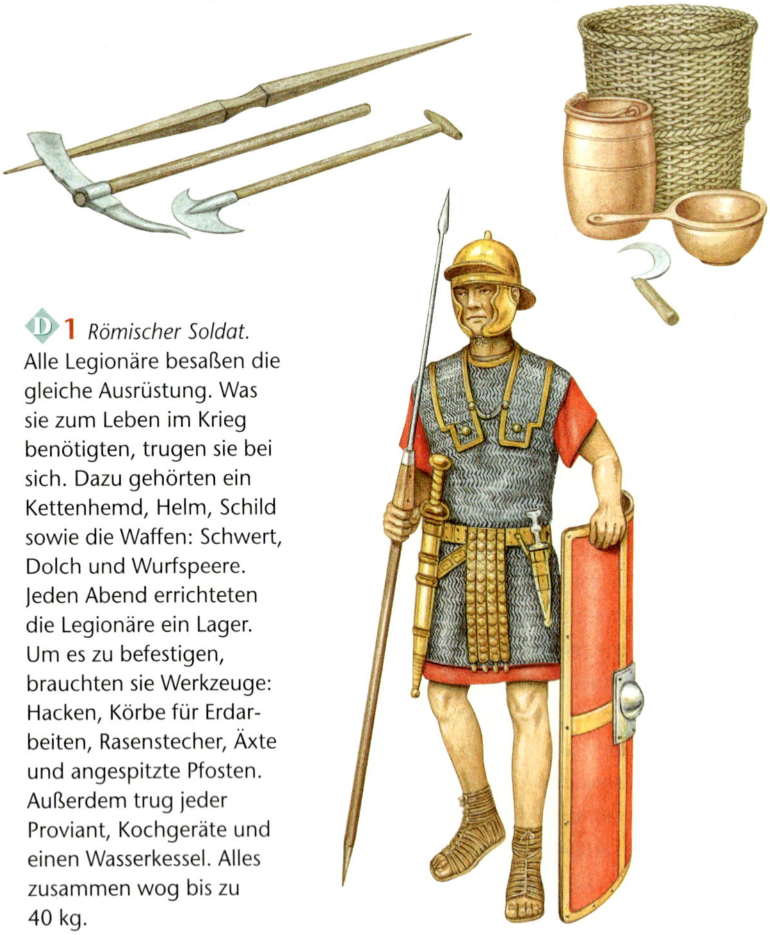

D 1 *Römischer Soldat.* Alle Legionäre besaßen die gleiche Ausrüstung. Was sie zum Leben im Krieg benötigten, trugen sie bei sich. Dazu gehörten ein Kettenhemd, Helm, Schild sowie die Waffen: Schwert, Dolch und Wurfspeere. Jeden Abend errichteten die Legionäre ein Lager. Um es zu befestigen, brauchten sie Werkzeuge: Hacken, Körbe für Erdarbeiten, Rasenstecher, Äxte und angespitzte Pfosten. Außerdem trug jeder Proviant, Kochgeräte und einen Wasserkessel. Alles zusammen wog bis zu 40 kg.

Der Staat wird zur Beute der Politiker
Rom hatte zwar die Ausmaße einer Weltmacht, die politischen Ämter wurden aber noch wie in der frühen Republik im jährlichen Wechsel vergeben. Ganz so, als hätte man nur die Angelegenheiten einer Stadt zu regeln. Doch die Verwaltung des Staates war nicht nur komplizierter geworden, es ging auch um sehr viel mehr: Als Feldherr konnte man Ruhm und Beute gewinnen, Verwalter einer Provinz konnten sehr reich werden. Vielen Adligen war dazu fast jedes Mittel recht. Sie hatten sich in zwei Gruppen aufgespalten: Die Popularen stützten sich auf die unteren Volksschichten. Sie traten für Reformen zugunsten der ärmeren Bürger ein. Die Optimaten wollten dagegen die Macht des Senates und der Besitzenden erhalten. Es kam zum Bürgerkrieg, in dem Tausende Römer starben.

Feldherren setzen „ihr" Heer ein
Wie war es möglich, dass sich römische Soldaten gegen ihre eigenen Landsleute einsetzen ließen?
104 v. Chr. hatte der Konsul Marius das römische Heer neu organisiert. Denn Rom hatte nicht mehr genügend Bauernsoldaten, führte aber lange Kriege fernab der Heimat. Für das Heer wurden nun die Söhne der Proletarier benötigt. Diese konnten aber nicht selber für ihre Waffen und Ausrüstung aufkommen. Marius musste ihnen daher ein lohnendes Angebot machen: Sold, freie Verpflegung, Unterkunft und eine Versorgung im Alter.
So gewann er viele Freiwillige aus den Reihen der Proletarier für die Legionen. Diese Berufssoldaten verteidigten aber nicht mehr ihren eigenen Besitz. Sie kämpften für „ihren" Feldherrn, von dem sie Belohnung und Beute erwarteten. Der Feldherr wiederum konnte „seine" Soldaten einsetzen, um persönliche Ziele durchzusetzen.

D 2 *Das römische Heer*

… der frühen Republik (links)
Alle Bürger mit Besitz zwischen 17 und 49 Jahren konnten im Kriegsfall einberufen werden. Waffen und Ausrüstung bezahlten sie selbst. Reiche zogen beritten ins Feld. War der Feldzug beendet, kehrten die Männer nach Hause zurück.

… der späten Republik (rechts)
Nach Marius bestand das Heer mehr und mehr aus Berufssoldaten mit einer Dienstzeit von 16 Jahren. Im Krieg wie im Frieden gab es Gefechtsübungen und Märsche. Nach jedem Marsch mussten die Soldaten ein befestigtes Lager anlegen und ihr Essen selbst zubereiten. Wer auf der Wache einschlief, einen Befehl nicht sofort befolgte oder vor dem Feind davonlief, wurde hart bestraft, oft mit dem Tode.

Nach Beendigung ihrer Dienstzeit wurden die Soldaten mit einem Stück Land „versorgt".

Die Soldaten wurden auch zum Straßen- und Brückenbau eingesetzt.

D 3 *Bürgerkriege in Rom.*
Die Gracchen gegen den Senat:
133 v. Chr.: Tiberius Gracchus und ca. 300 seiner Anhänger werden erschlagen.
121 v. Chr.: Der Senat setzt Soldaten gegen Gaius Gracchus ein: Mehr als 3000 seiner Gefolgsleute werden hingerichtet.

Bundesgenossen gegen Römer:
91 v. Chr.: Die italischen Bundesgenossen erheben sich gegen die Römer. Im „Bundesgenossenkrieg" erkämpfen sie sich das römische Bürgerrecht (91–88 v. Chr.).

Marius gegen Sulla:
88 v. Chr.: Konsul Sulla (Optimat) besetzt mit seinem Heer die Stadt Rom, um mit Gewalt zu verhindern, dass Marius (Popular) Heerführer in einem Krieg in Kleinasien wird. Marius flieht. Als Sulla die Stadt verlassen hat, kehrt Marius zurück und lässt seine Gegner umbringen.
83 v. Chr.: Sulla kehrt nach siegreichem Feldzug mit seinem Heer nach Rom zurück. Er nimmt grausame Rache.

Q 1 *Über das Vorgehen von Marius schrieb der griechische Historiker Appian, der im 2. Jahrhundert n. Chr. in Rom lebte:*
Sie (Marius und seine Soldaten) hielten ihren Einzug in Rom, dem alle mit Schrecken entgegensahen. (…) Der Konsul Octavius floh nicht und leistete mit einigen Soldaten Widerstand. Er wurde ermordet und sein Kopf auf dem Forum aufgestellt.
Nun eilten sogleich Leute, um die Gegner unter den Rittern und Senatoren aufzuspüren. (…) Niemand durfte einen Ermordeten beerdigen. Hunde und Vögel zerrissen die Leichen adliger Männer. Auch ermordeten die Marianer eigene Leute, ohne zur Rechenschaft gezogen zu werden. Andere wurden verbannt, ihr Vermögen eingezogen, andere wurden aus dem Amt entlassen.

Zeitreise multimedial: Rom – „Leben wie die Legionäre"

1. *Stelle in einer Tabelle gegenüber: Bürgerheer der frühen Republik – Berufsarmee der späten Republik.*
2. *Zwei arbeitslose Proletarier sprechen über ein Thema, das viele beschäftigt: Lohnt es sich, Soldat zu werden? Erarbeitet ein Rollenspiel: Der eine ist dafür, der andere rät ab (VT, D1, D2).*
3. *Fasse zusammen, wie es zu den Bürgerkriegen in Rom kam (VT, D3).*

7 Einer setzt sich durch: Caesar

Q 1 *Caesar mit Lorbeerkranz.* Die Münze trägt die Umschrift CAESAR DIC(TATOR) QUART(UM) („Caesar zum vierten Mal Diktator") und wurde 44 v. Chr. noch vor Caesars Ermordung geprägt.

Diktator
Wenn der Republik schwere Gefahr drohte, konnte ein Diktator mit der alleinigen Regierungsgewalt beauftragt werden. Er durfte aber höchstens sechs Monate im Amt bleiben. Als Caesar sich zum Diktator auf Lebenszeit ernennen ließ, brach er die römische Verfassung.

Caesar, der siegreiche Feldherr

Im September des Jahres 46 v. Chr. feiert Gaius Julius Caesar mit einem großartigen Triumphzug seine Siege in Gallien, Ägypten und Afrika. Der Zug beginnt traditionsgemäß auf dem Marsfeld und führt über das Forum Romanum zum Tempel des Jupiter. Lange Kolonnen mit Kriegsbeute und Gefangenen werden an den Zuschauern vorbeigeführt. Schließlich nähert sich der siegreiche Feldherr auf einem vergoldeten Wagen, gekleidet in Purpur und Gold. Roms Massen jubeln dem Mann zu, der eine beispiellose Karriere hinter sich hat.

Caesar, der Machtmensch

Caesar stammte aus einer alten Adelsfamilie. Als junger Politiker der Popularen lieh er sich ungeheure Geldsummen und veranstaltete für die Bürger Roms kostenlose Gladiatorenkämpfe und Wagenrennen. Damit machte er sich beim Volk beliebt.
Caesar wollte aber mehr, nämlich die höchste Macht im Staat. Dazu benötigte er starke Verbündete. Im Jahr 60 v. Chr. schlossen sich ihm die beiden wichtigsten Männer Roms an: der siegreiche Feldherr Pompeius und der schwerreiche Unternehmer Crassus. Gegen dieses „Dreimännerbündnis" konnte selbst der Senat nichts ausrichten. Die drei rissen alle Macht an sich und teilten sie untereinander auf.
Caesar wurde Konsul, danach für fünf Jahre Statthalter in Gallien, einer römischen Provinz im heutigen Frankreich. Außerdem erhielt er den Befehl über drei Legionen. In den folgenden neun Jahren eroberte er das freie Gallien bis zur Nordseeküste und bis an den Rhein. Dabei kümmerte er sich wenig darum, was ihm der Senat befahl. Mehrfach vergrößerte er eigenmächtig sein Heer. Er achtete aber immer darauf, dass ihm die Offiziere und Soldaten treu ergeben waren.

Ein Bürgerkrieg entscheidet

Im Jahr 49 v. Chr. bewarb sich Caesar zum zweiten Mal um das Amt des Konsuls. Dazu musste er nach Rom kommen. Der Senat forderte ihn auf, zuerst sein Heer zu entlassen, wie es üblich war. Caesar wusste, dass ihm der Senat nicht wohl gesonnen war und fürchtete seine Position zu schwächen, wenn er ohne Soldaten nach Rom käme. In der Nacht zum 10. Januar 49 v. Chr. zog er deshalb mit seinen Truppen Richtung Rom. Ein Bürgerkrieg begann, der vier Jahre dauerte. Am Ende hatte Caesar seine Gegner besiegt.

Rettet ein Mord die Republik?

Caesar setzte seine neue Ordnung durch. Der Senat ernannte ihn zum Diktator: erst für zehn Jahre, dann auf Lebenszeit. Bei Senatssitzungen hatte er das Recht, als Erster zu reden. Wenn er auftrat, durfte er das purpurfarbene Gewand des Triumphators tragen, das eigentlich nur Jupiter, dem höchsten Gott, zustand.
So machte er sich unter den Anhängern der alten Republik viele Feinde. Einige Senatoren verschworen sich gegen ihn. Im Jahre 44 v. Chr. stachen sie Caesar im Senat mit ihren Dolchen nieder.

Q 2 *Dolche der Mörder.* Nach dem Mord an Caesar prägten seine Mörder eigene Münzen: EID (IBUS) MAR(TIIS) „an den Iden des März" (Bezeichnung im römischen Kalender für den 15. März).

D 1 *Ein Triumphzug.*
So stellt sich ein Zeichner unserer Zeit einen römischen Triumphzug vor. Die Darstellung entspricht dem, was wir aus römischen Quellen wissen.

① Der Zug bewegt sich über das Forum Romanum, vorbei an den Tempeln und Staatsgebäuden.

② Senatoren und Beamte schreiten würdevoll voran. Der Zug bewegt sich an der Rednertribüne vorbei.

③ Es folgen Opferstiere mit vergoldeten Hörnern. Dahinter gehen wichtige Gefangene, zum Beispiel ein besiegter König. Später werden sie getötet oder verkauft; andere müssen im Amphitheater auf Leben und Tod gegeneinander kämpfen.

④ Dann erscheint der Feldherr mit rot gefärbtem Gesicht, Lorbeerkranz und Adlerzepter. Der Adler gilt als Symbol des Jupiter, rot ist die Farbe des Mars. Hinter dem Triumphator steht ein Sklave und wiederholt die Worte: „Bedenke, dass du ein Mensch bist!"

Q 3 *Warum war Caesar so erfolgreich?*
Dazu sagte der römische Politiker und Schriftsteller Cicero (106–43 v. Chr.) in einer Rede:

Ihm war Talent, Verstand, Gedächtnis, Bildung, Sorgfalt und Umsicht gegeben. Er hat Kriegstaten vollbracht, zwar unheilvoll für den Staat, aber dennoch große Kriegstaten. Viele Jahre hatte er geplant Alleinherrscher zu werden und diesen Plan unter großen Mühen und vielen Gefahren verwirklicht. Durch Zirkusspiele, Bauwerke, Spenden und Speisungen hatte er das unerfahrene Volk auf seine Seite gezogen.

Q 4 *Warum hassten viele Römer Caesar?*
Der römische Schriftsteller Sueton (ca. 70–143 n. Chr.) versuchte darauf eine Antwort zu finden. Er schrieb:

Er hat sich nicht nur immer wieder zum Konsul wählen und schließlich zum Diktator (...) auf Lebenszeit ernennen lassen. Er duldete auch maßlos übertriebene Ehrungen: einen goldenen Sessel im Rathaus und Gericht. Sein Bild wurde neben denen der Götter aufgestellt, ein Monat erhielt seinen Namen. Er nahm und verlieh Auszeichnungen, wie es ihm passte. Er sagte öffentlich, die Republik sei ein Nichts.

1. *Nenne Gründe für Caesars Erfolg (VT, Q3).*
2. *Welche Beweggründe könnten Caesars Mörder gehabt haben (VT, Q4)?*
3. *Führt ein Rollenspiel durch: Auf dem Forum Romanum diskutieren Senatoren über Caesars neue Politik.*
4. *Mache dir Stichpunkte und halte einen Vortrag über Caesars Triumphzug (D1).*

8 Mit Augustus beginnt die Kaiserzeit

Kaiser
Augustus übernahm von seinem Vater den Namen. Seine Nachfolger fügten ihrem Namen ebenfalls „Caesar“, das damals wie „kaisar“ gesprochen wurde, hinzu. Daraus wurde ein Herrschertitel. Noch im 20. Jahrhundert gab es in Deutschland einen „Kaiser“ und ein „Zar“ regierte Russland.

Caesars Leichenfeier
Die Menschen standen dicht gedrängt auf dem Forum, als der Konsul Marcus Antonius auf der Rednertribüne neben die aufgebahrte Leiche Caesars trat. Seine Toga war zum Zeichen der Trauer zerrissen, das Haar ungekämmt. Vor der Totenfeier verlas er Caesars Testament, das jedem Römer etwas Geld vermachte. Dann schilderte Antonius Caesars Kriegsruhm und zählte seine Wohltaten für das römische Volk und die entlassenen Soldaten auf. Am Ende riss er Caesars blutiges Gewand hoch und zeigte auf die vielen Stellen, an denen die Dolche der Mörder eingestochen hatten. Die Wirkung war wohl berechnet. Antonius lenkte den Volkszorn gegen Senat und Adel, weil er selbst herrschen wollte.

Q1 *Das Marmorstandbild des Augustus* (63 v. Chr. – 14 n. Chr.) entstand kurz nach 17 v. Chr. Augustus ist in der Pose eines siegreichen Feldherrn dargestellt. Barfüßig stellten die Römer sonst nur Götter dar. 21-mal verlieh ihm der Senat den Titel „Imperator“. Auch seine Nachfolger nannten sich als Kaiser „Imperator“.

Caesars Adoptivsohn
Caesar hatte aber in seinem Testament Octavian, seinen 19 Jahre alten Großneffen, zum Erben und Adoptivsohn bestimmt. Um seinen Anspruch auf das Erbe durchzusetzen, verbündete sich Octavian mit dem Senat, also auch mit Männern, die sich gegen seinen „Vater“ verschworen hatten. Nach dem Sieg über Antonius bot er diesem ein Bündnis an: diesmal gegen den Senat. In Rom wurden nun Todeslisten ausgehängt und Mordkommandos erschlugen fast 300 Senatoren und 2000 Ritter. Niemand wagte es mehr, für die alte Republik zu sprechen. Antonius und Octavian teilten sich die Herrschaft und das Reich.
Doch erneut wechselte Octavian die Seiten und verbündete sich mit dem Senat gegen Antonius. In einer großen Seeschlacht vor Griechenland besiegte er seinen Rivalen. Octavian stieg zum Alleinherrscher auf. Hunderttausende hatten dafür mit dem Leben bezahlt.

Die neue Ordnung des Augustus
Im Jahre 27 v. Chr. trat Octavian vor den Senat und erklärte, der Bürgerkrieg sei beendet, die Republik wiederhergestellt. Er gebe daher alle Vollmachten aus der Kriegszeit zurück. Nur das Amt des Konsuls behielt er. Angeblich baten ihn die Senatoren wegen der unsicheren Lage die Herrschaft zu behalten. Sie ehrten ihn mit dem Namen Augustus, was „der Erhabene“ bedeutet.
In den folgenden Jahren traf Augustus alle wichtigen Entscheidungen selbst. Er bestimmte, wer Senator, Offizier oder Beamter wurde. Auch war er mehrfach Konsul und Volkstribun auf Lebenszeit. So konnte kein Gesetz gegen seinen Willen erlassen werden. Nur zum Schein blieben alle Ämter der Republik bestehen. Augustus nannte sich „princeps“, „erster Bürger“. In Wirklichkeit war er aber, wie schon Caesar, Alleinherrscher.

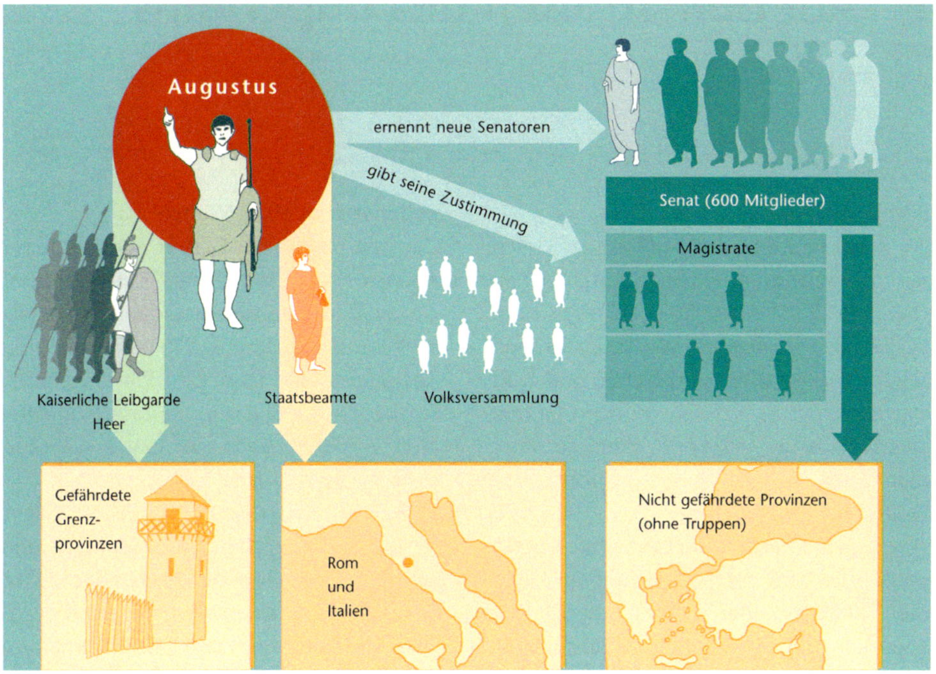

D 1 *Herrschaftsform des Prinzipat.* Augustus nannte sich „princeps" („Erster"), daher spricht man vom Prinzipat, wenn man seine Herrschaft meint. Das Riesenreich der Kaiserzeit erforderte eine zentral gelenkte Verwaltung mit fachlich ausgebildeten Beamten. Die Wahlbeamten der Republik gab es weiterhin, ihre Aufgaben waren aber eher auf Rom selbst beschränkt. In den ersten 300 Jahren der Kaiserzeit übernahmen die Nachfolger des Augustus diese Ordnung.

Q 2 *Aus dem „Tatenbericht" des Augustus. Über seine Herrschaft ließ Augustus im ganzen Reich die folgende Darstellung verbreiten:*

Mit neunzehn Jahren habe ich aus privater Initiative und aus eigenen Mitteln ein Heer aufgestellt. Mit diesem Heer gab ich dem Staat, der durch die Gewaltherrschaft einer politischen Machtgruppe unterdrückt wurde, die Freiheit wieder. Diejenigen, die meinen Vater ermordet haben, trieb ich in die Verbannung. So rächte ich durch gesetzmäßige, gerichtliche Verfolgung ihr Verbrechen. Und als sie dann Krieg gegen den Staat anfingen, besiegte ich sie. Ich löschte die Flamme des Bürgerkriegs; in meinem 6. und 7. Konsulat wurde mir mit der Zustimmung des Senats und der gesamten Bevölkerung die gesamte staatliche Macht anvertraut. Später aber habe ich den Staat aus meiner Machtbefugnis wieder in die Entscheidung des Senats und des römischen Volkes zurückgegeben. Für dieses mein Verdienst wurde mir auf Beschluss des Senats der Name „Augustus" gegeben. Seit dieser Zeit überrage ich alle übrigen an Einfluss; an Amtsgewalt aber besaß ich nicht mehr als die anderen, die meine Kollegen im Amt waren.

Q 3 *100 Jahre nach Augustus' Tod schrieb der römische Geschichtsschreiber Tacitus:*

Die Liebe zu seinem Vater und die schwierige Lage hat er als Vorwand genommen. In Wahrheit hat er aus Herrschsucht die Veteranen durch Bestechung aufgewiegelt. Er hat als junger Mann ohne ein Amt ein Heer aufgestellt, die Legionen des Konsuls bestochen. (...) Er hat dem Senat gegen dessen Willen das Amt des Konsuls abgerungen. Die Waffen, die er (für den Kampf) gegen Antonius erhielt, hat er gegen den Staat gerichtet. (...)
Sobald er die Soldaten mit Geschenken, das Volk mit Getreide, alle mit der Annehmlichkeit des Friedens für sich gewonnen hatte, zeigte er allmählich sein wahres Gesicht. Er zog die Befugnisse des Senats, der Beamten und der Gesetzgebung an sich, ohne dass sich jemand widersetzte. Denn die mutigsten Männer waren auf dem Schlachtfeld oder durch Ächtung umgekommen, und die übrigen Adligen waren durch Reichtum und Ämter emporgekommen, und zwar umso höher, je mehr sie zur Unterwürfigkeit bereit waren. Die Gewinner der neuen Ordnung zogen die Sicherheit der Gegenwart der Unsicherheit der Vergangenheit vor.

1. *Schildere, wie aus Octavian Augustus wurde.*
2. *Überlege, welche Begriffe auf Augustus zutreffen und begründe deine Auswahl: Alleinherrscher, Diktator, geschickter Politiker, Gegner des Senats, Verbündeter des Senats, Machtmensch, König, Konsul, princeps, Sohn Caesars, Oberbefehlshaber aller Legionen.*
3. *In Q2 sind Auszüge aus dem „Tatenbericht" des Augustus wiedergegeben. Welche Wirkung wollte der Kaiser damit erzielen? Kritisiere einige Stellen. Verwende dabei auch Aussagen aus Q3.*
4. *Vergleiche die Herrschaftsform des Prinzipat in D1 mit der Römischen Republik (S. 103, D1).*

9 Auf den Straßen des Imperiums

Imperium
bedeutet Weltreich. Mit dem Begriff Imperium Romanum wird Rom zur Kaiserzeit bezeichnet.

1 *Ein Reisewagen aus der Römerzeit* konnte schon recht komfortabel sein. Dieser Wagen, der auf einem Relief abgebildet ist, besaß bereits eine Federung. So reiste vielleicht ein kaiserlicher Statthalter in seine Provinz. Wenn er 120 km am Tag zurücklegte, war das sehr viel.

Römer unterwegs

Wenn du heute nach Spanien oder Italien reist, bezahlst du überall mit dem gleichen Geld, du fährst über Grenzen ohne Kontrollen, deinen Ausweis will kaum jemand sehen. Die Straßen sind sicher und gut. Das alles gibt es erst seit wenigen Jahren. Trotzdem ist es nicht neu, denn so hätte man schon vor 2000 Jahren im römischen Weltreich reisen können.

Wenn die Römer fremde Länder eroberten, bauten sie bald auch gute Straßen. Denn die Soldaten sollten schnell überall hinkommen und sie mussten natürlich auch versorgt werden. Ihnen folgten Beamte, die für den Kaiser Steuern eintrieben und die neuen Provinzen verwalteten. Später benutzten auch Händler und Reisende zu Fuß oder mit dem Wagen die Straßen. Vor Schwertransporte spannte man Ochsen als Zugtiere; reiche Römer reisten mit dem Pferdewagen zu ihren Landhäusern und den noblen Badeorten am Mittelmeer. Selbst weit entfernte Gegenden konnte man auf diesen Straßen kennen lernen.

Lebensadern eines Weltreichs

Zur Zeit um Christi Geburt richtete Kaiser Augustus einen staatlichen Transportdienst ein. An den Hauptstrecken gab es etwa alle 30 Kilometer Rasthäuser, in noch größeren Abständen Stationen zum Pferdewechsel. Für kaiserliche Offiziere, Eilkuriere und Beamte war dieser Dienst kostenlos, während einfache Bürger dafür zahlen mussten.

Als Kaiser Trajan hundert Jahre später regierte, führten 15 große Fernstraßen aus den verschiedenen Teilen des Reiches nach Rom. Sie endeten an einem vergoldeten Meilenstein, der mitten auf dem Forum Romanum stand und die Entferung zu wichtigen Städten anzeigte. Alle Fernstraßen zusammen hatten eine Länge von 80 000 Kilometern, also den doppelten Erdumfang!

Durch seine Straßen wuchs das Imperium zu einem einheitlichen Wirtschaftsraum zusammen. Von Portugal bis ans Schwarze Meer und von Britannien bis nach Südarabien reisten die Händler. Sie verständigten sich auf Lateinisch oder Griechisch, bezahlten mit römischen Denaren und zahlten fast keine Zölle mehr.

Zu Wasser reiste man bequemer

Seit die Römer Karthago besiegt hatten, gehörte ihnen das Mittelmeer. Sie nannten es nun „inneres Meer" oder auch „unser Meer". Tatsächlich war es ringsum von römischen Provinzen umgeben.

Fast täglich liefen Getreideschiffe aus Ägypten, Nordafrika und Sizilien den Hafen Ostia an, der über den Fluss Tiber mit Rom verbunden war. Römische Handelsschiffe segelten sogar bis nach Indien, wo sie Luxusgüter für die wohlhabenden Römerinnen und Römer erwarben. Auf dem Mittelmeer kamen auch Reisende schneller und bequemer voran, sogar wenn es windstill war. Sie genossen die frische Brise, während unter Deck die Rudersklaven schwitzten.

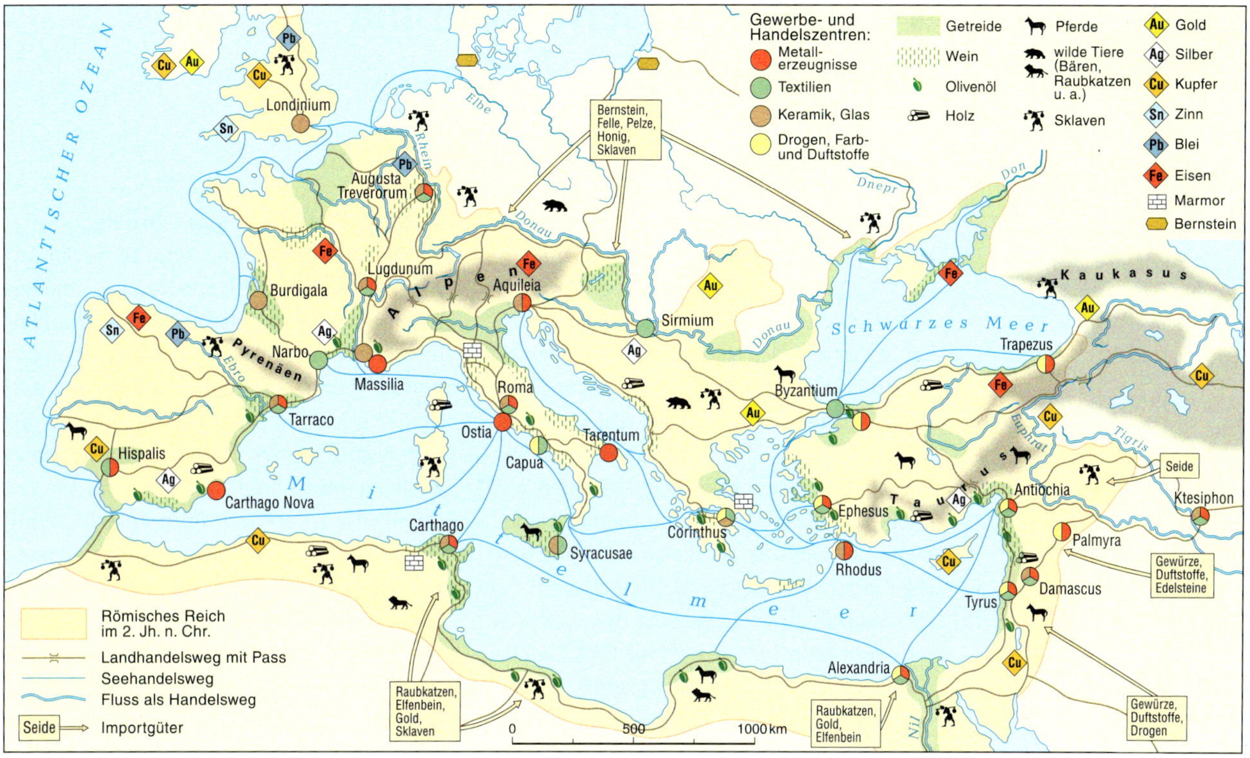

D 1 *Wirtschaft im Römischen Reich*

Q 2 *Mit dem Warenaustausch im gesamten Römischen Reich siedelten sich auch neue Bewohner in den Städten an. Einige einheimische Römer waren erbittert über die Neuankömmlinge.*
In einer Satire lässt der Dichter Juvenal (ca. 60–ca. 130 n. Chr.) einen römischen Bürger sagen:

Selbst im traurigsten Nest lebt es sich besser als im wilden Getriebe der Hauptstadt. (…) Welche Menschen den Reichen angenehm sind und vor welchen ich flüchtete, will ich ganz ohne Scheu bekennen. Das griechische Rom, ihr Römer, ist unerträglich! Gewiss, nur ein Teil dieses Abschaums sind echte Griechen. Denn in den Tiber ist längst der syrische Fluss Orontes geflossen und schwemmte syrische Sprache und Sitte und Flötenmusik an. (…)
Sage mir, wofür hältst du so einen Neuling? Alle Berufe bringt er dir ins Haus, du brauchst nur zu wünschen: Sprachlehrer, Maler, Masseur, Landvermesser, Seiltänzer, Wahrsager, Magier, Arzt – ein hungriges Griechlein kann alles (…) und macht alles.

Q 3 *Ein ägyptischer Kaufmann aus dem 1. Jahrhundert v. Chr. zählt die Waren auf, die in einem Hafen an der Westküste Indiens umgeschlagen werden:*

Eingeführt werden Weine, vor allem aus Italien, aber auch aus Arabien; Kupfer, Zinn und Blei, Korallen und Topase (ein Edelstein), einfache Bekleidung, Gürtel in leuchtenden Farben, rohes Glas, rote Arsenblende zum Färben; Gold- und Silbermünzen, die man Gewinn bringend gegen Münzen des Landes tauschen kann; ferner billige Salben.
Für den König dort bringt man kostbare Silbergefäße und edle Sklaven mit: junge Sänger und schöne Mädchen; ferner die besten Weine, leichte Bekleidung aus den feinsten Geweben und die kostbarsten Salben.
Ausgeführt werden aus Indien süßer Lotos und Myrrhe (ein wohlriechendes Harz des Balsamstrauchs), Elfenbein, Achate und Karneole (Edelsteine), Baumwollkleidung aller Art, Seidenkleidung (aus chinesischer Rohseide), langer Pfeffer und viele andere Waren von den Handelsplätzen ganz Indiens.

1 *Welche Vorteile hatten die guten römischen Straßen für Kaiser, Soldaten und Händler?*
2 *Welche Waren führten die Römer aus Indien ein (Q3)?*
3 *In der Geschichtskarte D1 findest du weitere Gebiete außerhalb des Imperiums. Nenne die Waren, die von dort kamen.*

10 Die römische „familia" – eine Familie?

Eine römische Hochzeit

Ein römisches Mädchen heiratet mit 14 oder 15 Jahren. Am Morgen der Hochzeit opfert die junge Braut ihr Spielzeug den Schutzgöttern des Hauses. Danach wird ihr Haar nach Art der Frauen frisiert und ein roter Schleier darüber gelegt. Die Hochzeit findet im Hause des Brautvaters statt. Vor den Eltern, Verwandten und Freunden reichen sich die Brautleute die rechte Hand. Dann tauschen sie die Ringe und sprechen die Worte: „Wo du bist, da bin ich auch."
Am Abend betritt die Braut zum ersten Mal ihr neues Heim. Sie gehört nun zur Familie des Bräutigams. Wie alle Familienmitglieder muss auch sie dem „pater familias", dem Hausvater, gehorchen.

Für alle gilt der väterliche Wille

Der Hausvater war anfangs der Schwiegervater, nach seinem Tod der Ehemann. Bei reichen Römern konnte die „familia" hundert und mehr Personen umfassen, denn auch die Sklavinnen und Sklaven gehörten dazu. Gegenüber allen hatte der „pater familias" eine unbeschränkte Gewalt. Er konnte sogar die Todesstrafe verhängen.

pater familias
lateinischer Begriff für Familienvater, Hausvater, Familienoberhaupt

Q 1 *Brautpaar bei der Eheschließung* (Steinrelief)

Wie die Kinder erzogen wurden

Wenn die Kinder sieben Jahre alt waren, kamen sie zu einem Privatlehrer. Der brachte den Jungen und Mädchen Lesen, Schreiben und einfaches Rechnen bei. Nur wohlhabende Römer konnten es sich leisten, ihre Kinder über das 14. Lebensjahr hinaus zur Schule zu schicken. Mädchen wurden dann auch im Musizieren, Spinnen und Weben unterrichtet. Jungen lernten schwierige Texte zu lesen oder eine öffentliche Rede zu halten.
Der Vater wachte streng darüber, dass sie der Familie Ehre machten. Sie sollten die Vorfahren ehren, gehorsam gegenüber dem Vater sein und sowohl der Familie als auch dem Staat pflichtbewusst dienen.

Frauen bekommen mehr Rechte

Im Laufe der Jahrhunderte wurde die väterliche Gewalt eingeschränkt. Um 30 n. Chr. konnte ein Vater seine Tochter nicht mehr zu einer Ehe zwingen. Frauen durften nun auch über ihr Vermögen verfügen und selbst Geschäfte abschließen, ohne dass der Ehemann zustimmen musste. Sie konnten sich auch scheiden lassen und in die Familie ihres Vaters zurückkehren.
Ihre Zeit durften die Römerinnen weitgehend so verbringen, wie sie mochten. Sie gingen ins Theater oder in den Zirkus, sie besuchten die öffentlichen Bäder oder die Lesung einer Schriftstellerin. Doch ein Bereich blieb Frauen verschlossen: Sie durften weder wählen noch politische Ämter übernehmen.
Frauen aus den unteren Schichten konnten von den neuen Freiheiten allerdings wenig Gebrauch machen. Sie kümmerten sich voll und ganz um den Haushalt und die Kinder, denn Sklavinnen wie die reichen Römerinnen hatten sie nicht. Oft genug mussten sie hinzuverdienen, damit die Familie überhaupt über die Runden kam.

Q 2 *Entwicklungsstufen eines Jungen (Marmorrelief auf einem Sarkophags aus dem 2. Jahrhundert n. Chr.).* Auf dem Relief steht auch ein Jungenname: M(arcus) Cornelius.

Q 3 *Ein Vater erzieht seinen Sohn.*
Über den reichen Gutsbesitzer und Politiker Cato (234–149 v. Chr.) berichtet uns der griechische Schriftsteller Plutarch fast 300 Jahre später:

Er selbst war Lehrer seines Sohnes im Lesen und Schreiben, in der Gesetzeskunde und im sportlichen Training; er unterwies ihn nicht nur im Speerwerfen, Fechten und Reiten, sondern brachte ihm auch bei zu boxen, Hitze und Kälte zu ertragen und durch einen reißenden Fluss zu schwimmen. Er schrieb seine Geschichtsdarstellung in großen Buchstaben auf, damit der Junge zu Hause die Möglichkeit habe, aus den Taten der Vorfahren zu lernen.

Q 4 *Schmuck einer Römerin.*
Eine römische Geschichte erzählt über die adlige Cornelia, die Mutter von Tiberius und Gaius Gracchus:

Eine Frau aus Kampanien, die bei Cornelia, der Mutter der beiden Gracchen, zu Besuch war, zeigte ihr ihre Schmuckstücke; es waren die schönsten jener Zeit. Da unterhielt sich Cornelia mit ihr, bis ihre zwei Söhne aus der Schule kamen, und sagte zu ihr: „Das sind meine Schmuckstücke."

D 1 *Die römische „familia"*

1. *Das Marmorrelief in Q2 enthält vier Szenen aus dem Leben eines römischen Jungen. Verfasse zu jeder Szene eine Überschrift.*
2. *Welche Ziele verfolgte Cato bei der Erziehung seines Sohnes (Q3)?*
3. *Was wollte Cornelia ihrer Besucherin mit den Worten „Das sind meine Schmuckstücke" deutlich machen (Q4)?*
4. *Arbeite einen der beiden Vorträge aus : „Römische Mädchen und Frauen", „Die Erziehung eines Jungen". Schreibe dir Stichworte auf und trage der Klasse vor.*

11 Sklaven – nur lebende Werkzeuge?

1 *Gladiatoren im Zweikampf* wurden gerne auf römischen Mosaiken dargestellt. Dieses Mosaik schmückte den Fußboden einer Villa in Nennig an der Mosel.

Sklaven
waren unfreie Menschen ohne persönliche Rechte. Selbst wenn sie freigelassen wurden, erhielten erst ihre Kinder das volle Bürgerrecht.

Sklaven hatten keine Rechte

Schon in frühester Zeit kam es in Rom vor, dass sich bei den Leichenfeiern der Reichen Kriegsgefangene oder Schwerverbrecher gegenseitig umbringen mussten. Ihr Tod war als Opfer für die Götter gedacht. Später wurde daraus eine Art Volksbelustigung. Sklaven wurden jahrelang ausgebildet, damit sie als Gladiatoren in den römischen Arenen auf Leben und Tod gegeneinander oder gegen wilde Tiere kämpften.
Nach römischem Recht galt ein Sklave als Sache, gehörte also wie Vieh, Ackergerät und Hausrat zum Besitz eines Römers. Dieser durfte ihn verkaufen, auspeitschen oder sogar töten, ganz wie es ihm beliebte. Am härtesten war die Arbeit auf den Feldern und in den Weinbergen, in den Steinbrüchen und Bergwerken sowie auf den Ruderbänken der Galeeren.

Nicht alle wurden schlecht behandelt

Viele Sklaven waren bei der Arbeit an Ketten gefesselt, bekamen wenig zu essen und wurden nachts eingesperrt. Manche Gutsbesitzer auf dem Land ließen ihre Sklaven in Erdgruben hausen.
Haussklaven hatten es oft besser. Sie arbeiteten in der Küche, lasen ihrem Herrn oder ihrer Herrin vor oder erzogen die Kinder. Doch so manche litten auch unter den üblen Launen der Reichen: Wenn etwa eine Frisur nicht gefiel, der Wein nicht schmeckte oder eine vom Sekretär geschriebene Rede nicht gut ankam, musste der Sklave dafür büßen.

Aufstand der Entrechteten

War es ein Wunder, dass viele Sklavinnen und Sklaven ihre Unterdrücker hassten? Auf dem Land kam es mehrfach zu Aufständen. Die Sklaven erschlugen ihre Herren, zündeten Gutshäuser an und verwüsteten die Weinberge und Olivenhaine, die sie selbst unter großen Mühen gepflanzt und gepflegt hatten.
Ein Sklavenaufstand ist bis heute in Erinnerung geblieben, nämlich der des Gladiators Spartacus. Spartacus war als Kriegsgefangener in die Hände römischer Sklavenhändler gefallen. Weil er mutig, stark und geschickt war, wurde er an die Gladiatorenschule in Capua verkauft. Zusammen mit 70 seiner Leidensgenossen gelang ihm 73 v. Chr. der Ausbruch. Da die Sklaven für den blutigen Kampfsport hervorragend ausgebildet waren, konnten sie einige römische Truppen besiegen. Aus ganz Italien schlossen sich ihnen entlaufene Sklaven und auch verarmte Römer an.
Die Sklavenarmee schlug römische Heere, wurde am Ende aber vernichtet und grausam bestraft: Der Feldherr Crassus ließ 6000 Überlebende entlang der Via Appia zwischen Capua und Rom kreuzigen.

Q 2 *Die Plakette aus Bronze* ließ ein Herr seinem Sklaven anschmieden. Die Übersetzung der Inschrift lautet: „Halte mich fest, damit ich nicht entfliehe, und bring mich meinem Herrn Viventius auf dem Landsitz des Callistus zurück."

Q 3 *Ein strenger Herr seiner Sklaven war der römische Politiker Cato (234–149 v. Chr.). Der Schriftsteller Plutarch schreibt über ihn:*

Er hielt eine große Menge Sklaven, die er aus der Menge der Kriegsgefangenen kaufte. Am liebsten nahm er solche, die noch klein waren und sich wie junge Hunde oder Fohlen erziehen ließen. (…)
Jeder Sklave musste entweder arbeiten oder schlafen. Cato war denen, die gut schliefen, wohl gesonnen, weil er glaubte, dass sie gutmütiger seien als die, die munter blieben. Immer versuchte er seine Sklaven in Streit untereinander zu halten, weil Eintracht unter den Sklaven in ihm Furcht und Verdacht erregte.

Q 4 *Die Qualen der Bergwerkssklaven beschreibt der griechische Geschichtsschreiber Diodor etwa 50 v. Chr.:*

Die Sklaven, die im Bergbau beschäftigt sind, bringen ihren Besitzern unglaubliche Einkünfte. Sie selbst aber müssen unterirdisch graben, bei Tage wie bei Nacht, gehen körperlich zugrunde; viele sterben infolge der übermäßigen Anstrengungen. Denn Erholung oder Pausen in der Arbeit gibt es nicht. Aufseher zwingen sie mit Schlägen, die furchtbaren Leiden zu ertragen, bis sie elend ihr Leben aushauchen. Wenige nur, die genug Körperkraft haben, halten durch und verlängern damit nur ihre Qual. Denn erstrebenswerter als das Leben wäre für sie der Tod wegen der Größe ihres Elends.

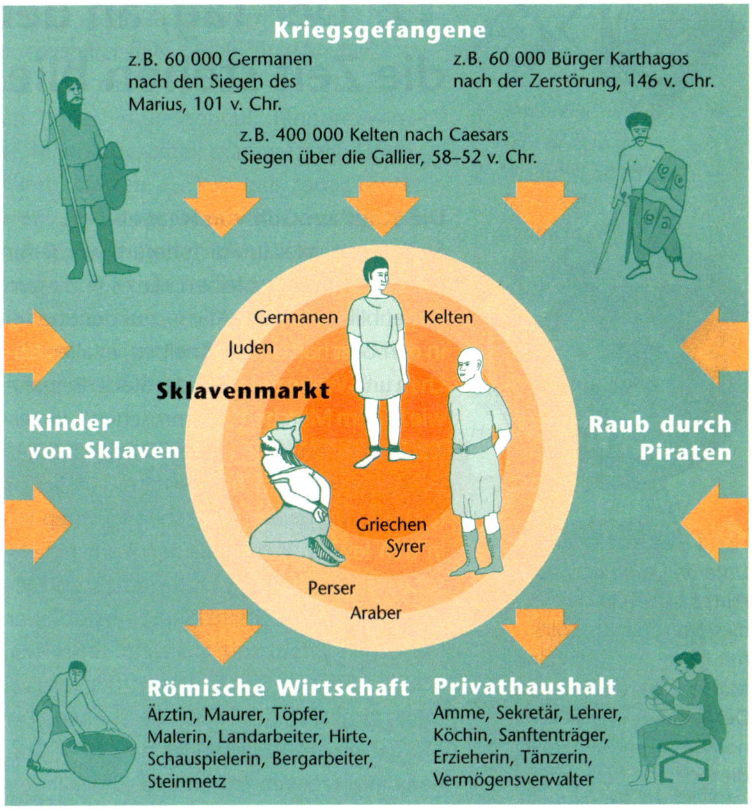

D 1 *Wie man Sklavin oder Sklave wurde.*
Für die Völker des Altertums war Sklaverei etwas ganz Selbstverständliches. Auf großen Sklavenmärkten wurden Menschen aus allen Gegenden und aus sehr unterschiedlichen Schichten angeboten.

Q 5 *Besorgt um die Gesundheit seines Sklaven Tiro zeigt sich der römische Schriftsteller, Rechtsanwalt und Politiker Cicero (106–43 v. Chr.). In einem Brief teilt er ihm mit:*

Ich habe dem Curius geschrieben, dir so viel Geld zu geben, wie du verlangen würdest. Dem Arzt muss, denk ich, etwas voraus gegeben werden, damit er sich deiner desto sorgfältiger annimmt. Du hast mir unzählige Dienste geleistet, in meinem Hauswesen, in meinen gerichtlichen Geschäften, in der Stadt, in der Provinz, in Privatangelegenheiten, in meinen öffentlichen Studien, in meinen literarischen Arbeiten. Du wirst mehr für mich getan haben als das alles, wenn ich dich gänzlich wiederhergestellt sehen werde.

1. *Der Gutsbesitzer Cato (vgl. Q3) verkaufte seine Sklaven, wenn sie alt wurden oder ließ sie einfach frei. Warum tat er das? Welche Folgen hatte das für die Freigelassenen?*
2. *Erkläre, warum es nach der Niederlage des Spartacus im Jahr 71 v. Chr. keinen großen Sklavenaufstand mehr gegeben hat.*
3. *Drei Sklaven und Sklavinnen erzählen sich, wo sie herkommen, was sie arbeiten und wie sie behandelt werden (VT, D1, Q3–Q5). Sie vergleichen ihr Schicksal auch mit dem anderer Sklaven. Spielt die Szene in der Klasse.*

13 Am Limes endet die römische Macht

Cherusker
Germanischer Stamm an der Weser, von dem 9 n. Chr. der Aufstand unter Arminius ausging. Die Cherusker behaupteten sich 14–16 n. Chr. gegen die Römer. Sie gingen vermutlich später im Stamm der Sachsen auf.

Ist die römische Macht grenzenlos?

Um 50 v. Chr. stießen Caesars Legionäre bis zum Rhein vor. Zur Zeit von Kaiser Augustus erreichten römische Heere sogar die Elbe. Es schien, als könnte niemand die Römer aufhalten.
Doch das Gebiet zwischen Rhein und Elbe sah vor 2000 Jahren noch ganz anders aus als heute. Urwald und Sümpfe bedeckten das Land, sodass sich die römischen Legionen nur auf schmalen Pfaden bewegen konnten. Da war es fast unmöglich, die Heere beim Marschieren und in der Schlacht wie gewohnt aufzustellen. Das wurde einer römischen Armee zum Verhängnis.

Ein Feldzug wird zur Katastrophe

Im Jahr 9 n. Chr. führte der Cheruskerfürst Arminius mehrere germanische Stämme gegen die römischen Besatzer in den Kampf. Arminius war in der römischen Armee ausgebildet worden. Dadurch wussten er und seine Krieger bestens über die Stärken und Schwächen eines römischen Heeres Bescheid. Die Germanen lockten drei Legionen des Feldherrn Varus in einen Hinterhalt und vernichteten sie völlig. Varus und fast 20 000 Soldaten verloren ihr Leben.

Der Limes schützt die Provinz

Augustus und seine Nachfolger gaben den Plan auf, das Germanenland bis zur Elbe zu erobern. Sie zogen die Legionen hinter Rhein und Donau zurück, wo sie sich leicht verteidigen konnten. Doch wie sollte das Land zwischen den beiden Flüssen gegen die ständigen Überfälle von germanischen Heeren geschützt werden?
Im Jahr 83 n. Chr. gab Kaiser Domitian den Befehl, die Grenze zu befestigen. Der Limes wurde gebaut, ein 548 Kilometer langer Grenzzaun aus Steinmauern, Holzpfählen, Gräben und Wachtürmen. Von den Türmen konnten die Wachsoldaten weit ins Germanenland schauen. Bei Gefahr gaben sie durch Feuer, Rauch oder andere Zeichen Alarm. Dann kam aus den nahe gelegenen Kastellen Hilfe herbei.
In einem Kastell waren ungefähr 500 Soldaen stationiert, die zu den Hilfstruppen gehörten. Sie kamen aus allen Provinzen des Reiches, die meisten von ihnen waren aber Kelten und Germanen. Weiter entfernt von der Grenze hielten die kaiserlichen Feldherren außerdem noch ihre erprobten Kampftruppen in Reserve.

D 1 *Der Limes als zeichnerische Rekonstruktion.* „Limes“ bedeutet ursprünglich „Weg“ oder „Schneise“.

D 2 *West- und Süddeutschland zur Römerzeit.* – Beschreibe die Anordnung der Legionslager.

D 3 *Das römische Kastell bei Bad Homburg („Saalburg“) sollte vor dem germanischen Stamm* der Chatten schützen. Das Foto zeigt das rekonstruierte Haupttor des Lagers. Darunter ein Plan der Gesamtanlage: ① Haupttor ② Kommandantur und Fahnenheiligtum ③ Speicher (vor allem für Korn) ④ Mannschaftsgebäude.

Zeitreise multimedial: Rom – „Römer in Germanien“

1. *Warum gelang es den Germanen, die drei Legionen des Varus zu schlagen (VT)?*
2. *Zeichne die einfache Grenzsicherung nach der Darstellung von D1 in dein Heft; beschrifte die einzelnen Teile. Was konnten die Wachsoldaten bei einem Angriff der Germanen tun?*
3. *Wozu diente ein Kastell? Wie war es nach der Rekonstruktion D3 aufgebaut?*
4. *Finde in D2 die heutigen Städte Mainz, Augsburg und Regensburg. Wie hießen sie in römischer Zeit?*
5. *Plant einen Ausflug zum Römerkastell „Saalburg“ bei Bad Homburg. Informiert euch unter: www.saalburgmuseum.de*

14 Römer und Germanen

Romanisierung
bedeutet „römisch machen“ oder „römisch werden“. Überall, wo die Römer hinkamen, verbreiteten sie ihre Lebensweise, ihre Sprache und ihre technischen Entwicklungen.

Romanisierung – Leben wie in Rom

Da die Römer in den neuen Provinzen genauso leben wollten wie in ihrer alten Heimat, holten sie Handwerker und Baumeister aus Rom. Diese bauten beheizbare Häuser aus Stein, gepflasterte Straßen, Wasserleitungen, Thermen und Theater. Diese „zivilisierte“ Lebensweise beeindruckte viele Einheimische der Provinzen. Viele lernten die lateinische Sprache und ließen ihre Kinder nach römischem Vorbild erziehen. Auch lebten in den Orten bei den Kastellen die Soldaten oft mit einheimischen Frauen zusammen.
So gelangte die römische Lebensweise bis in die äußersten Provinzen des Reiches. Auch die nördlichen Gebiete am Limes erhielten ein römisches „Gesicht“.

Städte entstehen

Was in den Kastellen am Limes benötigt wurde, stellten die Soldaten zum Großteil selbst her. So gab es in den Lagern Schuster, Sattler und Schmiede. Trotzdem siedelten sich in der Umgebung Händler und Handwerker an, denn man konnte gute Geschäfte machen, sowohl mit den Soldaten als auch mit anderen Kaufleuten und Handwerkern. Zudem wurden Ärzte, Dolmetscher, Schreiber oder auch Kneipenwirte gebraucht. So entstanden an den Kastellen zahlreiche Siedlungen, die wie beispielsweise Nida nördlich von Frankfurt und Friedberg in der Wetterau bald zu Städten wuchsen.
Im Umland der Kastelle gründeten reiche Römer zahlreiche Gutshöfe. Hier wurde Getreide, Obst und Gemüse angebaut, Vieh gehalten und Milch verarbeitet. Diese Lebensmittel ließen sich gut an die Legionen sowie an die Stadtbewohner verkaufen.

Treffpunkt Limes

Der Limes sollte zwar die Grenze sichern, aber er war auch durchlässig. Wer unbewaffnet war, durfte den Limes passieren. Germanische Händler brachten den Legionären und römischen Bürgern Felle, Vieh, Leder, Wachs, Honig, Bernstein oder auch blondes Frauenhaar für Perücken. Dafür erwarben sie bei den Römern Geräte für den Haushalt, Tongeschirr, Glasgefäße sowie Schmuck, bunte Stoffe und Wein.
So lernten die Germanen durch die Römer viele neue Dinge kennen. Für diese bisher unbekannten Gegenstände und Nahrungsmittel übernahmen sie auch gleich die lateinischen Bezeichnungen.
Dadurch verbreitete sich die lateinische Sprache und manches aus der römischen Lebensweise weit über den Limes hinaus.

D 1 *Straßenbild der Römerstadt Trier (Rekonstruktion).*
Die Hauptstraßen einer römischen Stadt führten zum Forum, dem Mittelpunkt des öffentlichen Lebens. Hier lagen die Amtsräume der Stadtverwaltung, der Sitzungssaal des Stadtrates und Tempel für die Hauptgötter.

D 2 *rechts: Die Germanen lernten viele neue Dinge bei den Römern kennen.* Die Namen dafür übernahmen sie gleich mit. Diese Wörter nennt man Lehnwörter.

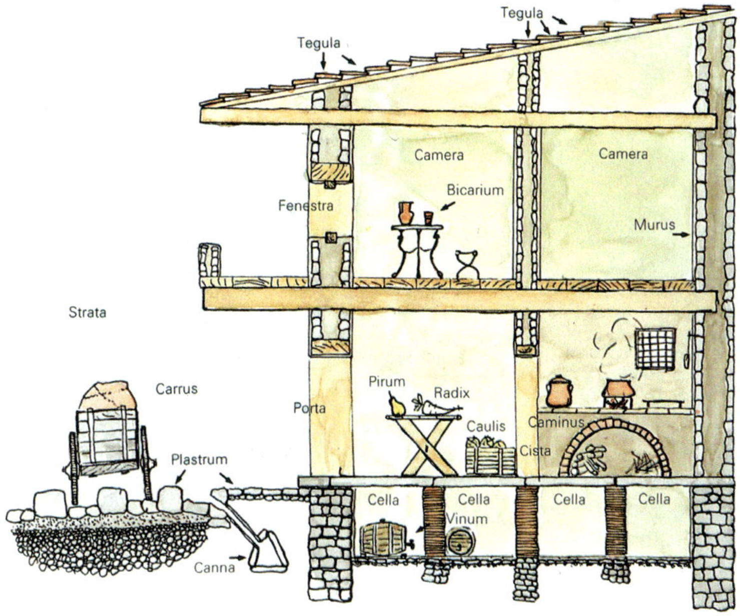

Q 1 *Der römische Schriftsteller Lampridius berichtet über das Leben im Schutze des Limes:*

Nicht nur in Kastellen und Lagerdörfern lebten die Römer, sie hatten sich auch in Gutshöfen und Villen niedergelassen. Der Kaiser Severus Alexander schenkte den Soldaten und Offizieren, die am Limes Dienst taten, das Land, das man den Germanen abgenommen hatte, außerdem fügte er Vieh und Sklaven hinzu, damit das Gebiet, das so nahe am Barbarenland liegt, nicht wegen Menschenmangels aufgegeben und dann nicht bebaut würde.

Zeitreise multimedial: Rom – „Ein Landgut rekonstruieren"

Q 2 *Römische Funde am Kastell Saalburg bei Bad Homburg:* Sandalen, Fibel (= Gewandspange in Form einer Sicherheitsnadel), Öllampe, Tongefäße, Gesichtsmaske, Münze des Kaisers Hadrian (117–138 n. Chr.).

1 *Schreibe in Stichworten auf, wie sich das Leben der Germanen unter römischer Herrschaft veränderte (VT, D1, D2, Q1).*

2 *Am Limes treffen sich ein germanischer Krieger und ein römischer Händler. Sie unterhalten sich über ihre Lebensweise. Schreibe den Dialog auf und spiele ihn nach.*

15 Gutshöfe versorgen Städte und Legionen

D 1 *Villa Otrang bei Bitburg (Modell).* Der Gutshof lag nur wenige Hundert Meter abseits der Fernstraße zwischen Trier und Köln.

Wohlstand durch Frieden

Gallier und Germanen erlebten die Römer zunächst nur als Eroberer und Besatzer. Sie verloren ihre Unabhängigkeit und mussten sich den Regeln eines fremden Weltreiches anpassen. Doch im Laufe der Zeit merkten sie auch, dass man unter dem Schutz der Legionen gut leben konnte. Über sichere Straßen kamen Händler mit Waren aus dem ganzen Mittelmeerraum. Gasthäuser beherbergten Reisende, und an Straßenposten konnten Wagen repariert werden. Die Römer brachten auch eine Kulturpflanze aus dem Mittelmeerraum mit: die Weinrebe. Sie wuchs nun überall an den Hängen von Mosel, Rhein, Main und Neckar als Zeichen römischer Lebensart. „Dieses Land voll wohl bestellter Felder und Güter, auf Hügeln gelegen, die Abhänge grün vom Wein." So schwärmte der Dichter Ausonius im 4. Jahrhundert n. Chr. vom Moselland.

Ein Stück Italien im rauen Norden

In dieser Zeit versorgten große Gutsbetriebe den kaiserlichen Hof in Trier mit Fleisch, Gemüse, Obst und Getreide, die Legionen am Rhein auch mit Reitpferden und Zugochsen. Manche Güter gehörten keltischen und germanischen Adligen, die meisten waren aber im Besitz reicher Römer, die nach ihrer Dienstzeit als Beamte oder Offiziere in der Provinz blieben.

Ein gutes Beispiel für einen Gutsbetrieb ist die Villa Otrang. Hier wohnte eine sehr wohlhabende Familie. Sie genoss alle Annehmlichkeiten der römischen Wohnkultur in ihrer prächtigen Villa. An heißen Sommertagen konnte man im Schatten der Säulengänge sitzend zum Tal der Kyll schauen. Bei Nebel und Kälte standen zwei Bäder mit Fußbodenheizung zur Verfügung. Zeichen besonderen Wohlstandes waren die kostbaren Mosaikböden und Wandmalereien.

An das Herrenhaus schloss sich ein ummauerter Wirtschaftshof an mit Stallungen für das Vieh, Vorratsräumen, Scheunen, Wagen- und Geräteschuppen sowie Wohnräumen für Sklaven und Landarbeiter.

Abseits der Villa wurden zwei Tempel gefunden. Reste von Götterstatuen lassen erkennen, dass man hier die Göttinnen Minerva, Juno und Diana ebenso verehrte wie den Gott Lenus Mars. Die keltischen Treverer setzten Lenus zwar mit dem römischen Kriegsgott Mars gleich, verehrten ihn aber, weil er Gesundheit und Heilung schenkte.

Q 1 *Die Igeler Säule (3. Jh.)* bei Trier war Grabmal für eine reiche Tuchhändlerfamilie, die auch ein Landgut bewirtschaftete. Auf allen Seiten des Monuments sind Szenen aus dem Alltagsleben der Familie dargestellt. Links eine Mähmaschine für die Getreideernte, rechts ein Lastwagen (farbig rekonstruiert).

D 2 *Eine römische Küche* könnte wie in dieser modernen Rekonstruktion ausgesehen haben.

1 Versetze dich in die Rolle eines Museumsführers bzw. einer Museumsführerin. Erkläre anhand der Überreste (Q1, Q2) und Rekonstruktionen (D1, D3) das Leben auf einem römischen Gutshof.

2 Plant den Besuch eines Museums zur Römerzeit. Besorgt euch Informationen über Ausgrabungen und Ausstellungsstücke. Dazu einige Tipps:
- *www.rgzm.de*
- *www.landesmuseum-mainz.de*
- *www.vorgeschichte.de*
- *www.abenteuer-museum.rlp.de*
- *www.deutsche-museen.de*

Dort findet ihr Adressen, Telefonnummern, Hinweise zu Veranstaltungen (z. B. Römertage u. a.).

TIPP *Römische Gutshöfe und Kleinstädte in Rheinland-Pfalz und im Saarland:*

Die folgenden Adressen nennen nur einige der vielen Römermuseen, die ihr besuchen könnt. Eines erstreckt sich sogar über eine Staatsgrenze hinweg: der Europäische Kulturpark Bliesbruck-Reinheim. Dort graben deutsche und französische Archäologen römische Siedlungsreste aus. Auf der lothringischen Seite der Grenze sind sie auf eine Kleinstadt des 1. bis 4. Jahrhunderts gestoßen. Die Lebensmittel für die Städter wurden zu einem wesentlichen Teil auf einem großen Gutshof nahe dem saarländischen Dorf Reinheim produziert.

- Europäischer Kulturpark Bliesbruck-Reinheim
Robert-Schuman-Str. 2
66453 Gersheim-Reinheim
www.europaeischer-kulturpark.de
- Museum Roemervilla
Am Silberberg 1
53474 Bad Neuenahr-Ahrweiler
www.museum-roemervilla.de
- Römermuseum Schwarzenacker
Homburger Str. 38
66424 Homburg
Tel.: 06848/875
- Römische Villa Borg
66706 Perl-Borg
Tel.: 06865/9117-0

Q 2 *Ländliche Villa* auf einem Wandgemälde eines Trierer Hauses, 3. Jahrhundert. Der Besitzer der Villa kehrt gerade heim. Er trägt den kurzen Kapuzenmatel, ein typisches Kleidungsstück der keltischen Treverer. – Wie werden die anderen Personen dargestellt? Nach welchem Vorbild ist das Herrenhaus erbaut? – Weitere Informationen dazu erhältst du beim Landesmuseum Trier (www.landesmuseum-trier.de).

16 Die Germanen – ein Volk aus dem Norden Europas

D 1 *Kleidung der Germanen (Rekonstruktion nach Funden).*
Germanische Frauen trugen lange, hemdartige Kleider, die an der Schulter von Gewandnadeln gehalten wurden. Schmuckstücke waren vor allem Hals- und Armreifen sowie schön gearbeitete Gürtelschnallen. Bei Regen und Schnee schützten sich Männer und Frauen durch einen Umhang.

Ein antiker Bestseller informiert

Im Jahr 98 n. Chr. schrieb der römische Historiker Tacitus ein vielbeachtetes Buch: die „Germania". Darin schilderte er die Germanen als ein Volk, das die Römer als Barbaren bezeichneten, weil es in ihren Augen wild und kulturlos war. Viele Römer hatten aber auch Respekt vor den Germanen; sie bewunderten vor allem die Tapferkeit und den Mut der Krieger. Oft war auch Furcht dabei, denn die Römer kämpften seit mehr als 100 Jahren an der Germanengrenze, doch ein entscheidender Sieg gelang nie.
Ohne die Darstellung des Tacitus wüssten wir wenig über die Menschen, die damals in unserer Heimat lebten. Denn sie selbst haben uns nur bruchstückhaftes Wissen in ihrer Runenschrift überliefert.

In Stämme …

Die Germanen waren kein einheitliches Volk. Es gab viele Stämme, die meist durch Wälder oder Sumpfgebiete voneinander getrennt waren. Alle verstanden die verschiedenen Dialekte der germanischen Sprache. Doch sie unterschieden sich durch Sitten und Bräuche.

… und Sippen gegliedert

Die Germanen lebten meist auf Einzelgehöften in einer Dorfgemeinschaft. Ein Gehöft wurde von einer Familie bewohnt; mehrere verwandte Familien bildeten eine Sippe. Sie hielten eng zusammen, besonders wenn einer von ihnen mit einer anderen Sippe in Streit geriet.
Im Krieg kämpften die Männer einer Sippe zusammen. Befand sich ein germanischer Stamm auf der Wanderschaft, wurden Frauen und Kinder während der Schlacht in einer Wagenburg geschützt. Die Frau spornten ihre Männer im Kampf an und versorgten die Verwundeten. Sie kannten nämlich viele Heilkräuter und konnten schmerzstillende Salben bereiten.

Das Thing sorgte für das Recht

Wichtige Angelegenheiten eines Stammes wurden vom Thing geregelt. Bei Voll- oder Neumond kamen die freien Männer unter einem mächtigen Baum zusammen, der auch als Gerichtsstätte und heiliger Ort galt. Jeder durfte dort frei sprechen. Wenn die anderen gleicher Meinung waren, schlugen sie ihre Waffen klirrend aneinander; Ablehnung zeigten sie durch dumpfes Gemurmel. So entschieden sie auch über Krieg und Frieden. Verbrechen wurden nach mündlich überlieferten Gesetzen abgeurteilt.

Götter regierten die Welt

Die Germanen glaubten an ein Leben nach dem Tod. Wer in der Schlacht fiel, wurde von kriegerischen Jungfrauen, den Walküren, nach Walhalla gebracht. Dort wohnte Wodan, der höchste Gott. Bei ihm durften sie nun fröhlich zechen, an wilden Jagden teilnehmen und heldenhafte Kämpfe bestehen. Seine Gemahlin Freya beschützte Ehe und Familie. Schlechte Menschen und Feiglinge gehörten in das Reich der Göttin Hel, wo sie in ewiger Finsternis schmachteten.

A-Z

Thing
(germ. „Ding") Zusammenkunft der freien Männer eines Stammes, z. B. als Heeresversammlung oder Gerichtsversammlung

Sippe
Größere Verwandtengruppe, die von einem gemeinsamen Vorfahren abstammt. Die Sippe war für die Germanen wichtiger als Stamm und Familie. Wer aus der Sippe ausgeschlossen wurde, hatte kein Recht mehr auf Leben und Ehre.
Die Krieger einer Sippe kämpften im Heer als geschlossene Gruppe.

Q 1 *Ein germanischer Fürst als römischer Gefangener.* Die Darstellung stammt von einem Triumphbogen des Kaisers Diokletian aus dem Jahr 304 n. Chr. Adlige mussten sich im Krieg durch Tapferkeit auszeichnen; im Frieden führten sie den Vorsitz im Thing. Sie hatten mehr Rechte und besaßen mehr Land als einfache Germanen. Manche germanischen Stämme hatten einen König, der sie im Krieg anführte.

Q 2 *Die Germanen aus römischer Sicht. Der römische Geschichtsschreiber Tacitus (um 55–ca. 115 n. Chr.) schrieb in der „Germania" über die Germanen:*

Die äußere Erscheinung ist bei allen Germanen dieselbe: wild blickende blaue Augen, rötliches Haar und große Körper, die allerdings nur zum Angriff taugen. Für Strapazen und Mühen bringen sie nicht dieselbe Ausdauer auf, und am wenigsten ertragen sie Durst und Hitze; wohl aber sind sie gegen (…) Kälte und Hunger abgehärtet. (…)

Könige wählen sie nach den Vorschlägen der Adligen. Heerführer wählen sie nach der Tapferkeit. Selbst die Könige haben keine unbeschränkte oder freie Herrschergewalt, und die Heerführer erreichen mehr durch ihr Beispiel als durch Befehle: Sie werden bewundert, (…) wenn sie in vorderster Linie kämpfen. (…)

Wenn sie keine Kriege führen, verbringen sie viel Zeit mit Jagen, mehr noch mit Nichtstun, dem Schlafen und Essen ergeben. Gerade die Tapfersten und Kriegslustigsten rühren sich nicht. Die Sorge für Haus, Hof und Feld bleibt den Frauen, den alten Leuten und den Schwachen überlassen. (…)

Die Germanen haben eine strenge Auffassung von der Ehe und in keinem Punkt verdienen ihre Sitten größeres Lob. Denn sie sind fast die Einzigen unter den Barbaren, die sich mit einer Gattin begnügen.

Q 3 *rechts: Eine Germanin in der römischen Darstellung.* Diese Relieffigur gehörte ursprünglich zum Wandschmuck eines Tempels in Rom. Er wurde 145 n. Chr. dem vergöttlichten Kaiser Hadrian geweiht. Der Unterbau des Tempels war mit Darstellungen verziert, die die einzelnen Provinzen des Römischen Reiches personifizierten. Diese Figur stellt die römische Provinz Germania auf der linken Rheinseite dar.

Q 4 *Germanen im Dienste der Römer. In der Spätzeit des Römischen Reiches dienten viele Germanen im römischen Heer und in der staatlichen Verwaltung. Manche kamen bis in die höchsten Positionen. Der Adlige Synesios warnte 400 n. Chr. den Kaiser Arcadius in Konstantinopel vor den Germanen, die er abschätzig die „Blonden" nannte:*

Sie sollen zunächst von allen Staatsämtern ferngehalten und von der Würde eines Senators ausgeschlossen werden. Sogar die Götter verhüllen sich vor Scham, wenn ein Mann in Fellkleidung Leute im römischen Miltärmantel anführt. Oder wenn ein anderer das Pelzzeug auszieht, die Toga anlegt und mit römischen Beamten über öffentliche Angelegenheiten berät und dabei den ersten Platz neben dem Konsul einnimmt. Die eigentlich das Recht dazu hätten, müssen hinten sitzen. Sobald sie aber den Senat verlassen haben, legen sie ihre Pelzkleider wieder an, und wenn sie mit ihren Gefolgsleuten zusammen sind, spotten sie über die Toga, in der sich das Schwert nur schwer ziehen lasse.

1. *Wie beschreibt der Römer Tacitus in Q2 die Germanen? Was sagt er über ihr privates Leben? Welche Informationen gibt er über ihre Gemeinschaft?*
2. *Welche Vorrechte hatten die Adligen bei den Germanen (Q2, VT)?*
3. *Warum will Synesios die Germanen aus Heer und Verwaltung verbannen (Q4)?*
4. *Beschreib das Aussehen und die Kleidung der Germaninnen und Germanen (D1, Q1–Q3).*

D 2 *Wohn- und Wirtschaftsgebäude der Germanen* im Freilichtmuseum in Oerlinghausen (Rekonstruktion). So sah im 1. Jh. n. Chr. ein Gehöft beim germanischen Stamm der Cherusker aus.

17 Als die Mainzer Legionäre nach Wiesbaden zur Kur gingen

D 1 *Training für den Kampf* (Illustration aus einem Jugendbuch). Waffenübungen gehörten zum Alltag der Legionäre.

A-Z

Aquae Mattiacorum
Bezeichnung der Römer für das heutige Wiesbaden. Wörtlich heißt es „Bad der Mattiaker“. Aquae ist im Lateinischen die Mehrzahl von Aqua (= Wasser) und hat bei römischen Ortsnamen die gleiche Bedeutung wie die deutsche Bezeichnung „Bad“. Die Mattiaker waren ein Teilstamm der Chatten.

Alltag im Legionslager

Auf dem Gebiet der heutigen Mainzer Innenstadt gründeten die Römer um das Jahr 13 v. Chr. ein Militärlager. Es lag strategisch günstig 50 Meter über dem Rhein. Von hier aus konnte man den Fluss und die gegenüberliegende Mainmündung gleichzeitig kontrollieren. Das Lager bot Platz für zwei Legionen, also 10 000 bis 12 000 Mann. Dazu kamen mindestens noch einmal so viele Hilfstruppen und Bedienstete für Nachschub und Versorgung.

In Friedenszeiten wurden die Legionäre für den Kampf ausgebildet. Sie mussten ständig marschieren und den Bau eines festen Nachtlagers üben. Sie lernten Steine gegen den Feind zu schleudern und Speere zu werfen. Am wichtigsten waren aber Hau- und Stechübungen. Dabei führte der Soldat mit einem geflochtenen Schild und einem Holzschwert Scheinangriffe gegen einen mannshohen Pfahl aus. Wenn er seine Deckung vernachlässigte, traf ihn der Stock des Ausbilders. Die Übungen überwachte der Zenturio. Er hatte den Oberbefehl über eine Zenturie, die aus 80 Soldaten bestand. Dem Legionskommandanten war er für die Gefechtsbereitschaft und die Disziplin seiner Männer verantwortlich.

Provinz Obergermanien

Als Kaiser Domitian Ende des 1. Jahrhunderts n. Chr. die Grenzverteidigung vom Rhein an den Limes verlegte, verlor Mogontiacum, wie die Römer das heutige Mainz nannten, militärisch an Bedeutung: Eine Legion wurde abgezogen. Doch mittlerweile war die Siedlung unterhalb des Legionslagers zu einer großen Stadt herangewachsen. Kaiser Domitian machte sie im Jahr 85 zur Hauptstadt der neu gegründeten Provinz Obergermanien. Wie in allen Provinzen setzte der Kaiser einen ihm direkt unterstellten Statthalter als Chef der Verwaltung ein. Die römischen Provinzstatthalter konnten über sämtliche Bewohner, einschließlich der Soldaten, befehlen. Allerdings war ihre Macht zeitlich begrenzt: Nach einem Jahr konnten sie nach Rom zurückberufen werden. Auch wenn die Römer die Oberaufsicht über die Provinzen besaßen, ließen sie die Bewohner ihre Angelegenheiten weitgehend selbst bestimmen. Jede Provinzstadt verfügte über einen Stadtrat, in dem freie, meist wohlhabende Bürger Mitglied waren. Der Rat übernahm viele der Regierungsaufgaben, etwa das Einziehen der Steuern.

Kuren in Aquae Mattiacorum

So mancher römische Legionär litt unter dem feuchtkalten Klima Germaniens. Dagegen halfen heiße Bäder und Schwitzkuren in Badehäusern (Thermen). Doch auch wer ausgerenkte Glieder und verletzte Muskeln zu versorgen hatte, konnte nach Aquae Mattiacorum, dem heutigen Wiesbaden, reisen. Dort gab es heiße Quellen mit Temperaturen bis zu 67° C. Durch ihren Reichtum an Salzen und Mineralstoffen wirkten sie damals wie heute bei rheumatischen Beschwerden. So setzte ein reger Kurbetrieb ein. Der Mainzer Statthalter und seine Beamten kamen ebenso wie die Offiziere und Legionäre der Garnison mit ihren Frauen.

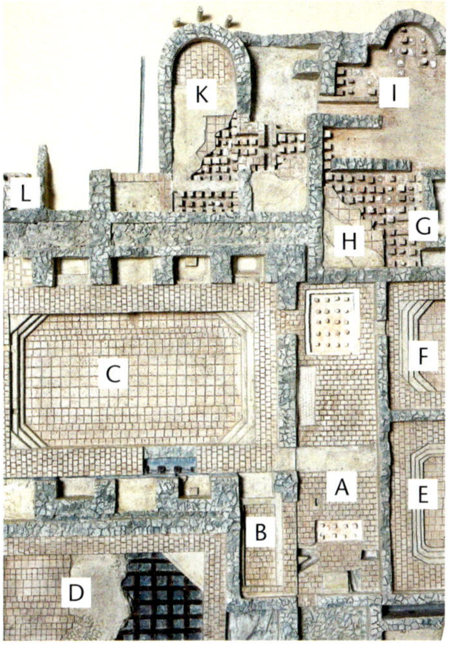

D 2 *Modell der römischen Haupttherme am Kronplatz in Wiesbaden.*
Das römische Bad wurde unter Kaiser Domitian (81–96 n. Chr.) begonnen und später erweitert. Als Heilbad stand es Kurgästen aus dem ganzen Imperium offen.
A: Ankleideraum und Kaltraum B: Wasserbecken zum Reinigen der Füße C, F, E: Thermalwasserbecken D: Kaltwasserbecken, G: Heizraum H: Laubad mit Fußbodenheizung (Hypocausten) I, K: Heißwasserbad L: Schwitzbad mit rundem Abkühlbecken

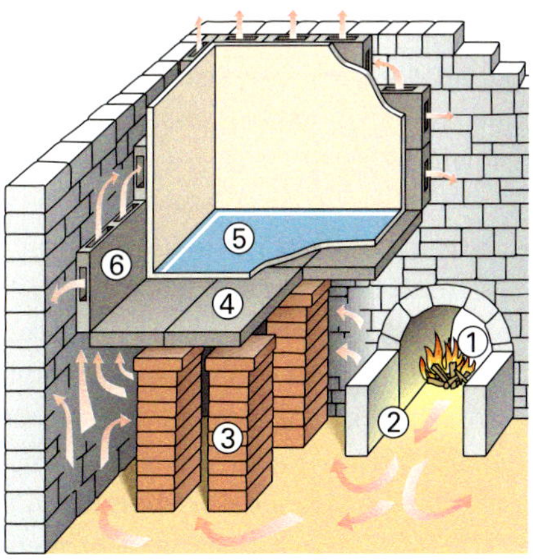

D 3 *Fußboden- und Wandheizung, wie sie in Thermen üblich war.*
① Feuerstelle ② Heizkanal ③ Stützpfeiler, ④ Abdeckziegel ⑤ Fußboden (oft aus Marmor oder als Mosaik) ⑥ Hohlziegel

Q 1 *Chattischer Schaum und mattiakische Kugeln. Der römische Dichter Martial (ca. 40–103 n. Chr.) hat wohl die Badeanlagen in Aquae Mattiacorum besucht. Er kannte auch das schäumende Haarfärbemittel, das aus dem abgelagerten Sinter (Mineralablagerung) der Wiesbadener Quellen gewonnen wurde. Die Römer versuchten damit das rotblonde Haar ihrer germanischen Sklaven nachzuahmen. Martial verfasste dazu spöttische Verse:*
Der chattische Schaum verleiht den feurigen Glanz teutonischer (= germanischer) Haare, lässt gepflegter dein Haar sein, als das der Gefangenen.
Wenn du die Farbe der Haare, die durch das Alter ergraut sind, willst ändern, reiß sie nicht aus, denn was soll dir der Kahlkopf? Nimm mattiakische Kugeln.

1. *Was soll das Grabmal des Reiters Silius in Q2 über den Verstorbenen aussagen? Beachte dabei, dass Silius wohl nicht als römischer Bürger geboren wurde. Worauf ist er besonders stolz?*
2. *Warum hieß das Haarfärbemittel der Römer „chattischer Schaum" (Q1)?*
3. *Erkläre die Funktionsweise der römischen Heizanlage in D3.*
4. *Wie war das römische Heilbad in D2 aufgebaut?*

Q 2 *Grabrelief des Reiters Silius,* aus dem Landesmuseum Mainz.
Silius gehörte zu den angeworbenen Hilfstruppen, die gewöhnlich kein römisches Bürgerrecht hatten. Es wurde ihnen aber häufig am Ende ihrer Dienstzeit verliehen. Im oberen Teil ist Silius bei einer Mahlzeit zu sehen; daneben steht ein Diener. Unten hält ein Bursche sein Pferd.

18 Ein Weltreich geht unter

Völkerwanderung
Sie begann 375 n. Chr., als die Hunnen, ein asiatisches Reitervolk, nach Europa vorstießen. Alle germanischen Völker gerieten in dieser Zeit in Bewegung, verließen ihre Siedlungsgebiete und gründeten neue Reiche.

Barbarenvölker an den Grenzen

Am 24. August des Jahres 410 geschah das Unvorstellbare: Germanische Krieger erstürmten die Mauern Roms und plünderten die Stadt. Zum ersten Mal seit beinahe 800 Jahren war es einem fremden Heer gelungen, Rom zu erobern. Die Krieger gehörten zum Volk der Westgoten, das vom Schwarzen Meer her über Griechenland nach Italien gekommen war. Die Westgoten waren auf der Suche nach neuem Siedlungsland. Von Italien zogen sie weiter und gründeten in Spanien ein eigenes Reich.

Fast alle germanischen Völker zwischen der Ostsee und dem Schwarzen Meer waren in Bewegung geraten. Die Nordgermanen, weil ihr Land nicht mehr ausreichte, um die stark wachsende Bevölkerung zu ernähren; die Südgermanen, weil sie auf der Flucht vor den Hunnen waren. Franken, Alemannen, Burgunder und Vandalen lockte das reiche Gallien jenseits des Rheins; Ost- und Westgoten überschritten die Donau und suchten Schutz im Römischen Reich.

D 1 *Vandalen und Sueben auf der Wanderung.*
406 überschreiten sie den zugefrorenen Rhein (Illustration aus einem heutigen Jugendbuch).

Verfall im Inneren

Die Angriffe der Barbaren trafen auf ein Reich, das schwach geworden war. Vor allem die Machtkämpfe im Inneren hatten den Staat ruiniert. Allein von 193 bis 284 regierten 32 Kaiser. Fünf davon fielen im Kampf an den Grenzen des Reiches oder starben in Gefangenschaft, 22 aber wurden ermordet. Die Bevölkerung schrumpfte, der Handel wurde weniger, das Land verödete, der Geldwert verfiel und die Steuereinnahmen gingen zurück. Der römische Staat stürzte in eine tiefe Krise.

Das Reich wird geteilt

Dem Kaiser Diokletian (284–305) und seinen Nachfolgern gelang es noch, den Zerfall des Reichs aufzuhalten. Doch um welchen Preis: Bauern durften ihre Höfe nicht mehr verlassen, die Söhne der Handwerker und Kaufleute mussten den Beruf des Vaters erlernen. Wer nicht gehorchte, wurde hart bestraft.

Immer weniger Menschen interessierten sich für diesen Staat. Kaum einer war noch stolz darauf, römischer Bürger zu sein. So war es den meisten auch beinahe gleichgültig, als das Römische Reich 395 n. Chr. in eine östliche und eine westliche Hälfte geteilt wurde.

Das Ostreich besteht noch 1000 Jahre

Im Westreich begann eine chaotische Zeit. Jahrzehntelang zogen germanische Völker durch das Land und gründeten auf römischem Gebiet eigene Reiche. 476 wurde der letzte römische Kaiser von dem germanischen Heerführer Odoaker abgesetzt. Zu der Zeit war Rom schon lange nicht mehr Hauptstadt des ehemaligen großen Reichs. Im Ostreich, in der Hauptstadt Konstantinopel, herrschten noch bis 1453 Kaiser. Sie sahen sich als die rechtmäßigen Nachfolger der römischen Kaiser.

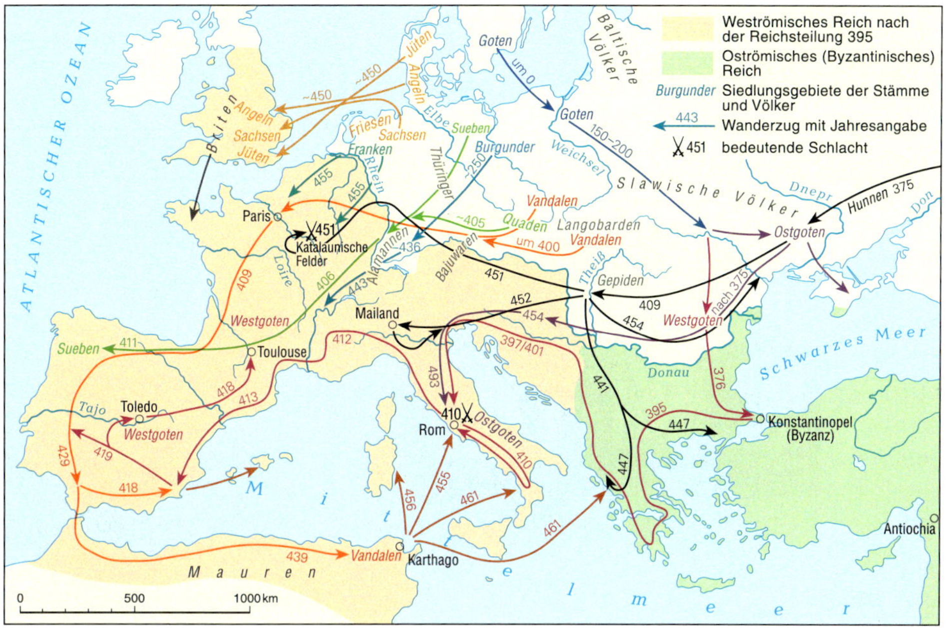

D 2 Die Völkerwanderung im 4. und 5. Jahrhundert n. Chr.

Q 1 *Der Mönch Salvian versuchte Mitte des 5. Jahrhunderts die Krise des Römischen Reichs zu erklären:*

Arme werden ausgeplündert, Witwen seufzen, Waisen werden mit Füßen getreten. Es ist so weit gekommen, dass viele von ihnen, sogar Adlige und mit guter Bildung, zu den Feinden fliehen, um nicht unter dem Druck der staatlichen Verfolgung zu sterben. Deshalb wandern sie scharenweise entweder zu den Goten oder zu den Bagauden oder zu anderen Barbaren, und es reut sie nicht, hinübergewandert zu sein. (...) Deshalb wird der Name des römischen Bürgers, der einst nicht nur hoch geschätzt, sondern auch um viel Geld gekauft wurde, jetzt aus freien Stücken verschmäht und gemieden. (...) Und ich für meinen Teil kann mich nur wundern, dass nicht überhaupt alle dürftigen und armen Steuerzahler es so machen.

TIPP

Ein spannendes Buch über die Kämpfe zwischen Römern und Alemannen: Feuer am Limes (Josef Carl Grund, Loewe Verlag, 1993)

1. *Nenne Gründe für den Niedergang des Römischen Reichs seit dem 3. Jahrhundert (VT, Q1).*
2. *Welche germanischen Völker kannst du in der Karte D2 erkennen? Beschreibe ihre Wanderrichtung.*
3. *Die Karte D3 zeigt die germanischen Reiche, die auf dem Boden des Weströmischen Reichs entstanden. Gib ihre Lage mit den Namen der heutigen Staaten an.*

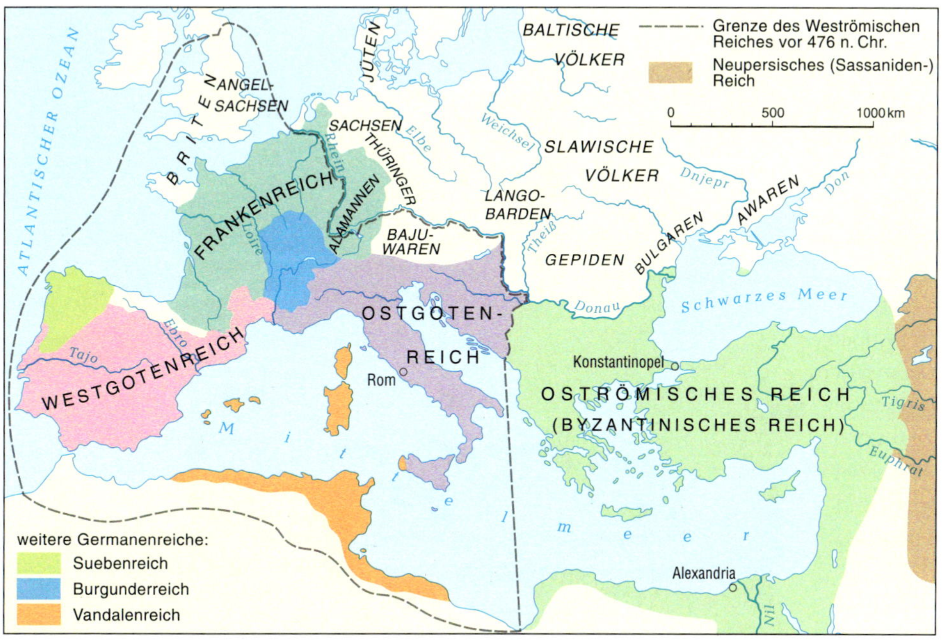

D 3 Neue Reiche auf römischem Gebiet (um 500 n. Chr.)

19 Projekt
Unterwegs in der Römerstadt Trier

Vor fast 2000 Jahren kamen die Römer von Gallien her in germanisches Gebiet: Legionäre auf dem Marsch zur Rheingrenze, Kaufleute mit wertvoller Handelsware aus dem Mittelmeergebiet, Kuriere mit versiegelten Botschaften des Kaisers. Heute könnt ihr selbst auf einem Klassenausflug in eine alte Römerstadt fahren.

Q 1 *Die Porta Nigra* wurde als nördliches Stadttor 160–180 n. Chr. erbaut.

Auf in die nächste Römerstadt!

1 Informiert euch, wo in eurer Nähe die nächste Römerstadt liegt (zum Beispiel Trier oder Mainz).

2 Schreibt an das Verkehrsamt oder die Touristen-Information und bittet um Prospekte und weiteres Informationsmaterial über die Stadt.

3 Bildet Gruppen und findet heraus:
- welche Museen oder Ausstellungen es dort zur Römerzeit gibt,
- welche Bauwerke aus der Römerzeit stammen,
- ob ein „römischer Stadtrundgang" angeboten wird.

Souvenirs aus der Römerzeit
- Sammelt auf eurem Ausflug möglichst viele verschiedene Postkarten, Prospekte, Plakate und ähnliches Material.
- Macht Fotos von der Stadt und von euch selbst auf den Spuren der Römer.
- Vergesst nicht, euch einige Notizen zu den wichtigen oder auch lustigen Dingen aus der Römerzeit zu machen.
- Zurück in der Jetzt-Zeit, könnt ihr in Gruppenarbeit eine Wandzeitung über euren Ausflug in die Römerzeit gestalten. Hängt eure Wandzeitung dann im Klassenraum oder im Schulgebäude auf.

Q 2 *Das „Neumagener Weinschiff"* gehörte in der Römerzeit zum Grabmal eines reichen Gutsbesitzers oder Weinhändlers.

3 *Die Palastaula* (heute: Basilika) wurde um 311 n. Chr. als Empfangssaal des römischen Kaisers Konstantin erbaut. Das Gebäude ist im Inneren fast 70 Meter lang und wird seit dem 19. Jahrhundert als evangelische Kirche genutzt.

4 *Der Zirkus* besaß eine Rennbahn von etwa 600 Meter Länge. Das Fußbodenmosaik zeigt den siegreichen Rennfahrer Polydus mit seinem Leitpferd Compressor. Es ist im Rheinischen Landesmuseum in Trier zu sehen.

5 *Das Amphitheater* dürfte um das Jahr 100 n. Chr. entstanden sein. Es bot etwa 1800 Zuschauern Sitzplätze.

1 *Plan der römischen Stadt Trier um 400 n. Chr. in einer Rekonstruktionszeichnung:*
① Dom, während der Regierungszeit Kaiser Konstantins erbaute Bischofskirche ② „Kaiserthermen", als Badeanlage errichtet, dann zum Kaiserpalast umgebaut ③ Forum mit Verwaltungsgebäuden, Tempeln und Markthallen ④ „Barbarathermen" ⑤ Ascepsiustempel, dem Gott der Heilkunst gewidmet ⑥ Getreidespeicher

20 Das frühe Christentum

D 1 *Jesus als der „gute Hirte".* (Zeichnung nach einem Deckengemälde aus einer Katakombe in Rom, 3. Jahrhundert). Katakomben waren unterirdische Begräbnisstätten. Dorthin flüchteten die ersten Christen vor den Verfolgungen.

A–Z

Christus
bedeutet im Griechischen „Gesalbter". Für die Anhänger von Jesus Christus war er der von Gott Gesandte.

Märtyrer
heißt Zeuge des Glaubens. Märtyrer haben für ihren Glauben gelitten und waren bereit dafür zu sterben.

Christen – eine gefährliche Minderheit?

Im Jahre 64 wütete ein ungeheures Feuer in der Stadt Rom. Nach sechs Tagen lagen ganze Stadtviertel in Schutt und Asche. Gerüchte liefen um, der Kaiser selbst habe das Feuer legen lassen, weil er ein neues, schöneres Rom bauen wollte. Kaiser Nero dagegen sagte, die Christen seien die Brandstifter. Er ließ Tausende von ihnen in der Arena von wilden Tieren zerreißen oder als lebendige Fackeln verbrennen.

Nero hatte es leicht, die Christen zu beschuldigen, denn viele Römer misstrauten ihnen. Die Christen verhielten sich aus römischer Sicht merkwürdig: Sie nahmen nicht wie andere Menschen an Feierlichkeiten zu Ehren der Staatsgötter teil, mieden Theater und Circus, lehnten es sogar ab, den römischen Kaiser als Gott zu verehren. Stattdessen nahmen sie gemeinsame Mahlzeiten zum Andenken an ihren Herrn Jesus ein. Dabei aßen sie angeblich seinen Leib und tranken sein Blut. Und irgendwie waren diese Christen auch gefährlich, denn sie versprachen den Sklaven ein besseres Leben.

Die neue Lehre

Jesus von Nazareth war um das Jahr 30 als Prediger durch das von den Römern besetzte Palästina gezogen. Er erzählte vom kommenden Reich Gottes, in dem Frieden und Gerechtigkeit herrschen würden, und kümmerte sich um die Armen und Schwachen. Seine Botschaft war einfach: Liebe Gott und deine Mitmenschen, dann wirst du nach dem Tode in das himmlische Reich aufgenommen. Durch seine Lehre und seine guten Taten konnte er viele Anhänger gewinnen. Einige besonders treue Männer lebten mit ihm und folgten ihm durch das jüdische Land, das waren die Apostel.

Einflussreichen Priestern im Tempel von Jerusalem gefiel nicht, was Jesus predigte. Sie beschuldigten ihn als gefährlichen Unruhestifter und klagten ihn bei Pontius Pilatus, dem Statthalter der römischen Provinz Judäa, an. Der verurteilte Jesus zum Tod durch Kreuzigung. Nach seinem Tod verkündeten seine Anhänger, Jesus sei auferstanden. Das sahen sie als Beweis, dass er „Christus", also „der von Gott Gesalbte" sei. Sie nannten sich nun Christen und verkündeten die Botschaft und Lehre von Jesus weiter. In vielen Städten gründeten sie christliche Gemeinden.

Der verfolgte Glauben

Der Apostel Petrus verbreitete das Christentum in der Stadt Rom. Er gehörte im Jahr 64 zu den ersten, die für ihren Glauben starben. Spätere Christen verehrten diese Männer und Frauen als Märtyrer. Wegen ihres Glaubens gerieten die Christen immer wieder in Konflikt mit den Römern. Gegen Ende des 3. Jahrhunderts verlangten die römischen Kaiser von ihren Bürgern Opfer vor Statuen zu ihren Ehren. Die Christen wollten solche Opfer nicht erbringen. Daraufhin wurden sie als Staatsfeinde verfolgt, gefoltert und hingerichtet.

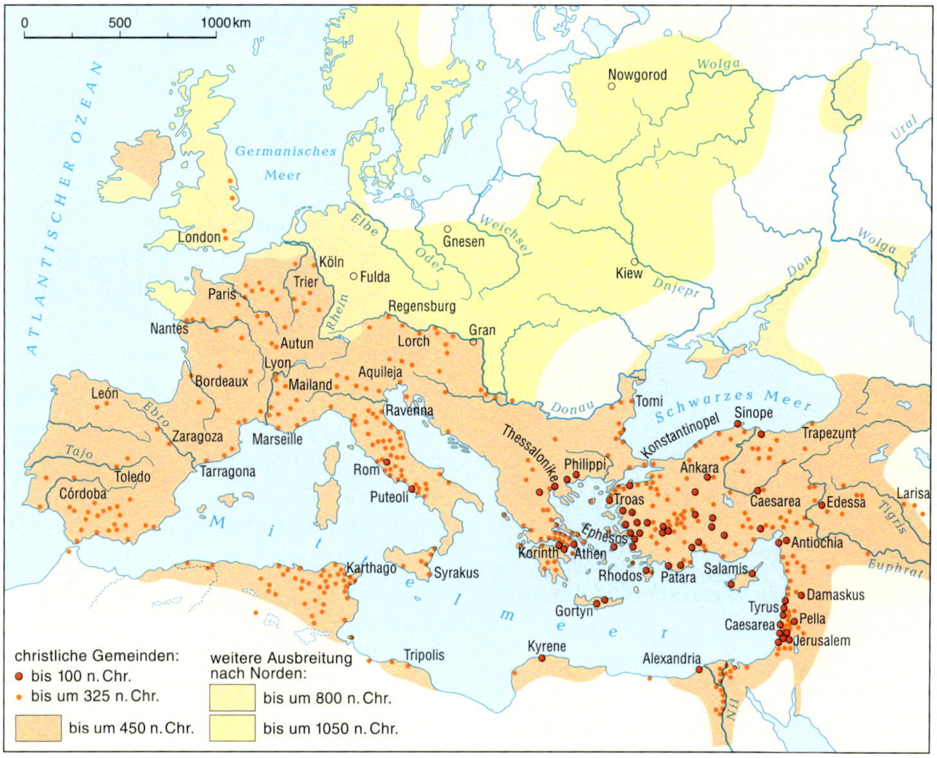

D2 *Die Ausbreitung des Christentums.* Der Apostel Paulus baute die ersten Christengemeinden in Kleinasien und Griechenland mit großer Tatkraft auf. Er unternahm viele Reisen dorthin, predigte in griechischer Sprache und stärkte durch seine Briefe die jungen Gemeinden im Glauben.

Q1 *Verschlüsselte Bilder:* Fisch und Brot waren häufige Christuszeichen. Christus ist das „Brot des Lebens“ und das griechische Wort für Fisch, „ICHTHYS“ enthält die Anfangsbuchstaben von „Jesus Christus, Gottes Sohn, Retter“.

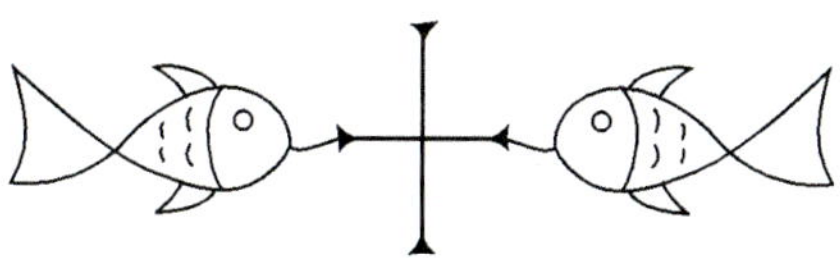

ΙΧΘΥΣ

I CH TH Y S

J(esus) Ch(ristos) Th(eou) Y(ios) S(otér)

Jesus Christus, Gottes Sohn, Retter

Q2 *Zum Umgang mit Christen gab Kaiser Trajan um 100 die folgende Anweisung:*
Man soll auf Christen keine Jagd machen. Wenn man sie vor dich bringt und beschuldigt, sollen sie bestraft werden. Wer aber in Abrede stellt, Christ zu sein, und dies bewiesen hat, indem er unseren Göttern opfert, soll frei ausgehen, wie verdächtig er auch immer sich in der Vergangenheit gemacht hat. Anonyme Anzeigen sollen auf keinen Fall berücksichtigt werden. Es wäre dies eine sehr üble Handlungsweise und unserem Zeitalter nicht angemessen!

Q3 *Der frühchristliche Kirchenlehrer Tertullian schrieb um 200:*
(Es gibt Leute), die laut nach dem Blute Unschuldiger schreien, wobei sie freilich diesen Hass zum Teil mit dem sinnlosen Vorwand begründen, dass nach ihrer Überzeugung an jeder Katastrophe des Staates, an jedem Missgeschick des Volkes die Christen die Schuld tragen. Wenn der Tiber die Mauern überfutet, wenn der Himmel sich nicht rührt, wenn die Erde bebt, wenn eine Hungersnot, wenn eine Seuche wütet, gleich schreit man: die Christen vor die Löwen.

1. *Nenne Gründe, warum Jesus mit seiner Botschaft so viele Anhänger fand.*
2. *Der Fisch war für die frühen Christen ein besonderes Erkennungszeichen. Erkläre mithilfe von Q1, warum.*
3. *Welche Hoffnung verbanden Christen während der Verfolgung mit dem Bild vom „guten Hirten“ (D1)?*
4. *In welcher Form sollte nach der Anweisung des Kaisers Trajan in Q2 die „Christenprobe“ durchgeführt werden?*
5. *Lässt sich die Aussage Tertullians in Q3 auch auf andere Gruppen und Situationen übertragen?*
6. *Betrachte D2. In welchen Gebieten entstanden die ersten christlichen Gemeinden? Beschreibe, wie sich die christliche Religion in Europa verbreitete.*

21 Rom – Hauptstadt der Päpste

Q 1 *Kaiser Konstantin* auf einer Münze aus dem Jahr 315. Am Helm ist das Zeichen Christi angebracht, das sich aus den griechischen Buchstaben X (Chi) und P (Rho) zusammensetzt. Das sind die beiden ersten Buchstaben des Namens Christus.

„In diesem Zeichen wirst du siegen!"

Trotz der andauernden Verfolgung durch die römischen Kaiser und Beamten wuchsen die christlichen Gemeinden überall. Viele Menschen zweifelten an der Kraft der alten Götter, als sie sahen, dass Rom immer schwächer wurde.

Im 4. Jahrhundert wurde den Christen schließlich erlaubt, ihren Glauben frei auszuüben. Kaiser Konstantin erklärte in einem Edikt die Religionsfreiheit im Römischen Reich. Die Christen erhielten Eigentum, das man ihnen in früheren Jahren abgenommen hatte, zurück. Sie durften Kirchen bauen und mussten sich nicht mehr an geheimen Orten treffen.

Der im 4. Jahrhundert lebende christliche Geschichtsschreiber Eusebius begründet diesen Schritt mit einer angeblichen Vision Konstantins. Dieser stand im Jahr 312 im Kampf um die Herrschaft über das Römische Reich seinem Rivalen Maxentius gegenüber. Konstantin soll am Tag vor der Entscheidungsschlacht, so berichtet es Eusebius, ein Kreuz in Form von Lichtstrahlen am Himmel erschienen sein, dazu die Schrift: „Hierdurch siege!". Konstantin habe daraufhin ein Kreuzeszeichen an der Ausrüstung seiner Soldaten anbringen lassen. Sein Heer gewann die Schlacht und Konstantin wurde Herrscher Roms.

Der erste christliche Kaiser

Obwohl Konstantin sich erst auf dem Sterbebett taufen ließ, sah er sich schon als christlicher Kaiser. Er ließ Gotteshäuser bauen, schenkte der Kirche Geld und führte zum Andenken an die Auferstehung Jesu den Sonntag als Feiertag ein. Christen bekamen hohe Posten im Staatsdienst oder bei der Armee.

Umgekehrt unterstützten die Christen den Kaiser und halfen ihm, seine Macht im Reich zu festigen.

Das Christentum wird Staatsreligion

Auch die Nachfolger Konstantins förderten das Christentum. Kaiser Theodosius verbot während seiner Regierungszeit sogar jegliche Opfergabe für die früheren Staatsgötter.

Im Jahr 391 untersagte er, ihre Tempel zu betreten. Jetzt galt nur noch derjenige als römischer Bürger, der auch getauft war. Sogar die Olympischen Spiele wurden als heidnischer Kult verboten. Damit war das Christentum zur einzig anerkannten Religion des Römischen Reiches geworden. Wer von den Göttern der Vergangenheit nicht abließ, wurde eingesperrt und zum Tode verurteilt.

Rom – die Papststadt

Jede Provinz im Römischen Reich bekam nun einen Bischof, der in kirchlichen Fragen die Entscheidung traf. Besonders angesehen war der Bischof von Rom. Er galt als Nachfolger des Apostels Petrus, nannte sich seit dem 5. Jahrhundert „Papst" und galt als Oberhaupt der Kirche. Dadurch blieb Rom auch nach dem Untergang des Römischen Reiches als „Hauptstadt" der Päpste eine bedeutende Stadt. Die politische Einheit der römischen Welt ging verloren, doch das Christentum verband in den folgenden Jahrhunderten viele Völker Europas.

A–Z

Edikt
Erlass bzw. Gesetz. Das Edikt von Mailand beendete 313 n. Chr. die Verfolgung der Christen im Römischen Reich.

Papst
(von lat. papa = Vater) Titel des Bischofs von Rom. Der Papst ist das Oberhaupt der katholischen Kirche.

Bischof
Ein Bischof beaufsichtigt ein kirchliches Gebiet. Er wird als Nachfolger der Apostel gesehen.

Basilika
Hallenartiges Gebäude, das die Römer für Märkte, Gerichtsverhandlungen und öffentliche Empfänge nutzten. Die frühen Christen übernahmen die Bauart für ihre Kirchen.

Q2 *Im Edikt von Mailand aus dem Jahr 313 heißt es:*

Wir haben beschlossen, den Christen und allen Menschen freie Wahl zu geben, der Religion zu folgen, welcher sie immer wollten. Es geschah dies in der Absicht, dass jede Gottheit und jede himmlische Macht, die es je gibt, uns allen, die unter unserer Herrschaft leben, gnädig sein möge (...) Bezüglich der Christen bestimmen wir weiterhin, dass jene Stätten, an denen sie ehedem zusammenzukommen pflegten und die ihnen weggenommen worden waren, unentgeltlich (...), ohne Zögern und Zaudern an die Christen zurückerstattet werden. Auch wer solche Stätten geschenkweise erhalten, soll sie so schnell wie möglich denselben Christen zurückgeben.

Q4 *Die Kirche Santa Sabina in Rom* entstand am Anfang des 5. Jahrhunderts. Sie zeigt die Bauform der Basilika, der römischen Versammlungshalle. In dem halbrunden Raumteil am Ende des Gebäudes steht der Altar. In vorchristlicher Zeit befand sich dort statt des Altars der Thron des Kaisers.

Q3 *Christus als siegreicher Kaiser.* Das Mosaik ist im 5. Jahrhundert im italienischen Ravenna entstanden. Es zeigt, wie sehr sich schon weltliche und kirchliche Herrschaft in der Person des Kaisers vereinigten. Das aufgeschlagene Buch enthält den Lateinisch geschriebenen Text: „Ich bin der Weg, die Wahrheit und das Leben." Die lateinische Sprache wurde zur Kirchensprache.

D1 *Christliche Feste*

Fest	*Datum*
Weihnachten	25. Dezember
Gründonnerstag	Donnerstag vor Ostern
Karfreitag	Freitag vor Ostern
Ostern	erster Sonntag nach dem Frühlingsvollmond
Christi Himmelfahrt	40 Tage nach Ostern
Pfingsten	10 Tage nach Himmelfahrt

Ordne den Festtagen die folgenden Bedeutungen aus dem Leben und Wirken Jesu zu:
- Auferstehung
- Abendmahl mit den Jüngern
- Geburt Jesu
- Kreuzigung
- Aussendung der vom Heiligen Geist erleuchteten Jünger zur Mission und damit Gründungsfest der Kirche
- Erhöhung und leibliche Auffahrt des auferstandenen Jesus

1 *Beschreibe den Aufstieg des Christentums zur Staatsreligion.*

2 *Liste Argumente dafür auf, dass man Konstantin einen christlichen Kaiser nennen kann (VT, Q1, Q2).*

3 *Warum wird der „siegreiche Christus" in Q3 als römischer Kaiser dargestellt?*

4 *Die Abbildungen Q3 und Q4 zeigen die Verbindung von christlicher Religion und römischer Herrschaft. Erkläre, woran das deutlich wird.*

5 *Warum wird Rom die „ewige Stadt" genannt? Vielleicht kannst du zwei verschiedene Begründungen dafür finden.*

Städtewesen / Fernhandel im Europa des Spätmittelalters

um 500

Der Merowinger Chlodwig eint die Franken und gründet ein neues Großreich.

800

Der Frankenkönig Karl wird zum Kaiser gekrönt.

8./9. Jahrhundert

Im Frankenreich entwickeln sich das Lehnswesen und die Grundherrschaft.

936

Otto I. wird König im Ostfränkischen Reich

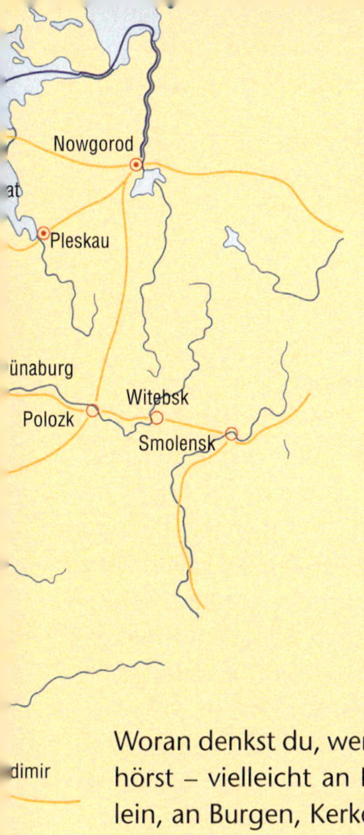

Leben im Mittelalter

Festung von Loarre in Spanien (11. Jhd)

Woran denkst du, wenn du das Wort „Mittelalter" hörst – vielleicht an Könige, Ritter und Edelfräulein, an Burgen, Kerker und finstere Verließe?
Das Mittelalter war eine lange Zeit: Es dauerte von ca. 500 bis 1500. Einige Menschen lebten in diesen Jahrhunderten tatsächlich auf Burgen, die meisten aber waren einfache Bauern, die ein hartes Leben auf dem Land führten. Sie arbeiteten von morgens bis abends auf ihren Höfen und mussten Abgaben an ihren Herrn und die Kirche leisten.
Ab dem 12. Jahrhundert zogen einige Menschen auch in die Städte. Hier waren sie „frei", arbeiteten als Handwerker und Händler und verkauften ihre Waren auf dem Markt. Manche Städte wurden durch den Handel groß und wohlhabend, und ihre Kaufleute reisten mit Wagen und Schiffen durch ganz Europa.
Geh nun selbst auf eine Reise ins mittelalterliche Europa und entdecke, wie Könige herrschten und wie die Menschen auf dem Land, auf einer Burg und in der Stadt lebten.

Ein Minnesänger und zwei Damen beim Tanz
(Manessische Liederhandschrift, 14. Jahrhundert)

um 1000

Auf dem Land setzt sich die Dreifelderwirtschaft durch.

1150 – 1350

In Mitteleuropa werden zahlreiche Städte gegründet.

1347/48

Eine Pestwelle erfasst Europa.

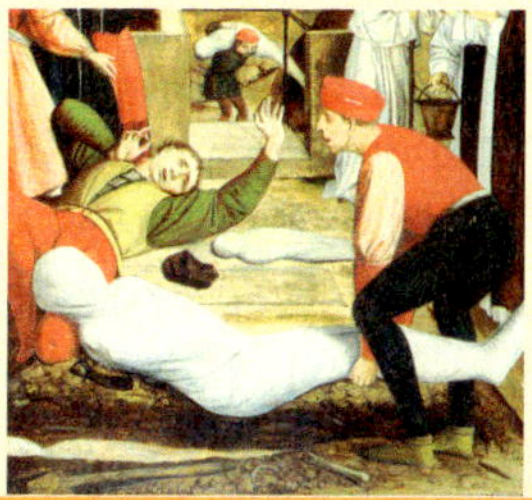

1356

Norddeutsche Kaufleute schließen sich zur „Deutschen Hanse" zusammen.

1 Ein neues Großreich auf weströmischem Boden

Q1 *Der Frankenkönig Chlodwig* lässt sich 498 als erster Germanenkönig christlich taufen (Relief auf einem Buchdeckel, Frankreich 10. Jahrhundert).

A-Z

Franken
Germanischer Stamm, wahrscheinlich vor dem 3. Jahrhundert aus mehreren kleinen Stämmen am unteren und mittleren Rhein entstanden.

Merowinger
Königsfamilie aus dem Stamm der Franken. Der Merowinger Chlodwig I. machte das Fränkische Reich zur führenden Macht in Europa. Im 7. Jahrhundert verloren die Merowinger ihre Macht an die Karolinger.

Die Franken in Gallien

Im 5. Jahrhundert war das römische Weltreich zerfallen. Im Osten bestand zwar ein Teil des Reiches weiter. Aber die oströmischen Kaiser hatten keinen Einfluss mehr auf den westlichen Teil Europas. Hier herrschten mittlerweile die germanischen Völker, die in der Zeit der Völkerwanderung auf römischen Boden vorgedrungen waren. Eines dieser Völker waren die Franken. Ihr Siedlungsgebiet lag ursprünglich im heutigen Westdeutschland und Belgien. Aber seit dem 3. Jahrhundert hatten sie auch Gallien, das heutige Nordfrankreich, erobert.
„Franken" bedeutete „mutige Krieger", „Freie" oder „Adlige". Sie lebten in mehreren Stämmen, die von Königen angeführt wurden. Einer von ihnen, Chlodwig aus der Familie der Merowinger, einte um 500 gewaltsam alle Franken und unterwarf auch die benachbarten Burgunder und Westgoten.
Die meisten Gallier waren schon seit römischer Zeit Christen. Um sein Reich zu stärken und zu einen, trat Chlodwig mit seinem Gefolge zum Christentum über. So wie er sollten alle anderen Franken den christlichen Glauben annehmen. Die gallischen Äbte und Bischöfe, die große Ländereien besaßen, unterstützten den Herrscher. So gewann Chlodwig mächtige Verbündete.

Chlodwigs Nachfolger

Chlodwig teilte das Reich unter seinen Söhnen auf, die aber ständig Krieg gegeneinander führten. Das schwächte die Macht der Merowinger. Mehr und mehr bestimmten ihre obersten Hofbeamten die Politik. Diese Männer, auch Hausmeier genannt, verwalteten den königlichen Hof und führten das Heer an. Anfang des 8. Jahrhunderts gelang es einem von ihnen, Karl Martell, seine Stärke zu beweisen. Bei Poitiers besiegte er im Jahr 732 muslimische Araberheere, die das Reich von Süden her angegriffen hatten.

Das christliche Königtum

Die Merowinger waren nur noch Schattenkönige. Trotzdem hielten sie an der Macht fest, denn sie glaubten, dass sie göttliche Vorfahren hätten. Nur sie könnten deshalb Könige sein. Pippin, der Sohn Karl Martells, wollte aber die Königswürde für sich erringen. Immerhin war er ein siegreicher und mächtiger Krieger, während der Merowingerkönig Childerich ohne Macht und Gefolgsleute auf seinem Thron saß. Pippin wandte sich deshalb an den Papst, der zu dieser Zeit dringend Schutz gegen die Langobarden in Italien benötigte. Pippin war bereit ihm zu helfen. Dafür stimmte der Papst 751 zu, dass die Merowinger abgesetzt und Pippin zum König gekrönt wurde. In zwei Kriegszügen besiegte König Pippin die Langobarden und übertrug dem Papst die von ihm beanspruchten Gebiete in Italien „für ewige Zeiten".
Drei Jahre später reiste Papst Stephan II. ins Frankenreich, um Pippin selbst zu salben. Pippins Söhne salbte der Papst gleich mit und bestimmte, dass nur noch Pippins Nachfolger Könige werden durften. Außerdem sollte die Salbung den Franken zeigen, dass das Königsheil nun vom christlichen Gott und nicht mehr von den germanischen Göttern kam.

Q2 *Von der Taufe Chlodwigs erzählt der Bischof Gregor von Tours (573–594):*

Die Königin ließ nicht ab in ihn zu drängen, dass er den wahren Gott erkenne und ablasse von den Götzen. Aber auf keine Weise konnte er zum Glauben bekehrt werden, bis er einmal mit den Alemannen in einen Krieg geriet. Chlodwigs Heer war nahe daran, völlig vernichtet zu werden. Als er das sah, sprach er: „Jesus Christus, gewährst du mir jetzt den Sieg über meine Feinde, so will ich an dich glauben und mich taufen lassen in deinem Namen. Denn ich habe meine Götter angerufen, aber sie sind weit davon entfernt mir zu helfen." Als er dies gesagt hatte, wandten sich die Alemannen und begannen zu fliehen. Darauf ging Chlodwig, ein neuer Konstantin, zum Taufbad.

Q3 *Über die Verhandlungen mit dem Papst wird in einer Quelle berichtet:*

Bischof Burkhard von Würzburg und Kaplan Fulrad wurden (von Pippin) zu Papst Zacharias gesandt. Wegen der Könige im Frankenreich, die damals keine königliche Gewalt hatten, sollten sie fragen, ob das gut sei oder nicht. Papst Zacharias ließ Pippin die Antwort geben, es sei besser, dass der als König bezeichnet werde, der die Gewalt innehabe und nicht der, der ohne königliche Gewalt verblieben sei. (…) Kraft seines Ansehens als Papst ließ (Zacharias) Pippin zum König machen. Pippin wurde nach der Sitte der Franken zum König gewählt und durch den Erzbischof Bonifatius gesalbt und von den Franken (…) zum König erhoben. Childerich aber, der zu Unrecht König genannt wurde, wurde geschoren und ins Kloster geschickt.

1. *Erläutere, aus welchen Gründen Chlodwig zum christlichen Glauben übertrat (VT). Welche Vorteile brachte ihm dieser Schritt?*
2. *Lies Q2. Welche Gründe werden hier für Chlodwigs Taufe genannt? Hältst du diesen Bericht für glaubwürdig?*
3. *Wie konnten die Hausmeier die Macht im Reich gewinnen?*
4. *Zeige die Schritte auf, die Pippin unternahm, um König zu werden (VT, Q3).*

oberste / Hofbeamte

Zwei Hauptgattungen der fränkischen Reitertruppen
– leichte Reiterei
– Panzerreiter

Bildeten in einer eisenarmen Zeit die bewunderte und gefürchtete Kerntruppe des fränk. Heeres und waren für lange Zeit die Garanten der fränk. Vorherrschaft in Mittel- u. Westeuropa

Q4 Gepanzerte Reiter waren der wichtigste Teil des fränkischen Heers. Sie ersetzten bald die bisherigen Fußsoldaten. Aber die Ausrüstung war teuer, sodass die Krieger eigenes Land besitzen mussten, um sich Pferd, Panzer und Ausrüstung leisten zu können.

2 Methode
Bilder als Geschichtsquelle

Gemälde, Kirchenfenster, Zeichnungen, Plakate und Fotos sind wertvolle Quellen, wenn wir etwas über die Menschen aus früheren Zeiten erfahren möchten. Wenn man alte Bilder genau betrachtet, kann man meistens wichtige Erkenntnisse über das Alltagsleben der Menschen, über ihre Gedanken, Gefühle, Hoffnungen und Ängste gewinnen.
Einige Darstellungen sind leicht zu verstehen, andere können unterschiedlich gedeutet werden. Dann ist es notwendig, zusätzliche Informationen, wie z. B. den Bildtitel oder die Bildunterschrift, heranzuziehen.
In einem Lexikon oder im Internet kann man unter dem Namen des Künstlers oder der dargestellten Personen nach weiteren Hinweisen suchen.
Darüber hinaus ist bei Materialien auch immer zu prüfen, ob die Darstellung verlässlich und wahrheitsgetreu ist. Denn Bilder zeigen nicht unbedingt, wie die Vergangenheit wirklich war, sondern auch, wie die Menschen ihre Wirklichkeit sehen wollten.

Q1 *Aus dem Leben des Bonifatius* (mittelalterliche Buchmalerei aus dem Kloster Fulda, um 875). Das Bild zeigt zwei Stationen aus dem Leben eines Missionars. Als dise Malerei entstand, war er schon über hundert Jahre tot. Aber wer war dieser Mann?
Sein Name ist Winfried, er wird um 673 geboren. Als junger Mann tritt er als Mönch in ein Kloster ein. Mit etwa 30 Jahren wird Winfried zum Priester geweiht. Winfried ist bereits über 40 Jahre alt, als er beschließt, Missionar zu werden. Bevor er zu den Heiden zieht, pilgert er nach Rom und bittet den Papst um Unterstützung für seine Mission in Deutschland. Er erhält vom Papst einen neuen Namen: Bonifatius. Auf seiner Mission gründet Bonifatius viele Klöster. Nur die Friesen in Norddeutschland wollen nichts von ihm wissen.

Methodische Arbeitsschritte

Folgende Fragen und Arbeitsschritte helfen dir dabei, mit historischen Bildern umzugehen:

1. Betrachte das Bild in Ruhe und mache dir erste Gedanken:
   - Was zeigt das Bild?
   - Was fällt dir auf?
   - Welche Teile des Bildes sind besonders interessant?
   - Was verstehst du nicht?
2. Beschreibe das Bild genau:
   - Um welche Art von Bild handelt es sich?
   - Was ist dargestellt? Welche Situation ist bzw. welche Situationen sind festgehalten?
   - Welche Farben und Formen tauchen in dem Bild besonders oft auf?
3. Versuche das Bild zu deuten. Vielleicht benötigst du hierfür zusätzliche Informationen.
   - Wer hat das Bild gemalt?
   - Was möchte der Künstler dem Betrachter mitteilen?
   - Warum hat der Maler gerade diese Personen und Ereignisse für sein Bild ausgewählt?
   - Ist die Darstellung naturgetreu?
   - Hat der Künstler in der Zeit gelebt, die er auf dem Bild dargestellt hat?

1 Betrachte das Bild anhand der Fragen unter Schritt 1. Notiere dir Stichwörter.

2 Verfasse eine ausführliche Bildbeschreibung zu Q1. Gehe dabei nach den methodischen Arbeitsschritten 2 und 3 vor.

3 Formuliere zu jeder Bildhälfte eine kurze Unterschrift.

4 Welche Fragen konntest du beantworten; welche bleiben offen?

5 Lies D1 für weitere Zusatzinformationen. Nun kannst du alle Fragen zum Bild beantworten.

D 1 *Zusatzinformationen zum Bild „Aus dem Leben des Bonifatius".*

Auf dem Bild werden zwei Szenen aus dem Leben des Missionars Bonifatius dargestellt. In beiden Bildhälften steht er im Mittelpunkt. Durch seinen rötlichen Mantel und den Heiligenschein hat der Maler ihn besonders hervorgehoben.

In der linken Bildhälfte tauft Bonifatius einen erwachsenen Menschen. Die Helfer stehen bereit und halten ein weißes Taufgewand. Die Stimmung ist sehr feierlich. Die Menschen schauen ernsthaft und andächtig, während Bonifatius den Segen erteilt.

Am 5. Juni 754 wurde Bonifatius in Friesland ermordet. Dieses Ereignis zeigt die rechte Bildhälfte. Von allen Seiten stürmen Krieger mit Dolchen und Lanzen auf Bonifatius zu. Bonifatius ist allein und wehrlos. Mit seinem Gebetbuch versucht er die Schwerthiebe abzuwehren.

3 Karl der Große – fränkischer König und römischer Kaiser

Q1 *Kreuzzüge gegen die Sachsen*
(französische Buchmalerei, 14. Jahrhundert)

Ein spannender Mittelalter-Krimi, der in Westfalen um das Jahr 800 spielt: „Im Schatten des Königs“ (Rolf H. Lampe, Emos, 2002)

Karl der Eroberer

Nach Pippins Tod übernahm sein Sohn Karl die Herrschaft. Karl regierte 45 Jahre lang und führte 44 Feldzüge, darunter fünf gegen die Langobarden in Italien, 18 gegen die Sachsen, sieben gegen die Araber in Spanien und einen gegen die Bayern.
Viele Kriege waren gegen Reiche und Völker gerichtet, die nicht dem christlichen Glauben angehörten. So führte Karl von 772 bis 804 einen grausamen Krieg gegen die germanischen Sachsen in Norddeutschland. Immer wieder erhoben sie sich dagegen, christianisiert und ins Frankenreich eingegliedert zu werden. Erbost über den Widerstand ließ Karl im Jahr 782 tausende sächsische Stammesfürsten und Adlige hinrichten. Viele Sachsen mussten sich unter Zwang taufen lassen.

Karl wird römischer Kaiser

799 brach in Rom ein Aufstand von Adligen gegen Papst Leo aus. Daraufhin floh Leo ins sächsische Paderborn, wo sich auch gerade Karl aufhielt, und bat ihn um Hilfe.
Im August 800 brach Karl nach Rom auf, um Gericht über die Aufständischen zu halten. Karl blieb bis Dezember in Rom. Am Weihnachtsabend besuchte er den Festgottesdienst. Angeblich überraschte ihn hier der Papst damit, dass er ihn zum römischen Kaiser krönte. Karl war der Überlieferung nach verärgert. Immerhin hatte der Papst sich das Recht genommen, den höchsten weltlichen Herrscher einzusetzen. Außerdem musste diese Handlung den oströmischen Kaiser in Byzanz verärgern. Immerhin war dieser bisher der alleinige Kaiser in Europa gewesen.

Das neue „Römische“ Reich

Karl konnte einen Kompromiss herbeiführen, indem er den Titel „Kaiser, der das römische Kaiserreich lenkt, und der König der Franken“ annahm. Damit betonte er, dass er auch als Kaiser zu allererst der Herrscher über die Franken war. Der Kaisertitel verlieh Karl keine neue Macht. Aber er zeigte an, dass er der höchste Herrscher in Europa und dem oströmischen Kaiser gleichgestellt war.
Doch das war nicht alles. Mit Karls Kaiserzeit begann etwas Neues in Europa. Denn Karl fühlte sich nicht nur als Nachfolger der römischen Kaiser, sondern auch als Germanenfürst. So verband er als Kaiser christliche, römische und germanische Traditionen miteinander.

Q2 *Über die Kaiserkrönung in Rom Weihnachten 800 berichten zwei zeitgenössische Quellen.*

a) Aus den Jahrbüchern des Frankenreichs:

Als der König gerade am heiligen Weihnachtstag sich vom Gebet vor dem Grab des Apostels Petrus zur Messe erhob, setzte ihm Papst Leo eine Krone aufs Haupt und das Römervolk rief: „Karl dem Erhabenen, von Gott gekrönten großen und den Frieden schützenden Kaiser der Römer, sei langes Leben und Sieg beschieden." Und nach den lobenden Zurufen wurde er vom Papst nach der Sitte der alten Kaiser durch Kniefall geehrt und fortan Kaiser und Augustus genannt.

b) Einhard, einer von Karls Beratern und Biografen Karls, schrieb:

Karl kam also nach Rom, um die Kirche aus der großen Zerrüttung (die Aufstände in Rom gegen den Papst) zu reißen. Damals war es, dass er die Ernennung zum Kaiser (...) empfing; das war ihm zuerst so zuwider, dass er versicherte, er würde an jenem Tage, obwohl es ein hohes Fest war, die Kirche nicht betreten haben, wenn er des Papstes Absicht vorher hätte wissen können.

Q3 *Alkuin, ein Berater Karls des Großen, schrieb über die Missionierung der „heidnischen" Sachsen:*

Das elende Volk der Sachsen hat deshalb so oft das Taufsakrament verletzt, weil es niemals eine Grundlage des Glaubens im Herzen hatte. Doch muss man wissen, dass der Glaube freiwillig und nicht durch Zwang entsteht. Zur Taufe kann man den Menschen zwingen, nicht aber zum Glauben.

Q4 *Karls Berater Einhard schrieb 835 über die Sachsenkriege:*

Nach Beendigung dieses Krieges wurde der sächsische, der nur unterbrochen schien, wieder aufgenommen, der langwierigste, grausamste und für das Frankenvolk anstrengendste, den es je geführt hat. Denn die Sachsen, die wie fast alle Völker auf dem Boden Germaniens wild von Natur, dem Götzendienst ergeben und gegen unsere Religion feindselig waren, hielten es nicht für unehrenhaft, göttliches und menschliches Recht zu schänden und zu übertreten.

Dazu kamen noch besondere Umstände, die jeden Tag eine Störung des Friedens verursachen konnten: Die Grenze zwischen uns und den Sachsen verlief fast überall in der Ebene, mit Ausnahme weniger Stellen, wo größere Waldungen oder Bergrücken das beiderseitige Gebiet klar trennen; hier nahm denn Totschlag, Raub und Brandstiftung auf beiden Seiten kein Ende.

Das erbitterte die Franken so, dass sie nicht mehr bloß Gleiches mit Gleichem heimgeben, sondern offen Kriege mit ihnen führen wollten.

D1 *Das Reich der Franken 500–800*

1. *Beschreibe anhand der Karte D1, wie sich das Frankenreich unter Karl vergrößerte.*
2. *Warum führte Karl so viele Kriege und wie begründete er sie? Wie beurteilst du sein Vorgehen (VT, Q1, Q3, Q4)?*
3. *Welche Gründe hatte der Papst, Karl zum Kaiser zu krönen?*
4. *Vergleiche Q3 und Q4. Wie beurteilt Alkuin die Zwangstaufe der Sachsen?*

4 Der reisende Königshof

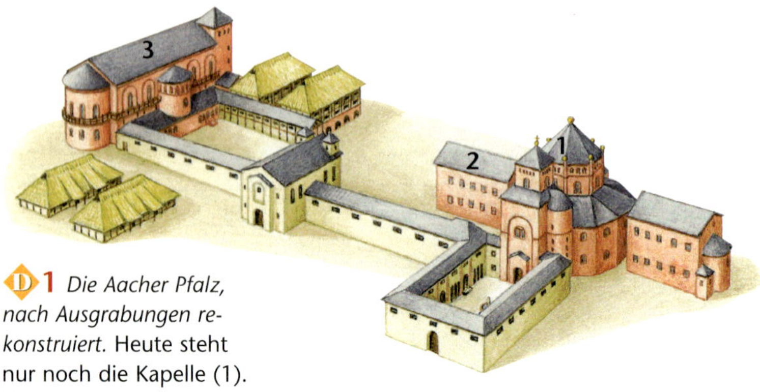

D 1 *Die Aacher Pfalz, nach Ausgrabungen rekonstruiert.* Heute steht nur noch die Kapelle (1). Das angrenzende Gebäude (2) erhielt den Namen „Lateran", wie der päpstliche Palast in Rom. Dort konnte der Papst bei Besuchen wohnen. In der großen Königshalle (3) hielt der Kaiser Gericht und empfing Gesandte.

Zeitreise multimedial Mittelalter / Frühe Neuzeit: Herrschaft und Kulturen – „Die Aachener Kaiserpfalz"; „Mit dem Königshof auf Reisen"

Pfalz
(von lat. palatium = Palast) Die Pfalz war ein meist befestigter Wohnort des Königs mit Königshalle, Kapelle und Wirtschaftsgebäuden. Über das gesamte Reich verstreut, boten viele Pfalzen dem König und seinem Gefolge Unterkunft und Verpflegung.

Ein riesiges Reich

Das Reich Karls des Großen reichte von der Nordsee bis zum Mittelmeer, vom Atlantik bis zur Elbe. Zwischen Aachen und Rom lagen 1150 km und zwischen den spanischen und sächsischen Grenzprovinzen sogar rund 1500 km.

Allerdings gab es für dieses Reich noch keine schriftliche Verfassung wie heute. So war nirgends festgelegt, wer welche Rechte und Pflichten hatte, wer Macht ausüben und wer ein Amt besetzen durfte. Es gab keine verlässlichen Gesetze und kaum Städte und Straßen, nur unbefestigte Wege.

Um dieses riesige und ungeordnete Reich zu regieren, brauchte der König Helfer. Daher vergab Karl besondere Ämter an Grafen, Herzöge und Bischöfe. In ihren Gebieten trieben sie die Steuern ein, hielten Gericht und suchten junge Männer für den Kriegsdienst aus. Allerdings befürchtete Karl, dass die Grafen in ihren Gebieten zu mächtig werden könnten. Deshalb schickte er regelmäßig Boten aus, welche die Grafen und Bischöfe überwachen sollten.

Königspfalzen statt Hauptstadt

Heute hat jedes Land eine Hauptstadt, wo sich der Sitz der Regierung befindet. Das war im Mittelalter nicht so. Das Frankenreich hatte keine Hauptstadt. Allerdings gab es einige große Pfalzen wie Aachen und Frankfurt. Diese Pfalzen lagen auf großen Ländereien, die dem König gehörten. Bauern bearbeiteten das Land, kümmerten sich um das Vieh und legten Vorräte an.

Um seine Regierungsgeschäfte zu erledigen, zog der König mit seinem Gefolge von Pfalz zu Pfalz. Auf diese Weise konnte er die Treue der Gefolgsleute und der Bischöfe im gesamten Reich persönlich kontrollieren, selber Streitigkeiten schlichten oder aufständische Adlige bekämpfen.

Bis zu 1000 Menschen reisten bisweilen im Gefolge des Herrschers. Etwa 20 km legte die Gesellschaft an einem Tag zurück. Man rechnete pro Person 2 kg Fleisch, 2 kg Getreide und 3 Liter Wein täglich. Blieb der Hof 10 Tage, so aß man Getreide von 400 Hektar Acker und 800 geschlachtete Rinder oder Schweine. Die 30 Fass Wein oder Bier im Keller wurden leer getrunken. Damit waren die Jahresvorräte eines großen landwirtschaftlichen Betriebs von 1000 Hektar Land und 2000 Stück Vieh aufgebraucht.

Aachen – ein zweites Rom?

Nachdem er zum Kaiser gekrönt worden war, reiste Karl weniger. Stattdessen ließ er seine Aachener Pfalz zum prächtigen Regierungssitz ausbauen und hielt sich in seinen letzten Lebensjahren häufig hier auf. Hatten die früheren Königshöfe noch aus einfachen Holzgebäuden bestanden, so krönte nun eine steinerne Kuppel den Palast. Für die Pfalzkapelle ließ Karl sogar schmuckvolle Marmor- und Schiefersäulen aus Oberitalien kommen. Zudem sammelte Karl Gelehrte um sich. Diese bemühten sich zum einen die antike Kultur des alten Rom wiederzubeleben. Zum anderen ließ Karl aber auch eine Grammatik seiner germanischen Muttersprache erstellen und germanische Göttersagen und Heldenlieder sammeln.

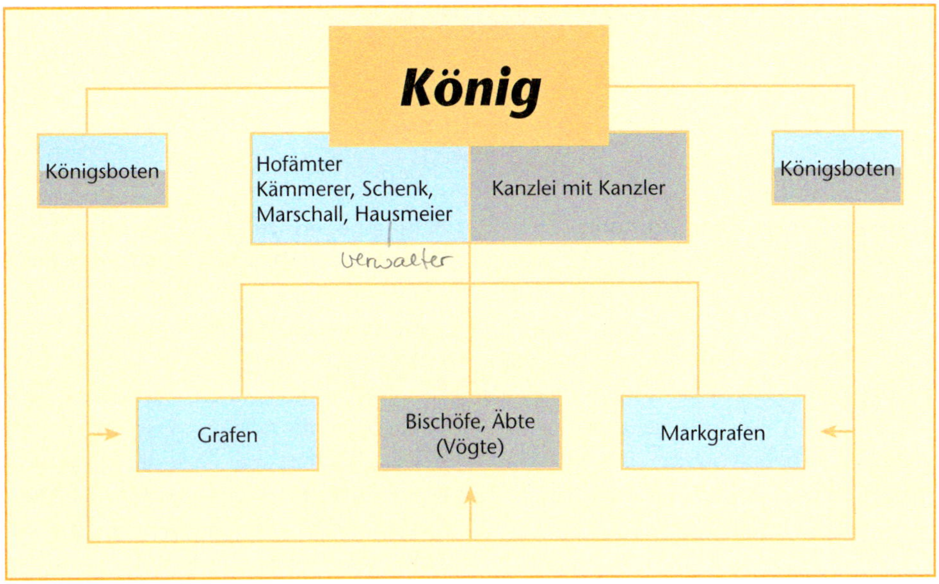

D 2 *Ämter am karolingischen Königshof:*
- Kanzler: leitet die Kanzlei, in der Gesetze und Urkunden ausgestellt werden
- Kämmerer: verwaltet das königliche Vermögen
- Schenk: verwaltet die Essens- und Trinkvorräte
- Marschall: verwaltet die Stallungen
- Königsboten: überwachen die Amtsverwaltung

blau: weltliche Amtsträger; grau: geistliche Amtsträger

Q 1 *Reiterstandbild Karls des Großen* aus dem 9. Jahrhundert. Es ist die älteste bekannte Darstellung des Herrschers.

Q 2 *Blick in die Aachener Pfalzkapelle.* Auf der ersten Empore steht der erhaltene Thron des Kaisers.

mittelalterliche Herrschaftsarchitektur mit Thron, übermenschliche Vollkommenheit

TIPP

Der Aachener Dom gehört heute zum UNESCO-Weltkulturerbe. In der Domschatzkammer sind bedeutende Kostbarkeiten seit der Karolingerzeit zu besichtigen (www.aachendom.de).

1. *Fasse zusammen, wie Karl sein Reich verwaltete und beherrschte (VT, D1, D2).*
2. *Ein Königshof benötigte: sichere Wohnung für die Herrscherfamilie, Kirche für Gottesdienst, Quartier für Fürsten, Vorratsgebäude, Versammlungsplatz für die Höflinge, Platz für Zelte, Pferde usw. Warum war Aachen (D1) eine geeignete Pfalz?*

5 Eine Ständegesellschaft

A–Z

Lehen
Gut (Land, Amt, Würde), das dem Lehnsmann vom Lehnsherrn lebenslang „geliehen“ wird. Dafür muss er seinem Lehnsherrn in Frieden und Krieg dienen.

Vasall
(von keltisch gwassawl = der, der dient)
So wurde seit dem 9. Jahrhundert der (adlige) Lehnsmann bezeichnet.

Ständegesellschaft
Im Mittelalter unterschied man zwischen freien und unfreien Menschen. Die Geburt entschied darüber, zu welcher Gruppe (Stand) man gehörte: Kinder von Adligen waren auch adlig, während Kinder von unfreien Bauern immer unfrei blieben.

Eine von Gott gewollte Ordnung
In der mittelalterlichen Gesellschaft hatte jeder seinen Platz. Die Menschen waren in bestimmte Stände eingeteilt. Welchem Stand man angehörte, hing nicht davon ab, ob man fleißig oder weniger fleißig, arm oder reich war. Entscheidend war die Geburt: Wer beispielsweise als Sohn eines Bauern zur Welt kam, konnte niemals König, Graf oder Ritter werden.
Über allen stand der König. Er entschied über Krieg und Frieden, erließ Gesetze und war der höchste Richter im Land. Die Adligen, dazu gehörten die mächtigsten Herzöge und Grafen, waren seine Gefolgsleute. Sie besaßen viel Land und genossen überall hohes Ansehen. Die Ritter waren längst nicht so reich. Sie besaßen eine Burg und halfen mit das Reich zu verwalten. Die Äbtissinnen und Äbte standen einem Kloster vor, zu dem auch viel Land gehören konnte.
Ganz unten standen die Bauernfamilien in den Dörfern und die Bürgerinnen und Bürger in den Städten. Sie besaßen die wenigsten Rechte. Aber auch sie glaubten, dass diese Ordnung von Gott so gewollt sei.

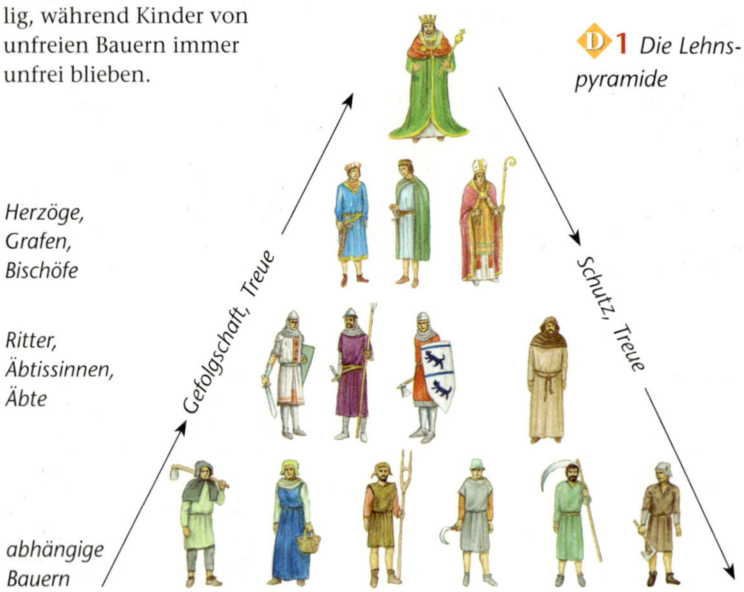

D1 *Die Lehnspyramide*

Schutz gegen Treue
Da der König in seinem riesigen Reich nicht überall vor Ort sein konnte, musste er sichergehen, dass seine Gefolgsleute ihm treu waren. Lange Zeit war es üblich gewesen, dass der König Land und die darauf lebenden Bauern an die Adligen verschenkte. Karl der Große ging aber dazu über, das Land nur noch zu verleihen. Dieses „Lehen“ verpflichtete die Adligen zu Treue und Gehorsam. In Kriegszeiten dienten sie dem König als Heerführer, in Friedenzeiten standen sie ihm als Berater zur Seite. Dafür versprach der König, sie zu schützen.

Kronvasallen und Untervasallen
Die adligen Lehnsmänner, die ihr Lehen direkt vom König erhielten, waren Kronvasallen. Diese Vasallen belehnten wiederum Ritter, Äbte und Äbtissinnen mit Land und Ämtern. So konnte das Land besser verwaltet und bewirtschaftet werden. Die Untervasallen besaßen nun Untertanen, die verpflichtet waren, ihre Herren in Kriegen zu unterstützen. Allerdings waren die Untervasallen nur ihrem Lehnsherrn und nicht dem König durch einen Eid verbunden. Das konnte zum Nachteil für den König werden, wenn es zum Streit mit einem Vasallen kam.

Lehen werden erblich
Wenn ein Vasall starb, sollte sein Lehen eigentlich an den Herrscher zurückgehen. Auch wenn ein Vasall die Treue brach, sollte ihm sein Lehen abgenommen werden. Doch viele Kronvasallen versuchten ihr Lehen wie Eigentum weiterzuvererben. Mächtige Vasallen waren außerdem in der Lage, sich mit ihrem Heer aus Untervasallen gegen den Lehnsverlust zu wehren. Das Land blieb so nach und nach in den Familien der Adligen. Das schwächte die Macht des Königs, denn er konnte die Lehen nicht mehr frei an treue Gefolgsleute vergeben.

Q1 *Als Karl der Große 804 das Vasallenheer einberief, schickte er auch folgenden Befehl an Abt Fulrad von Altaich (Bayern):*

Wir teilen dir mit, dass wir in diesem Jahr die große Heeresversammlung nach Ostsachsen zusammengerufen haben, und zwar nach Staßfurt an der Bode. Deshalb befehlen wir dir, am 17. Juni mit allen deinen wohlbewaffneten und ausgerüsteten Leuten an dem genannten Platze dich einzustellen. (…) Jeder Berittene soll Schild, Lanze, Schwert und Hirschfänger haben, dazu Bogen, Köcher mit Pfeilen, und eure Packwagen sollen Vorräte aller Art mitführen, Spitzhacken, Äxte, Bohrer, Beile, Spaten, eiserne Grabscheite und alle anderen Werkzeuge, die man bei einem Feldzug braucht. Die Lebensmittel müssen von der Heeresversammlung an gerechnet drei Monate reichen, Waffen und Bekleidung ein halbes Jahr.

Q2 *Über die „gerechte" Ordnung der Gesellschaft schrieb Bischof Burchard von Worms um 1000:*

Der gerechte Gott hat das Leben der Menschen folgendermaßen unterschieden gemacht: Die einen machte er zu Knechten, die anderen zu Herren. Damit soll die Möglichkeit der Knechte, Böses zu tun, durch die Macht der Herren eingeschränkt werden.

Q3 *rechts: Wie ein Lehen übergeben wurde, ist im „Sachsenspiegel" aus dem 13. Jahrhundert anschaulich dargestellt:*

a Abt und Äbtissin vergeben ein Lehen.
b Vasallen huldigen dem Lehnsherrn.
c Eine Burg wird als Lehen vergeben.
d Eine Kirche wird als Lehen vergeben.
e Ein Vasall legt den Lehenseid ab.
f Ein Vasall gibt Ratschläge.
g Ein Ritter als Vasall eines Kronvasallen.
h Ein Kronvasall vor dem Herrscher.

Die Verbindung zwischen Lehnsherrn und Vasall wurde in einem feierlichen Akt hergestellt. Nach dem Handgang oder der Huldigung, bei der sich der Vasall symbolisch unterwarf, schworen sich beide gegenseitig Treue. Dann übergab der Lehnsherr einen Gegenstand, häufig eine Fahne oder einen Schlüssel, der für das Lehen stand.

Q4 *Über Herren und Diener steht im Rechtsbuch „Schwabenspiegel" von 1280:*

Man kann mit der Heiligen Schrift beweisen, dass niemand des andern eigen sein soll. Gott hat den Menschen nach seinem Ebenbild gebildet und von der Hölle erlöst. Als man das früheste Recht setzte, waren alle freie Leute. Wir sollen den Herren darum Dienst tun, dass sie uns beschützen. Und wenn sie die Lande nicht schirmen, ist ihnen niemand einen Dienst schuldig.

1 *Beschreibe die gesellschaftliche Ordnung des Mittelalters (VT, Lexikon, D1, Q2) und vergleiche sie mit dem Leben heute.*

2 *Vergleiche die Quellen Q2 und Q4. Welche Meinung haben die Verfasser zur Stände- gesellschaft?*

6 Die Ottonen – Nachfolger Karls des Großen

Q 1 *Ein thronendes Königspaar,* möglicherweise Otto I. und seine Frau Edgith (Standbild aus dem 13. Jahrhundert im Dom von Magdeburg)

Zeitreise multimedial Mittelalter/Frühe Neuzeit: Herrschaft und Kulturen – „Eine Urkunde untersuchen"; „Grenzen verändern sich"

TIPP

Eine aufregende Geschichte über eine junge slawische Fürstentochter am Hof Ottos I. in Magdeburg: „Tiza im Königsbann" (Wiebke von Thadden, Beltz & Gelberg, 2000)

Das Frankenreich wird aufgeteilt

Nach dem Tod Karls des Großen 814 erbte sein Sohn Ludwig das Reich. Nach Ludwigs Tod teilten dessen drei Söhne 843 das Reich unter sich auf: Karl der Kahle bekam das Westfrankenreich, Lothar den Mittelteil (mit der Landschaft Lothringen) und Ludwig der Deutsche das Ostfrankenreich. Als Lothars Geschlecht ausstarb, wurde der Großteil des mittleren Reiches zwischen dem west- und ostfränkischen König aufgeteilt. Die neue Grenze verlief entlang einer Sprachgrenze: Die Sprache der Westfranken, das spätere Französisch, hatte sich aus dem Latein der Römer entwickelt. Die Sprache der Ostfranken, das spätere Deutsch, war germanischen Ursprungs. Aus dem Westfrankenreich entstand Frankreich und aus dem Ostfrankenreich Deutschland.

Heinrich I. – erster deutscher König

Im Ostfrankenreich lebten die Stämme der Sachsen, Franken, Schwaben, Bayern und Lothringer. Sie wurden von mächtigen Herzögen regiert. Im Jahr 911 starben die ostfränkischen Nachkommen Karls des Großen aus. Die Stammesherzöge wählten nun einen Mann aus ihren Reihen, nämlich Herzog Heinrich von Sachsen, zum neuen König. Die deutsche Geschichte beginnt.

Otto I. wird König …

Nach Heinrichs Tod wählten die Herzöge 936 einstimmig Heinrichs Sohn Otto zum König. Die Erzbischöfe von Mainz und Köln salbten und krönten ihn.

Doch leicht war es für Otto I. nicht, seine Herrschaft zu behaupten. Immer wieder versuchten die Herzöge unabhängig vom König zu regieren. Nach mehreren Aufständen verließ sich Otto nicht mehr auf die Treue der Herzöge, sondern zog Bischöfe und Äbte zum Königsdienst heran. Für ihre Dienste bei der Verwaltung und Verteidigung des Reiches belohnte der König sie mit Landgütern und Herrschaftsrechten (wie Gerichts-, Markt-, Zoll- und Münzrechte). Da die geistlichen Fürsten keine Nachkommen haben durften, fielen die Lehen und Rechte nach ihrem Tod an den König zurück.

… und Kaiser

Um diese Zeit wurde das Reich wiederholt von ungarischen Reiterheeren aus dem Osten überfallen und geplündert. Otto gelang es, die Ungarn auf dem Lechfeld bei Augsburg 955 vernichtend zu schlagen. Seitdem trägt er den Beinamen „der Große".

Ein anderes Ziel Ottos war, die Gebiete östlich der Elbe dem Reich einzugliedern. Hier lebten die Slawen mit eigener Sitte und Religion. In mehreren Kriegszügen unterwarf Otto die slawischen Fürsten und zwang die Bevölkerung den christlichen Glauben anzunehmen. Im eroberten Gebiet gründete Otto Bistümer und setzte Bischöfe ein.

Nach einem erfolgreichen Feldzug in Italien wurde Otto I. 962 vom Papst in Rom zum Kaiser gekrönt. Wie einst Karl der Große versprach auch Otto, die Kirche zu beschützen. Er galt damit als Nachfolger Karls des Großen und als Schutzherr der Christenheit. Seitdem war die Kaiserkrönung in Rom ein wichtiges Ziel aller deutschen Könige.

Q2 *Über die Thronerhebung Ottos 936 in Aachen ließ sich der Mönch Widukind von anderen erzählen. Für lange Zeit ist dies der einzige überlieferte Bericht über eine Königserhebung:*

Und als Ort der allgemeinen Wahl bestimmte man die Pfalz Aachen (...). Als man dort angekommen war, versammelten sich die Herzöge und die vornehmsten Grafen und die Schar der fürstlichen Vasallen im Säulenhof der Basilika Karls des Großen und sie setzten den neuen Herrscher auf einen hier aufgestellten Thronsessel. Hier huldigten sie ihm, gelobten ihm Treue und versprachen ihm Hilfe gegen alle seine Feinde und machten ihn so nach ihrem Brauch zum König. Während dies die Herzöge und die übrigen Amtsträger taten, erwartete der Erzbischof (von Mainz) mit der gesamten Priesterschaft und dem ganzen Volk den Einzug des neuen Königs. Als er eintrat, ging ihm der Erzbischof entgegen, berührte mit seiner Linken die Rechte des Königs, während er mit der Rechten den Hirtenstab hielt (...). Dann (...), sprach er: „Seht, ich bringe euch den von Gott erkorenen, einst von König Heinrich bezeichneten, nun aber von allen Fürsten zum König gemachten Otto; wenn euch diese Wahl gefällt, so erhebt die rechte Hand zum Himmel!“ Darauf hoben alle die Rechte in die Höhe und wünschten mit lautem Rufen dem neuen Herrscher Heil. Dann schritt der Erzbischof mit dem König hinter den Altar, auf dem die Abzeichen des Königs lagen, das Schwert mit dem Gürtel, der Krönungsmantel mit den Spangen, der Stab mit dem Zepter, und die Krone (...). Darauf wurde er mit dem heiligen Öl gesalbt und mit dem goldenen Kronreif von den Bischöfen Hildebert und Wichfried gekrönt (...) und dann von ihnen zum Thron geführt.

Q3 *rechts: Die Kaiserkrone* war eines der drei Schmuckstücke bei der Kaiserkrönung. Diese Krone wurde wahrscheinlich für die Krönung Ottos I. im Jahre 962 hergestellt. Die anderen Schmuckstücke, die einem Kaiser bei der Krönung überreicht wurden, waren das Zepter und der Reichsapfel.

D1 *Das Reich zur Zeit Ottos des Großen (936–973)*

1. *Beschreibe, wie sich das Frankenreich nach dem Tod Karls des Großen entwickelte (VT, D1).*
2. *Erläutere die Schwierigkeiten, mit denen Otto I. zu kämpfen hatte. Welche Maßnahmen ergriff er, um seine Herrschaft zu sichern?*
3. *Lies Q2 und nenne die einzelnen Handlungen der Krönungszeremonie.*

7 Vom Leben auf der Burg

Hohe Mauern und Zinnen

Wie du schon weißt, lebten die Könige, Adligen und Ritter nicht in normalen Häusern, sondern auf Burgen. Das waren zuerst nur einfache Herrenhöfe, die mit hohen Holzzäunen und Erdwällen geschützt waren. Ab dem 11. Jahrhundert wurden dann richtige Burgen mit dicken, standfesten Steinmauern errichtet. Damit sie vor Feinden gut geschützt war, musste eine Burg an einem Ort liegen, der von Natur aus schwer zugänglich war: auf einem Berg, auf einer kleinen Insel oder auf einer Landzunge.

Motte: aus dem frz. „Klumpen" – der Hügel, auf dem die Burg errichtet wurde

Mit der Burg wollten die Adligen zunächst einmal allen ihre Macht zeigen. Die Burg war ihr Wohnsitz und bot den Burgbewohnern und allen Menschen in der Umgebung Schutz. Außerdem verwaltete der Burgherr von hier aus seinen Besitz. Die meisten Burgen lagen so, dass man von ihnen aus einen Handelsweg, ein Tal oder einen Fluss überblicken und beherrschen konnte.

Romantisches Burgleben?

Die Burg war eine kleine Stadt für sich mit Wohnräumen, Stallungen und Verteidigungsanlagen. Im Herrenhaus wohnte die Familie des Burgherrn. Hier befanden sich der Rittersaal, Palas genannt, und die Gemächer für die Frauen und Kinder. Die Knechte und Mägde wohnten in den Nebengebäuden. Sie arbeiteten in Haus und Hof und versorgten das Vieh, das in den Stallungen untergebracht war.

Angenehm war das Burgleben nicht. Es war finster und kalt in den Räumen der Burg. Fackeln erzeugten ein düsteres Licht. Nur wenige Räume konnten beheizt werden. Auch die Wasserversorgung bereitete den Burgbewohnern häufig Sorgen. Das Wasser musste aus tiefen Brunnen mit einer Winde an die Oberfläche geholt werden.

Besonders hart waren die Winter. Oft waren die Burgbewohner durch Schnee und Eis von der Außenwelt abgeschnitten und froren. Verglaste Fenster gab es sehr selten. Und selbst Häute vor den Fensteröffnungen konnten die Feuchtigkeit und Kälte kaum abhalten.

Eine Burg wird belagert

Wenn es Krieg gab, suchten die Bauernfamilien mit ihrem Vieh Schutz auf der Burg. Jetzt war es wichtig, dass die Lebensmittel und besonders das Wasser für lange Zeit für viele Menschen reichte. Deshalb hatten viele Burgen große Speicher, Viehställe und einen tiefen Brunnen.

Oft wurde eine Burg monatelang belagert. Im Schutze der Zinnen und Schießscharten wehrten sich die Burgbewohner mit Pfeil und Bogen oder Armbrüsten. Auch Steine, heißes Wasser und Pech schütteten sie auf die Angreifer hinab. Aber spätestens wenn die Vorräte ausgingen und womöglich noch der Brunnen versiegte, sah es schlecht für die Menschen auf der Burg aus.

D 1 *Modell einer Motte.* Diese Frühform einer Ritterburg aus dem 11./12. Jahrhundert bestand aus einer Vorburg und dem Wehrturm auf einem 5–10 Meter hohen Erdhügel.

① Zugbrücke
② Holzpalisaden
③ Ställe
④ Strohdach
⑤ Wirtschaftsgebäude
⑥ Innenhof
⑦ Holzbrücke auf Stützen
⑧ Hölzener Wehrgang
⑨ Schindeldach
⑩ Der Turm steht auf Holzpfählen
⑪ Erdhügel oder Motte

Q1 *Ritterleben auf der Burg nach einer Beschreibung des Ritters Ulrich von Hutten aus dem Jahr 1518:*

Die uns ernähren, sind bettelarme Bauern, denen wir unsere Äcker, Weinberge, Wiesen und Wälder verpachten. Der einkommende Ertrag ist, gemessen an der aufgewandten Mühe, geringfügig. (...) Die Burg selbst, ob sie auf dem Berg oder in der Ebene liegt, ist nicht als angenehmer Aufenthalt, sondern als Festung gebaut. Sie ist von Mauern und Gräben umgeben, innen ist sie eng und durch Stallungen für Vieh und Pferde zusammengedrängt. Daneben liegen dunkle Kammern, vollgepropft mit Geschützen, Pech, Schwefel und sonstigem Zubehör für Waffen und Kriegsgerät. Überall stinkt es nach Schießpulver; und dann die Hunde und ihr Dreck, auch das – ich muss schon sagen – ein lieblicher Duft! Reiter kommen und gehen (...). Man hört das Blöken der Schafe, das Brüllen der Rinder, das Bellen der Hunde, die Rufe der auf dem Feld Arbeitenden, das Knarren der Fuhrwerke. Ja, sogar das Heulen der Wölfe hört man in unserem Haus, weil es nahe am Wald liegt. Der ganze Tag bringt vom Morgen an Sorge und Plage, ständige Unruhe und dauernden Betrieb. Äcker müssen gepflügt und umgegraben werden, Weinberge müssen bestellt, Bäume gepflanzt, Wiesen bewässert werden; man muss eggen, säen, düngen, mähen und dreschen (...). Wenn aber einmal ein schlechtes Ertragsjahr kommt, wie in dieser mageren Gegend meistens, dann haben wir fürchterliche Not und Armut.

Q3 *Belagerung einer Burg* (französische Buchmalerei, 15. Jahrhundert)

Q2 *unten: Die Marksburg bei Braubach am Rhein* aus dem 12. Jahrhundert.
① äußeres Tor mit Zugbrücke, Graben ② Wehrtürme ③ Burgmauern mit Wehrgang und Schießscharten, dahinter Zwinger; ④ inneres Tor ⑤ Burgvogt-Turm ⑥ Herrenhaus (Palast) ⑦ Oberstes Tor ⑧ Kapellenturm ⑨ Bergfried mit Verlies ⑩ Saalbau mit Rittersaal und Kemenate, darunter Küche ⑪ Brunnen und Zisterne

1. *Vergleiche die frühe Burgform mit einer späteren Burg (D1, Q2). Erkläre, worauf bei dem Bau einer Burg besonders geachtet wurde.*
2. *Die Menschen auf einer Burg bereiten sich auf eine Belagerung vor. Erstelle eine Liste, was sie alles beachten mussten.*
3. *Hättest du gerne auf einer Ritterburg gelebt? Begründe deine Meinung. Lies dazu auch Q1.*

8 Zum Ritter wird man nicht geboren

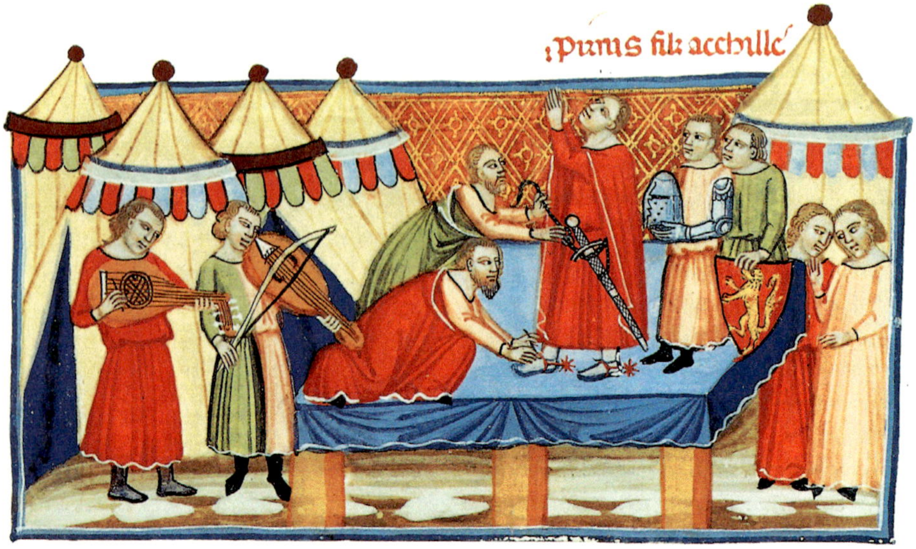

Q1 *„Schwertleite", ein Knappe wird Ritter.* Bei der Rittererhebung wurde ein Schwertsegen gesprochen: „Wir bitten dich, Herr, erhöre unsere Bitten und segne mit der Hand deiner Majestät dieses Schwert, mit welchem sich dein Diener zu umgürten wünscht. Segne es, damit es Verteidigung und Schutz für Kirchen, Witwen, Waisen und alle, die Gott dienen, gegen das Wüten der Heiden sein könne. Allen, die ihnen nachstellen, möge es Furcht, Angst und Schrecken einflößen."

Das Leben als Ritter
Jeder Fürst oder König suchte sich aus seiner Grundherrschaft Männer aus, die ihm halfen, das Land zu beherrschen. Diese unfreien Dienstmannen dienten vor allem als Reiterkrieger. Der adlige Herr gab jedem Mann ein Gut mit Bauern, das er zu verwalten hatte. Von den Abgaben der Bauern ernährten sich die Krieger und bezahlten ihre teure Ausrüstung. Seit dem 12. Jahrhundert nannten sie sich „Ritter". Viele Ritter schafften es, unabhängig von ihrem Herrn zu werden. Manche bauten sich sogar eigene Burgen.
Die Ritter hatten ihrem Herrn treu zu dienen und tapfer im Krieg zu kämpfen. In Friedenszeiten hielten die Ritter Jagden und Turniere ab, um ihre Kraft und Geschicklichkeit zu trainieren. Gleichzeitig war ein Turnier auch immer ein großes Fest, das viele Menschen auf die Burg zog.

Aus Jungen werden Ritter
Sollte ein Junge zum Ritter erzogen werden, wurde er mit sieben Jahren auf die Burg eines anderen Ritters, meist eines Onkels oder eines Freundes, gegeben. Dort lernte er als Erstes Reiten, Schwimmen und Fechten, aber auch Manieren, Singen, Tanzen und Schachspielen. Mit seinem 14. Geburtstag wurde er dann zum Knappen. Nun diente er dem Burgherrn, trug ihm das Schwert und den Schild, bediente ihn bei Tisch, begleitete ihn zu Turnieren und zog mit ihm in den Krieg. Wenn er seine Sache gut machte, wurde er einige Jahre später feierlich in den Ritterstand aufgenommen.

Mädchen am Hof
Die adligen Mädchen lernten vor allem, wie sie sich als Dame zu verhalten hatten: keine langen schnellen Schritte machen, den Blick senken, wenn sie einem hohen Herrn begegneten, und keinen fremden Mann anreden. Um ihre Gäste zu unterhalten, lernten sie auch Singen, ein Musikinstrument zu spielen, Schach und andere Gesellschaftsspiele. Hinzu kam Unterricht im Lesen, Schreiben und Rechnen, denn eine Burgherrin musste die Ländereien allein verwalten können, wenn ihr Mann in den Krieg zog. Auch wurden junge Frauen in die Heilkunst eingewiesen, sodass sie Kräuter bestimmen, Salben herstellen und Kranke pflegen konnten. Oft waren die jungen Frauen viel gebildeter als ihre Ehemänner. Geheiratet wurde übrigens früh: Schon mit dreizehn waren viele Mädchen Ehefrauen.

TIPP

Ein spannendes Buch über das Leben eines jungen Ritters: „Philipp zwischen Kaiser und König" (Wiebke von Thadden, Beltz & Gelberg, 1999)

Q2 *Benimmregeln auf der Burg. Aus „Tanhusers Hofzucht“, um 1250:*

Wenn ihr euch zum Essen setzt, so sollt ihr sprechen: „Segne es uns Jesus Christus!“ Gedenket Gott zu allen Zeiten und vergesst beim Essen nicht die Armen und Waisen. Kein edler Mann soll aus dem Schöpflöffel trinken noch aus Schüsseln. Auch soll sich niemand während des Essens über die Schüsseln legen und dabei schnaufen und schmatzen. Gar mancher beißt von seinem Brotstück ab und taucht es dann wieder nach bäurischer Sitte in die Schüssel, ja mancher legt den Knochen, den er benagt hat, wieder in die Schüssel. (…)

Niemand esse, wenn er den Mund noch voll hat; mancher bläst auch in den Trank, doch sollte man solchen Mangels an Zucht frei sein. (…) Ehe man trinkt, wische man den Mund ab, damit nicht Fett an den Trank komme. (…) Man stochere nicht mit den Messern in den Zähnen herum und schiebe nicht die Speise mit den Fingern auf den Löffel. (…) Man rede nicht mit vollem Mund, esse nicht so gierig, dass man sich in die Finger beißt. Vor dem Essen aber wasche jeder seine Hände.

Q3 *Bericht von einem Turnier aus dem 13. Jahrhundert:*

Als am Montag die Sonne aufging, wurde die Messe abgehalten. Dann drängte sich in den Straßen die Schar der Knechte (…). Hell erklang der Ruf der Herolde durch die Stadt: „Ziehet aus, ihr edlen Ritter, ziehet aus mit frohem Mute! Denn die Boten der Frauen nehmen euch wahr. Ziehet hinaus aufs Feld mit Freuden, wo der Preis liegt für die um Minne Werbenden!“ (…) Erst am Abend endete das Turnier. Nun badeten die Ritter. Mancher war erschöpft; den einen verband man, einem anderen legte man Salben auf, mancher schlief wie tot. (…) Am anderen Tag mussten die, welche in Gefangenschaft gefallen waren, zu den Juden gehen, um gegen hohe Pfänder Geld zu ihrer Auslösung zu erhalten. Wer aber etwas gewonnen hatte, war frohen Mutes.

Q4 *Ein Lied über die vornehme Dame trug Walther von der Vogelweide vor:*

Wo nämlich eine Frau, vornehm innerlich und äußerlich/prächtig in Kleidung und Kopfschmuck/zur Unterhaltung in Gesellschaft geht,/froh und festlich gestimmt, von Gefolge begleitet/(…) – Da lassen wir alle Blumen/und starren nur die herrliche Frau an.

1 *Vervollständige: Zu einem Leben als Ritter gehörte … (VT, Q1, Q3, Q4).*

2 *Vergleiche, wie Knappen und wie Edelfräuleins erzogen wurden. Welche Fertigkeiten mussten sie beherrschen (VT, Q2, Q4, Q5)?*

3 *Spielt die Zeremonie der Schwertleite (Q1) in der Klasse nach.*

Q5 *Szenen aus dem Ritterleben zeigen diese Buchmalereien (Manessische Liederhandschrift, 14. Jahrhundert).*
links: Der Ritter Walter von Klingen besiegt einen Gegner im Turnier;
rechts: Der Markgraf von Brandenburg und seine Frau beim Schachspiel.

9 Wer ist mächtiger – Papst oder Kaiser?

Q 1 *König Heinrich IV. vor der Burg Canossa* (Buchmalerei aus dem 11. Jahrhundert). Das Bild zeigt Heinrich IV. mit seinem Taufpaten Abt Hugo von Cluny und die Markgräfin Mathilde. In ihrem Gebiet lag Canossa. Der Text unter dem Bild lautet: „Der König bittet den Abt. Er fleht Mathilden an."

Aus Königen werden Kaiser

Der Frankenkönig Karl der Große wurde im Jahr 800 von Papst Leo III. zum römischen Kaiser gekrönt. Als Kaiser stand Karl über allen anderen christlichen Herrschern Europas. Gleichzeitig war er verpflichtet, die Kirche zu verteidigen, das Christentum zu verbreiten und die Heiden zu bekämpfen.
In den folgenden Jahrhunderten gelang es mehreren deutschen Königen, zum Kaiser ernannt zu werden. Allerdings kam es bald zu Problemen zwischen dem Papst und dem Kaiser. Sie stritten über die Frage, wer über dem anderen steht: das geistliche Oberhaupt der Kirche, also der Papst, über dem Kaiser oder ihr Beschützer, der Kaiser, über dem Papst? Sowohl der Papst als auch der Kaiser meinten, Gott habe den einen von ihnen auserwählt. Beide sahen sich als Stellvertreter von Jesus Christus auf der Erde.

Heinrich IV. gegen Papst Gregor VII.

Im 11. Jahrhundert erreichte der Machtkampf zwischen Papst und Kaiser seinen Höhepunkt. Männer der Kirche, also Bischöfe und Äbte, hatten neben ihren geistlichen Pflichten zahlreiche weltliche Aufgaben übernommen. Sie regierten über große Ländereien und waren wichtige Helfer des Königs. Wenn ein Bischof starb, bestimmte der König den Nachfolger.
Im Jahr 1073 wurde Gregor VII. zum Papst gewählt. Er beschloss, dass die Könige keine Bischöfe mehr einsetzen durften. Geistliche dürften nicht von Laien benannt, sondern nur von anderen Geistlichen gewählt werden, meinte Gregor. Der deutsche König Heinrich IV. hielt sich nicht an das Verbot. Stattdessen erklärte er, dass er den Papst absetze. Gregor reagierte sofort und verhängte den Kirchenbann über den König. Nun drohten Heinrichs Untertanen ihrem König damit, einen neuen Herrscher zu wählen, wenn er sich nicht innerhalb eines Jahres vom Bann befreite.

Der König als Büßer

Im Winter 1076/1077 machte sich Heinrich mit seiner Frau, seinem zweijährigen Sohn und einigen Begleitern zu einer gefährlichen Reise auf. Über die verschneiten Alpen zog er nach Norditalien, zu der Burg Canossa. Dort hielt sich zu der Zeit Papst Gregor auf. Barfuß und nur mit einem einfachen Gewand bekleidet, erschien Heinrich vor dem Burgtor. Aber erst nach drei Tagen wurde er zum Papst vorgelassen. Heinrich fiel vor Gregor auf die Knie und bat ihn darum, ihn wieder in die Kirche aufzunehmen. Daraufhin löste der Papst den Bann.

Das Ende eines langen Streits

Erst nach Jahrzehnten wurde eine endgültige Lösung für die alte Streitfrage gefunden. 1122 schloss der Sohn Heinrichs IV. einen Vertrag mit Papst Kalixt II. Von nun an setzte der Papst die Bischöfe und Äbte in ihr geistliches Amt ein, nachdem sie von Geistlichen gewählt waren. Der König hatte nur noch das Recht, den Geistlichen ihre weltlichen Besitzungen zu übergeben.

A-Z

Bann
Wurde ein Christ gebannt, so durfte er die Kirche nicht mehr betreten und er wurde aus der kirchlichen Gemeinschaft ausgeschlossen. Fromme Christen fürchteten diesen Ausschluss sehr.

Laie
Der Laie war ein einfacher Gläubiger. Geistliche, die besondere Weihen für den Gottesdienst erhalten hatten, fühlten sich den einfachen Gläubigen überlegen. Laie bedeutet heute auch Nichtfachmann.

Q2 *Für die Freiheit der Kirche forderten französische Bischöfe 1049:*

1. Dass keiner zu einem kirchlichen Amt zugelassen werde ohne Wahl durch Kirche und Volk.
2. Dass keiner ohne kirchliche Anordnungen Ämter oder Gotteshäuser kaufen und verkaufen soll.
3. Dass kein Laie ein kirchliches Amt besitzt oder ein Gotteshaus und auch kein Bischof dem zustimmt.
6. Dass kein Geistlicher Waffen tragen soll oder weltlichen Beschäftigungen nachgeht.

Q3 *Papst Gregor VII. forderte 1075:*

3. Nur der Papst allein kann Bischöfe absetzen und auch wieder einsetzen.
8. Nur er verfügt über kaiserliche Insignien (Herrschaftszeichen).
9. Alle Fürsten haben die Füße einzig und allein des Papstes zu küssen.
12. Der Papst kann Kaiser absetzen.
18. Sein Entscheid kann von niemandem aufgehoben werden, er selbst aber kann Urteile aller anderen aufheben.
27. Der Papst kann Untertanen vom Treueid gegen ungerechte Herrscher entbinden.

Q4 *König Heinrich IV. schrieb 1076 an Papst Gregor VII. :*

Du hast unsere Demut für Furcht gehalten und dich nicht gescheut, dich sogar gegen die uns von Gott verliehene königliche Gewalt zu erheben. Du hast zu drohen gewagt, du würdest sie uns nehmen, als ob wir von dir das Königtum empfangen hätten, als ob in deiner und nicht in Gottes Hand Königs- und Kaiserherrschaft lägen. (…) Mich, der ich (…) zum Königtum gesalbt worden bin, hast du angetastet, mich, von dem die Überlieferung der heiligen Väter sagt, dass ich nur von Gott gerichtet werden darf, (…). So steige du denn, der du (…) durch das Urteil aller unserer Bischöfe und unser eigenes verdammt bist, herab, verlasse den päpstlichen Stuhl, den du dir angemaßt hast (…). Ich, Heinrich, durch die Gnade Gottes König, sage dir zusammen mit meinen Bischöfen: Steige herab, steige herab!

1 *Schreibe aus Q2 und Q3 die wichtigsten Forderungen des Papstes und seiner Anhänger heraus.*

2 *Überlege, was diese Forderungen für den König und seine Herrschaft bedeuteten.*

3 *Vergleiche die Bilder Q5. Welche Aufgaben haben danach Papst und Kaiser und wie stehen sie zueinander?*

4 *Überlege, inwiefern Heinrichs Gang nach Canossa ein Erfolg oder ein Misserfolg für ihn war.*

Q5 *Die zwei Gewalten, Papst und Kaiser, in mittelalterlichen Buchmalereien* (links: französische Buchmalerei aus dem 13. Jahrhundert; rechts: Heidelberger Handschrift aus dem 14. Jahrhundert). Der Schlüssel soll deutlich machen, dass der Papst den geistlichen Vorrang hat. Denn er kann den Gläubigen den Himmel aufschließen. Der Kaiser dagegen erhält das Schwert. – Was soll dieses Symbol wohl bedeuten?

10 Europas islamische Nachbarn

Q 1 *Inneres der Großen Moschee von Cordoba (8. Jh.),* das 929–1031 Hauptstadt eines selbstständigen Kalifenreiches, nach Konstantinopel die größte Stadt Europas und ein bedeutendes Zentrum der arabischen Wissenschaft war.

A–Z

Islam/Muslim
Islam bedeutet „Hingabe" an Allah; jemand, „der sich hingibt", ist ein Muslim. (Beachte die unterstrichenen Buchstaben beider Wörter)

Hedschra
„Übersiedlung" Mohammeds und seiner Anhänger 622 von Mekka nach Yatrib (Medina).

Koran
enthält die Lehren, die Mohammed von Allah offenbart worden sind – das heilige Buch der Muslime.

Entstehung und Lehre des Islam

Begründet wurde der Islam von dem Araber Mohammed (570–632 n. Chr.), der aus einer vornehmen Familie der Stadt Mekka stammte. Dort wurden damals viele Götter verehrt. Daher strömten jedes Jahr Pilger aus ganz Arabien und viel Geld nach Mekka. Doch das war in Gefahr, als Mohammed anfing zu predigen, es gebe nur einen Gott, Allah. Er hatte den Ein-Gott-Glauben auf seinen Reisen bei Juden und Christen kennen gelernt; schließlich, so berichtete er später, habe ihm Allah befohlen, den Islam („Hingabe" an Allah) in Mekka zu predigen. Bald war er dort seines Lebens nicht mehr sicher. Da luden ihn Araber der Stadt Yatrib ein, ihr Oberhaupt zu werden und ihnen seine Lehre zu verkünden. 622 siedelte Mohammed mit seinen Anhängern, den Muslimen, nach Yatrib über („Hedschra").
Es war der Glücksfall seines Lebens. Denn nun war er ein mächtiger Herrscher, der den Islam auch mit Waffengewalt verteidigen und ausbreiten konnte. Mohammed erkannte die Propheten der Juden und Christen mit ihren Lehren als Vorläufer des Islam an. Sich selber sah er freilich als letzten und höchsten Propheten Allahs an. Um 650 wurden seine Lehren im Koran, seitdem die heilige Schrift der Muslime, zusammengefasst.

Islamisches Europa

Mohammeds Nachfolger, die Kalifen, dehnten das Herrschaftsgebiet des Islam gewaltig aus. Mit Spanien (711–1492) und Sizilien (ca. 850–1090) kamen auch Teile Europas eine Zeit lang unter islamische Herrschaft. Hier wie überall verhielten sich die Muslime meist tolerant gegenüber Christen und Juden und erlaubten ihnen, gegen Zahlung einer Steuer ihre Religion weiter auszuüben. Für das christliche Europa waren Spanien und Sizilien Schaufenster der hohen islamischen Kultur, die zwischen 800 und 1200 alles in den Schatten stellte. Wie in der übrigen islamischen Welt entstanden hier große Städte mit Palästen, Moscheen, Hospitälern und Universitäten, wo Gelehrte fast schon vergessene Schriften der alten Griechen und Römer sammelten, sie ins Arabische übersetzten und eigene Forschungen daran anknüpften. Ergebnis dieser „arabischen Wissenschaft" waren Spitzenleistungen in Mathematik, Physik, Chemie, Medizin, Astronomie. Arabische Gelehrte bauten technische Geräte und Apparate für Operationen oder für die Standortbestimmung von Schiffen auf hoher See. In Cordoba, Toledo oder Palermo konnten Besucher aus dem christlichen Europa damit Bekanntschaft machen. Als im 12. Jahrhundert auch im christlichen Europa Städte gebaut und Universitäten gegründet wurden, ging vieles davon auf Vorbilder aus dem islamischen Europa zurück.

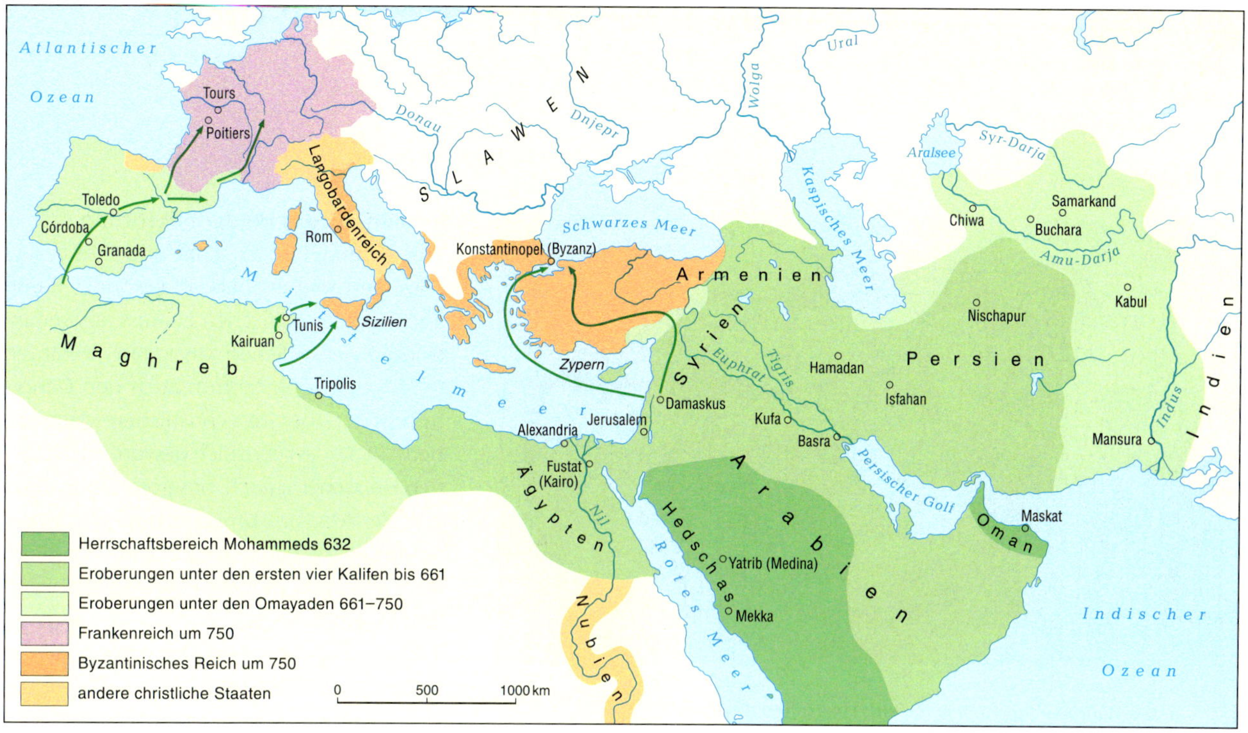

D 1 *Die Ausbreitung des Islam im 7. und 8. Jahrhundert n. Chr.*

Q 2 *Der Muslim Ibn Khaldun über die Entstehung der arabischen Wissenschaft, 14. Jh.:*
Die Wissenschaften (der Griechen) lebten in den Handschriften und Büchern weiter, die (die römischen Kaiser) in ihren Magazinen aufbewahrten (…) Dann brachte Allah dem Islam und seinen Anhängern unvergleichliche Siege. Die Muslime entrissen den Römern (…) ihre Herrschaft (…) (und) es dürstete sie danach, (jene) Wissenschaften kennen zu lernen (…). Deshalb ließ Al-Mansur (Kalif 754–775) nach dem Kaiser von Byzanz schicken, auf dass er ihm übersetzte Werke der Mathematik senden möge. Dieser schickte ihm das Buch von Euklid und einige Bücher über Physik. Als die Muslime sie gelesen (hatten), (…) wuchs ihr Verlangen, sich auch noch das Verbleibende anzueignen (…). (Der Kalif) schickte (daher) eine Abordnung von Gesandten zu den Herrschern von Byzanz, um die Wissenschaften der Griechen zu ergründen und sie ins Arabische zu übertragen (…). Muslimische Wissenschaftler beschäftigten sich eifrig (damit) (…). In ihren Einsichten gelangten sie dabei so weit, dass sie oftmals (…) ihre (griechischen) Vorgänger übertrafen.

Q 3 *Ein Christ aus Cordoba berichtet 854:*
Viele meiner Glaubensgenossen lesen die Gedichte und Märchen der Araber, sie studieren die Schriften der muslimischen Theologen und Philosophen, nicht um sie zu widerlegen, sondern um zu lernen, wie man sich auf korrekte und elegante Weise im Arabischen ausdrückt. Wo findet man heute einen Geistlichen, der die lateinischen Kommentare über die heiligen Schriften liest? Wer von ihnen studiert die Evangelien, die Propheten, die Apostel? Ach, alle jungen Christen, die sich durch ihr Talent bemerkbar machen, kennen nur die Sprache und Literatur der Araber! Sie lesen und studieren aufs Eifrigste die arabischen Bücher, legen sich mit enormen Kosten große Bibliotheken davon an und sprechen überall laut aus, diese Literatur sei bewundernswürdig! Redet man ihnen dagegen von christlichen Büchern, so antworten sie mit Geringschätzung, dass diese Bücher die Beachtung nicht wert wären. Die Christen haben sogar ihre Sprache vergessen. Und unter Tausenden von ihnen findet man kaum einen, der einen erträglichen lateinischen Brief zu schreiben versteht.

1 *Begründe, warum die Hedschra der große Glücksfall für Mohammed und den Islam war (VT).*
2 *Beschreibe die Ausbreitung des Islam allgemein und nach Europa im Besonderen (VT, Q1, D1).*
3 *Erläutere anhand von VT und Q2 die Entstehung der „arabischen Wissenschaft“.*
4 *Lege dar, welche Bedeutung das islamische für das christliche Europa hatte (VT, Q1, Q3).*

11 Europas Osten wird christlich

Q 1 *Taufe Wladimirs des Heiligen 988,* Herrscher des Reiches von Kiew (Miniatur 15. Jh.). Wladimir machte das griechisch-orthodoxe Christentum zur Staatsreligion in seinem Reich. Im Gegenzug erhielt er die Schwester des byzantinischen Kaisers zur Frau. Das Kiewer Reich erwarb damit großes Ansehen. Die byzantischen Kaiser aber konnten durch religiöse und verwandtschaftliche Anbindung ihren Einfluss auf die neue Großmacht Kiew ausdehnen.

A-Z

Kirche
1) Gebäude für christlichen Gottesdienst
2) Gesamtheit der kirchlichen Amtsinhaber (z. B. Papst, Kardinäle, Erzbischöfe, Bischöfe, Priester) und der Gläubigen

Patriarch
Ein Bischof, der Vorrang vor anderen Bischöfen hat, da er an einem wichtigen Ort der Christenheit eingesetzt ist (z. B. in Rom, Konstantinopel, Alexandria, Antiochia, Jerusalem)

Geteilte Christenheit

Im 9. Jahrhundert bildeten Elbe und Donau etwa die Ostgrenze der europäischen Christenheit. Hier stießen die nach heidnischen Religionen lebenden Völker Osteuropas – meist Slawen – auf die Hauptmächte der Christenheit. Das byzantinische Kaiserreich war die Hauptmacht der griechischen Kirche, das Reich der ostfränkischen bzw. deutschen Kaiser die Hauptmacht der römisch-katholischen Kirche. Beide Kirchen unterschieden sich in ihrer Kultur (Sprache, Gottesdienst, Kunst usw.) und durch ihre obersten Würdenträger. In der griechischen Kirche hatten der byzantinische Kaiser und der Patriarch von Konstantinopel die höchste Stellung, in der römisch-katholischen Kirche der römische Papst und der römische Kaiser. Allerdings war ein ständiger Streit zwischen ihnen, wer wem gleichberechtigt oder vorrangig war. 1054 erklärten beide Kirchen offiziell ihren Bruch. Die Christenheit spaltete sich in West- und Ostkirche.

Rivalen bei der Heidenbekehrung

Wer heidnische Herrscher und ihre Völker zum Christentum bekehrte, konnte damit auch seinen politischen Einfluss ausweiten. Denn die christlichen Missionare predigten neben dem Christentum auch den Gehorsam gegenüber den christlichen Machthabern – und den christlich gewordenen eigenen Herrschern; auch diese profitierten also von der Mission. Umso wachsamer achteten die Machthaber der beiden Kirchen darauf, dass sich in ihren Interessengebieten ihre Missionare – und nicht die der anderen Kirche – durchsetzten. Das gelang beiden Seiten. Um 1000 waren die meisten Westslawen und die Ungarn für die römisch-katholische Kirche gewonnen, die Ost- und Südslawen (bis auf die Kroaten und die Slowenen) für die griechische. Katholische Missionsversuche bei den Bulgaren waren von Byzanz abgewiesen worden. Ebenso hatte der römische Kaiser griechische Missionsversuche bei den Mähren verhindert.

Kulturelle Auswirkungen

Die Zugehörigkeit zu den unterschiedlichen Kirchen hatte für die christianisierten Völker Osteuropas neben religiösen und politischen auch kulturelle Folgen. Ein Musterbeispiel dafür ist die Entwicklung der Schrift bei den Slawen. Um 850 schufen die griechischen Missionare Kyrillos und Methodios aus der griechischen Schrift ein Alphabet, mit dem sich das Evangelium gut in slawischen Sprachen aufschreiben ließ („kyrillisches Alphabet"). Es verbreitete sich rasch im Einflussgebiet der griechischen Kirche und ist bis heute vom Balkan bis Russland im Gebrauch. Dagegen nahmen die Westslawen die lateinische Schrift an. Die Unterschiede zwischen dem römisch-katholischen Westen und dem griechisch-orthodoxen Osten verschärften sich im Laufe der Zeit.

Q 2 *Über Missionierung der Slawen durch Kaiser Otto I. berichtet die „Slawenchronik“:*

Nachdem aber Otto der Große die Stämme der Slawen unterworfen und sie dem christlichen Glauben zugeführt hatte, erbaute er die berühmte Stadt Magdeburg (967) an den Ufern der Elbe, bestimmte sie zur Mutterkirche für die Slawen und ließ Adalbert, einen Mann von größter Heiligkeit, dort zum Erzbischof weihen. Dieser versah in Magdeburg zwölf Jahre lang tüchtig sein Amt und bekehrte durch seine Predigt viel Slawenvolk (…) Dem Magdeburger Erzbistum ist nun das ganze Slawenland bis zum Peenefluss unterstellt. Es hat fünf Unterbistümer, (…) Merseburg und Zeitz (…), Meißen, Brandenburg und Havelberg.

Q 3 *Bischof Wigbert von Merseburg missioniert die Slawen 1004–1009:*

Durch ständige Verkündigung versuchte er (Wigbert) die ihm Anvertrauten von ihrem nichtigen Irrglauben abzubringen; den heiligen Hain Schkeitbar, der bei den Umwohnern immer in göttlichem Ansehen gestanden hatte und seit Urzeiten niemals verletzt worden war, ließ er völlig vernichten; an seiner Stelle errichtete er eine Kirche.

Q 4 *Wie das römisch-katholische Christentum nach Polen kam (966) und dort zur Staatsreligion wurde, darüber berichtet die „Polenchronik“ Folgendes:*

Als Mesco Herzog von Polen geworden war, begann er seinen Mut und seine Körperkräfte zu üben und bekriegte häufiger die Völker in der Umgebung. Er war damals noch derartig im heidnischen Irrglauben befangen, dass er nach alter heidnischer Gewohnheit sieben Frauen hatte. Schließlich wollte er auch noch die sehr christliche Tochter des Böhmenherzogs namens Dobravca heiraten. Die aber weigerte sich, ihn zu heiraten, wenn er nicht verspräche, jene schlechte Gewohnheit aufzugeben und Christ zu werden. Da gelobte er fest, jene heidnische Gewohnheit aufzugeben und die Sakramente des christlichen Glaubens zu empfangen. Darauf kam die Fürstin unter großer weltlicher und kirchlicher Prachtentfaltung nach Polen. Aber sie mied das Ehebett, bis Mesco allmählich die christlichen Gewohnheiten und die Religion der katholischen Kirche sorgsam beachtete, den heidnischen Irrglauben ablegte und sich in den Schoß der römisch-katholischen Mutter Kirche begab.

1. *Unterscheide die beiden christlichen Kirchen nach Verbreitung, Kultur, Leitung (VT, D1).*
2. *Erläutere, wie Machtpolitik und Missionierung zusammenhingen (VT, Q1).*
3. *Zeige auf, wie die Chronik die Bekehrung Mescos begründet (Q4). Vermutest du noch andere Gründe (Vgl. VT, Q1, D1)?*
4. *Vergleiche die Heidenbekehrung in Q2 und Q3 mit der Bekehrung in Q1 und Q4.*
5. *Beschreibe die Folgen der christlichen Mission in Osteuropa am Beispiel der Schrift (VT, Q1, D1).*

D 1 *Religionen in Europa um 1000*

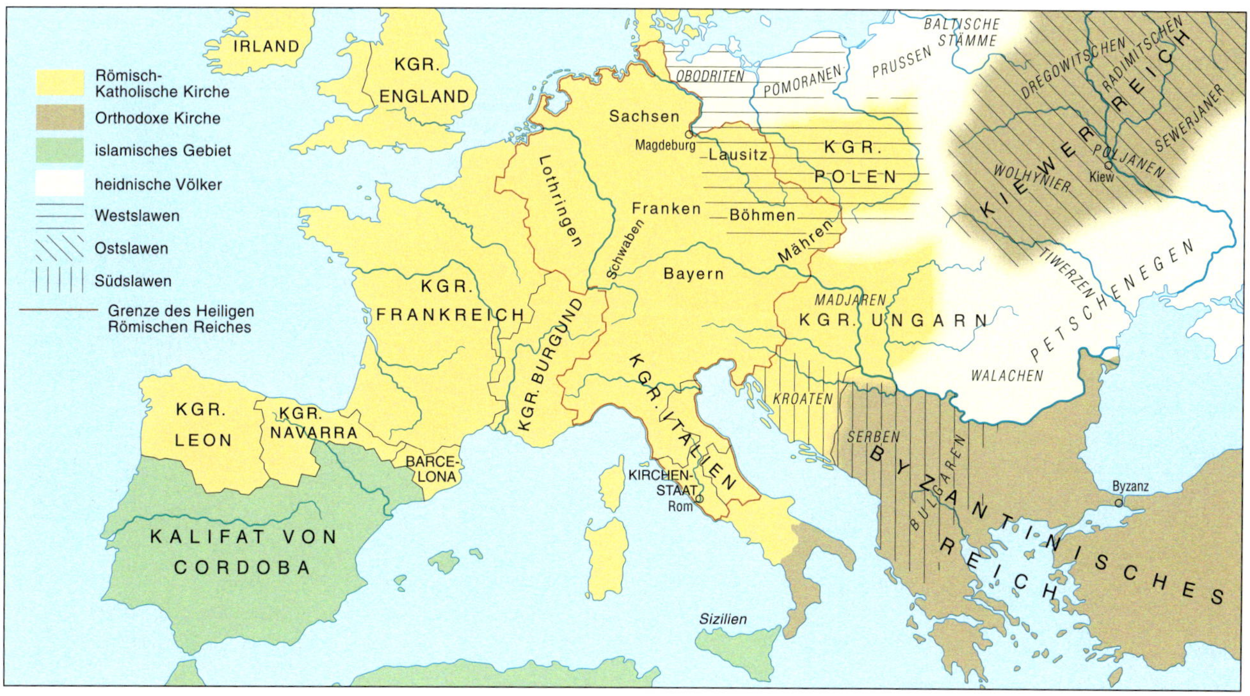

12 Gewalt im Zeichen des Kreuzes

Kreuzzug
war ursprünglich der Krieg zur Befreiung Jerusalems von den Muslimen. Wer sich dazu verpflichtete, dem wurde die Vergebung der Sünden versprochen. Wenn er aber seiner Pflicht nicht nachkam, wurde er von den Sakramenten der Kirche (Kommunion, Ehe, Krankensalbung) ausgeschlossen.

„Gott will es"

Mit diesen Worten rief der Papst 1095 auf einer Versammlung von Bischöfen und Adligen zu einem Kreuzzug gegen die Muslime auf. Diese bedrohten den christlichen Kaiser von Byzanz und hielten das Heilige Land besetzt. Zehntausende Ritter und Bauern folgten dem Aufruf. Glaubenseifer, aber auch Abenteuerlust und Hoffnung auf Beute trieben sie an.

Judenmassaker am Rhein

Als Erstes setzte sich das Bauernheer in Bewegung und erreichte im April 1096 den Rhein. Hier begingen einige Kreuzfahrer eine schreckliche Tat. Sie überfielen die Judenviertel in Speyer, Worms, Mainz, Trier und Köln, raubten und mordeten. Die Juden seien Gottesfeinde, so begründeten sie ihre schrecklichen Taten. Aber in Wirklichkeit waren sie auf den Besitz der Juden aus. Manche der Räuber machten sich beutebeladen wieder auf den Heimweg, sie hielten ihre Kreuzzugspflicht schon für erfüllt. Die anderen kamen nur noch bis Ungarn. Als sie dort weiter plündern wollten, wurden sie von den Einheimischen erschlagen.

„Tod den Muslimen"

Die Bauern, die sich nicht an den Plünderungen beteiligt hatten und weitergezogen waren, wurden bei Nikomedia von muslimischen Truppen völlig vernichtet. Die Ritterheere dagegen drangen bis ins Heilige Land vor. Dabei töteten sie in einigen Städten die gesamte muslimische Bevölkerung. Denn für sie, die sich selbst für Streiter des wahren Glaubens hielten, waren die Muslime Heiden und Feinde Christi.
Daran änderte sich auch nicht viel während der fast 200 Jahre, in denen die Kreuzritter Teile des Heiligen Landes besetzt hielten. Zwischen Muslimen und Christen wurden zwar auch Freundschaften geschlossen, aber Feindschaft und Gewalt überwogen. 1291, am Ende der christlichen Herrschaft im Heiligen Land, waren Christen und Muslime verfeindeter als je zuvor.

D1 *Der erste Kreuzzug 1096–1099*

D2 *So stellte ein Maler des 19. Jahrhundert dar, wie die Kreuzritter 1099 Jerusalem eroberten* (Gemälde von E. Signol).

Q1 *Die Eroberung Jerusalems durch die Kreuzfahrer 1099 nach dem Bericht eines christlichen Augenzeugen:* (namentlich nicht bekannt)

Nachdem die Unsrigen die Heiden endlich zu Boden geschlagen hatten, ergriffen sie im Tempel eine große Zahl Männer und Frauen und töteten und ließen leben, wie es ihnen gut schien. Bald durcheilten die Kreuzfahrer die ganze Stadt und rafften Gold, Silber, Pferde und Maulesel an sich. Sie plünderten die Häuser, die mit Reichtümern überfüllt waren. Dann, glücklich und vor Freude weinend, gingen die Unsrigen hin, um das Grab unseres Erlösers Jesus Christus zu verehren, und brachten ihm gegenüber ihren Dank dar. Am folgenden Tag erkletterten die Unsrigen das Dach des Tempels, griffen die Muslime, Männer und Frauen, an, zogen das Schwert und schlugen ihnen die Köpfe ab (...). Die ganze Stadt war völlig mit ihren Leichen angefüllt (...). Niemand hat jemals von einem ähnlichen Blutbad unter einem heidnischen Volk gehört oder es gesehen.

Q2 *Der englische Gelehrte Radulfus Niger urteilte 1188 über die Kreuzfahrer:*

Darf man die Muslime ermorden? Etwa weil Gott ihnen Palästina zum Besitz gegeben hat? Gott hat gesagt: Ich will nicht den Tod des Sünders. Die Muslime sind Menschen wie wir. Sicher müssen sie von unserem Land vertrieben werden, weil alle Rechte es erlauben, Gewalt mit Gewalt zu beantworten, aber mit dem Maß gerechter Verteidigung (...). Sie müssen mit dem Wort Gottes überzeugt werden, sodass sie freiwillig und ohne Zwang zum rechten Glauben kommen. Gott hasst erzwungenen Gottesdienst. Wer immer also den Glauben mit Gewalt verbreiten will, der verlässt die Lehren unserer Religion.

Q3 *1291 eroberten die Muslime die Stadt Akkon zurück. Ein Muslim berichtet:*

Die Muslime richteten in Akkon ein ungeheures Blutbad an und machten unermessliche Beute. Der Sultan zwang alle Kreuzritter, die sich in den Türmen verschanzt hatten, zur Übergabe. Sie kamen heraus und wurden bis auf den letzten Mann vor der Stadt enthauptet. Darauf ließ er die Stadt zerstören und dem Erdboden gleichmachen.
Es ist wunderbar zu sehen, dass Allah der Erhabene Akkon am gleichen Tag und zur gleichen Stunde zurückerobern ließ, in der es die Kreuzritter 1190 eroberten. Damals versprachen sie den Muslimen in der Stadt das Leben und brachten sie dennoch um. Genauso versprach jetzt der Sultan ihnen das Leben und ließ sie dann umbringen, wie sie es damals mit den Muslimen getan hatten.

1. *Beschreibe Wege und Ereignisse des ersten Kreuzzuges (D1, VT, Q1).*
2. *Erfinde ein Gespräch zwischen Bauern und Rittern darüber, ob es sich lohnt, an einem Kreuzzug teilzunehmen (lies dazu VT und Q1).*
3. *Vergleiche Q1 und das Gemälde D2. Hat der Maler das Ereignis realistisch oder verklärt dargestellt?*
4. *Nimm Stellung zur Ansicht von Radulfus Niger (Q2).*

13 Methode
Schriftliche Quellen vergleichen

Wenn man mehrere Textquellen zu einem Ereignis hat, kann man ihre Inhalte vergleichen. So bekommt man oft ein genaueres Bild von dem, was damals geschehen ist, als wenn man nur eine einzelne Quelle liest. Manchmal weiß der eine Autor mehr als der andere, oder er hat eine andere Ansicht zu bestimmten Dingen. Freilich muss man in diesem Fall gut überlegen, wer oder was glaubwürdiger ist.

Wie man bei einem solchen Vergleich vorgehen kann, soll dir nun an einem Beispiel gezeigt werden: Auf der rechten Seite findest du zwei Berichte über die Schlacht eines Kreuzfahrerheeres, das 1099 in der Stadt Antiochia eingeschlossen war, gegen ein muslimisches Belagererheer unter dem Emir Kerbogha.

Methodische Arbeitsschritte

1. Stelle möglichst genau fest, was in den Quellen steht und wer sie geschrieben hat. (Du kannst das Verfahren von Seite 74/75 dafür anwenden.)
2. Stelle fest, womit sich die Texte/Autoren gemeinsam befassen bzw. was beide erklären wollen.
3. Liste stichwortartig auf, worin sie übereinstimmen.
4. Liste nun für jeden Text/Autor getrennt auf, was er a) zusätzlich und b) ganz anders als der andere berichtet. So erkennst du, wo sich die Berichte ergänzen und wo sie sich widersprechen.
5. Überlege bei den Widersprüchen, welcher Text/Autor dir glaubwürdiger erscheint. (Hier helfen dir das Bild und seine Legende.)
6. Fasse die Ergebnisse deines Vergleichs in einem Bericht darüber zusammen, was sich damals wahrscheinlich zugetragen hat.

Raimund von Agiles		*Ibn Al-Atir*
	1. Übereinstimmung: Wie ging die Schlacht aus?	
	2. Unterschiede: Aus welchen Gründen siegte das Kreuzfahrerheer?	
	3. Widerspruch: Wurden Pfeile auf das Heer abgeschossen?	

Q1 *Raimund von Agiles, der Kaplan des Grafen von Toulouse und Anführer der Kreuzfahrer, berichtet 1099:*

In seiner Güte schickte Gott einen armen Bauernjungen, um uns Mut zu geben. Er kam zum Grafen von Toulouse und sagte ihm: „Der Apostel Andreas hat mir befohlen zu Euch zu gehen und Euch die heilige Lanze zu bringen, mit der die Seite unseres Herrn Jesus Christus am Kreuz geöffnet wurde. Sie befindet sich hier in Antiochia in der Erde unter der Peterskirche.“ Sofort begaben sich der Graf und zwölf Männer in die Kirche. Ich, Raimund, Kaplan des Grafen, war auch dabei. Wir gruben von Morgen bis Abend. Endlich hat Gott uns in seiner Güte die Lanze gezeigt. Als sie aus der Erde kam, habe ich, Raimund, sie geküsst. Nun fasteten wir drei Tage. Dann öffneten wir die Tore und griffen die Muslime siegesgewiss an. Starke feindliche Truppen stellten sich uns entgegen. Aber niemand von uns wurde verletzt, weil wir die heilige Lanze vor uns her trugen. Kein Pfeil traf uns. Das habe ich, Raimund, gesehen, der ich selbst die Lanze im Kampf getragen habe.

Q2 *Der muslimische Gelehrte Ibn Al-Atir schrieb 1231 Folgendes:*

Als Emir Kerbogha hörte, dass die Franken Antiochia erobert hatten, zog er mit seinen Truppen nach Syrien. Dort vereinigten sich Truppen aus Syrien mit ihm. Aber gegen sie benahm sich Kerbogha schlecht. Das ärgerte sie und sie beschlossen, ihn in der Schlacht im entscheidenden Moment im Stich zu lassen. Bei den Franken in Antiochia war auch ein gerissener Kerl. Er erklärte ihnen, in einer Kirche in der Stadt sei die Lanze ihres Messias vergraben. Wenn sie diese fänden, würden sie siegen. Er selbst hatte aber vorher dort eine Lanze vergraben und alle Spuren beseitigt. Nun gruben sie und fanden sie. Da rief er aus: „Freut euch, der Sieg ist euch sicher.“ Da verließen sie kampfbegierig die Stadt und fingen eine große Schlacht an. Die Muslime flohen sofort, wie sie es wegen der Beleidigungen durch Kerbogha beschlossen hatten und ihre Niederlage war vollständig, ohne dass einer einen Pfeilschuss abgegeben hätte.

Q3 *Bischof Ademar,* der im Auftrag des Papstes den ersten Kreuzzug begleitete, hält die heilige Lanze hoch, die gerade in der Peterskirche von Antiochia ausgegraben worden ist (französische Miniatur, 1490). Aber war es wirklich die heilige Lanze? Längst trugen damals die deutschen Könige als Zeichen ihrer Würde eine Lanze, welche die heilige Lanze sein sollte.

14 Kathedralen – Bauten für die Ewigkeit

Kathedralen, Dome, Münster

So heißen die großen Kirchen in Europa, die im Laufe vieler Jahrhunderte erbaut wurden. Im 11. Jahrhundert waren Kaiser, Könige, Bischöfe und Klöster die Auftraggeber beim Kirchenbau. Man baute im romanischen Stil. Die Kirchen, wie zum Beispiel der Kaiserdom in Speyer, glichen gut befestigten Burgen mit kleinen, rundbogigen Fenstern, massiven Türmen und dicken Mauern. Im 13. Jahrhundert, einer Zeit der wirtschaftlichen Blüte, entstanden überall im christlichen Europa, vor allem in reichen Städten, neue Kirchengebäude. Mit ihren hohen, spitzbogigen Fenstern und Gewölben sowie den schlanken, feingliedrigen Türmen schienen sie bis in den Himmel zu ragen. Man spricht heute von einer Revolution der Baukunst im Stil der Gotik. Beispiele für den gotischen Baustil sind der Dom in Köln und das Münster in Freiburg im Breisgau.

Q 1 *links: Ein Ausschnitt aus dem „Bäckerfenster"*, gespendet von der Bäckerzunft, im Münster der Stadt Freiburg im Breisgau

Q 2 *Der Kaiserdom in Speyer.*
Der Kaiserdom wurde von einem deutschen König gestiftet und zwischen 1030 und 1106 erbaut. In ihm sind deutsche Könige und Kaiser bestattet.

Alltag auf der Baustelle

Die prachtvollen Kirchen wurden zur Ehre Gottes, für den Gottesdienst, aber auch zum Ansehen der Stadt gebaut. Die Gläubigen spendeten für ihr Seelenheil zum Kirchenbau oder stellten ihr Erbe zur Verfügung. Reiche Kaufleute gaben Gelder oder Grundstücke. Handwerkszünfte stifteten wertvolle Altäre oder Glasfenster. Der Bau förderte die Wirtschaft in der Stadt und gab vielen Menschen Arbeit. Die Baumeister und Handwerker kamen oft aus vielen Ländern auf die Baustelle. Sie bildeten eine Gemeinschaft mit eigenen Rechten und festen Regeln. Die Leute mussten ihren Beruf beherrschen. Erst nach fünf Jahren Lehrzeit wurde man in eine Bauhütte aufgenommen. Für Unpünktlichkeit oder nachlässige Arbeit drohten empfindliche Strafen. Es gab aber auch geregelten Lohn. Selbst Hilfskräfte für den Transport von Steinen oder Holz hatten ihr Auskommen. Manchmal dauerte die Bauzeit mehrere Jahrhunderte. Die Erhaltung der Kirchen kostet auch heute noch viel Geld.

Ein Bauwerk verstehen

Die Baumeister hielten damals meist ihr Wissen geheim. Aber sie bauten nach festen Vorgaben und sollten biblische Lehren im Bauwerk um setzen. So sind die Kirchen nach Osten ausgerichtet als Symbol der Hinwendung zu Christus als dem Licht der Welt. Ihr Grundriss entspricht dem christlichen Kreuz. Viele Maße in der Kirche symbolisieren Zahlen aus der religiösen Überlieferung. So sind z. B. Fenster an der Südseite vierteilig, an der Nordseite dreiteilig. Die Dreizahl steht für Gott, die Vierzahl für die Welt. Die gotischen Kirchenfenster enthalten meist Bildergeschichten. Das Bäckerfenster im Freiburger Münster erzählt in zehn Bildern, wie die heilige Katharina als Christin auf Befehl des römischen Kaisers gemartert wurde.

D1 *Modellhaft gezeichnete Darstellung des Baus einer gotischen Kathedrale.* Sie veranschaulicht, wie es auf einer Baustelle um 1300 ausgesehen haben mag. Der Zeichner hat die Ausmaße des Bauvorhabens, die Vielzahl der Arbeiten und die geringen technischen Hilfsmittel dargestellt.

1. *Beschreibt in Arbeitsgruppen unterschiedliche Arbeiten auf der Baustelle (D1).*
2. *Stell dir vor, in einer mittelalterlichen Stadt wird ein Dom gebaut. Als Reporter berichtest du direkt von der Baustelle. Du kannst auch Beteiligte interviewen (D1, Q3, VT).*
3. *Für die Erhaltung des Kölner Doms werden jährlich mehrere Millionen Euro ausgegeben. Sage deine Meinung dazu.*

Q3 *In einer Urkunde aus dem Jahre 1471 heißt es:*

Wir tun zu wissen, dass wir – Bürgermeister und Rat der Stadt Freiburg im Breisgau – in der Ehre des Allmächtigen Gottes und seiner lieben Mutter, der Jungfrau Marien, den ehrsamen Meister Hans Niesenberger von Graz zu einem Werkmeister bestellt haben, den neuen Chor hier zu Freiburg an unserem lieben Münster zu bauen. Man soll ihm für den Bau und die Baubetreuung zum Lohn geben alle vier Jahreszeiten jeweils fünf Gulden. (...) Er soll auch einen guten, ehrbaren Polier nehmen und den Bau mit guten Gesellen versehen, die zu rechter Zeit anfangen und aufhören und getreulich arbeiten. Auch soll er die Zahl der Knechte vermindern oder erhöhen. (...) Auch soll man dem Polier im Sommer zwei Schillinge und den Gesellen 22 Rappen täglich Lohn gehen, im Winter dem Polier 19 Rappen und einem Gesellen 15 Rappen. Die Gesellen sollen in der Zeit, in der sie den höheren Lohn bekommen, von 5 Uhr morgens am Werk sein und abends ungefähr bis 7 Uhr. Sie mögen am Morgen eine Stunde, zu Mittag eine Stunde und am Abend eine halbe Stunde zum Essen gehen. Auch sollen sie am Samstag und im Winter keine Abendpause halten. Am Samstag sollen sie um 5 Uhr abends Feierabend haben, und alle 14 Tage sollen sie an einem Feierabend um die 3 Uhr in das Bad gehen.

D2 *Grundriss und Bauphasen des Kaiserdoms in Speyer*

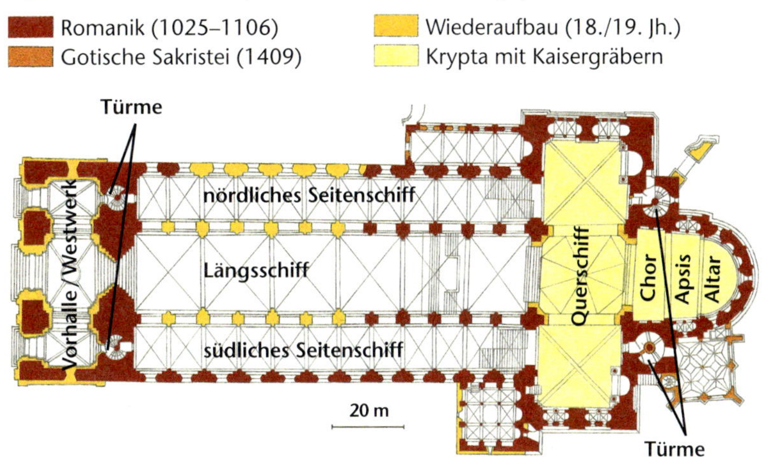

15 Leben in der Grundherrschaft

Q1 *Fronende Bauern und ein Meier* (Buchmalerei, 14. Jahrhundert)

Grundherr(schaft)
Adlige oder kirchliche Grundbesitzer herrschten über ihr Land und die dort lebenden Menschen. Diese bewirtschafteten das Land; der Grundherr schützte sie.

frei – unfrei – hörig
Ein freier Bauer konnte frei über sein Eigentum verfügen und hinziehen, wohin er wollte. Ein „Unfreier" oder „Höriger" war einem Herrn untergeben: „hörig" heißt „gehorsam". Er lebte von einem Bauerngut, das ihm der Grundherr lieh.

Frondienste
Dienste, die die Hörigen ihrem Grundherrn noch neben den Abgaben leisten mussten, z. B. Erntearbeiten und Fuhrfahrten.

Der Grundherr hat „alles im Griff"

In Deutschland arbeiten heute von 100 Menschen nur drei in der Landwirtschaft; um das Jahr 1100 waren es mindestens 90. Fast alle in der Familie, auch die Kinder, mussten auf dem Feld oder im Hof mitarbeiten, denn die Erträge von Ackerbau und Viehzucht waren gering. Und von dem wenigen, was übrig blieb, mussten die unfreien Bauern auch noch Abgaben an ihre Herren leisten.
Der Grundherr lebte auf dem Herrensitz. Oft besaß er mehrere Dörfer, in denen abhängige Bauern für ihn arbeiteten. Es war für den Grundherrn nicht leicht, „aus der Ferne" die Arbeit seiner Untertanen zu beaufsichtigen. Außerdem mussten noch die Abgaben der Bauern eingetrieben werden. Für diese Aufgaben setzte der Grundherr Meier ein, die von einem Fronhof aus alles organisierten.

Auf dem Fronhof

Es ist sieben Uhr morgens. Auf dem Fronhof ist schon viel los. Die Mägde und Knechte haben bereits mit der Arbeit begonnen. Als leibeigene Bäuerinnen und Bauern leben sie auf dem Fronhof und verrichten alle Arbeiten in Haus und Hof, aber auch auf den Feldern ihres Grundherrn. Sie haben keinen eigenen Besitz und auch kaum Rechte. Ständig sind sie den Launen des Meiers ausgesetzt, ohne sich wehren zu können.
Es ist nun acht Uhr geworden und die hörigen Bauern sind mit ihren Familien auf dem Fronhof eingetroffen. Sie unterscheiden sich von den Leibeigenen. Hörige Bauern haben einen eigenen Hof, der ihnen vom Grundherrn geliehen wurde. Dafür müssen sie ihm Abgaben und Frondienste leisten.
Inzwischen ist der Meier erschienen und teilt die hörigen Bauern für verschiedene Arbeiten ein: Einige sollen im Wald arbeiten, andere legen neue Wege an und bauen eine Brücke über den Fluss. Die meisten Bauern werden zur Feldarbeit herangezogen. Die Bäuerinnen werden für Gartenarbeiten eingeteilt und die Kinder müssen Honig sammeln. Zum Schluss erinnert der Meier die Bauernfamilien daran, dass morgen die jährliche Getreideabgabe auf dem Fronhof abzuliefern ist.

Wie wurden die Bauern unfrei?

Noch um 800 gab es viele freie Bauern. Sie bestellten ihren eigenen Hof mit unfreien Mägden und Knechten und konnten über ihren Besitz selbst verfügen. Auch sie waren kleine Grundherren.
Freie Bauern waren allerdings auch verpflichtet, wie die Adligen an Kriegszügen teilzunehmen. Für viele Bauern stellte dies eine drückende Last dar, vor allem, weil sie während der Kriegszüge ihre Felder nicht bestellen konnten. Oft führte das dazu, dass ihre Familien kaum noch genug zu essen hatten. Deshalb übergaben die Bauern ihre Höfe einem adligen Herrn oder der Kirche und kauften sich so von der Pflicht der Heeresfolge los. Damit waren sie zwar vom Kriegsdienst befreit, wurden aber abhängig von einem Grundherrn.

D1 *So war eine Grundherrschaft aufgebaut*

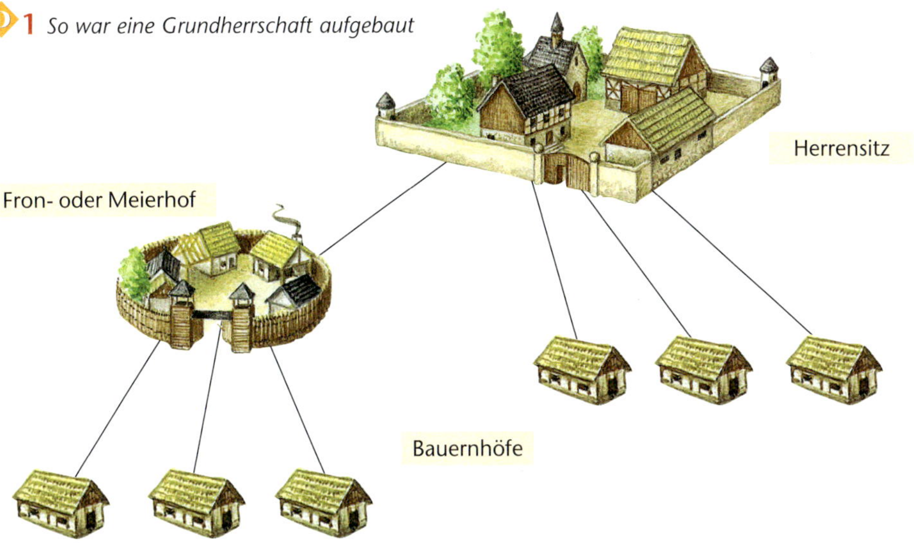

Q2 *Fronordnung aus dem Jahr 893 des Dorfes Rommersheim, das zum Kloster Prüm in der Eifel gehörte:*

(Widrad* gibt an das Kloster) einen Eber, außerdem 1 Pfund Garn, 3 Hühner, 18 Eier. Er leistet jährlich die Weinfuhre, jeweils im Mai und Oktober die Hälfte, fährt 5 Wagenladungen von seinem Mist, gibt 5 Bündel zu je 15 Stück Baumrinde (als Fackeln für die Beleuchtung verwendet), fährt 12 Wagenladungen Holz – 6 Fuß breit, 12 Fuß lang – (zum Kloster), backt Brot und braut Bier (im Backhaus und Brauhaus des Klosters gegen Gebühr).

Jede Hufe liefert 50 Latten und 100 Dachschindeln und tut im Wald bei unserer Schweineherde eine Woche Hirtendienst, wenn sie an der Reihe ist (…). Sie bestellt 3 Morgen Land das ganze Jahr hindurch, jede Woche drei Tage. (…) Sie leistet Wachdienst. Wenn sie 15 Nächte fronen (den Wachdienst verrichten) und Heu ernten, erhalten sie Brot, Bier und Fleisch in reichen Jahren, zu anderen Zeiten nichts. Jeder Hufenbauer unterhält ein eingezäuntes Stück von 135 Fuß und säubert eine Fläche im Herrschaftsgarten. Die Frau muss Beinkleider nähen.

Als Heeressteuer stellt Rommersheim einen Wagen mit 4 Ochsen von Mai bis August (für Transporte im Kriegszug).

**Widrad ist einer von 30 hörigen Bauern des Dorfes.*

Q3 *Freiwillig in die Grundherrschaft?*
Königsboten berichten Karl dem Großen:

Die ärmeren Freien beklagen sich: Wer einem Bischof, einem Abt oder Grafen (…) sein Eigentum nicht übertragen will, gegen den suchen sie Gelegenheiten, ihn zu verurteilen, oder sie lassen ihn ständig in den Heeresdienst gehen, bis ihnen dieser Arme sein Eigentum überträgt oder verkauft. Die anderen aber, die ihr Eigentum schon übergeben haben, können in Ruhe zu Hause sitzen bleiben.

1 *Wo wohnten und lebten der Grundherr, die Meier, Mägde und Knechte, die freien und die unfreien Bauern innerhalb einer Grundherrschaft (VT, D1, D2)?*
2 *Nenne Gründe, warum freie Bauern in eine Grundherrschaft eintraten (VT, Q3). Überlege, wer Vorteile davon hatte.*
3 *Stelle in einer Liste zusammen, welche Abgaben und Arbeiten der hörige Bauer leisten musste (Q2). Sprecht über die Folgen dieser Verpflichtungen.*

D2 *Mittelalterliches Dorf mit Herrenhof und Bauernsiedlung:*
① Mühle des Grundherrn
② Gärten ③ Herrenhof
④ Dorfkirche (der Pfarrer wurde vom Adligen ernannt) ⑤ Bauernhöfe der abhängigen Bauern
⑥ Wald ⑦ Bach
⑧ Felder

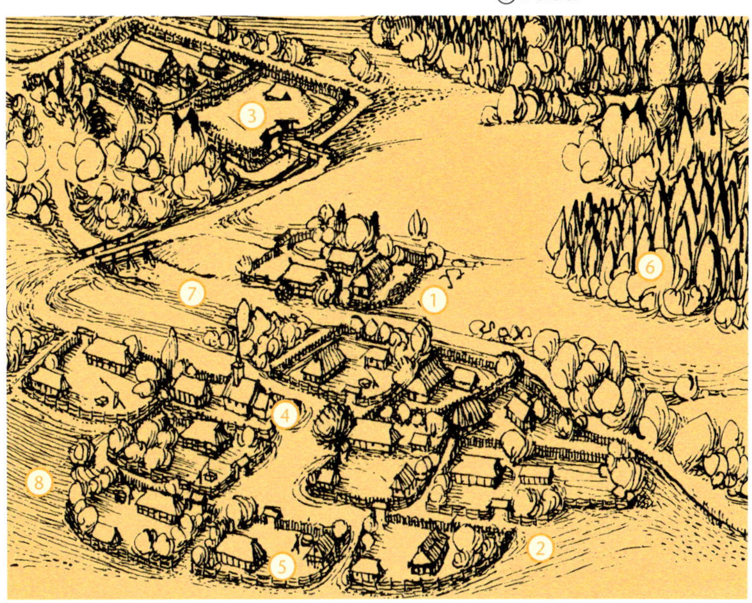

16 So lebten die Bauern

D1 *Ein Dorf um 1100* (Rekonstruktionszeichnung)

Zeitreise multimedial Mittelalter/Frühe Neuzeit: Lebensformen – „Ein Dorf um 1100"

Dorf
Dörfer waren im Mittelalter kleinere unbefestigte Bauernsiedlungen. Haufendörfer entstanden mit unregelmäßig verlaufenden Gassen um einen Mittelpunkt (Kirche, Dorfplatz) herum. In Straßendörfern waren die Höfe regelmäßig entlang einer geraden Straße angelegt. Meist wurden sie von einem Dorfherrn geplant und gegründet.

Ein Bauerndorf sah vor 1000 Jahren ganz anders aus als heute: Die Höfe lagen verstreut, umgeben von dichten Wäldern und ausgedehnten Sümpfen. Mehrere strohgedeckte Fachwerk- und Holzhäuser, das Wohnhaus, Ställe und Schuppen, standen um einen Hof. Die Häuser bestanden meist nur aus einem großen Wohnraum mit einem festgestampften Fußboden. Um den Herdplatz spielte sich das tägliche Leben ab. In den dunklen, rauchigen Räumen schliefen die Menschen auf Strohsäcken. Die wenigen Möbel, Tische, Bänke und Kisten, waren einfach und selbst gefertigt. Oft lagen neben dem Wohnraum gleich die Ställe für die Tiere.

Bauernalltag
Der Arbeitstag der Familie beginnt mit Sonnenaufgang. Zuerst wird das Vieh versorgt, bevor es aufs Feld geht. Aus dem Boden müssen mühsam Steine und die Wurzeln von abgeholzten Bäumen geholt werden. Erst dann kann der Bauer den Boden zu einem Acker umpflügen. Die meisten Bauern verwenden dafür einen Hakenpflug, der die Erde nur wenig aufreißt. Deshalb muss der Acker mehrmals kreuzweise gepflügt werden, bevor das Getreide mit der Hand ausgesät werden kann. Alle müssen mithelfen, auch die Kinder. Erst wenn es dunkel wird, kommt die Familie nach Hause.

Keine reiche Ernte
Am Erntetag arbeiten Bauern gemeinsam in einem Flurstück. Mit Sicheln schneiden sie die Getreideähren ab und sammeln sie ein. Später dreschen sie das Getreide und lassen es in der herrschaftlichen Mühle mahlen. Der Ertrag ist gering: Von einem Sack ausgesätem Korn erntet man drei bis vier Säcke Korn. Davon muss je ein Zehntel an den Grundherrn und an die Kirche abgeführt werden; ein Sack wird für die nächste Aussaat gelagert. Der Rest muss für ein Jahr die Familie und ihr Gesinde ernähren. Hagel und Frost gefährden allerdings jede Ernte.

Vom Alltag der Frauen
Das Leben der Frauen ist schwer. Schon mit 16 Jahren sind die meisten verheiratet. Zehn Schwangerschaften sind keine Seltenheit, doch oft kommen die Kinder tot zur Welt oder die Frauen sterben bei der Geburt. Die Bäuerin und ihre Kinder kümmern sich um das Obst und Gemüse im Garten, versorgen Gänse, Enten, Hühner, verarbeiten Milch zu Käse und Butter, pökeln Fleisch ein und arbeiten auf dem Feld mit. Aus grobem Tuch und Leinen nähen sie Kleider, die viele Jahre halten müssen. Wichtig ist, dass sie die Vorräte überwachen, damit die Familie bis zur nächsten Ernte genug zu essen hat.

Angst vor bösen Mächten
Oft glauben die Menschen auf dem Land an böse Mächte in der Natur. An der Kirche und an Häuserwänden sollen Pferdeköpfe, Hufeisen oder schreckliche Fratzen böse Geister abwehren. Bittprozessionen sollen Seuchen und schlechtes Wetter verhindern, denn hinter solchem Unheil vermuten die Bauern bösen Zauber von Geistern und Hexen.

Q1 *Bauernhochzeit* (Malerei aus dem 15. Jahrhundert): Angst gehörte zwar zum Alltag im Dorf, dafür feierte man umso ausgelassener die Feste: kirchliche Feiertage, aber auch Familienfeste wie Taufe und Hochzeit. Den Höhepunkt bildete das mehrtägige Kirchweihfest mit einem Jahrmarkt, üppigem Festessen und Tanz.

1 Verfasse mithilfe des VT und der Materialien einen Bericht, wie ein Tag im Leben eines Kindes oder Jugendlichen in einem mittelalterlichen Dorf verlaufen sein könnte.

2 Zeige auf, inwiefern die Bauernfamilien abhängig von der Natur waren.

Q2 *Das Sonntagsgesetz Karls des Großen von 789 schrieb den Menschen für den Sonntag folgende Regeln vor:*

(…) dass die Männer weder Feldarbeiten verrichten, noch im Weinberg sich beschäftigen, noch auf den Feldern pflügen, mähen oder Holz schneiden, oder einen Zaun errichten, noch in den Wäldern roden oder Bäume fällen, oder im Felsgestein arbeiten, noch in Gerichtsversammlungen zusammenkommen, noch die Jagd ausüben dürfen. Und nur in drei Fällen darf man am Sonntag Transporte durchführen, nämlich im Kriegsfalle oder für die Herbeischaffungen von Lebensmitteln oder, wenn es sehr nötig sein sollte, für die Bestattung eines Toten. Ebenso sollen die Frauen nicht weben, Kleider weder auftrennen noch nähen oder Strickereien anfertigen. Auch haben sie keine Erlaubnis, Wolle zu rupfen, Flachs zu schlagen, Kleidungsstücke öffentlich zu waschen und Hammel zu scheren, damit auf jeder Weide die Ruhe des Sonntags gewahrt werde.

Q3 *Der bäuerliche Jahresablauf* (aus einer Handschrift um das Jahr 818). Es handelt sich um die ältesten Bilder von Bauern im Mittelalter. – Ordne die dargestellten Tätigkeiten den verschiedenen Monaten zu (November und Dezember sind zusammengefasst): am Feuer wärmen – Heuernte (Winterfutter) – Falkenjagd – Pflügen – Getreideernte (Sommergetreide) – Weinernte – Schweineschlachtung und Eichelmast – Aussaat des Wintergetreides.

17 Langsam ändert sich das Leben auf dem Land

Q 1 *Bauer beim Pflügen* (Ausschnitt aus einem Monatsbild, 1416). Der Bauer verwendet den neuen Räderpflug, der die abgetrennten Erdschollen gleichzeitig umwendet.

D 1 *Noch mehr Erfindungen*

Ein neues Pferdegeschirr: Statt Leinen, die den Pferden den Hals zuschnürten, legte man ihnen das Kummet um, einen „gepolsterten Kragen".

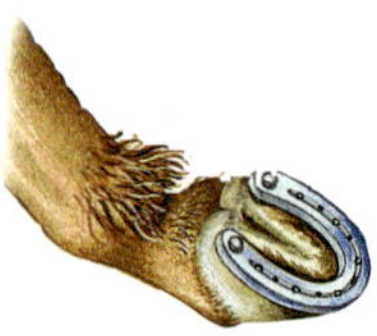

Das Hufeisen: Die Pferde hielten noch länger durch, wenn man ihre Hufe mit Eisenbeschlägen gegen Verletzungen durch Steine schützte.

Die Sense: Mit der Sense brauchten die Bäuerin und der Bauer sich nicht mehr so tief zu bücken.

Mehr Land für mehr Menschen

In den Jahren 800 bis 1200 wuchs die Bevölkerung merklich an. Es wurde immer schwieriger, alle Menschen zu ernähren, denn es fehlte an Weide- und Ackerland. Deshalb begannen die Bauern Wald zu roden. Die Bäume wurden niedergebrannt und die Baumstümpfe aus dem Boden gerissen. Anschließend pflügten die Bauern das neu gewonnene Land und bereiteten die Saat vor. Zuerst rodeten die Bauern nur den Wald in der Nähe ihrer Höfe. Später verließen einige Bauernfamilien ihre Dörfer und legten neue Siedlungen in den Wäldern der Mittelgebirge an. Ortsnamen auf -rode, -rade, -reuth oder -brand deuten noch auf diese Zeit hin.

Erfindungen in der Landwirtschaft

Weil immer mehr Menschen ernährt werden mussten, suchten die Bauern nach Wegen, wie sie ihre Ernteerträge steigern konnten. Bisher hatten die Bauern ihr Ackerland in zwei Teile aufgeteilt. Ein Teil wurde bestellt, der andere lag brach und wurde als Viehweide genutzt und so gleichzeitig gedüngt. Im folgenden Jahr war es umgekehrt. Jetzt setzte sich allmählich eine neue Anbauweise durch – die Dreifelderwirtschaft, die viel mehr Ernte einbrachte. In der gleichen Zeit entwickelten die Bauern auch immer bessere Geräte, mit denen sie ihre Erträge steigern und die schwere Feldarbeit erleichtern konnten.

Das Dorf wird eine Gemeinde

Bisher hatten die Bauerndörfer aus vier oder fünf Höfen bestanden. Doch mit der Zeit wuchsen die Dörfer auf bis zu fünfzehn oder mehr Höfe an. Viel mehr Menschen lebten nun zusammen und es gab viele Dinge zu regeln. Dafür tagte mindestens einmal im Jahr die Gemeindeversammlung. Hier wurden der Dorfschulze und die Bauernmeister gewählt. Sie achteten darauf, dass die gemeinsamen Beschlüsse eingehalten wurden, verwalteten die Gemeindekasse und schlichteten Streitigkeiten. Die Dorfordnung hielt die Termine für das Pflügen, Säen und Ernten fest, aber auch, welche Straßen und Wege gebaut werden sollten oder welche Strafen auf Raub oder Diebstahl standen.

Im Dorf gab es außerdem einige Einrichtungen, die der Gemeinde gehörten und die alle Dorfbewohner nutzen durften: die Mühle, der Backofen und das Waschhaus, manchmal auch eine Badestube oder ein Wirtshaus. Hinzu kam die Allmende. Das waren Wald, Wiesen, Flüsse und Seen, wo alle Dorfbewohner Holz schlagen, fischen und ihr Vieh weiden lassen konnten.

Wie frei die Dorfbewohner ihre Angelegenheiten selbst regeln konnten, hing allerdings von ihrem Grundherrn ab. Lag das Dorf weit entfernt, war es für eine Gemeinde leichter, sich selbst zu verwalten, als wenn sie direkt bei der Burg des Grundherrn lebte.

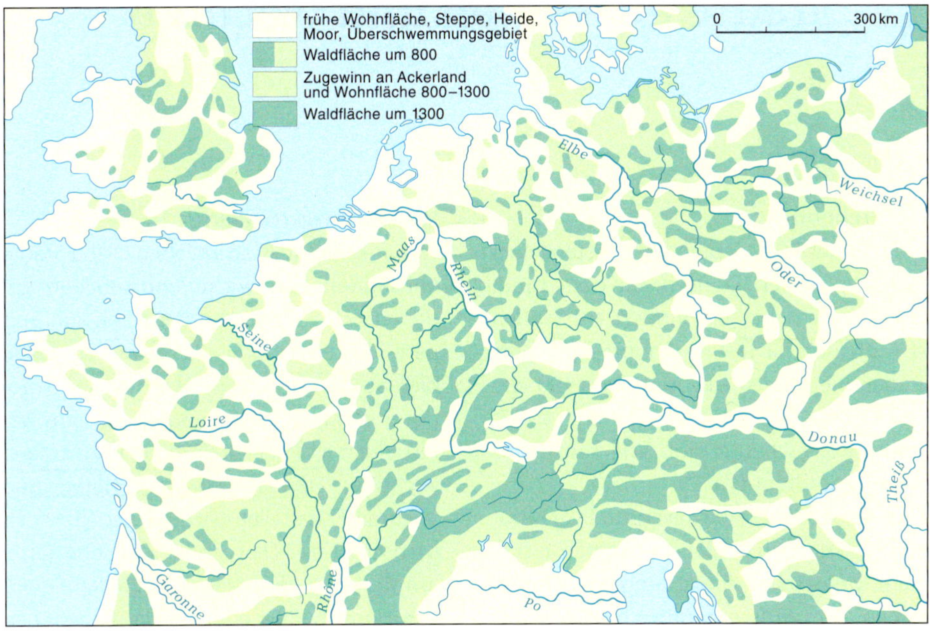

D 4 *Verbreitung des Waldes um 800 und um 1300.* Vor 1000 Jahren gab es zwischen Nordsee und Alpen fast nur Wald, keine Städte, kaum Dörfer. Bauernhöfe lagen wie Inseln im riesigen Waldmeer. Die meisten Menschen bewohnten die fruchtbaren Böden am Rand der Mittelgebirge und entlang der großen Flüsse. Heute leben in demselben Gebiet mehr als hundertmal so viel Menschen.

1 Beschreibe die neuen Techniken und Anbauweisen in der Landwirtschaft und erläutere ihre Auswirkungen (Q1, D1–D3). Welche Veränderungen im bäuerlichen Leben hatten sie zur Folge?

2 Stell dir vor: Du kommst in ein rückständiges Dorf und willst die Bauern dort von den Vorteilen der Dreifelderwirtschaft überzeugen. Was erklärst du ihnen?

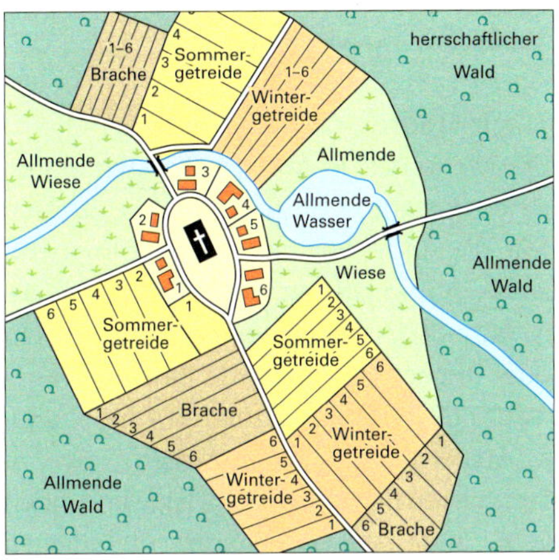

D 2 *links: Dreifelderwirtschaft.* Die Karte zeigt, wie die Flur eines Dorfes nach dem Grundsatz der Dreifelderwirtschaft aufgeteilt wurde. – Erläutere dies, indem du auch D3 zur Hilfe nimmst.

D 3 *unten: Die neue Anbauweise der Dreifelderwirtschaft löste die Feldgraswirtschaft, den jährlichen Wechsel von Feldbau und Brache, ab.* Wintergetreide (Dinkel, Roggen) wurde im Herbst, Sommergetreide (Hafer, Weizen, Gerste) im Frühjahr ausgesät. Während der Brache erholte sich der Boden, das weidende Vieh düngte ihn.

18 Städte entstehen und wachsen

Stadt
Im Gegensatz zum Dorf ist dies eine größere Siedlung von Händlern und Handwerkern, die für die umliegenden Dörfer einen Mittelpunkt darstellt. Im Mittelalter besaßen die Städte eigene Stadtrechte. Sie hielten Märkte ab, prägten Münzen und errichteten eine Stadtmauer.

Zeitreise multimedial Mittelalter / Frühe Neuzeit: Lebensformen – „Städte entstehen"

„Städteboom"

Um das Jahr 1000 lebten die meisten Menschen in kleinen Dörfern auf dem Land. Doch ab dem 11. Jahrhundert entstanden in Mitteleuropa fast explosionsartig viele Städte, die schnell wuchsen. Bis 1400 waren es rund 4000, das sind ungefähr so viele Städte wie es heute gibt. Wie kam es zu diesem „Städteboom"?
Zum einen war die Bevölkerung insgesamt gewachsen, denn die Bauern konnten immer mehr Menschen mit Nahrungsmitteln versorgen. Zum anderen wurden durch die verbesserten Geräte und Arbeitsweisen weniger Menschen für die Feldarbeit benötigt. So fanden manche Bauern auf dem Land kein Auskommen mehr. Sie zogen deshalb mit ihren Familien in die Städte, um dort als Handwerker ein neues Einkommen zu gewinnen.

„Stadtluft macht frei"

Auf dem Land lebten die meisten Menschen als unfreie Bauern. Die Leute in einer Stadt dagegen waren frei. Jeder konnte Eigentum erwerben, niemand musste Frondienste leisten. Viele Menschen flohen daher aus der Grundherrschaft in die nächste Stadt, um hier ein neues Leben zu beginnen. Doch ganz leicht war die Flucht nicht. Erst wenn ein Bauer ein Jahr und einen Tag in der Stadt lebte, ohne dass sein Grundherr ihn zurückgeholt hatte, war er ein freier Mann.

Von der Marktsiedlung …

Es war kein Zufall, an welchen Orten Städte entstanden. Handwerker und Kaufleute siedelten sich vor allem in der Nähe von Burgen, Klöstern und Bischofssitzen an. Denn hier wurden geschickte Handwerker benötigt und Händler fanden Käufer für ihre Waren. Auch an Pilgerstraßen, an Kreuzungen wichtiger Handelswege, an Häfen und seichten Flussstellen (Furten) siedelten sich Menschen an. Dies waren günstige Orte, um Waren an durchreisende Kaufleute, adlige Herrschaften oder an die Bäuerinnen und Bauern der Umgebung zu verkaufen. Auch manche alte Römerstadt blühte als Marktsiedlung wieder auf.

… zur Stadt

Die Menschen in Marktsiedlungen waren vielen Gefahren ausgesetzt. Am größten war die Angst vor plündernden Kriegern, Räubern und Dieben. Deshalb suchten die Bewohner den Schutz von Königen, Fürsten oder Bischöfen. Der wurde ihnen gern gewährt, denn die Schutzherren erhielten dafür Steuergelder von den Städten.
Stolz waren die Stadtbewohner, wenn ihnen vom Landesherrn das Stadtrecht verliehen wurde. Dann bauten sie sich auf dem Marktplatz ein Rathaus und eine Kirche. Um ihre Stadt errichteten sie eine hohe Mauer mit Wehrtürmen und bewachten Stadttoren.

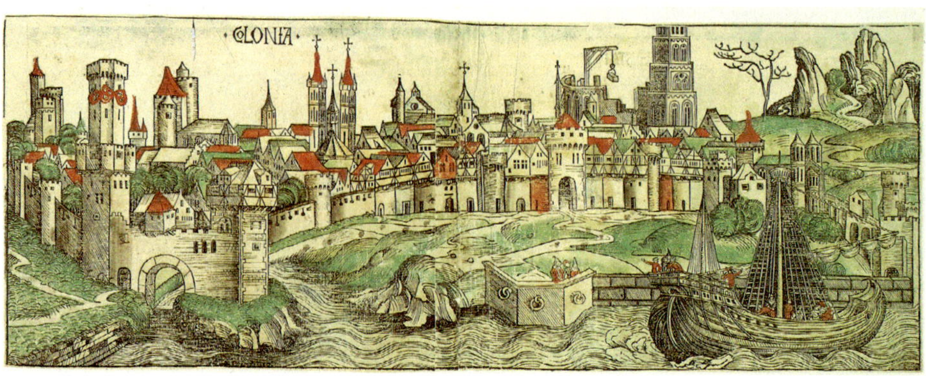

Q1 *Das mittelalterliche Köln von der Rheinseite aus gesehen* (aus der „Schedelschen Weltchronik" von 1493)

Konstantinopel	über 100 000	Gent	60 000	Barcelona	35 000
Venedig	90 000	Neapel	60 000	Lübeck	25 000
Genua	84 000	Brügge	50 000	Nürnberg	23 000
Mailand	über 80 000	Köln	40 000	Hamburg	17 000
Paris	über 80 000	London	40 000	Nowgorod	10 000–30 000
Florenz	80 000	Rom	40 000	Frankfurt am Main	10 000

D 1 *Die größten europäischen Städte im 14. Jahrhundert.*
Im Mittelalter gab es noch keine genauen Bevölkerungsstatistiken. Die Einwohnerzahlen in der Tabelle wurden anhand der Stadtfläche und der Anzahl der Haushalte in einer Stadt geschätzt.

Q 2 *Die Gründungsurkunde von Freiburg im Breisgau wurde zum Vorbild für viele Städte im 12. Jahrhundert:*

Es sei den lebenden und zukünftigen Geschlechtern bekannt, dass ich, Konrad (Herzog von Zähringen), auf meinem Besitz einen Markt eingerichtet habe im Jahre des Herrn 1120. Nachdem ich Kaufleute der Umgebung zusammengerufen habe, habe ich beschlossen, diesen Markt zu gründen und einzurichten. Jedem Kaufmann habe ich ein Grundstück zum Bau eines eigenen Hauses gegeben und bestimmt, dass von jedem dieser Hausgrundstücke jährlich am Martinstag mir und meinen Nachfolgern ein Schilling Zins gezahlt werden soll. (…)
Ich verspreche all jenen, die zu meinem Markt kommen, Frieden und Schutz. Wenn einer in diesem Bereich beraubt wird und er nennt den Räuber, soll er den Schaden ersetzt bekommen. (…)
Allen Kaufleuten der Stadt erlasse ich den Zoll. Meinen Bürgern will ich keinen anderen Vogt (Vertreter des Herzogs in der Stadt) oder Priester geben außer dem, welchen sie selbst gewählt haben.
Wenn ein Streit oder Rechtsfall entsteht, soll nicht von mir oder meinen Richtern darüber entschieden werden, sondern nach Gewohnheit und Recht aller Kaufleute, wie sie besonders in Köln geübt werden. (…)
Jede Frau wird dem Mann gleichgesetzt und umgekehrt. (…)
Jeder, der in diese Stadt kommt, darf sich hier frei niederlassen, wenn es nicht der Leibeigene irgendeines Herren ist und diesen auch anerkennt als seinen Herrn. (…) Wenn aber ein Leibeigener seinen Herrn verleugnet, kann der Herr mit sieben Zeugen beweisen, dass der Leibeigene ihm gehört. Dann soll der Leibeigene ihm gehorchen. Wer aber über Jahr und Tag in der Stadt gewohnt hat, ohne dass irgendein Herr ihn als seinen Leibeigenen gefordert hat, der genieße von da an sicher die Freiheit. (…)

1. *Erkläre anhand des VT, wo und warum im Mittelalter Städte entstanden.*
2. *Erläutere anhand der Grundrisspläne (D2), wie sich die Städte Trier und Soest entwickelt haben. Worin unterscheidet sich ihre Entstehung und Entwicklung?*

D 2 *Grundrisspläne* der Städte Trier und Soest

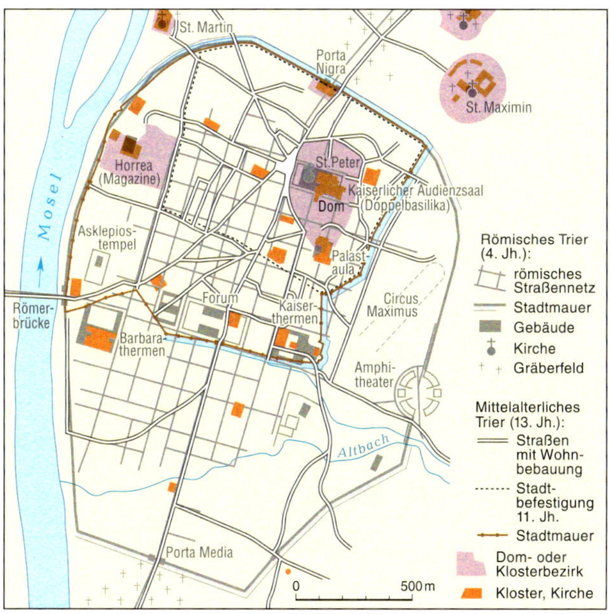

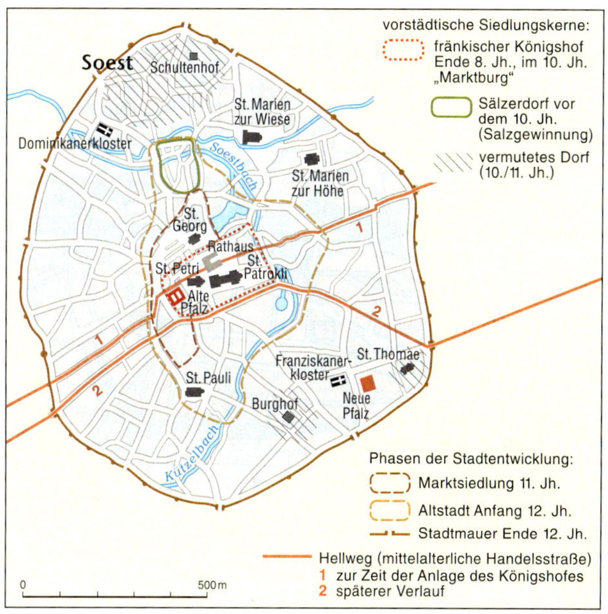

20 Auf dem Markt

Q 1 *Marktplatz von Augsburg* um 1530. – Beschreibe den Platz. Beachte, was die Menschen tun und wie sie gekleidet sind.

Markt
Ort, an dem Käufer und Verkäufer zu bestimmten Zeiten ihre Geschäfte abschlossen. Weltliche und geistliche Fürsten gründeten und schützten Märkte, indem sie bestimmten Städten das Marktrecht verliehen und den Marktfrieden bestimmten.

Der Markt ist der Mittelpunkt

Bisher hatten die Menschen auf dem Land fast alles, was sie zum Leben brauchten, selbst hergestellt. Das änderte sich in der Stadt. Ein Schuster fertigte nur Schuhe und musste deshalb Kleider und Lebensmittel einkaufen. Den anderen Handwerkern ging es ähnlich. Der Markt, wo viele verschiedene Waren ausgetauscht wurden, war also für alle Stadtbewohner lebensnotwendig. Auf Dauer ließ sich der Tausch von Waren aber nicht mehr wie auf dem Land mit Eiern oder Hühnern „bezahlen". So setzten sich allmählich Geldmünzen als Zahlungsmittel durch. Das Recht, Münzen zu prägen, wurde einer Stadt vom Kaiser verliehen.

Markttag

Schon frühmorgens drängten sich die Menschen auf dem Marktplatz in der Mitte der Stadt. Wenn die Marktfahne aufgezogen war, konnte der Handel beginnen: Bäuerinnen und Bauern aus der Umgebung hatten ihre Stände aufgeschlagen. Laut schreiend boten sie ihre Waren an: Eier, Honig, Geflügel, Zwiebeln, Rüben, Wachs und anderes von Feld und Hof. An einer anderen Ecke stellten die Handwerker ihre Ware aus. Wer Töpfe, Körbe, Tonwaren oder anderes Geschirr brauchte, fand es hier. Lag die Stadt an einer der großen Handelsstraßen oder an einem Fluss wie dem Rhein oder der Mosel, war das Angebot natürlich noch größer: Fernhändler verkauften Salz und Heringe, Tuche, Seide, Pelze, Waffen und manchmal sogar Pfeffer und andere Gewürze aus dem Orient.

Die Stadt lebt vom Markt

Nicht in jeder Stadt durfte Markt gehalten werden. Dazu benötigten die Bürger das Marktrecht. Es wurde ihnen vom Landesherrn, manchmal auch vom Kaiser, verliehen. Oft durfte im Umkreis der Stadt kein anderer Markt abgehalten werden. Auf dem Markt musste sich jeder an die Marktordnung halten. Kein Streit durfte mit Waffen ausgetragen werden, denn es herrschte Marktfriede.

Je mehr Waren in der Stadt verkauft wurden, desto höher waren die Einnahmen für die Stadtkasse. Auch viele Stadtbewohner lebten vom Markt: nicht nur Handwerker und Kaufleute, sondern auch Lastenträger, Gaukler, Bettler und Herbergsbesitzer.

Q2 *Auszug aus der Markt- und Gewerbeordnung für die Stadt Landshut, 1256:*

1. Wir verbieten, Schwerter und Dolche innerhalb der Stadt zu tragen. Und so oft Leute getroffen werden, die Schwerter tragen, so oft werden sie der Stadt 6 Schillinge und dem Richter 60 Pfennige zahlen.

2. Wenn einer (der ein Schwert trägt) kein Geld besitzt, wird ihm die Hand abgeschlagen werden. (...)

4. Wucherer[1], Vorkäufer[2], Gesellschaften, die in der Volkssprache Einung[3] heißen, verbieten wir unter Strafe von 5 Pfund[4] und erklären sie außerdem für rechtlos.

5. Wir verordnen, 2 1/2 Pfund Rindfleisch für einen Schilling zu verkaufen und ebenso viel Hammelfleisch und drei Pfund Ziegenfleisch. Die Leute, die es anders machen, werden der Stadt 6 Schillinge und dem Richter 60 Pfennige zahlen. (...)

10. Wir verordnen, dass kein Kauf außerhalb des öffentlichen Marktes stattfindet, was die Leute betrifft, die der Stadt Waren zuführen (...)

14. Wir verordnen, dass unsere Bürger den Eimer Römerwein für 5 Schillinge ausschenken, die Fremden aber für ein halbes Pfund und 10 Pfennige. Den besten Frankenwein werden sie für 75 Pfennige, den mittleren für 55 Pfennige ausschenken. Wer zwei Weine zugleich ausschenkt oder mischt und wer das Maß nicht an den Tisch trägt, wird der Stadt 6 Schillinge und dem Richter 60 Pfennige zahlen. (...)

20. Lotterbuben in jeder Art, fahrende Schüler[5] mit langem Haar halten wir fern. Die Leute, die sie über eine Nacht hinaus beherbergen, verurteilen wir zu 1 Pfund.

1 Jemand, der hohe Zinsen verlangt.
2 Jemand, der Waren aufkauft, um sie teurer weiterzuverkaufen.
3 Zusammenschluss von Kaufleuten, um gemeinsam höhere Preise durchzusetzen.
4 1 Pfund Pfennige = 20 Schillinge = 240 Pfennige. Wie viel der Pfennig wert war, hing von seinem Gewicht ab.
5 Studenten, unterwegs von oder zu einer Universitätsstadt.

Q3 *Stadtwaage in Nürnberg.* Der Wiegemeister (Mitte) wiegt den Stoffballen eines Kaufmanns (rechts), um den Zoll festzulegen. Sein Gehilfe (links) setzt die Gewichte.

Q4 *Brotmaß am Freiburger Münster.* Wenn sich ein Bäcker nicht an die vorgeschriebenen Maße hielt, wurde er hart bestraft.

1. *Zähle die Vorteile einer Stadt auf, wenn sie das Markt- und das Münzrecht besaß.*
2. *Erläutere, was alles in der Marktordnung geregelt wurde (Q2).*
3. *Erkläre, warum die Stadtwaage und das Brotmaß für den Handel wichtig waren (Q3, Q4).*
4. *Stell dir vor, du führst einen Freund, der zum ersten Mal in der Stadt ist, über den Markt. Erzähle, was um euch herum geschieht.*

21 Zünfte, Meister und Gesellen

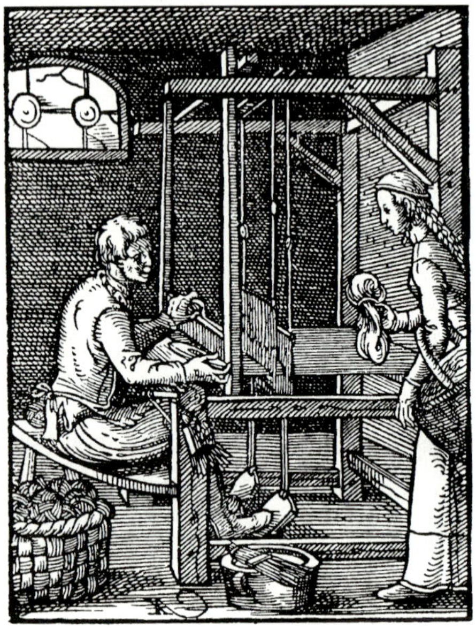

1 *Werkstatt eines Webers* (Holzschnitt aus dem 16. Jahrhundert)

Ohne Handwerker geht es nicht

In der mittelalterlichen Stadt waren die Handwerker gefragte Leute. Für das leibliche Wohl der Bürger sorgten Metzger, Bäcker und Bierbrauer. Natürlich wurden auch Schneider, Schuster, Weber, Zimmerer und Bauleute gebraucht. Um die Stadt zu verteidigen, waren geschickte Waffenschmiede, Kettenhemd- und Eisenhandschuhmacher unentbehrlich.

Die Anforderungen der Stadtbewohner und Bauern an das Handwerk stiegen. Deshalb spezialisierten sich Handwerker, wenn sie auf bestimmten Gebieten besondere Fähigkeiten erworben hatten. Im Schmiedehandwerk arbeiteten beispielsweise Huf- und Nagelschmiede, aber auch Löffel-, Pfannen- und Goldschmiede.

Die Zünfte

Alle Meister, die das gleiche Handwerk ausübten, gehörten einer Zunft an. Jede Zunft hatte ihre Zunftordnung. Darin war festgehalten, wie man Meister wurde, wie viele Meister es in der Zunft geben und wie viele Gesellen und Lehrlinge ein Meister einstellen durfte. Auch über Menge, Qualität und Preise der Erzeugnisse gab es Vorschriften.

In der Kirche hatten die Zünfte oft ihren eigenen Altar und verehrten einen Heiligen als ihren Schutzpatron. Auch im Kriegsfall traten die Zünfte als Gemeinschaft auf: Jeder Berufszweig verteidigte einen bestimmten Abschnitt der Stadtmauer.

Im Hause des Meisters

Die Werkstatt lag im Erdgeschoss des Fachwerkhauses. Hier arbeitete der Meister mit den Gesellen und Lehrlingen. Seine Frau führte den Haushalt und verkaufte die Waren. Nur in wenigen Berufen, so bei den Garnmachern, konnten auch Frauen Meisterinnen werden. Die Gesellen und Lehrlinge sowie Mägde und Knechte lebten in Kammern unter dem Dach. Die Familie des Meisters wohnte im ersten Stock.

Handwerker, die denselben Beruf ausübten, hatten ihre Werkstätten in einer Straße. Namen wie Gerberstraße oder Weber- und Schustergasse erinnern noch heute daran.

Lehrjahre

Sollte der Sohn eine Lehre beginnen, dann schloss sein Vater mit dem Meister einen Vertrag ab. In einem Lehrvertrag aus dem Jahr 1406 steht zum Beispiel: „Meister Marten soll meinen Sohn die ganzen fünf Jahre anständig kleiden, wie es die Zunft verlangt. Für die Lehre will ich dem Meister sechzehn Gulden an Lehrgeld aushändigen."

Hatte der Lehrling die Ausbildung beendet, nahmen die Gesellen ihn in ihre Gemeinschaft auf. Der neue Geselle ging oft zunächst auf Wanderschaft, um in der Fremde Berufserfahrungen zu sammeln. Viele Männer blieben ihr Leben lang Gesellen, denn Meisterstellen waren selten. Außerdem musste man ein Meisterstück anfertigen und einen Geldbetrag an die Zunftkasse zahlen.

A-Z

Zunft
(aus dem Mittelhochdeutschen: „Regel des Zusammenlebens; was sich ziemt")
Die Meister eines Handwerks schlossen sich genossenschaftlich zur Zunft zusammen. Sie legten die Zahl der Betriebe, die Ausbildung, Preise und Herstellung der Güter fest. Außerdem versorgte die Zunft die Hinterbliebenen eines verstorbenen Meisters.

Taumacher Waffenschmied Schuster Bäcker

Q5 *Zunftzeichen.*
– Welche Handwerke sind dargestellt?

Q2 *Amtsbrief der Zunft der Garnmacherinnen. In nur wenigen deutschen Städten existierten Frauenzünfte, z. B. in Köln. Dort beschloss der Rat 1397:*

1. Wenn eine Frau oder ein Mädchen das Garnamt in Köln lernen will, so muss sie eine Lehrzeit von mindestens vier Jahren durchmachen, damit sie lernt, bestes Kaufmannsgut herzustellen. (…)

2. Wenn eine Frau oder ihre Tochter ein Lehrmädchen eingestellt hat, dann muss sie das innerhalb von acht Tagen der Zunft melden und den Namen des Mädchens dort eintragen lassen, damit man jederzeit einwandfrei nachweisen kann, dass es seine Lehrzeit erfüllt hat, wenn es sich später einmal niederlassen und seinen Beruf selbstständig ausüben will. (…)

3. Wenn eine Frau (…) sich selbstständig machen will, so sollen die Frauen, die darauf vereidigt sind, ihre Arbeit prüfen, ob es sich um Kaufmannsgut handelt oder nicht. Ist die Arbeit so, dass man sie dem Kaufmann übergeben kann, so darf sie ihren Beruf ausüben, nachdem sie zwei Gulden Eintrittsgebühr bezahlt hat; die Tochter einer Meisterin zahlt die Hälfte.

Q3 *In Nürnberg konnte ein Lehrling unter folgenden Bedingungen das Lehrverhältnis beenden:*

Wenn der Meister oder seine Leute einem Lehrling mit dem Essen Abbruch tun. Wenn der Lehrling keine Schlafgelegenheit, wie sie einem Lehrling zusteht, erhält. Wenn der Meister, seine Gesellen, Kinder oder jemand anders den Lehrjungen übermäßig oder in ungebührlicher Weise mit Fäusten, Hämmern oder anderem, wie dies oftmals vorkommt, gefährlich schlagen oder zu schlagen gestattet, sodass er am Leib Schaden erleidet. Wenn der Meister dem Lehrling mehr Arbeit auferlegt oder ihn längere Zeit arbeiten lässt, als es im Handwerk üblich ist. Wenn der Lehrling durch den Meister oder dessen Frau so sehr mit Hausarbeiten, Kinderhüten und anderem belastet wird, dass er an seinem Leib Schaden erleidet und nicht in der Werkstatt sein kann und in der Erlernung seines Handwerks behindert wird.

1. *Stelle die Aufgaben einer Zunft zusammen (VT, Lexikon, Q2). Warum war sie mehr als eine wirtschaftliche Gemeinschaft?*
2. *Beschreibe genau das Aussehen und die Tätigkeiten der Personen auf den Bildern Q1 und Q4. Welche Aufgaben haben Meister und Meisterin, Gesellen und Kinder? Wie sind Laden und Werkstatt eingerichtet?*
3. *Vergleiche die Ausbildung eines Handwerkers im Mittelalter und heute. Was hat sich verändert, was ist gleich geblieben (VT, Q3)?*

Q4 *Schusterwerkstatt und Laden*

22 Fernkaufleute verbinden die Städte

Eine abenteuerliche Erzählung über den wohl berühmtesten Seeräuber zur Hansezeit: „Klaus Störtebeker" (Boy Lornsen, Omnibus, 1999)

Zeitreise multimedial Mittelalter / Frühe Neuzeit: Lebensformen – „Unterwegs als Hansekaufmann"

Fernhandel – ein riskantes Geschäft

An der Nord- und Ostseeküste hatten es deutsche Kaufleute zu Reichtum und Ansehen gebracht. Ihre seetüchtigen Schiffe, die Koggen, liefen Häfen in Russland, Schweden, Norwegen und England an. Die Koggen waren tiefbauchige Handelsschiffe, die 200 Tonnen Fracht aufnehmen konnten. Doch der Seehandel war ein riskantes Unternehmen: Ein Schiff auszurüsten war kostspielig und immer wieder überfielen Seeräuber die beladenen Koggen. Deshalb schlossen sich einzelne Kaufleute zu Genossenschaften, den Hansen, zusammen. Gemeinsam rüsteten sie nun ihre Schiffe aus, organisierten die Fahrten und heuerten bewaffneten Schutz an.

D1 Die Koggen lösten ab dem 13. Jahrhundert die bis dahin gebräuchlichen kleineren Holzkähne als Frachtschiffe ab (Modell einer Kogge).

Von Hamburg nach Nowgorod

In vielen Hafenstädten an Nord- und Ostsee gründeten die Hansekaufleute Kontore. Das waren Handelsniederlassungen mit Büros, Lagerhäusern und eigenem Hafengelände. Dort wurden die Schiffe beladen, Waren umgeschlagen und Verträge mit ausländischen Kaufleuten geschlossen. Die berühmtesten Kontore waren der Petershof in Nowgorod und der Stalhof in London. Untereinander sprachen die Hansekaufleute wie auch die Kapitäne und Schiffsleute ihre eigene Muttersprache, nämlich niederdeutsch oder auch „plattdütsch". Das Niederdeutsche wurde bald zur Handelssprache im gesamten Ostseeraum. Von Lübeck bis nach Oslo oder Reval konnten sich die Kaufleute so verständigen.

In wichtigen Städten sicherten sich die Kaufleute bestimmte Vorrechte, etwa die zollfreie Ein- und Ausfuhr von Waren und den Schutz vor unliebsamen Konkurrenten. So gewannen die Kaufmannshansen immer mehr Einfluss, sowohl in ihren Heimatstädten als auch im gesamten Nord- und Ostseeraum.

Die Hanse wird zum Städtebund

Mitte des 14. Jahrhunderts schlossen sich die Kaufmannshansen schließlich zur „Deutschen Hanse" zusammen, der in ihrer besten Zeit bis zu 80 Städte angehörten. Fast 200 Jahre lang beherrschte die Hanse den Fernhandel in Nordeuropa. Sie hatte eigene Maße und Münzen sowie eine eigene Rechtsprechung. Doch nicht nur das: Die Hanse war mächtiger als manches Königreich. Sie schloss sogar Bündnisse und führte Kriege wie ein Staat.

Doch Ende des 15. Jahrhunderts veränderte sich die europäische Handelswelt. Als die Spanier den neuen Kontinent Amerika entdeckten, verlagerten sich die wichtigen Handelswege in den Atlantischen Ozean zwischen der „Alten" und der „Neuen Welt". Spanien, Portugal, die Niederlande und England entwickelten sich zu großen See- und Handelsmächten, dagegen verloren die Hansestädte an Nord- und Ostsee ihre Bedeutung.

Q1 *Die bremischen Kaufleute wurden 1275 aus der Hanse ausgeschlossen, weil sie sich geweigert hatten, an einer Blockade Norwegens teilzunehmen. 1358 nahm die Stadt Bremen folgende Bedingungen zur Wiederaufnahme in die Hanse an:*

Wir, Ratmänner und Bürgerschaft der Stadt Bremen, richten unseren unendlichen Dank an die ehrbaren Herren Ratmänner der Seestädte und der anderen Städte, ebenso an den gemeinen Kaufmann von der deutschen Hanse des Heiligen Römischen Reiches dafür, dass sie uns in Gnade wieder aufgenommen haben. (...) Wir machen allen (...) bekannt (...), dass wir die folgenden Klauseln und Bedingungen genauestens beachten werden. (...)

Erstens, wann und wie oft auch immer wir von dem Rat der folgenden Städte angesprochen werden, nämlich von Lübeck, Wismar, Rostock, Stralsund und Greifswald, wollen wir zum Vorteil und Nutzen aller vorgenannten Kaufleute, zur Sicherung und Verteidigung des Öresundes ein gutes Schiff, ausgerüstet mit 50 Bewaffneten und anderen Kriegswaffen bereitstellen und dorthin senden, auf unsere Kosten und Gefahr; und wenn Gott uns den Sieg gibt, uns und unseren Verbündeten, über die Seeräuber und andere Angreifer (...) wollen wir die Beute mit unseren Verbündeten nach der Zahl der Beteiligten teilen. Desgleichen wollen wir wann und wie oft auch immer wir vom Rat von Hamburg zur Verteidigung der Elbe aufgefordert werden, auf einem Schiff 100 Bewaffnete bereitstellen und auf die Elbe schicken, ebenfalls auf unsere Kosten und Gefahr. (...)

Weiterhin wollen wir alle Entscheidungen, die von den Ratmännern der vorgenannten Städte im Namen aller erwähnten Kaufleute gefällt worden sind, genauestens befolgen. Wenn einer unserer Bürger es wagen sollte, mit seinen Schiffen und Waren Orte anzulaufen, über die von den Ratmännern und den genannten Kaufleuten Blockade verhängt wurde[1], und so gegen die Entscheidungen verstößt, so soll er seine Güter und sein Leben verlieren.

[1] Gemeint ist die Blockade Flanderns von 1358.

D2 *Hamburger Hafen (Buchmalerei von 1497).* Das Bild zeigt die Zollstelle und das Handelsleben im Hamburger Hafen.

Ware	*Hauptherkunft*
Tuche	Flandern
Fisch	Schonen
Salz	Lüneburg
Butter	Schweden
Felle, Pelze	Russland, Schweden
Getreide	Preußen
Wachs	Russland, Preußen
Bier	Wendische Städte
Kupfer	Schweden, Ungarn
Eisen	Schweden, Ungarn
Öl	Flandern
Flachs	Livland, Norddeutschland
Wein	Rheinland
Leinen	Westfalen

D3 *Gehandelte Waren im Lübecker Hafen*

1. *Nenne die Gründe der norddeutschen Kaufleute, sich zu Hansen zusammenzuschließen.*
2. *Woran wird deutlich, dass die Hanse ein mächtiger Städtebund war (siehe auch die Karte auf der ADS 140/141)?*
3. *Untersuche, wie die Hanse mit der Stadt Bremen umging (Q1). Erkläre, warum Bremen wieder in die Hanse aufgenommen werden wollte.*

23 Wer regiert die Stadt?

1 *Rathaus und Stadtbrunnen von Paderborn.* Das mittelalterliche Rathaus wurde 1279 erstmals urkundlich erwähnt. Die Stadtrechte erhielt Paderborn aber bereits um das Jahr 1000.

Stadtherren bestimmen

Anfangs standen die Städte unter der Herrschaft eines Fürsten, Grafen oder eines Bischofs. Diese Stadtherren gewährten der Stadt Schutz, hielten Gericht und verliehen das Markt- und das Münzrecht. Dafür verlangten sie aber Abgaben und Steuern von den Bürgern.

Städte werden unabhängig

Mit der Zeit wurden die Städte immer wohlhabender. Vor allem die Fernkaufleute brachten viel Geld in die Stadt. Diese Fernhändler waren es gewohnt, ihre Angelegenheiten selbst zu regeln. Dies wollten sie nun auch in den Städten tun.

Manche Städte konnten sich von ihrem Schutzherrn einfach freikaufen. In anderen Städten mussten die Kaufleute und Handwerker um ihre Freiheit kämpfen, etwa in Köln und Lübeck, wo der Bischof und der Herzog gestürzt wurden. Manche Städte erhielten auch direkt vom Kaiser den Freiheitsbrief. Als freie Reichsstädte waren sie nur dem Kaiser unterstellt und besaßen besondere Vorrechte.

Rat und Bürgermeister

In den freien Städten regierten nun die wohlhabenden Kaufleute, Fernhändler und andere reiche Stadtbürger. Sie wurden Patrizier genannt. Nur Patrizier konnten es sich leisten, in das unbezahlte Ratsamt gewählt zu werden. Auch der Bürgermeister wurde aus ihrer Mitte ernannt.

Rat und Bürgermeister regelten das Leben in der Stadt. So führte der Bürgermeister den Vorsitz im Gericht, bewahrte die Schlüssel der Stadttore auf und befehligte im Kriegsfall das Stadtheer. Der Rat erließ die Gesetze für die Stadt, etwa die Markt- oder die Kleiderordnung. Die Patrizier hatten sich so eine mächtige Stellung erkämpft. Keine anderen Stadtbewohner konnten mitregieren oder etwas gegen die Entscheidungen des Rats unternehmen.

Zünfte wollen an die Macht

In vielen Städten wurden die Handwerker unzufrieden damit, wie der Rat regierte. Immerhin zahlten auch sie Steuern und wollten dafür in der Stadt mitbestimmen. In vielen Städten forderten die Zünfte, dass sie eigene Leute in den Rat schicken konnten. An manchen Orten gingen die Zünfte mit Gewalt gegen die Patrizier vor und schafften es, an die Macht zu kommen. In den Städten, in denen jetzt die Handwerker regierten, wanderten die Patrizier allerdings häufig mitsamt ihrem Vermögen aus.

Letztlich wurden die deutschen Städte sehr unterschiedlich regiert. Über manche herrschte ein Fürst oder Bischof, in einigen Städten regierten die Patrizier, in anderen die Zünfte und manchmal regierten auch Patrizier und Zünfte gemeinsam.

Q2 *Wer darf im Rat sitzen? Der Herzog von Sachsen, Heinrich der Löwe, bestimmte als Stadtherr über Lübeck um 1167:*

Wählt man jemanden in den Rat, der soll zwei Jahre darin sitzen, im dritten soll er frei sein, man kann ihn aber bitten, den Rat zu besuchen. Wir bestimmen auch, dass niemand in den Rat komme, der nicht ehelich, von freier Geburt und niemandes Eigentum sei, auch darf er bei keinem Herrn irgendein Amt bekleiden. Er soll von gutem Ruf sein, und auch seine Mutter muss frei und niemandes Eigentum gewesen sein. Er darf keines Geistlichen oder Pfaffen Sohn sein und soll liegendes Eigentum (Grundbesitz) innerhalb der Mauern haben, er darf zu seinem Eide nicht gezwungen sein und seine Nahrung nicht mit Handwerk erworben haben.

Q3 *Ein Chronist berichtet über Kämpfe um das Stadtregiment zwischen Bischof und Bürgern in Straßburg:*

(Am 8. März 1262) zogen die Straßburger aus mit all ihren Berittenen und dem halben Fußvolk. Sie nahmen Steinmetzen und andere Werkleute mit und brachen den Kirchturm zu Mundolsheim ab. Der war gar fest und hoch gemauert, und man fürchtete, der Bischof werde sich dort festsetzen und die Straßen sperren. (...) (Der Bischof zog daraufhin) sein Kriegsvolk zusammen, gegen 300 Reiter und 5000 Mann zu Fuß. Mit denen zog er von Dachstein gegen die Stadt heran, um den Bürgern eine Schlacht zu liefern. (...) Als die Straßburger das merkten, schickten sie Boten zurück. Die liefen durch die ganze Stadt und riefen, der Bischof rücke heran. Da ließ man die Glocken Sturm läuten, und alle Bürger zogen aus gegen den Bischof. (...) Es war so viel Volks, dass man vor lauter Menschen kaum den Erdboden sehen konnte. (...) (Der Bischof verlor den Kampf, konnte fliehen, starb aber bald darauf.) Nach seinem Tode verhandelten die Domherren mit den Bürgern, und der Friede wurde geschlossen. So kam dieser Krieg zu Ende. In ihm erfochten und erwarben die Bürger für die Stadt Nutz und Ehre, für sich selbst aber und ihre Nachkommen große Freiheit und großes Glück. Denn hätte der Bischof die Rechte gewonnen, auf die er in der Stadt Anspruch zu haben vermeinte, so wäre Straßburg sein eigen worden und in seiner Gewalt gewesen.

Q4 *Über einen Bürgeraufstand in Köln berichtet die Chronik 1369:*

Die Weber von Köln rotteten sich zusammen und forderten vom Rat die Herausgabe eines Mannes, der in Haft lag, und setzten ihre Forderung unter Androhung von Gewalt durch. (...) Hierauf hielten die Weber eine Versammlung und berieten, wie man den guten (= reichen) Leuten die Macht nehmen könne. (...)

Es musste nach dem Willen der Weber gehen. Der neue Rat wurde in folgender Weise gebildet: 15 Männer wurden aus den Geschlechtern (der Patrizier) gewählt, wie das von alters her Sitte war; daneben wurde noch ein weiterer Rat erkoren, der zählte 50 Mitglieder. In diesem Rat waren viele Zünfte vertreten. Gott schlage mit Krankheit, die solches ersannen.

Q5 *Zunftvertreter übernehmen 1368 die Herrschaft von den Patriziern in Augsburg* (Malerei aus dem Ratsbuch von Augsburg). Je ein Vertreter der Weber, Bäcker, Kürschner, Metzger, Kaufleute und Bierbrauer betritt die Ratsstube, in der die Patrizier sitzen.

1 *Beschreibe, wie die Städte im Mittelalter regiert wurden (VT).*

2 *Lies die Textquellen Q3 und Q4. Wer kämpfte gegeneinander und was wollten die Gruppen erreichen?*

3 *Welche Bestimmungen stellte Heinrich der Löwe für den Lübecker Stadtrat auf (Q2)? Kannst du dir denken, mit welcher Absicht er das tat?*

4 *Bereitet in Partnerarbeit ein Streitgespräch zwischen zwei Handwerksmeistern über die Regierung der Patrizier vor und spielt es in der Klasse.*

24 Nicht alle waren Bürger

Nicht alle waren „Bürger"

Meistens besaßen nur wenige Einwohner das Bürgerrecht, denn dazu musste man ein Grundstück, ein Haus und ein gewisses Vermögen besitzen. Handwerksgesellen und Lehrlinge galten nicht als Bürger, ebenso wenig wie die vielen Knechte, Mägde, Fuhrleute, Lastenträger und Tagelöhner, die bei den Meistern und Patriziern arbeiteten.

Menschen „zweiter Klasse" waren auch die jüdischen Familien. Sie mussten in den abgegrenzten Gettos wohnen und bestimmte Kennzeichen an der Kleidung tragen. Dabei waren es besonders auch die jüdischen Fernhändler und Kaufleute, die durch ihre Geschäfte dazu beitrugen, dass ihre Städte groß und wohlhabend wurden.

TIPP

Eine verbotene Liebe im mittelalterlichen Regensburg: „Zwischen Kreuz und Davidstern" (Carlo Ross, Omnibus, 2001)

Frauen in der Stadt

Frauen besaßen nur selten das Bürgerrecht, nämlich wenn sie selbstständig Handel oder ein Gewerbe betrieben. Ansonsten hatten Frauen keine politischen Rechte und konnten daher kein Amt im Stadtrat oder im Gericht übernehmen. Aber sie waren frei. Dazu gehörte, dass sie Besitz erben und vererben konnten.

Auch wenn die Handwerker- und Kauffrauen nicht gleichberechtigt waren, so hatten sie doch ein gesichertes Leben. Anders war es bei den Mägden: Sie arbeiteten im Haus einer wohlhabenden Familie, manchmal auch in der Werkstatt eines Handwerkers und auf Baustellen. Ihr Lohn war gering und vor Entlassung waren sie nicht sicher.

Einen schlechten Ruf hatten die Dirnen und die Frauen, die in den Badehäusern arbeiteten. Die reichen Frauen legten deshalb großen Wert darauf, nicht mit einer Magd oder gar Dirne verwechselt zu werden. Dafür sorgten die Kleiderordnungen des Stadtrats. Darin war genau vorgeschrieben, wer sich wie kleiden durfte.

Zeitreise multimedial Mittelalter/Frühe Neuzeit: Lebensformen – „Besuch im jüdischen Worms"

Arme und Ehrlose

Richtig gut ging es nur den Familien der reichen Oberschicht. Viele Handwerker dagegen erwirtschafteten oft nur mühsam genug zum Leben. Wenn das Geschäft schlecht ging oder der Familienvater starb, konnte eine Familie schnell zu den armen Leuten gehören. Und davon gab es viele in der Stadt: die Tagelöhner und Lohnarbeiter, die keine feste Anstellung hatten, sondern sich jeden Tag neue Arbeit suchen mussten. Wer keine Arbeit fand oder zu krank und zu alt zum Arbeiten war, dem blieb nichts anderes übrig, als zu betteln. In schlechten Zeiten lebte fast die Hälfte der Stadtbewohner von Almosen.

Bettler und Obdachlose gehörten zu den recht- und ehrlosen Menschen, ebenso Spielleute, Gaukler, Musikanten und Dirnen. Auf diese Leute sahen alle anderen Stadtbewohner herab. Sie konnten leicht aus der Stadt verwiesen werden und durften vor Gericht nicht als Zeugen auftreten. Zu den „Unehrlichen" zählte auch der Henker, der außerhalb der Stadt wohnen musste.

Q1 *Kieler Kleiderordnung, 1417 vom Stadtrat erlassen:*

Keine Frau darf gekrauste Tücher tragen und mehr als zwei Mäntel haben, die mit Pelzwerk gefüttert sind. Sie darf auch keinerlei Geschmeide mit teurem Gestein und Perlen an allen ihren Kleidern tragen, wenn ihr Mann an die Stadt nicht mindestens 400 Mark Silber zu versteuern hat. Wenn eine Frau dessen überführt wird, so soll das der Stadt mit mindestens 10 Mark gebessert (wieder gutgemacht) werden.

Dieselbe Strafe trifft den Übertreter der weiteren Bestimmungen: Wenn der Mann der Stadt für mindestens 200 Mark Silber Steuern zahlt, so darf seine Frau für eine Mark Silber an allen ihren Kleidern tragen. (…)

Wenn der Mann zwar Steuern zahlt, aber nicht für 100 Mark, so darf seine Frau keinerlei Geschmeide tragen. Insbesondere darf keine Bürgersfrau Pelzwerk unten an ihren Kleidern tragen.

Insbesondere wird empfohlen, dass keine Dienstmagd Spangen, Scharlachtuch und vergoldete Geschmeide trägt, die mehr als 8 Schillinge (= $^1/_2$ Mark) wert sind. Wer dagegen verstößt, soll das Geschmeide sofort abgeben und sein Dienstherr oder seine Dienstherrin sollen drei Mark Silber Strafe zahlen oder die Dienstbotin (…) aus dem Brote jagen.

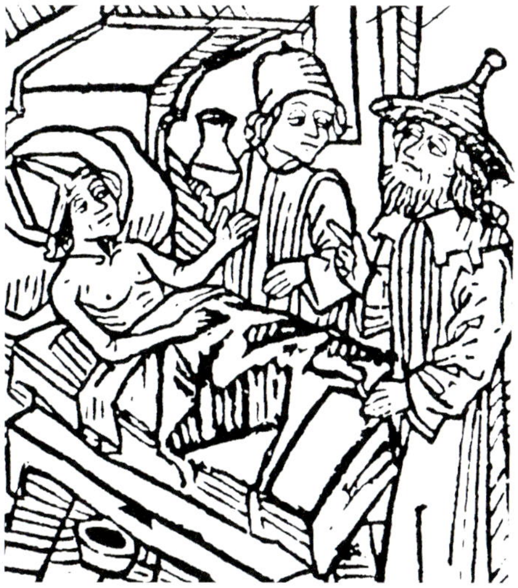

Q3 *Ein jüdischer Arzt behandelt einen Bischof* (Holzschnitt). Jüdische Ärzte waren zum Teil sehr begehrt und wurden oft zu hoch stehenden Patriziern, Kirchenmännern und sogar Fürsten gerufen. Da sie sehr gebildet waren, verhalfen jüdische Ärzte und Gelehrte manchen Städten zu großem Ansehen im Land.

Q2 *In einem Roman aus dem 11. Jahrhundert gibt ein Vater seinem Sohn folgende Ratschläge für die Ehe:*

Wenn du eine edle Gattin heimführen willst, um mit ihr teure Kinder zu zeugen, dann suche dir eine Frau, die du kennst und niemals ohne den Rat deiner Mutter! Sobald du sie gefunden hast, ziemt es sich, sie in jeder Weise in Ehren zu halten und mit Güte zu behandeln; sei dennoch ihr Herr, damit sie sich nicht etwas herausnimmt, mit dir irgendeinen Streit zu haben; denn kein größeres Übel kann es für Männer geben, als wenn sie denen unterworfen sind, deren Herren sie sein sollten.

1 Liste die verschiedenen Personengruppen auf, die in einer Stadt lebten (VT, Q3, Q4). Wer von ihnen besaß das Bürgerrecht? Wer war angesehen, wer galt dagegen als ehrlos?

2 Untersuche, welche Unterscheidungen die Kieler Kleiderordnung trifft (Q1). Aus welchem Grund wurden solche Kleiderordnungen erlassen?

3 Vergleiche die verschiedenen Lebenslagen, die auf den drei Bildern (Q4) dargestellt sind.

4 Stell dir vor, du bist vom Land in eine Stadt gekommen. Berichte einem Freund, welche Hoffnungen sich erfüllt haben, aber auch, worüber du enttäuscht bist.

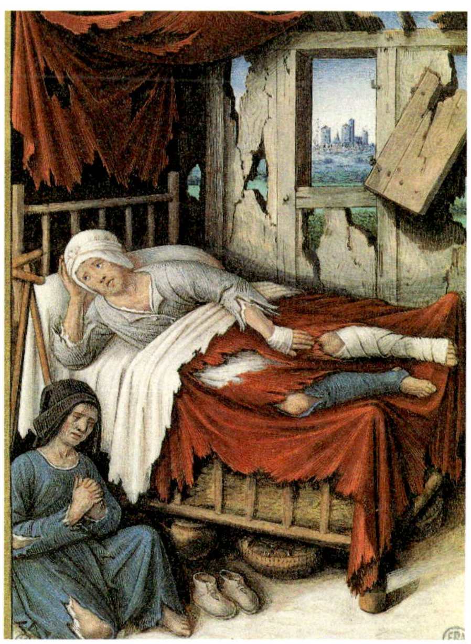

Q4 *Menschen in der Stadt* (Gemälde von Jean Bourdichon, †1521)

25 Projekt
„Hütet euch vor der Pest!"

Wir schreiben das Jahr 1349. Reisende Kaufleute berichten, dass sich vom Süden und Osten her über ganz Europa eine schreckliche Krankheit ausbreitet, die die Menschen mit schwarzen Beulen entstellt und in wenigen Tagen zum Tod führt. Die Pest – so wird die Krankheit genannt – befällt Arme und Reiche und niemand weiß, welche Ursachen sie hat. Viele Menschen suchen in ihrer Verzweiflung Trost und Hilfe bei der Kirche. Überall wird eine Frage diskutiert: Wer oder was ist schuld an dieser schrecklichen Seuche und wie kann man sich davor schützen?

Q 1 *Pesttote werden aus der Stadt gebracht.*

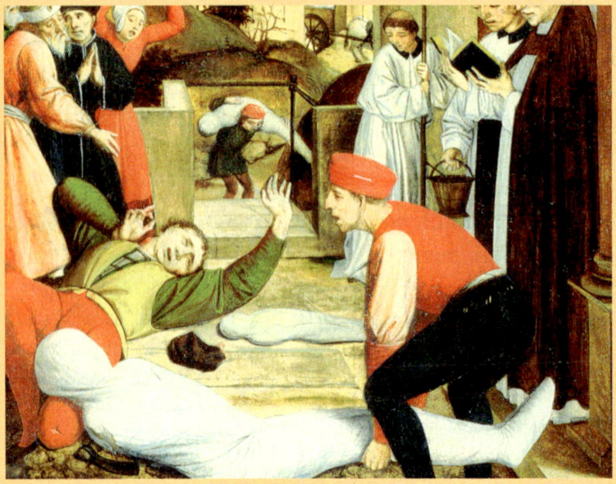

Q 3 *Der zornige Gott schießt Pestpfeile auf die Menschen.*

Q 2 *Boccaccio über die Pest in Florenz 1348:*
(1348 brach) in der herrlichen Stadt Florenz eine todbringende Pest (aus), welche entweder durch die Einwirkung von Himmelskörpern oder wegen unserer ungerechten Taten durch Gottes gerechten Zorn zu unserer Besserung über die Sterblichen geschickt wurde. (...) Alle menschliche Klugheit und Vorsicht, mit der die Stadt von Verunreinigungen gesäubert und jedem Kranken der Eintritt verwehrt wurde, waren nutzlos, umsonst auch die vielen Ratschläge zur Erhaltung der Gesundheit, umsonst die demütigen Bitten, mit denen fromme Menschen sich in organisierten Prozessionen oder auf andere Weise an Gott wandten. Etwa zu Frühlingsbeginn des Jahres zeigte die Seuche erstmals ihre schreckliche Wirkung. (...) Es bildeten sich nämlich bei Männern und Frauen Schwellungen in der Leistengegend oder unter den Achseln, von denen einige mehr oder weniger die Größe eines Apfels oder Eies erreichten und vom Volk Pestbeulen genannt wurden. Von diesen beiden Körperstellen breiteten sich die tödlichen Pestbeulen in kurzer Zeit gleichmäßig auf dem ganzen Körper aus. (...) Und diese Pest war noch schrecklicher dadurch, dass sie von denen, die daran erkrankt waren, auf den Gesunden übergriff, (...) wenn sie in seine nächste Nähe gebracht wurden. Und das war noch nicht das Ärgste, (...) es stellte sich auch heraus, dass schon die Berührung der Kleider oder irgendeines anderen Gegenstandes, den die Kranken berührt oder gebraucht hatten, den Berührenden mit dieser Krankheit ansteckte.

Q 4 *Eine Historikerin berichtet über die Zeit der Pest:*
Die Menschen versuchten sich jedoch vor der Pest (...) zu schützen, indem sie sich mit Amuletten und Kreuzen behingen oder Zaubermixturen zu sich nahmen. (...) Die Kirchen wurden wieder eifrig besucht, und der Rat befahl seinen Bürgern, jeden Morgen und jeden Abend zu beten und ordnete zudem Buß- und Fastentage an, an denen man öffentlich seine Sünden bekennen sollte. Außerdem trank man Theriak, ein opiumhaltiges (berauschendes) Arzneimittel, das aus 70 unterschiedlichen Stoffen zusammengebraut wurde und als Universalheilmittel galt. (...) Infizierte Familien durften 40 Tage lang ihre Häuser nicht verlassen; auf noch gesunde Familienmitglieder wurde dabei keine Rücksicht genommen. Die Häuser der Kranken wurden an ihren Türen mit einem roten Kreuz gekennzeichnet und Tag und Nacht durch Wächter streng bewacht.

Q 5 *Mittelalterliche Empfehlungen für das Verhalten bei einer Pesterkrankung:*

Als Erstes soll sich jeder vor Unmäßigkeit im Essen und Trinken hüten, davor, zu lange wach zu sein, anstrengende schwere Arbeit zu verrichten, ins Wasserbad zu gehen, häufig und lange in Menschenansammlungen sich aufzuhalten, lange zu fasten, nachts viel auf der Straße herumzulaufen (oder) häufigen Umgang mit Frauen zu haben. Zorn, Unzufriedenheit, Traurigkeit des Herzens, alle Baumfrüchte mit Ausnahme der sauren: All das soll man vermeiden, (…) und man soll fröhlich sein und niemals allzu ängstlich. Auch soll man vor allem seinen Frieden mit Gott machen, denn wer Frieden mit Gott hat, der hat vor der Pest viel weniger Angst. (…) Man darf nicht zu früh aufstehen und die Fenster und Türen frühmorgens nicht öffnen, ehe die Sonne nicht eine Weile geschienen hat.

Q 6 *Aus einem Bericht über die Judenverfolgung in Straßburg, 1349:*

Wegen dieser Pest wurden die Juden in der Welt verleumdet und bezichtigt, sie hätten es verursacht, indem sie Gift in das Wasser und die Brunnen getan (…) Als nun in Straßburg das Volk über die Juden ergrimmt war, versperrte man die Judengasse und setzte bewaffnete Leute davor (…) An diesem Freitag fing man die Juden in Straßburg und am Samstag verbrannte man sie auf einem hölzernen Gerüst in ihrem Kirchhof (…) Was man den Juden schuldig war, galt als bezahlt.

Q 7 *links: Vor lauter Dreck war das Überqueren der Straße manchmal äußerst schwierig.*

Q 8 *Mittelalterliche Stadtverordnungen legten Sauberkeitsvorschriften fest.*

a) Aus dem Stadtrecht von Hannover:

Auch finden sich viele Schweineställe auf der Straße. Wo sie sind, soll man sie innerhalb von acht Tagen abreißen. Von nun an soll man weder auf den Straßen noch unter den Fenstern der Häuser noch irgendwo außerhalb der Häuser Ställe haben.

b) Eine mittelalterliche Stadtverordnung:

Niemand soll Mist oder Kot vor sein Haus legen, wenn er ihn nicht gleich wegfahren will, außer auf den hierzu bestimmten Plätzen, nämlich neben dem Fleischermarkt, ferner neben dem Brunnen auf dem Pferdemarkt und bei dem Platze, welcher Gewirke heißt. (…) Jeder, der sein Nachtgeschirr auf die Straße entleeren will, muss nach dem Öffnen des Fensters zunächst rufen: „Achtung, Wasser!“

Q 9 *Bild eines Pestarztes mit Schnabelmaske.*
Im Schnabel waren Gewürze und ätherische Öle, die beim Atmen die „Pestdämpfe“ überlagern sollten.

Was können wir gegen die Pest tun? – ein Rollenspiel

Ihr seid Bewohner eurer Stadt zur Zeit der Pest. Spielt eine Gemeinderatssitzung im Jahr 1349 nach, bei der über die Pest beraten werden soll. Folgende Rollen sind zu besetzen:

- ein Bürger, dessen Familie von der Pest betroffen ist
- ein Ratsmitglied, das den Juden die Schuld gibt
- ein Ratsmitglied, das Sauberkeitsvorschriften fordert
- ein Ratsmitglied, das vorschlägt alle Pestkranken zu isolieren
- ein Priester, der zu Gebet und Beichte auffordert
- ein Arzt, der von seinen Erfahrungen und Therapien berichtet
- ein Bürgermeister (Schultheiß), der die Sitzung leitet

1. Sucht aus den Materialien Informationen heraus, die ihr für eure Rolle verwenden könnt. Gebt eurer Figur einen Namen.
2. Macht euch Notizen, wie ihr die anderen Teilnehmer der Sitzung von eurer Position überzeugen könnt.
3. Spielt die Sitzung des Gemeinderats in der Klasse nach. Zu welcher Maßnahme entschließen sich die Teilnehmer am Ende?
4. Diskutiert den Verlauf und das Ergebnis des Spiels in der Klasse. Was haltet ihr von den einzelnen Positionen der Figuren?
5. Informiert euch über Hintergründe, wie die Menschen damals über die jüdischen Bürger dachten.
6. Was weiß man heute über die Pest? Sammelt Informationen.

26 Regiert Geld die Welt?

Q1 *Schalterraum einer Bank in Florenz* (Holzschnitt aus Florenz, 1490). – Vergleiche die Einrichtung und die Tätigkeiten mit einer Bank von heute.

Kredit
(von lat. credere = glauben, vertrauen)
Ein Kreditgeber stellt einem Kreditnehmer eine bestimmte Summe Geld zur Verfügung. Der Kreditnehmer verspricht, diesen Betrag zu einem bestimmten Termin mit Zinsen zurückzuzahlen.

Verleger/Verlag
Ein Kaufmann stellt Heimarbeitern Rohstoffe und Werkezeuge zur Verfügung, beispielsweise Flachs, Wolle und Webstühle. Für die fertigen Waren erhalten die Arbeiter einen Festpreis. Heute ist der Verlag ein Unternehmen, das Bücher, Zeitungen und Zeitschriften herstellt.

Monopol
Wenn es für eine bestimmte Ware nur einen Anbieter gibt, so besitzt dieser eine Monopolstellung. Er muss auf keine Konkurrenten Rücksicht nehmen und kann den Preis für seine Ware allein bestimmen.

Händler treffen sich

In Nordeuropa hatten die Hansestädte sowie Flandern und die Niederlande ein weit verzweigtes Handelsnetz aufgebaut. Den südeuropäischen Raum beherrschten die italienischen Handelsstädte. Ihre Fernkaufleute handelten vor allem mit kostbaren Waren aus dem Orient: mit seltenen Gewürzen, feinen Seidenstoffen und chinesischem Porzellan.

Zwischen dem nördlichen und dem südlichen Handelsraum gab es zwar zahlreiche Verbindungswege, aber diese waren mühselig und gefährlich. Deswegen kamen sich die Fernhändler aus Nord und Süd auf halbem Weg entgegen. Zu festen Terminen versammelten sie sich mit ihren Waren in günstig gelegenen Städten wie Paris, Genf oder Frankfurt zu einer Messe. So gelangten Luxuswaren aus dem Orient nach Nordeuropa oder etwa flandrische Tuche nach Italien.

Handel – auch mit Geld

In den Städten war es üblich geworden, Waren nicht mehr zu tauschen, sondern gegen Münzgeld zu verkaufen. Da jeder Landesherr eigene Münzen prägen ließ, waren viele Münzen von unterschiedlichem Gewicht und Wert im Umlauf.

Italienische Handelsleute erkannten, dass sich mit Geld gut verdienen ließ. Auf Märkten stellten sie Bänke auf und stapelten darauf Münzen. Kaufleute aus vielen Ländern konnten „auf der Bank" ihre Münzen umtauschen. Die Banken nahmen auch Geld in Verwahrung und gaben darüber eine Bescheinigung aus. Diesen Schein konnte der Kaufmann in einer anderen Bank wieder gegen Geld einlösen. So musste er auf die gefährlichen Fernreisen kein Bargeld mitnehmen.

Auch Kredite gaben die Banken. Da Christen der Geldverleih gegen Zins verboten war, übernahmen dies jüdische Händler. Bald stiegen aber auch Christen in das Geschäft ein – die kirchlichen Verbote kümmerten sie angesichts des lockenden Gewinns nicht mehr.

Die Fugger in Augsburg

In Deutschland entstanden ebenfalls Handels- und Bankhäuser. Eines der bekanntesten war das der Familie Fugger. Die Fugger hatten als Verleger für Stoffe angefangen. Ihre Tuche und bald auch andere Waren verkauften sie in ganz Europa. In vielen Städten gründeten sie Niederlassungen.

Als Nächstes stiegen die Fugger ins Bankgeschäft ein und verliehen Geld an Herzöge, Fürsten und sogar an Kaiser Karl V. Als Pfand erhielten sie dessen Kupfer- und Silbergruben in Tirol, Böhmen und Ungarn. Bald besaßen die Fugger alle wichtigen Kupfer- und Silberminen in Europa und hatten so das Monopol in diesem Markt: Sie konnten die Preise für diese Metalle bestimmen. Doch nicht nur wirtschaftlich wurden die Fugger zu einer der mächtigsten Familien Europas. Karl V. hatte sich riesige Geldsummen bei den Fuggern geliehen, um die Kaiserwahl zu gewinnen. Er verdankte ihnen also seine Krone, wodurch die Fugger auch politisches Gewicht erhielten.

Q2 *Im Jahr 1523 klagten Grafen und Ritter gegen Jakob Fugger, weil dieser das Monopol über Kupfer- und Silbererz besaß. Daraufhin schrieb Jakob Fugger an Kaiser Karl V.:*

Es ist auch bekannt, dass Eure kaiserliche Majestät die Krone ohne meine Hilfe nicht erlangen hätte können. An mich habe ich dabei wenig gedacht. Ich hätte statt Euch auch Eure Gegner unterstützen können. Denn viel Geld und Gut ist mir von dieser Seite angeboten worden. Welcher Nachteil aber hieraus Eurer kaiserlichen Majestät erwachsen wäre, das können Eure Majestät selbst erkennen.

Q4 *Jakob Fugger, der „Reiche"* (rechts), mit seinem Buchhalter in seinem Augsburger Kontor (Buchillustration von 1520). – Welche Niederlassungen und Handelsverbindungen sind auf den Ablagefächern im Hintergrund aufgeführt?

Q3 *Der Reformer Martin Luther urteilt in seiner Schrift „von Kaufshandlungen und Wucher" von 1525 über die Großkaufleute:*

Ebenso verkaufen etliche ihr Gut teurer, denn es auf gemeinem Markt gilt und im Kauf gang und gäbe ist und steigern also die Ware aus keiner Ursache, denn dass sie wissen, dass desselbigen Guts keins mehr im Lande ist oder in Kürze keins mehr kommen wird und man es haben müsse. Das ist reine Gier, die die Notlage des Nächsten ausnutzen und an seinem Schaden reich werden will. Das sind alles öffentliche Diebe, Räuber und Wucherer. Ebenso kaufen etliche ein Gut oder eine Ware in einem Lande oder in einer Stadt ganz und gar auf, auf dass sie alleine solch Gut ganz und gar in ihrer Gewalt haben und diese darnach weitergeben können, so teuer sie wollen oder können. Nun ist droben gesagt, dass die Regel falsch und unchristlich ist, dass jemand sein Gut so teuer gibt, als er will und kann. Viel gräulicher ist das, dass man darauf ein Gut alleine aufkauft, welches auch die kaiserlichen und weltlichen Rechte verbieten und heißen's Monopolia.

Zeitreise multimedial Mittelalter / Frühe Neuzeit: Aufbruch in eine neue Zeit – „Arbeit im Bergbau"

1 *Überlege, welche Vorteile Kaufleute und andere Menschen von den Banken hatten (VT). Welche Schwierigkeiten können sich aber daraus ergeben?*
2 *Erläutere, wie die Familie Fugger Reichtum und Macht gewann (VT, Q2, Q4, D1).*
3 *Gib Luthers Kritik an den Großkaufleuten mit eigenen Worten wieder (Q3). Erkläre dabei auch den Begriff „Monopol".*

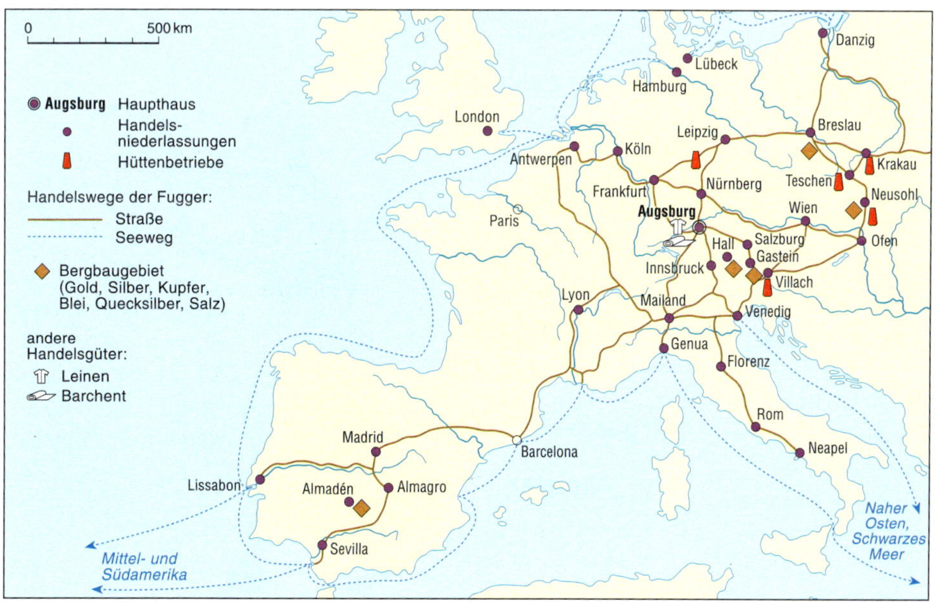

D1 *Das Wirtschaftsnetz der Fugger*

27 Abschluss
Menschen auf dem Land, auf der Burg und in der Stadt

Auf dieser Seite erzählen sechs Mädchen und Jungen, wie ihr Leben in den Jahren zwischen 800 und 1400 ausgesehen hat. Dummerweise sind die Begriffe aus den einzelnen Berichten durcheinander geraten. Aber du schaffst es bestimmt, alles wieder richtig zusammenzufügen. Das kannst du entweder alleine oder in der Gruppe erledigen.

Einzelarbeit:
Zeichne die Figuren in dein Heft ab oder kopiere die Bilder und klebe sie in dein Heft ein. Nimm am besten für jedes Bild eine neue Seite.
Überlege jetzt, welche Begriffe zu welcher Figur gehören, und schreibe sie als Stichwörter neben das Bild.
Verfasse dann mit den Begriffen einen kurzen Text, wie ihn das jeweilige Mädchen oder der Junge erzählt haben könnten. Du kannst natürlich noch etwas ergänzen, wenn dir mehr zu einer Person und ihrem Leben einfällt.

Gruppenarbeit:
Teilt euch in sechs Gruppen auf. Jede Gruppe erhält eine der abgebildeten Figuren als Aufgabe. Nun zeichnet jede Gruppe ihr Bild auf ein DIN-A3-Blatt. Ihr könnt das Bild auch kopieren (am besten vergrößert), anmalen, ausschneiden und aufkleben.
Überlegt jetzt, welche Begriffe zu eurer Person gehören, und schreibt sie als Stichwörter neben das Bild.
Verfasst dann mit den Begriffen einen kurzen Text, wie ihn euer Mädchen oder Junge erzählt haben könnte. Ihr könnt natürlich noch etwas ergänzen, wenn euch mehr zu der Figur und ihrem Leben einfällt.
Wenn alle Gruppen fertig sind, hängt ihr die sechs Plakate in einer sinnvollen Reihenfolge nebeneinander auf. Jede Gruppe stellt ihre Person der Klasse vor. Bestimmt dafür vorher eine Sprecherin oder einen Sprecher aus der Gruppe.

Pfalz

Stadtrat

Hallo, ich heiße Tilman und bin Pferdeknecht am Königshof. Zurzeit weilt unser König und Kaiser Karl der Große hier in Aachen.

Patrizier

Kogge

Guten Morgen, ich bin Wiebke, die Tochter von Bauer Onno. Unser Hof gehört zum Gut Wolfshagen im Hunsrück.

Gesellen

Ritter

Burgherrin

Markt

Burggraben

Bürgermeister

Meister

Seid gegrüßt. Lorenz ist mein Name und ich bin Knappe bei Ritter Gunther auf Burg Tiefenstein am Rhein.

Schwertleite

Freie Städte

Hallo, ich bin Simon und habe vor ein paar Wochen beim Schmied Dietrich in Speyer als Lehrling angefangen.

Kaufleute

Grundherr

Meier

Hofämter

Kontore

Hanse

hörige Bauern

Bürgerrecht

Zunft

Abgaben

Bergfried

Dreifelderwirtschaft

„Unehrliche"

Handwerker

„reisender Königshof"

Ahoi, ich heiß Claas und bin Schiffsjunge auf einem Handelsschiff von Kaufmann Lange aus Hamburg.

Turnier

Frondienste

Königsboten

Vasallen

Städtebünde

Kleiderordnung

Fernhandel

Lübeck

Pflug

Guten Tag, mein Name ist Ulrike. Ich bin die älteste Tochter des Wormser Ratsherrn Jansen.

Webergasse und Schmiedeweg

Frankenreich

Belagerung

Lehnsherren

„Stadtluft macht frei"

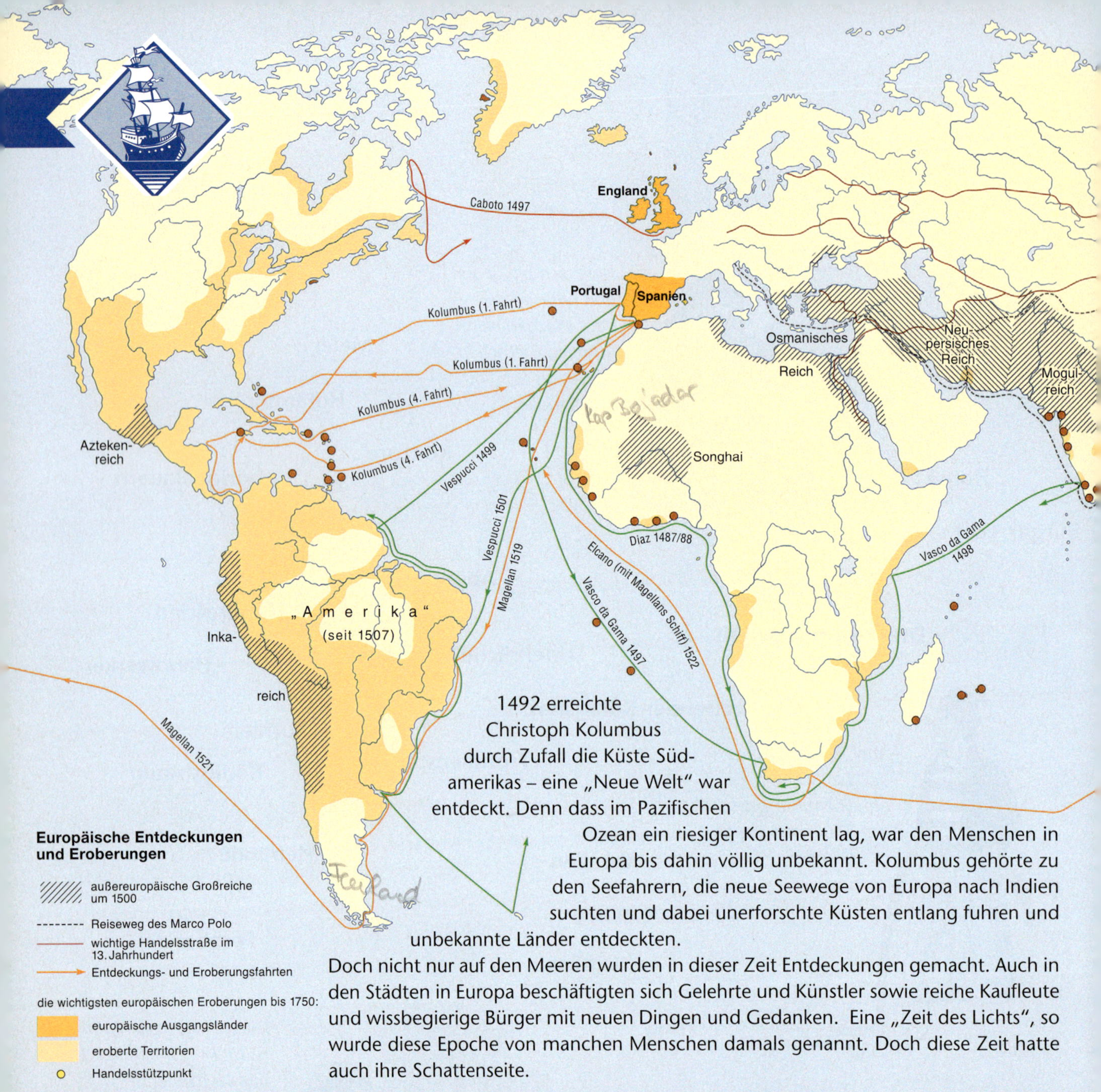

1492 erreichte Christoph Kolumbus durch Zufall die Küste Südamerikas – eine „Neue Welt" war entdeckt. Denn dass im Pazifischen Ozean ein riesiger Kontinent lag, war den Menschen in Europa bis dahin völlig unbekannt. Kolumbus gehörte zu den Seefahrern, die neue Seewege von Europa nach Indien suchten und dabei unerforschte Küsten entlang fuhren und unbekannte Länder entdeckten.

Doch nicht nur auf den Meeren wurden in dieser Zeit Entdeckungen gemacht. Auch in den Städten in Europa beschäftigten sich Gelehrte und Künstler sowie reiche Kaufleute und wissbegierige Bürger mit neuen Dingen und Gedanken. Eine „Zeit des Lichts", so wurde diese Epoche von manchen Menschen damals genannt. Doch diese Zeit hatte auch ihre Schattenseite.

um 1450

Johannes Gutenberg erfindet den Buchdruck mit beweglichen Buchstaben.

1452 – 1519

In Florenz lebt ein außergewöhnlicher Mann: Leonardo da Vinci – Maler, Bildhauer, Architekt, Naturforscher und Erfinder.

1492

Christoph Kolumbus „entdeckt" Amerika.

1519 – 1521

Magellan gelingt die ers
Weltumseglung; er selbe
kommt auf der Fahrt um

Aufbruch in eine neue Zeit

Auf diesem Holzschnitt aus der Zeit um 1530 erscheint die Erde noch als Scheibe. Der Mensch versucht einen Blick hinter das Himmelsgewölbe zu werfen: Evin geheimnisvolles Räderwerk scheint die Gestirne anzutreiben.

1519 – 1533

Die Spanier erobern die Reiche der Azteken und der Inka.

um 1520

Das Unternehmen der Familie Fugger ist eines der führenden Handels- und Bankhäuser in Europa.

1543

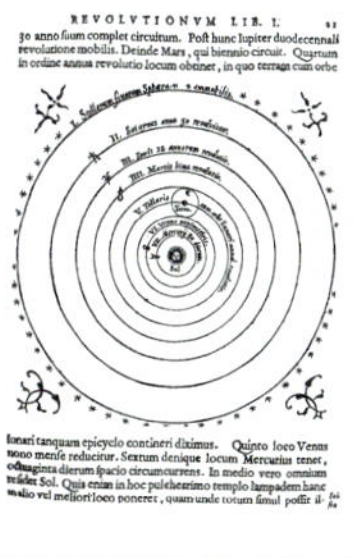

Nikolaus Kopernikus behauptet, dass sich die Sonne nicht um die Erde, sondern die Erde um die Sonne dreht.

1 Der Mensch im Mittelpunkt

Q1 *Selbstbildnis des Malers Albrecht Dürer aus Nürnberg* (1498).
Maler und Bildhauer der Renaissance bildeten die Menschen möglichst lebensnah und individuell ab. So kam das eigene Aussehen und die Persönlichkeit der gemalten Damen oder Herren zum ersten Mal richtig zum Ausdruck.

Humanismus
(von lat. humanus = menschlich)
Geistige Bewegung, die im 14. Jahrhundert in Italien begann und sich über ganz Europa ausbreitete. Ihr Vorbild ist die Antike. Die Kunst, aber auch die Wissenschaft wendet sich dem Menschen zu und sieht in ihm eine eigenständige Persönlichkeit.

Renaissance
(franz. „Wiedergeburt“)
Bezeichnung für die Zeit am Ende des Mittelalters, in der die Antike wiederentdeckt und der Mensch und die Künste „wiedergeboren“ wurden.

Das Denken ändert sich

Im Mittelalter hatte jeder Mensch, ob Bauer, Nonne oder Ritter, seinen festen Platz in der Gesellschaft, an dem nicht zu rütteln war. Vielmehr glaubten die Menschen, dass diese Ordnung von Gott so gewollt war. So verkündete es auch die Kirche, die große Macht über die Menschen hatte. Denn nur durch Buße, gute Werke und durch einen Geistlichen konnte man von seinen Sünden freigesprochen werden.
In Italien waren Städte wie Florenz, Venedig oder Mailand durch ihren Handel reich und mächtig geworden. Der Papst in Rom wie auch der Kaiser verloren hier immer mehr an Einfluss. Stattdessen hatten vornehme und reiche Kaufleute und Fürsten hier nun das Sagen. Diese selbstbewussten Familien wollten sich von der Kirche und ihrer alten Ordnung nicht mehr einengen lassen. Auch Künstler und Gelehrte, die oft mit den Handelsfamilien und Fürsten bekannt oder befreundet waren, suchten nach neuen Leitbildern und Ideen. Diese fanden sie in ihrer nächsten Umgebung.

Die Antike als Vorbild

Überall in Italien gab es noch Reste aus der Römerzeit: Tempel, Grabstätten und Amphitheater. Jahrhundertelang hatte man die Antike als heidnische Zeit verurteilt, doch nun wurde sie als ein glanzvolles Zeitalter wiederentdeckt. Die reichen Bürger nannten sich nun „Patrizier“ und die Gelehrten machten sich auf die Suche nach den Schriften der römischen und griechischen Philosophen. In den Klosterbibliotheken wurden sie fündig, studierten die Schriften eifrig und übersetzten sie ins Italienische und in andere europäische Sprachen. So verbreitete sich ein neues Denken und eine neue Sicht auf den Menschen.

Der Mensch im Mittelpunkt

Der Mensch wurde nun als freies, selbstbewusstes Wesen gesehen, das Verstand und persönlichen Fähigkeiten besitzt. Jeder sollte seine geistigen und körperlichen Kräfte gebrauchen können und sein Leben selbst bestimmen, ohne von kirchlichen Vorschriften eingeengt zu werden. Diese neue Sicht auf den Menschen nennt man Humanismus. Die Gelehrten beschäftigten sich nicht mehr mit dem Übermenschlichen, dem Göttlichen, sondern mit dem Menschlichen. Sie sahen darin keinen Widerspruch zum christlichen Glauben, denn der Mensch galt ja als das Ebenbild Gottes.

Eine neue Kunst

Nicht nur die Gelehrten, sondern auch die Künstler fanden ihre Vorbilder in der Antike. Wiedergeburt, „Renaissance“ nennt man die neue Kunstrichtung, welche die Baukunst der Griechen und Römer wiederbeleben wollte. Säulen und Kuppeln zieren die Renaissance-Bauten. In Florenz plante und baute der Architekt Brunelleschi 1420 eine Kuppel für den Dom, die rund 90 Meter hoch war.

Q4 *Dom von Florenz.* Mit 39 m Durchmesser war die 1436 von Filippo Brunelleschi gebaute Kuppel die größte in Europa seit der Errichtung des Pantheons im antiken Rom.

Q2 *Der italienische Gelehrte Pico della Mirandola (1463–1494) schrieb einen Aufsatz, in dem er Gott sprechen lässt:*

Ich habe dich (den Menschen) in die Mitte der Welt gesetzt, damit du von dort bequem um dich schaust, was es alles in dieser Welt gibt. Wir haben dich weder als einen Himmlischen noch als einen Irdischen, weder als einen Sterblichen noch einen Unsterblichen geschaffen, damit du als dein eigener Bildhauer und Dichter vollkommen frei dir selbst die Form bestimmst, in der du zu leben wünschst. Es steht dir frei, in die Unterwelt des Viehs zu entarten. Es steht dir ebenso frei, in die höhere Welt des Göttlichen dich durch den Entschluss deines eigenen Geistes zu erheben.

Q3 *In dem Roman „Gargantua und Pantagruel" (ab 1532) des französischen Schriftstellers François Rabelais gibt Gargantua seinem Sohn Pantagruel gute Ratschläge für sein Studium in Paris:*

Darum, mein Sohn, ermahne ich dich, dass du deine Jugend wohl anwendest, um in Wissenschaft und Tugend dazuzulernen. (...) Ich setze voraus und will, dass du die Sprachen gründlich erlernst; erstlich das Griechische (...); zweitens das Lateinische, ferner das Hebräische, der Heiligen Schrift wegen. (...) Für die Freien Künste, für Geometrie, Arithmetik und Musik habe ich dir bereits Geschmack beigebracht, als du noch ein kleiner Bube von sechs Jahren warst. Setze das nun weiter fort und erlerne die Astronomie in all ihren Gesetzen. (...) Es ist mein Wunsch, dass du dich mit den Dingen der Natur eingehend beschäftigst, sodass es kein Meer, keinen Fluss, kein Bächlein gebe, von dem du die Fische nicht kenntest. Kein Vogel der Luft, kein Baum oder Strauch, keine Staude, kein Kraut des Feldes, kein Metall im Schoß der Erde, kein Edelstein des Morgen- oder Mittaglandes darf dir unbekannt bleiben.

Q5 *Die Zentralperspektive, auch eine neue Entdeckung in der Kunst:* Mathematisch genau wurde ein dreidimensionaler, wirklichkeitsgetreuer Raum in die Bilder übertragen.

Zeitreise multimedial Mittelalter / Frühe Neuzeit: Aufbruch in eine neue Zeit – „Malen mit der Zentralperspektive"; „Die Renaissance im Bild"

1. *Wo fanden die Menschen in den italienischen Städten im 15. Jahrhundert ihre Vorbilder (VT, Q4)?*
2. *Worin bestanden die neuen Vorstellungen vom Menschen (VT, Q1)? Überlege, wem das neue Menschenbild Vorteile brachte.*
3. *Wie versuchten die Gelehrten ihre neuen Vorstellungen mit dem christlichen Glauben zu vereinbaren (Q2)?*
4. *Beschreibe die neuen Leistungen der Renaissance-Kunst (VT, Q1, Q4, Q5).*

2 Brillen, Flugmaschinen und Schießpulver

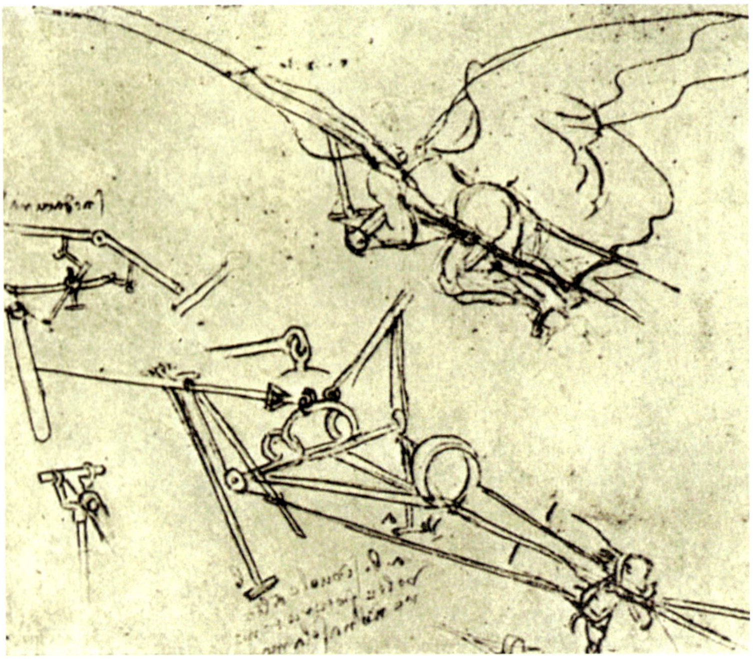

Q 1 *Entwurf einer Flugmaschine von Leonardo da Vinci.* – Beschreibe die Flugapparate. An welche moderne Sportart erinnern sie dich?

Q 2 *Brillengestell aus Knochen*

Leonardo da Vinci

Leonardo da Vinci entsprach weitgehend dem Ideal eines „umfassend entwickelten Menschen", denn er war auf vielen Gebieten interessiert und tätig. So schuf er als Maler beispielsweise das berühmte Porträt der Mona Lisa. Außerdem war er ein genauer Naturforscher und einfallsreicher Erfinder. Er nahm Leichenöffnungen vor, um genau zu sehen, wie der menschliche Körper aufgebaut war. Die einzelnen Körperteile und Organe bildete er dann in Wachsmodellen nach.

Zwar konnten viele seiner Ideen, so der Flugapparat, ein Tauchanzug aus Leder oder auch ein mit Kanonen versehener Panzer, nicht genutzt werden. Aber seine Entwürfe zeigen die menschliche Neugier und den Willen, die Welt zu beherrschen und das menschliche Leben zu verändern und zu erleichtern. Dabei machte es nichts, wenn nicht alles verwirklicht werden konnte – wichtig war es, Dinge auszuprobieren.

Brille und Uhr verändern das Leben

Nicht nur Forscher und Gelehrte machten in dieser Zeit Entdeckungen, auch Handwerksmeister probierten neue Dinge aus. So wollten Kaufleute und Beamte in den Städten die Zeit genauer messen können. Die bisherigen Uhren wie die Sonnenuhren waren noch recht ungenau und außerdem vom Wetter abhängig. Kurz vor 1300 hatte man bereits die Gewichtsräderuhr erfunden, die bei jedem Wetter und auch nachts die Zeit verkündete. Als zu Beginn des 16. Jahrhunderts die Spiralfeder erfunden wurde, ließen sich kleine Uhren bauen, die jeder Kaufmann und Bürger in der Tasche tragen konnte. Eine andere wichtige Erfindung für die Gelehrten, aber auch für die Kaufleute war die Brille. Jetzt konnten sie genau lesen, was in einem Vertrag oder in einem gelehrten Text stand, auch wenn ihre Augen schlechter wurden.

Teufelswerkzeug Schwarzpulver

Bereits um 1250 soll dem Mönch Berthold Schwarz ein Gemisch aus Schwefel, Salpeter und Holzkohle in einem Mörser explodiert sein. Wir wissen nichts Genaues darüber, vielleicht hielten die Mönche die zufällige Entdeckung für Teufelswerkzeug.

In China wurde Schwarzpulver schon seit dem 9. Jahrhundert für Feuerwerkskörper und Leuchtsignale verwendet. Die Europäer nutzten es anders: Das Schießpulver sollte Kugeln aus Geschützen und Feuerwaffen schleudern. Schmiede fertigten die Waffenrohre zunächst aus Eisenringen, später aus Bronze. Im 15. Jahrhundert setzte man die Geschützrohre auf Gestelle mit Rädern. Mit diesen beweglichen Geschützen veränderte sich die Kriegstechnik grundlegend. Denn mit ihnen konnte man Breschen in Burg- und Stadtmauern schießen. Auch Ritter in schweren Rüstungen konnten gegen die Feuerwaffen nichts mehr ausrichten.

Q3 *Über Menschen, Waffen und Krieg schreibt der niederländische Humanist Erasmus von Rotterdam (1466–1535) in einem Brief:*

Wir sind schlimmer als die Tiere, von denen nicht alle kämpfen, sondern nur die wilden. Sie aber kämpfen wenigstens mit ihren eigenen, natürlichen Waffen, nicht wie wir, mit durch teuflische List ersonnenen Maschinen. Sie kämpfen für ihre Jungen oder um Nahrung; unsere Kriege entspringen meistens dem Ehrgeiz, dem Zorn, der Begierde oder einer anderen derartigen Krankheit der Seele. Kein Krieg laufe so glücklich ab, dass er nicht mehr Böses als Gutes brächte. Niemand schade im Kriegführen seinem Feinde, er hätte denn zuerst den Seinen manches Unheil angerichtet.

„Aber", wirst du sagen, „das Recht der Fürsten muss gewahrt bleiben." Es steht mir nicht an, so vermessen über die Angelegenheiten der Fürsten zu sprechen. Doch eines weiß ich, dass oft das höchste Recht das höchste Unrecht ist und dass es Fürsten gibt, die erst vereinbaren, was sie haben wollen, und dann nach dem einen oder anderen Rechtsanspruch suchen, um ihren Anschlag zu vertuschen.

Q4 *Studie von Leonardo da Vinci über die Proportionen des menschlichen Körpers.* Der Künstler wollte den harmonischen, ausgewogenen Körper finden. Dafür passte er die perfekte Figur des Menschen in geometrische Formen ein.

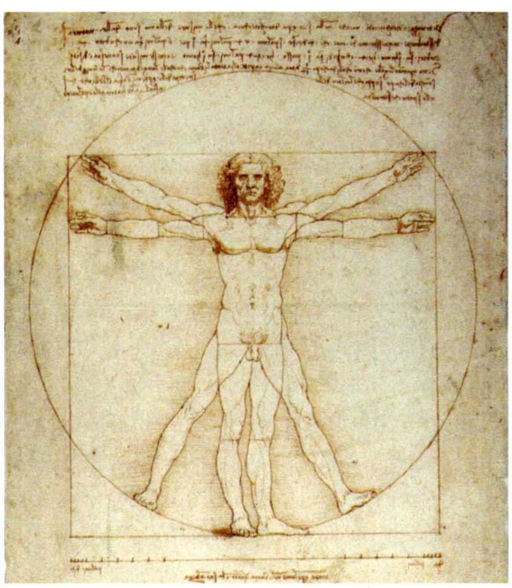

Q5 *Taschenuhr* (16. Jahrhundert). Seit der Erfindung der Spiralfeder zu Beginn des 16. Jahrhunderts ließen sich kleine, tragbare Uhren bauen, die alle 24 Stunden des Tages

Q6 *Leonardo da Vinci über das Studium der Natur:*

Es ist notwendig, dass der Maler, um ein guter Darsteller der Gliedmaßen in den Stellungen und Gesten bei nacktem Körper zu sein, die Anatomie der Sehnen, Knochen, Muskeln und Fasern kenne, damit er bei verschiedenen Bewegungen und Kraftanstrengungen wisse, welche Sehnen und welcher Muskel der Ursprung der Bewegung sei, und also nur diesen Muskel deutlich und angeschwollen mache, und nicht alle am ganzen Körper, wie manche tun, die, um als große Zeichner zu erscheinen, ihre nackten Gestalten hölzern und ohne Anmut machen, sodass sie eher einem Sack voller Nüsse als einem menschlichen Äußeren gleichen, oder eher einem Bündel Rettiche als muskulösen nackten Körpern.

1. *Kannst du dir vorstellen, warum Leonardo da Vinci sich mit dem Fliegen beschäftigte (VT, Q1)?*
2. *Welche Forderungen stellte Leonardo da Vinci an den Maler (Q6)?*
3. *Inwiefern veränderte die Erfindung von Pendeluhren und Taschenuhren das Leben der Menschen (VT, Q5)?*
4. *Welche Folgen hatte die Erfindung des Schwarzpulvers für die Kriegsführung (VT, Q7)?*
5. *Gib mit eigenen Worten wieder, wie Erasmus die Kriegsführung der Menschen beurteilt (Q3).*

Q7 *Neues Kriegsgerät* (Titelblatt des Feuerwerkbuches, Augsburg 1529).
– Welche Geräte kannst du auf dem Bild erkennen und wozu wurden sie verwendet?

3 Ein neues Weltbild

Globus
Der Begriff kommt aus dem Lateinischen und bedeutet „Kugel“. Ein Globus ist die verkleinerte Nachbildung der Erde oder auch der Himmelskugel. Anders als auf einer Weltkarte kann man auf einem Globus die Fläche der Meere und Kontinente richtig und unverzerrt abbilden. Die ältesten Himmelsgloben stammen aus dem 1. Jahrhundert v. Chr., der älteste erhaltene Erdglobus wurde 1492 von Martin Behaim angefertigt. Er nannte seinen Globus auch „Erdapfel“.

heliozentrisches Weltbild
(von griech. helios = der Sonnengott)
Die Sonne und nicht die Erde bildet den Mittelpunkt, das Zentrum, dieses neuen Weltbildes. Nikolaus Kopernikus zeichnete es als Erster auf.

Die Erde – in der Mitte des Kosmos?

Vielleicht hast du schon mal beobachtet, dass bei einem Schiff, das am Horizont erscheint, zuerst die Mastspitze oder der Schornstein zu sehen sind? Schon die ersten Seefahrer in der Antike stellten fest, dass ein Schiff hinter dem Horizont auftaucht. Daraus schlossen sie, dass die Erde eine Kugel sei. Der griechische Gelehrte Aristoteles, der im 4. Jahrhundert v. Chr. lebte, suchte und fand Beweise für die Kugelgestalt der Erde: Bei einer Mondfinsternis kann man den Schatten der Erdkugel auf dem Mond sehen. Auch sieht man in Ägypten Sterne, die in nördlichen Ländern nicht zu sehen sind.
Ein anderer griechischer Gelehrter, der Astronom Ptolemäus, entwickelte im 2. Jahrhundert n. Chr. ein Bild des gesamten Kosmos. Nach Ptolemäus stand die Erde still in der Mitte des Weltalls. Sonne, Mond und Sterne waren leuchtende Punkte an durchsichtigen Kugelschalen, die sich um die Erde drehen. Dieses Bild, mit der Erde im Zentrum, wird auch „geozentrisches Weltbild“ genannt.

Q1 *Der erste Globus, hergestellt 1492 von Martin Behaim.* Behaim nahm selber an Entdeckungsfahrten teil. Nachdem er aus Portugal in seine Heimatstadt Nürnberg zurückgekehrt war, fertigte er den „Erdapfel“ an. Der amerikanische Kontinent ist darauf allerdings noch nicht zu finden.

Die Erde – nur ein Planet unter vielen?

Erst im 16. Jahrhundert kamen Zweifel an dem geozentrischen Weltbild auf. Der Astronom und Mathematiker Nikolaus Kopernikus beobachtete und berechnete viele Jahre lang den Lauf der Planeten. Ihm fiel auf, dass die Planeten mit ihren Bahnen eigenartige Schleifen bildeten. Kopernikus fand die Antwort darauf: Die Erde ist ein Planet und kreist wie alle Planeten um die Sonne. Weil sich die Planeten dabei gegenseitig überholen, sehen ihre Bahnen, von der Erde beobachtet, wie Schleifen aus. Kopernikus' Entdeckung wird auch „heliozentrisches Weltbild“ genannt.

Wie reagiert die Kirche?

1543, kurz vor seinem Tod, veröffentlichte Kopernikus seine Studien. Die meisten Gelehrten, die Kopernikus' Texte lasen, lehnten sie ab. Kaum einer mochte sich vorstellen, auf einer sich drehenden und kreisenden Kugel zu leben. Außerdem widersprach Kopernikus' Bild der Bibel: Der Mensch war doch die Krone der Schöpfung. Also konnte die Erde nicht nur ein Planet unter vielen anderen im Weltall sein. Vielmehr müsste Gott die Erde doch in den Mittelpunkt seiner Schöpfung gestellt haben.
90 Jahre später versuchte der Italiener Galileo Galilei die Beobachtungen von Kopernikus zu beweisen. Daraufhin wurde ihm der Prozess wegen Ketzerei gemacht. Um nicht auf dem Scheiterhaufen zu enden, gab Galilei zum Schein zu, dass er sich geirrt habe. So kam er mit lebenslangem Hausarrest davon; seine Schriften wurden verbrannt. Erst im 18. Jahrhundert erkannten Gelehrte und andere Menschen allmählich an, dass Kopernikus und Galilei Recht gehabt hatten.

Q4 *links: Das Weltbild des Ptolemäus* mit der Erde im Mittelpunkt und den Planeten- und Sternensphären um sie herum. Außerhalb dieses Systems befindet sich der Bereich Gottes.

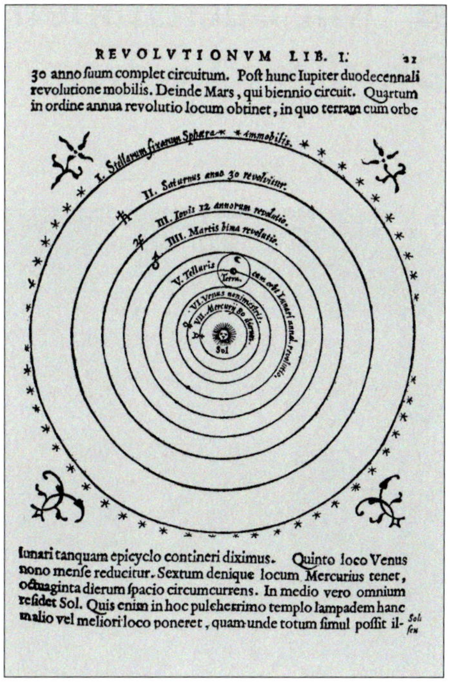

REVOLVTIONVM LIB. I. 21

30 anno ſuum complet circuitum. Poſt hunc Iupiter duodecennali revolutione mobilis. Deinde Mars, qui biennio circuit. Quartum in ordine annua revolutio locum obtinet, in quo terram cum orbe

lunari tanquam epicyclo contineri diximus. Quinto loco Venus nono menſe reducitur. Sextum denique locum Mercurius tenet, octuaginta dierum ſpacio circumcurrens. In medio vero omnium reſidet Sol. Quis enim in hoc pulcherrimo templo lampadem hanc in alio vel meliori loco poneret, quam unde totum ſimul poſſit il- *Soli ſen*

Q5 *rechts: Die Kreisbahnen der Planeten um die Sonne,* wie sie Nikolaus Kopernikus in seinem Buch „Über die Bewegungen der Himmelskörper" darstellte.

Q2 *In seinem „Dialog über die beiden hauptsächlichsten Weltsysteme" schrieb Galileo Galilei im Jahr 1632:*

Simplicius: Woraus schließt Ihr aber, dass nicht die Erde, sondern die Sonne das Zentrum der Planetendrehungen ist?

Salvatius: Es ergibt sich dies aus ganz augenscheinlichen und darum durchaus beweisenden Beobachtungen. Die, welche am handgreiflichsten dartut, dass die Erde jenem Mittelpunkte entrückt ist, die Sonne aber in demselben steht, ist die Tatsache, dass sich alle Planeten bald näher, bald weiter entfernt von der Erde befinden (...) Wenn es nun wahr ist, dass die Bahnen der Planeten (...) um die Sonne als Zentrum gehen, so ist es umso mehr gerechtfertigt, die Ruhe der Sonne und nicht der Erde beizulegen, insofern es richtiger ist, dem Mittelpunkte von beweglichen Sphären Unbeweglichkeit beizumessen als irgendeinem anderen von diesem Mittelpunkte verschiedenen Orte. Danach kann man der Erde (...) eine Bewegung von einjähriger Dauer zuerkennen und die Ruhe der Sonne belassen. Wenn dem so ist, so folgt mit Notwendigkeit, dass auch die tägliche Bewegung der Erde zukommt; denn steht die Sonne fest und die Erde drehte sich nicht um sich selber, sondern hätte bloß die jährliche Bewegung um die Sonne, so würde unser Jahr nur aus einem Tag und einer Nacht bestehen, nämlich einem sechsmonatigen Tag und einer sechsmonatigen Nacht.

Q3 *Kardinal Roberto Bellarmino, der Berater des Gerichts gegen Galilei, schrieb in einem Brief vom 12. April 1615:*

Wenn man aber behaupten will, die Sonne stehe wirklich im Mittelpunkt der Welt und bewege sich nur um sich selbst, ohne von Osten nach Westen zu laufen, und die Erde stehe am dritten Himmel und bewege sich mit der größten Schnelligkeit um die Sonne, so läuft man damit große Gefahr, nicht nur alle Philosophen und (...) Theologen zu reizen, sondern auch unseren heiligen Glauben zu beleidigen, indem man die Heilige Schrift eines Fehlers überführt. (...) Wenn ihr nicht nur die Väter, sondern auch die modernen Kommentare über (die Bibel) lesen wollt, werdet ihr finden, dass die alle übereinstimmend die Stellen, sie wörtlich auffassend, dahin erklären, dass die Sonne am Himmel ist und sich mit der größten Schnelligkeit um die Erde bewegt und dass die Erde vom Himmel sehr weit entfernt ist und unbeweglich im Mittelpunkt der Welt steht.

1 Fasse zusammen, wie sich das Bild der Erde von Aristoteles über Ptolemäus bis zu Kopernikus entwickelte (VT, Q4, Q5).

2 Lies Q2. Welche Argumente nennt Galilei für das Weltbild des Kopernikus?

3 Wie argumentieren Galileis Gegner (Q3)?

4 Wie erklärst du die Reaktion der Kirche auf Kopernikus und Galilei?

5 Betrachte Martin Behaims „Erdapfel" (Q1). Warum findet sich darauf noch nicht der amerikanische Kontinent?

6 Vergleiche, wie die Erde auf einem Globus und auf einer Weltkarte dargestellt ist. Fallen dir Unterschiede auf?

4 Mit Buchstaben und Druckerschwärze

1 *Eine Druckerwerkstatt im 16. Jahrhundert* (Kupferstich von Philipp Galle).
Mit dem Buchdruck entstanden auch neue Berufe: Metallgießer für die Lettern, Papierhersteller, Drucker, Buchbinder und letztlich die Buchhändler sorgten dafür, dass Bücher hergestellt und verkauft werden konnten.

Buchdruck
Johannes Gutenberg entwickelte um 1450 das Verfahren, Buchseiten mithilfe von beweglichen Metallbuchstaben („Lettern") zu drucken. Vorher hatte man zum Drucken entweder Stempel verwendet, oder man hatte die Texte in Holzplatten eingeschnitten, diese eingefärbt und auf ein Blatt Papier gedruckt (Blockdruck). Das älteste so hergestellte Buch stammt aus China, aus dem Jahr 868. Gutenbergs Erfindung veränderte die Buchherstellung in Europa grundlegend und verdrängte schnell die handgeschriebenen oder auch im Blockdruck hergestellten Bücher.

Bücher werden gebraucht

Im Mittelalter wurden Bücher mit Feder und Tinte auf Pergament geschrieben. Wollte man einen Text vervielfältigen, musste er immer wieder abgeschrieben werden. Das taten vor allem Mönche in den Klöstern. Um eine Bibel abzuschreiben, benötigte ein Mönch ein bis zwei Jahre. Der Wert so eines Buches entsprach etwa dem Preis von 30 Ochsen. Kein Wunder, dass Bücher sorgfältig behütet und in Bibliotheken manchmal sogar mit Ketten gesichert wurden.
Ab dem 13. Jahrhundert wurden in Europa aber immer mehr Bücher benötigt. In den neu gegründeten Universitäten mussten die Studenten alles mitschreiben, was ihre Lehrer vortrugen. Viel praktischer wären eigene Bücher, die man in Ruhe zu Hause studieren konnte. Auch wollten die Gelehrten ihre Studien gerne veröffentlichen. Außerdem brauchte man auch in manchen Kaufmanns- und Fürstenhäusern Bibeln, Rechtsbücher, Grammatiken sowie Heil- und Kräuterbücher. So suchte man nach Wegen, Bücher schneller und preiswerter herstellen zu können.

Gedruckte Bücher in ganz Europa

Ein uns nicht bekannter Erfinder schnitt Texte in Holzplatten, bestrich diese mit Farbe, drückte ein Blatt darauf und erhielt so eine ganze Buchseite. Auf diese Weise konnten viele Blätter gedruckt werden, aber danach hatte der Drucker für die benutzten Holzplatten keine Verwendung mehr.
Der Mainzer Goldschmied Johannes Gutenberg hatte die entscheidende Idee: Er stellte aus Metall einzelne Buchstaben her, die zu Texten zusammengesetzt wurden. Diese Buchstaben werden auch „Lettern" genannt. Nach dem Druck ließen sich die Buchstaben wieder auseinander nehmen und neu zusammensetzen. Im Jahr 1455 wurde mit dieser Technik eine Bibel hergestellt. Sie kostete zehnmal weniger als eine handgeschriebene!
Schon um 1500 gab es in etwa 270 Städten insgesamt 1150 Druckereien, in denen nahezu zehn Millionen Bücher gedruckt wurden. Viele Adlige, Gelehrte und reiche Bürger richteten sich Bibliotheken ein. Wissen und Neuigkeiten verbreiteten sich nun viel schneller als vorher.

D1 *Gutenbergs Druckverfahren* (Rekonstruktionszeichnung). ① Die einzelnen Lettern werden aus einer Bleimischung gegossen. ② Der Setzer fügt die Lettern in einem so genannten „Winkelhaken" zuerst zu Zeilen und dann zu einer ganzen Seite zusammen. ③ Die Druckvorlage wird mit Druckerschwärze eingefärbt und auf ein feuchtes Blatt gepresst ④. Das Ergebnis ist ein sauber bedruckter Bogen ⑤.

Q2 *Erzbischof Berthold von Mainz erließ am 22. März 1485 ein Gesetz:*

Wenngleich die Druckerkunst es leicht macht, die Werke zur Bildung zu beschaffen, so haben wir doch erfahren, dass gewisse Leute diese Kunst missbrauchen. (…) Sie haben nämlich Bücher, die von göttlichen Dingen handeln, aus der lateinischen in die deutsche Sprache übersetzt. (…) Laien (Männer, die keine Priester sind) und ungelehrte Menschen (die nicht studiert haben) und das weibliche Geschlecht, in deren Hände die Bücher fallen, können nicht das wahre Verständnis herauslesen. Da der wahre Anfang der Buchdruckerkunst in diesem unseren goldenen Mainz mit Gottes Willen hervorgetreten ist, soll auch von uns diese Kunst geschützt werden. Daher befehlen wir, keine Werke aus der lateinischen oder sonst einer Sprache ins volkstümliche Deutsch zu übersetzen, wenn nicht die Werke vor der Drucklegung (…) durch Doktoren der Universität Mainz durchgesehen und zum Druck freigegeben wurden.

Q3 *Über die Vorteile des Buchdrucks schrieb Bonus Accursius, um 1475:*

(Der Buchdruck) ist eine wahrhaft nutzbringende und gar schöne Kunst, denn Abschriften von Büchern zu verschaffen ist wegen der hohen Preise für jedermann nicht gerade leicht. Aber wenn dies Gott sei Dank für dich auch kein Hinderungsgrund ist, so musst doch auch du den Buchdruck wegen seiner künstlerischen Schönheit hochschätzen; und dann auch deshalb, weil dieser Buchdruck, sobald er einmal richtig feststeht, immer in derselben Weise durch alle Druckbogen fortschreitet, sodass ein Fehler kaum möglich ist, eine Sache, mit der es beim Abschreiben von Büchern ganz anders aussieht.

Q4 *Über gedruckte und handgeschriebene Bücher urteilte Johannes Trithemius, Abt von Sponheim, 1494:*

Niemand möge denken (…): Wozu muss ich mich noch mit Abschreiben schinden, wo doch die Druckkunst so viele und so große Bücher ans Licht bringt, dass man um billiges Geld eine große Bibliothek einrichten kann? Fürwahr, wer so daherredet, der schickt sich an, durch sein Nichtstun Finsternis einreißen zu lassen. Wer wüsste nicht, wie groß der Unterschied zwischen Schrift und Druck ist? Geschriebenes, wenn man es auf Pergament bringt, wird an die tausend Jahre Bestand haben; Gedrucktes aber, da es auf Papier steht, wie lange wird es halten? Wenn Gedrucktes in einem Band aus Papier an die zweihundert Jahre Bestand haben wird, wird es hochkommen.

Zeitreise multimedial Mittelalter/Frühe Neuzeit: Aufbruch in eine neue Zeit – „Wie ein Buch gedruckt wird"

1. *Beschreibe die Buchdrucktechnik, die Gutenberg erfunden hat (VT, Q1, D1).*
2. *Welche Veränderungen führte der Buchdruck herbei (VT, Q2)? Was fürchtete der Erbischof von Mainz?*
3. *Lies Q3 und Q4 und gib die Meinung der beiden Zeitgenossen mit eigenen Worten wieder.*

5 Auf der Suche nach den Schätzen Indiens

Q 1 *Die Karavelle* war ein leichtes, aber stabil gebautes Schiff. Diese Bauweise machte die Karavelle besonders hochseetüchtig.

Zimt, Ingwer und Vanille

1453 eroberten die muslimischen Türken Konstantinopel. Mit ihrem riesigen Reich im Vorderen Orient kontrollierten sie nun die Handelswege nach Indien und China. Auf die ostasiatischen Waren schlugen sie einen sehr hohen Zoll, wodurch diese Waren noch teurer wurden. Grund genug für die europäischen Fernhändler, nach neuen Handelswegen in den Orient zu suchen. Der Seeweg um Afrika nach Indien, den bereits antike Geografen für möglich hielten, sollte die Lösung sein.

Heinrich der Seefahrer

In Portugal förderte Prinz Heinrich die Seefahrt ganz besonders und ließ den Seeweg um Afrika herum planmäßig erforschen. Heinrich war Mathematiker und Astronom. Angeblich trank er keinen Alkohol und hatte keinen Umgang mit Frauen, lebte also wie ein Mönch.

Ihm war es wichtig, die Seefahrer wissenschaftlich auszubilden. Zu diesem Zweck gründete Heinrich die erste Seefahrerschule in Europa, an der sich auch eine Sternwarte befand. Arabische und europäische Wissenschaftler arbeiteten hier zusammen. Die portugiesischen Seefahrer lernten die Stellungen der Gestirne zu lesen, die ihnen die wichtigsten Orientierungspunkte auf der weiten See waren. Außerdem wurde ein neuer, hochseetüchtiger Schiffstyp gebaut: die Karavelle. Alle neu entdeckten Gebiete ließ Prinz Heinrich in verlässliche Karten einzeichnen.

Rund um Afrika …

Die Erfolge stellten sich bald ein: 1419 wurde die Insel Madeira entdeckt und besiedelt, 1431 die Azoren und 1434 gelang es, das Kap Bojador zu umsegeln. An diesem 15 Meilen langen Riff brechen sich Wellen und Meeresströmungen. Dahinter vermuteten viele das Ende der Welt, wo das Meer koche. Prinz Heinrich aber ermutigte seine Kapitäne weiterzusegeln, und das Wagnis gelang! Bartolomeo Diaz erreichte 1487 die Südspitze Afrikas. Aber seine Mannschaft meuterte, sodass Diaz umkehren musste. Vasco da Gama war es schließlich, der Afrika umfuhr und den Weg nach Indien fand. 1498 landete er im Hafen Kalikut, wo er die kostbaren und begehrten Gewürze erwarb.

… und um die ganze Welt

Im Jahr 1519 versuchte Fernando Magellan einen Seeweg zu den portugiesischen „Gewürzinseln" im Stillen Ozean zu finden, diesmal in westlicher Richtung. Tatsächlich entdeckte er einen Weg, und zwar um die Südspitze Amerikas herum, zwischen den Inseln von Feuerland hindurch. Diese Route heißt noch heute „Magellanstraße".
Magellan kehrte zwar nicht nach Portugal zurück – er wurde 1521 auf den Molukken* von dortigen Einheimischen erschlagen. Trotzdem gilt er als der erste Weltumsegler. Die Gewürze, die sein Schiff mitbrachte, erzielten einen hohen Preis – viel höher als die Kosten der ganzen Weltumseglung.

Zeitreise multimedial Mittelalter/Frühe Neuzeit: Aufbruch in eine neue Zeit – „Auf den Spuren der Entdecker"

* Indonesien

Q1 *Gewürze,* die wir heute fast in jedem Geschäft oder auf dem Markt kaufen können, waren im 15. Jahrhundert teure Luxuswaren, etwa Ingwer, Vanille, Zimt, Muskatnuss, Pfeffer, Nelken, Safran, Anis und Pistazien.

Q2 *König Manuel von Portugal teilt dem deutschen Kaiser Maximilian 1499 in einem Brief die Entdeckung des Seewegs nach Indien mit:*

Was einstmals die Reiche der Römer, Karthager und anderer Völker (...) nicht vermochten (...) – nämlich die Umsegelung der Erde von Westen nach Osten durch den Atlantik und das (...) Indische Meer –, das hat die Gnade Gottes (...) den Königen von Portugal in unserer Regierungszeit gewährt. (...) Im Übrigen haben sie (Vasco da Gama und seine Schiffe) eine Fülle von orientalischen Waren, die über die ganze Welt verbreitet sind, nämlich Zimt, Nelken, Pfeffer, Ingwer, Muskatnuss, Moschus, Benzoeharz, Weihrauch und alle Arten von Spezereien (Gewürzen) ebenso wie von Edelsteinen und Perlen (...) von den indischen Handelsplätzen mitgebracht, (...). Daher müssen über den derart glücklichen Ausgang sowohl Eure Majestät als auch alle christlichen Fürsten (...) aufs Höchste frohlocken, (...) dass diesen bedeutenden Warenhandel, den wir bis zu diesem Tag den Händlern der Ungläubigen zu entreißen strebten, (...) hinfort Christen und Mauren innehaben werden.

Q3 *Über den wissenschaftlichen Charakter von Entdeckungsreisen schrieb Pedro Nuñez 1537:*

Es steht fest, dass die Entdeckung von Küsten, Inseln und Kontinenten nicht zufällig erfolgt. Unsere Seefahrer genießen eine gründliche Ausbildung, bevor sie in See stechen. Sie kennen die Navigationsinstrumente, die Grundlagen der Sternenkunde und Geometrie, das heißt alle die Dinge, die schon Ptolemäus im 1. Buch seiner „Geographia" fordert. Unsere Entdeckungsreisenden führen Seekarten mit exakten Seekartenmarkierungen an Bord, die sich von denen früherer Seefahrer erheblich unterscheiden. Früher kannte man nur 12 Winde und segelte ohne Kompass. Vermutlich deshalb hielten sich die Schiffsführer damaliger Zeiten immer in Sichtweite der Küste und segelten stets nur mit günstigem Rückenwind.

1. *Vollziehe auf der Karte der ADS (S. 96/97) die Entdeckungsfahrten der portugiesischen Seefahrer nach.*
2. *Das Sprichwort: „Geh doch dahin, wo der Pfeffer wächst!", hatte für die Kaufleute des 15. Jahrhunderts eine ganz besondere Bedeutung. Begründe dies (VT, D1, Q2).*
3. *Erläutere, wie Heinrich der Seefahrer zu seinem Namen gekommen ist (VT, Q3–Q5).*

Q4 *Der Jakobsstab:* Mit einem Querstab des Geräts peilt der Seefahrer den Horizont, mit dem anderen die Gestirne an. Er stellt den Winkel zwischen Erdoberfläche und Sonne oder Stern fest. Auf der Tabelle des Langstabes liest er ab, wie weit nördlich oder südlich des Äquators sein Schiff segelt.

Q5 *Der Magnetkompass,* bereits den Chinesen und Arabern bekannt, ermöglichte durch die sichere Nordanzeige der Kompassnadel, dass Seefahrer frei über große Meeresflächen Kurs halten konnten. In der Seefahrerschule wurde das Gerät verfeinert. – Die Zeichnung hebt den Kompass als besonders groß hervor. Warum wohl?

6 Kolumbus „entdeckt" Amerika

Q1 *Landung des Kolumbus auf Haiti* (kolorierter Kupferstich von Theodor de Bry aus dem Jahr 1594)

Kolonien
So nennt man die Gebiete, welche die europäischen See- und Handelsmächte ab Ende des 15. Jahrhunderts in Amerika und Südostasien in Besitz nahmen und unter ihre Herrschaft stellten.

Q2 *Christoph Kolumbus* (Gemälde von Ridolfo Ghirlandaio, 1506)

Westwärts nach Osten?

Die meisten Indienfahrer hatten vor, Afrika in Richtung Osten zu umrunden. Doch Christoph Kolumbus, ein erfahrener Handelsfahrer und ausgezeichneter Kapitän aus Genua, war davon überzeugt, dass man die „Ostländer" auch erreichen konnte, wenn man westwärts um die Erdkugel herum segelte. Jahrelang bemühte er sich, in Portugal und Spanien reiche Unterstützer für sein Vorhaben zu finden. Doch viele Leute schüttelten nur den Kopf über seine Pläne. Im Jahr 1492 ließ sich schließlich das spanische Königspaar Isabella und Ferdinand überreden, Kolumbus Geld zu geben, damit er drei Schiffe für die weite Reise ausrüsten konnte. Dafür versprach Kolumbus, im Namen der spanischen Krone Länder zu entdecken und alle dort lebenden Menschen zu Christen zu machen. Außerdem hofften er und seine Auftraggeber auch, große Reichtümer zu erwerben.

Auf dem Weg in eine neue Welt

Am 3. August 1492 verließ Kolumbus an Bord der „Santa Maria" Spanien. Er rechnete mit einer Fahrtzeit von drei Wochen, doch es wurden über zwei Monate daraus. Allmählich gingen das Essen und Trinkwasser zur Neige und die Matrosen verloren das Vertrauen in ihren Kapitän. Manche hatten auch Angst, nie mehr nach Hause zurückzukehren, sondern vom Meer oder Seeungeheuern verschlungen zu werden. Nur mit Mühe konnte Kolumbus eine Meuterei verhindern.

Am 12. Oktober 1492 landeten Kolumbus' Schiffe dann endlich auf der Insel Guanahani, einer kleinen Insel der Bahamas. Kolumbus nannte die Insel San Salvador (Heiliger Erlöser) und erklärte sie zum Besitz des spanischen Königs. Von San Salvador aus segelten Kolumbus und seine Leute weiter durch die Inseln der Karibik und „entdeckten" Kuba und Haiti. Dort gründete Kolumbus Weihnachten 1492 die erste spanische Kolonie.

Auf der Rückfahrt führten Kolumbus' Schiffe Früchte, Pflanzen und Tiere mit an Bord, die den Menschen in Europa völlig unbekannt waren. Auch einige eingeborene Männer und Frauen hatten die Spanier auf ihre Schiffe verschleppt, um sie in Spanien zu zeigen.

Kolumbus' Irrtum

In den folgenden Jahren fuhr Kolumbus noch dreimal über den Atlantik. 1498 betrat er im heutigen Venezuela erstmals das Festland. Doch bis zu seinem Tod 1506 glaubte Kolumbus, dass er in Indien und nicht auf einem völlig neuen Erdteil gelandet war. Deshalb nannte er die Eingeborenen auch „Indianer" oder auf Spanisch „Indios". Erst nach und nach wurde den Seefahrern und Forschern klar, dass Kolumbus einen riesigen Doppelkontinent und damit eine „Neue Welt" entdeckt hatte. 1499 bis 1501 erkundete Amerigo Vespucci die südamerikanische Küste. Nach ihm erhielt der neue Kontinent seinen Namen: „Amerika".

D1 *Schnitt durch die „Santa Maria", das Schiff des Kolumbus* (Rekonstruktionszeichnung): **1** Admiralskajüte **2** Steuerruder **3** Kompass **4** Luke zum Schiffsladeraum **5** Kanone **6** Entwässerungspumpe **7** Hebevorrichtung für Anker und Segel **8** Pökelfleisch **9** Schiffszwieback **10** Fässer **11** Ölvorrat **12** Wasservorrat **13** Schiffsladeraum **14** Weinfässer **15** Zwiebeln und Knoblauch **16** Mehlsäcke **17** Waffen- und Munitionskammer **18** Abstellkammer für Segel **19** Lagerraum für Taue

Q3 *Vertrag zwischen Kolumbus und dem spanischen Königspaar aus dem Jahr 1492:*

In Ansehung, dass Ihr, Christoforo Colón, abreist auf unseren Befehl, um mit unseren Leuten zu entdecken und zu erobern gewisse Inseln und Festlande im ozeanischen Meer und dass man hofft, dass mit Gottes Hilfe man einige dieser genannten Inseln und Festlande (…) durch Eure (…) Geschicklichkeit entdecken wird; und dass es so eine gerechte und vernünftige Sache ist, da Ihr Euch für unseren Dienst der genannten Gefahr aussetzt, (…) haben wir die Absicht (…),dass Ihr (…) unser Admiral der genannten Inseln und Festlande sein sollt (…); und in der Eigenschaft als (…) Vize-König und Gouverneur handeln könnt.

Q4 *Das Bordtagebuch von Christoph Kolumbus ist verloren gegangen. Aber der Bischof Bartolomé de Las Casas hat eine Zusammenfassung mit einigen wörtlichen Übernahmen aus dem Tagebuch angefertigt:*

12. Oktober 1492

Zwei Stunden nach Mitternacht tauchte das Land vor ihnen auf (…). Sie holten alle Segel ein (…) und drehten bei; so brachten sie die Zeit bis zum Freitag, an dem sie dann eine kleine Insel der Bahamas erreichten, die in der Sprache der Indios Guanahani heißt. Schon bald sahen sie nackte Leute am Strand. Der Admiral ging mit dem bewaffneten Boot an Land. (…) Der Admiral rief die beiden Kapitäne und die anderen, die an Land gegangen waren, zu sich; ebenso Rodrigo Descovedo, den Notar der Flotte, und Rodrigo Sánchez aus Segovia, und sagte, sie sollten bestätigen und rechtlich bezeugen, dass er vor aller Augen von der Insel Besitz ergriff, wie er es dann auch im Namen des Königs und der Königin, seiner Herren, tat. (…) Das Folgende sind wörtliche Äußerungen des Admirals in seinem Buch über die erste Fahrt und die Entdeckung dieser Insel: „Da ich ihre Freundschaft gewinnen wollte, und bemerkte, dass es Leute waren, die sich eher durch Liebe für unseren heiligen Glauben gewinnen und zu ihm bekehren ließen, gab ich einigen von ihnen ein paar bunte Mützen und einige Ketten aus Glasperlen, die sie sich um den Hals hängten, und allerhand andere Dinge von geringem Wert, an denen sie großes Vergnügen fanden. (…) Sie sind sicher hervorragende Arbeitskräfte; sie haben einen aufgeweckten Verstand, denn ich sehe, dass sie sehr schnell alles nachsagen können, was man ihnen vorspricht."

TIPP

Wie der dreizehnjährige Fernan Kolumbus die Reise in die neue Welt erlebt, erzählt dieses Buch: „Der Sohn des Columbus" (Hans Baumann, dtv, 1997)

1. *Erarbeite anhand des VT und Q3, welches Ziel Kolumbus mit seiner Unternehmung verfolgte. Welche Interessen hatte wiederum das spanische Königspaar?*
2. *Vergleiche den Bericht aus dem Schiffstagebuch des Kolumbus über die Landung auf San Salvador (Q4) mit der Darstellung über die Landung auf der Insel Haiti auf dem Kupferstich (Q1): Welche Übereinstimmungen und Unterschiede stellst du fest?*
3. *Erzähle die Landung der Spanier aus der Sicht der Eingeborenen nach (Q1, Q4).*
4. *Auf welchem Irrtum gründet der Begriff „Indianer"?*

7 Methode
Historische Karten untersuchen

Geschichtskarten erlauben eine rasche Orientierung über räumliche Zustände und Entwicklungen einer bestimmten historischen Epoche. Sie sind immer aus heutiger Sicht und nach dem heutigen Kenntnisstand erstellt. Ganz anders dagegen historische Karten: Sie entstanden in früheren Zeiten und stellen daher eine besondere Sorte von Quellen dar. Sie wurden von Gelehrten, Seefahrern und Entdeckern gezeichnet und spiegeln so das Wissen der damaligen Zeit wider. An historischen Karten können wir ablesen, wie die Menschen in vergangenen Zeiten die Welt gesehen haben, was sie von ihr wussten und wie sie sich die Gestalt der Erde vorstellten.

Q1 *Karte in einem englischen Gebetbuch* aus dem 13. Jahrhundert

Methodische Arbeitsschritte

1. Aus welcher Zeit stammt die Karte?
2. Welche Kontinente und Länder sind dargestellt?
3. Gibt es Einzelheiten, die besonders hervorgehoben sind?
4. Über welche Kenntnisse verfügte der Zeichner, was war ihm dagegen noch nicht bekannt?
5. Zu welchem Zweck wurde die Karte angefertigt?
6. Welche geografischen, politischen oder religiösen Vorstellungen der damaligen Zeit lassen sich aus der Karte ablesen?

1 Stelle fest, welche Länder und Erdteile auf beiden Karten verzeichnet sind (Q1, Q2).

2 Vergleiche mit heutigen Karten und beschreibe die Unterschiede.

3 Überlege, wer die beiden Karten jeweils benutzte.

4 Nimm die Kopie einer Weltkarte und versuche sie einer Kugel anzupassen: Was passiert? Welche Probleme tauchen auf? Erkundige dich bei deinem Erdkundelehrer, wie die Kartografen (Kartenmacher) diese Probleme heute lösen.

Q2 *Weltkarte des Kartenzeichners Paolo Toscanelli (1474).* Vermutlich benutzte Christoph Kolumbus diese Karte. Sie befindet sich heute in der Nationalbibliothek in Florenz.

TIPP

Ein spannender historischer Roman über Entdecker, Entdeckungen und den jungen Kartenzeichner Caspar: „Das Geheimnis des Kartenmachers" (Rainer M. Schöder, Arena, 2002)

D1 *Europa und die Lage der „Ostländer"* (Rekonstruktion nach Toscanelli, 1474). Kolumbus orientierte sich an den geografischen Vorstellungen Toscanellis: Bei der Landung in Amerika glaubte er die „Ostländer" erreicht zu haben.

8 Das Aztekenreich

1 *„Die schönste Stadt der Welt"*, sagte Cortés über Tenochtitlan; die Europäer verglichen sie mit Venedig. In der Stadt wohnten 200 000 bis 300 000 Menschen (schematisierte Darstellung von 1572).

Tenochtitlan – Hauptstadt eines großen Reiches

Wo sich heute die Millionenstadt Mexiko-City erstreckt, lag vor 500 Jahren die Stadt Tenochtitlan. Sie war die prächtige Hauptstadt des Aztekenreiches. Die Stadt lag inmitten eines Sees und war über vier Dämme mit dem Festland verbunden. Um 1325 hatte das Volk der Azteken diese Insel im See besiedelt. Von hier aus eroberten sie das mexikanische Hochland, unterwarfen die umliegenden Indiovölker und dehnten ihr Reich letztlich von den Küsten des Atlantiks bis zum Pazifik aus. Über dieses Reich herrschte ein König, dessen Palast in Tenochtitlan stand.

Vom Leben der Azteken

Die meisten Azteken lebten als Bauern auf dem Land. In den Städten wohnten vor allem die Adligen, Priester und Kaufleute sowie Handwerker, Baumeister und Künstler. Sie schufen prachtvolle Tempelpyramiden, kunstvolle Bildhandschriften und feine Schmuckstücke aus Gold und Edelsteinen. Auf den Märkten verkauften Händler Luxuswaren wie Felle oder Edelsteine, die sie bei anderen Indiostämmen eingetauscht hatten. Goldschmiede und Federkünstler, die prächtigen Schmuck aus Papageienfedern anfertigten, waren unter den Handwerkern besonders angesehen.
Im Stadtzentrum lag ein großer, gepflasterter Platz. Hier befand sich der Tempelbezirk mit den Palästen der Priester und das Schloss des Königs Moctezuma. Dieser Palast besaß unzählige Räume, in denen auch die Könige anderer Indiostämme wohnten, die mit den Azteken verbündet waren. Im Erdgeschoss gab es Gerichtssäle und riesige Lagerräume. Dort lagerten die Abgaben unterworfener Indiostämme, wie Nahrungsmittel, Baumwolle, Waffen, Juwelen oder Gold.

Menschenopfer für die Götter

Die Azteken lebten fast ununterbrochen im Krieg. Denn um die Städte zu versorgen und die Tempel und Paläste zu bauen, benötigten die aztekischen Herrscher immer neue Abgaben von unterworfenen Stämmen. Aber die Kriegszüge hatten noch einen anderen Zweck: Die Gefangenen konnten den Göttern als Opfer gebracht werden. Die Azteken glaubten nämlich, dass ein Weltuntergang die Erde bereits viermal verschlungen hätte. Um einen weiteren Untergang zu verhindern, mussten sie dem höchsten Gott Huitzilopochtli ständig Menschenopfer bringen. Bei einem einzigen Opferfest wurden auf den Götterpyramiden vor den Tempeln bis zu 70 000 Menschen getötet.

Q2 *Tenochtitlan in den Schilderungen von zwei Europäern*

a) Der spanische Hauptmann Bernal Diaz:

Wir sahen die große Wasserleitung, die von Chapultepec kommt und die ganze Stadt mit süßem Wasser versorgt, und die langen hölzernen Brücken, von denen die Dammstraßen unterbrochen waren, um die Verbindung zwischen den vielen Teilen des Sees zu ermöglichen. Auf dem See wimmelte es von Fahrzeugen, die Waren und Lebensmittel aller Art geladen hatten. Wir stellten einwandfrei fest, dass man Mexiko[1] nur über die Zugbrücken oder in Kähnen erreichen konnte. Aus allen Orten ragten die weißen Opfertempel wie Burgen über die Häuser mit ihren Söllern, über kleinere kapellenartige Bauten und über die Befestigungstürme hinaus. Es war ein einmaliger Blick. (...) Dann besahen wir uns von hier oben aus noch einmal den Marktplatz mit seinem Gewimmel von Menschen, die einen Lärm machten, den man über eine Stunde weit hören konnte. Leute, die Konstantinopel und Rom gesehen hatten, erzählten, dass sie noch nirgendwo einen so großen und volkreichen Marktplatz gefunden hätten.

[1] So nannten die Spanier Tenochtitlan später.

b) Der Spanier Fernando Cortés, 1520:

Die Stadt hat viele öffentliche Plätze, auf denen beständig Markt gehalten wird und allerlei Handel in Kauf und Verkauf stattfindet. Dann hat sie auch einen anderen öffentlichen Platz, (...) rundum ganz mit Säulenhallen umgeben, wo sich täglich über sechzigtausend Seelen zusammenfinden: Käufer und Verkäufer von (...) Lebensmitteln, Kleinodien aus Gold und Silber, Blech, Messing, Knochen, Muscheln, Hummerschalen und Federn. (...) Es gibt Häuser (...), wo man zubereitete Arzneien verkauft, Tränke und auch Salben und Pflaster. Es gibt Häuser (...), wo die Köpfe gewaschen und geschoren werden. Es gibt Häuser, wo man für Geld Essen und Trinken verabreicht.

D1 *Marktszene von Tlatelolco,* einem Stadtteil der Aztekenhauptstadt Tenochtitlan (Modellfoto)

1. *Was hat die Spanier beim Anblick von Tenochtitlan beeindruckt (Q2)?*
2. *Vergleiche das Stadtbild und das Leben in Tenochtitlan mit einer Stadt um 1500 in Europa. Was stellst du fest?*
3. *Sammelt Material über die Azteken sowie über die Maya und Inka.*

D2 *Der große Tempelplatz in Tenochtitlan (Modellfoto).* Links: die Pyramide mit den Tempeln des Regengottes Tlaloc und des Kriegsgottes Huizilopochtli. Mitte: der kreisrunde Opferstein. Im Hintergrund: der Salzsee und der Vulkan Popocatepetl.

9 Mit Kreuz und Schwert

1 *Moctezumas Begegnung mit Cortés* wurde 1560 von einem aztekischen Künstler im Auftrag der Spanier gezeichnet. Moctezuma wird von drei hochgestellten Azteken begleitet und hat als Geschenke Mais, Geflügel und Wild mitgebracht. Hinter Cortés steht die aztekische Dolmetscherin Marina, über ihm seine Leibwache.

Verlockende Goldschätze

Eine seltsame Nachricht erreichte Moctezuma 1519 in Form einer Bilderschrift: „Bärtige Männer in großen Booten sind vom Ozean hergekommen." Moctezuma schickte sofort Abgesandte mit Geschenken an die Küste. Dort trafen sie auf Hernando Cortés und seine Gefährten, die von Kuba nach Mexiko übergesetzt waren.

Der Spanier Cortés hatte sein gesamtes Vermögen eingesetzt, um das Land zu finden, in dem angeblich unermessliche Goldschätze warteten. Mit 500 Mann, 14 Geschützen und 16 Pferden hatte er sich auf den Weg ins Hochland von Mexiko nach Tenochtitlan gemacht.

Moctezuma empfing die Spanier feierlich in der Stadt. Der König und die aztekischen Priester glaubten, Quetzalcoátl, den Gott des Morgensterns, vor sich zu haben. Nach der aztekischen Überlieferung war dieser Gott vor langer Zeit nach Osten geflohen. Wenn er wieder zurückkehrte, würde er Frieden mitbringen und ihm müssten keine Menschenopfer mehr gebracht werden. Die Priester hatten vorhergesagt, dass Quetzalcoátl im ersten Jahr der Epoche des Schilfrohrs zurückkehren würde. Nach dem europäischen Kalender war das im Jahr 1519. Doch bald merkten die Azteken, dass keine Götter, sondern goldgierige Menschen in ihre Stadt eingezogen waren, die nun die Häuser und Tempel nach Goldschätzen und Juwelen durchsuchten.

Tenochtitlan wird zerstört

Der aztekische Glaube war für die spanischen Eroberer sehr fremd und sie empörten sich über die religiösen Bräuche und Menschenopfer. Cortés verlangte, dass die Götterbilder zerstört wurden, und ließ gegen den Widerstand der Priester ein Kreuz auf der Tempelpyramide errichten.

Bald kam es zum Aufstand der Menschen in Tenochtitlan. Daraufhin nahm Cortés Moctezuma als Geisel gefangen. Als dieser auf Verlangen der Spanier zu seinen Untertanen sprach, wurde er von Pfeilen und Steinen tödlich getroffen. Unter großen Verlusten retteten sich Cortés und die Überlebenden. Im Mai 1521 kehrte Cortés jedoch mit Verstärkung zurück, belagerte Tenochtitlán und eroberte die Stadt schließlich am 13. August. Tausende von Frauen, Kindern und Männern wurden erschlagen. Ihre Leichen bedeckten die Trümmer von Tenochtitlan. Die Stadt glich einem umgepflügten Acker, so der Augenzeuge Bernal Diaz.

Die Spanier schütteten mit den Trümmern die Kanäle zu und errichteten auf dem Tempelplatz eine riesige Kirche. Die Stadt wurde in „Mexiko" umbenannt und blieb für Jahrhunderte die Hauptstadt des riesigen spanischen Kolonialreiches in Südamerika. Cortés selbst wurde zum Herrscher über die Kolonie ernannt, die nun Neuspanien hieß.

Q2 *Wie Moctezuma den Spanier Cortés empfing, ist in einer aztekischen Überlieferung festgehalten:*

Unser Herr! Du hast dich ermüdet, (…) aber nun bist du in deinem Land angekommen. Du bist in deiner Stadt Mexiko angelangt. Du bist hierher gekommen, um dich auf deinen Thron zu setzen, den eine kurze Zeit lang für dich diejenigen aufbewahrten, die schon dahingegangen sind, deine Stellvertreter. (…) Oh, könnte doch einer von ihnen dabei sein und mit Erstaunen sehen, was ich, (…) der Überlebende unserer Herrscher, nunmehr sehe. (…)

Ich war schon seit einer Reihe von Tagen bekümmert (…). Und du bist aus den Wolken und aus dem Nebel gekommen. Denn das hatten uns unsere Könige hinterlassen, die deine Stadt regierten: Du müsstest nach hier kommen und dich auf deinem Platz niederlassen, dich auf deinen Stuhl setzen. Nun hat es sich jetzt erfüllt: Du bist mit großer Mühsal gekommen, mit großem Eifer kamst du. Komm her zu deinem Lande, komm und ruhe dich aus. Nimm Besitz von deinen Palästen. Gib Erfrischung deinem Körper. Seid willkommen in eurem Lande, unsere Herren!

Q3 *Wie die Missionierung der Azteken erfolgte, berichtet ein spanischer Geistlicher 1525:*

Aber neben all den schrecklichen Berichten erregte einer unseren Jubel. Alle Götzenbilder, die auf den Höfen standen, ließ Cortés umwerfen, dann zerbrechen, in Stücke schlagen und schließlich über die hohen Treppenstufen hinabwerfen. Nur das eine große Marmorbild blieb stehen, weil es zu gewaltig war und nicht so leicht zerstört werden konnte. Über den Bildersturz geriet Moctezuma, der dabei war, in große Erregung; und auch alle Höflinge entsetzten sich und klagten: „Oh wir Unglücklichen, wir Armen! Die Götter werden uns in ihrem Zorn die Feldfrüchte nehmen, von denen wir leben, und uns Hungers sterben lassen; auch alle Arten von Krankheiten werden über uns kommen, wie es schon oft geschah, wenn die Götter nicht versöhnt waren."

Q4 *Die Spanier erobern Tenochtitlan* (Darstellung von einem mexikanischen Maler, um 1550).

Q5 *Boten berichten Moctezuma von der Ankunft der Spanier 1519:*

Erschrocken hörte Moctezuma davon, wie die Kanone brüllt, wie ihr Donner trifft, dass man taub und ohnmächtig wird. Die Gesandten sagten: „Ein Ding wie ein Ball aus Stein fliegt aus ihrem Bauch heraus, sprüht Funken und regnet Feuer. (…) Wenn sie den Baum trifft, verweht er in Splittern, als ob ein Zauberer in seinem Inneren ihn fortgeblasen hätte." (…) Und die Gesandten berichteten weiter: „Ihre Kriegstracht und ihre Waffen sind ganz aus Eisen gemacht. Sie kleiden sich ganz aus Eisen, mit Eisen bedecken sie ihren Kopf, aus Eisen sind ihre Schwerter, ihre Bogen, ihre Schilde und Lanzen. Sie werden von Hirschen auf dem Rücken getragen, wohin sie wollen. Herr, auf diesen Hirschen sind sie so hoch wie Dächer. Ihr Körper ist ganz verborgen, nur ihre Gesichter sind nicht bedeckt. Ihre Haut ist weiß,wie aus Kalk gemacht. (…)" Als Moctezuma diesen Bericht gehört hatte, griff die Furcht ihn an. Sie schwächte sein Herz bis zur Ohnmacht, es schrumpfte zusammen. Und die Verzweiflung eroberte ihn.

1 *Vergleiche, wie die Azteken die Spanier empfingen und wie sich die Eroberer verhielten (VT, Q1–Q3).*
2 *Finde anhand von Q4 und Q5 heraus, warum die Spanier den aztekischen Kriegern überlegen waren.*
3 *Überlege, aus welchen verschiedenen Gründen die Spanier das Aztekenreich erobern wollten.*

10 Der Reichtum der „Neuen Welt" für die Europäer

Q1 *Die Silberbergwerke von Potosi* (zeitgenössischer Stich). Im heutigen Bolivien entstand in den Anden auf 4000 Meter Höhe ein Zentrum der Silberproduktion. Hier, in der Stadt Potosi, lebten im Jahre 1611 etwa 150 000 Einwohner. Viele von ihnen mussten unter unsäglichen Bedingungen das Silber für die Europäer fördern.

Q2 *Monstranz,* hergestellt aus dem Gold der Indios. Kolumbus übergab das erste Gold aus der Neuen Welt dem Papst.

Gold und Silber für die Eroberer

1531 begann der Spanier Francisco Pizarro das zweite große Reich in Südamerika zu erobern: das der Inka. Er nahm ihren König gefangen und verlangte von den Inkas, einen riesigen Raum mit Gold zu füllen. Dann würde er ihren Herrscher freilassen. Die Inkas erfüllten die Forderung und trugen Tausende von goldenen Kunstgegenständen zusammen. Den größten Teil schmolzen die Spanier sofort zu Goldbarren, die nach Spanien transportiert wurden. Den Inkaherrscher ließ Pizarro töten.

Vergeblich versuchten die Inkas ihre Gold- und Silberminen vor den Spaniern geheim zu halten. Doch die Eroberer nahmen die Minen mit Gewalt in Besitz und ließen sich vom spanischen König das Recht übertragen, das Gold und Silber zu fördern. Die privaten Minenbesitzer mussten ein Fünftel an die spanische Krone abgeben. „Silberflotten" brachten dieses Silber und die Steuergelder nach Spanien.

Die Indios werden vernichtet

Neben den Gold- und Silberminen entdeckten die Europäer bald eine weitere Geldquelle: Auf großen Plantagen bauten sie Kaffee, Kakao, Tee, Tabak, Baumwolle und Zuckerrohr an. Doch Anbau und Ernte waren harte Arbeit – zu hart für die spanischen Eroberer und Einwanderer. Deshalb versklavten sie die einheimischen Männer, Frauen und Kinder und ließen sie auf den Feldern wie auch in den Bergwerken für sich arbeiten. Unzählige Indios starben, entweder durch Unfälle oder weil sie geschwächt waren und nicht genug zu essen bekamen. Hinzu kamen Krankheiten wie Masern und Pocken. Die Europäer hatten diese Krankheiten eingeschleppt und die Indios besaßen keine Abwehrkräfte gegen sie. Man schätzt, dass 50 Jahre nach der Eroberung 90 Prozent der ursprünglichen Bevölkerung in den spanischen Kolonien vernichtet war. Um diese Arbeitskräfte zu „ersetzen", begannen die Europäer bald, Männer und Frauen aus Afrika als Sklaven in die südamerikanischen Kolonien zu verschleppen.

Die „Heiden" bekehren

Mit den Eroberern kamen auch die Missionare ins Land. Sie glaubten, dass die Seelen der Indios nur errettet werden könnten, wenn diese den „rechten", also den christlichen Glauben annahmen. Mit Zwang und Gewalt wurden die einheimischen Frauen und Männer dazu gebracht, sich taufen zu lassen und ihren eigenen Glauben aufzugeben. Damit zerstörten die Europäer einen wichtigen Teil der jahrhundertealten indianischen Kultur.

Es gab aber auch Missionare, die dagegen protestierten, wie mit den Indios umgegangen wurde. So kämpfte besonders der Priester Bartolomé de Las Casas gegen die Sklaverei. Doch selbst Protestbriefe an den spanischen König führten zu nichts.

Q3 *Ein Spanier berichtete im 16. Jahrhundert über die Zwangsarbeit im Bergwerk, die Mita genannt wurde:*

Ein Indianer (kehrte) vom Bergwerk zurück. Und er fand seine Frau tot. Und der Dorfvorsteher kam zu ihm und sagte: „Ich weiß, ich tue dir weh, du kommst gerade erst aus dem Stollen und findest dich als Witwer wieder, mit zwei Söhnen zu ernähren und du bist (...) erschöpft von der Arbeit. Aber ich kann nicht anders: Ich finde keinen Indianer für die Mita und wenn die Zahl nicht voll wird, verbrennen sie mich, peitschen sie mich, trinken sie mein Blut. Hab Mitleid mit mir, kehr wieder zurück ins Bergwerk." Da nahm der Indianer seine zwei kleinen Söhne, umarmte und küsste sie zärtlich und hängte sie an einem Baum auf. Dann nahm er ein Küchenmesser und stieß es sich durch den Hals um nicht wieder ins Bergwerk zu müssen.

Q4 *Der Jesuit und Missionar José de Acosta, der 15 Jahre lang in der Neuen Welt gelebt hatte, urteilte über die spanischen Eroberer:*

Gott hat in seiner Weisheit im Boden jener so unendlich weit entfernten Heidenländer Gold und Silber in Hülle und Fülle wachsen lassen, damit wenigstens die Goldgier die Christen dorthin locke, wohin die Liebe zu Christus sie niemals ziehen würde.

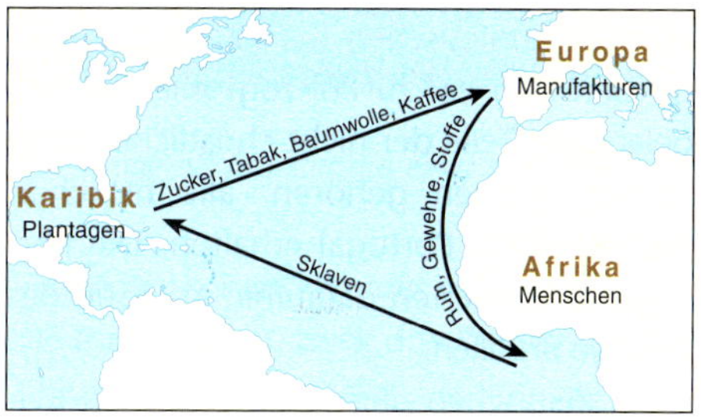

D2 *Der so genannte Dreieckshandel:*
Etwa zehn Millionen Menschen wurden bis ins 19. Jahrhundert als Sklaven aus Afrika nach Amerika verschleppt.

1 Erläutere, wie die Spanier das Land und die Menschen in den Kolonien ausbeuteten (VT, Q1, Q3, D2).

2 Wie urteilt José de Acosta über die spanischen Eroberer und Missionare (Q4)?

D1 *Indianische Reiche vor der Eroberung; die Kolonialherrschaft und ihre Folgen*
(Die Bevölkerungszahlen beruhen auf Schätzungen.)

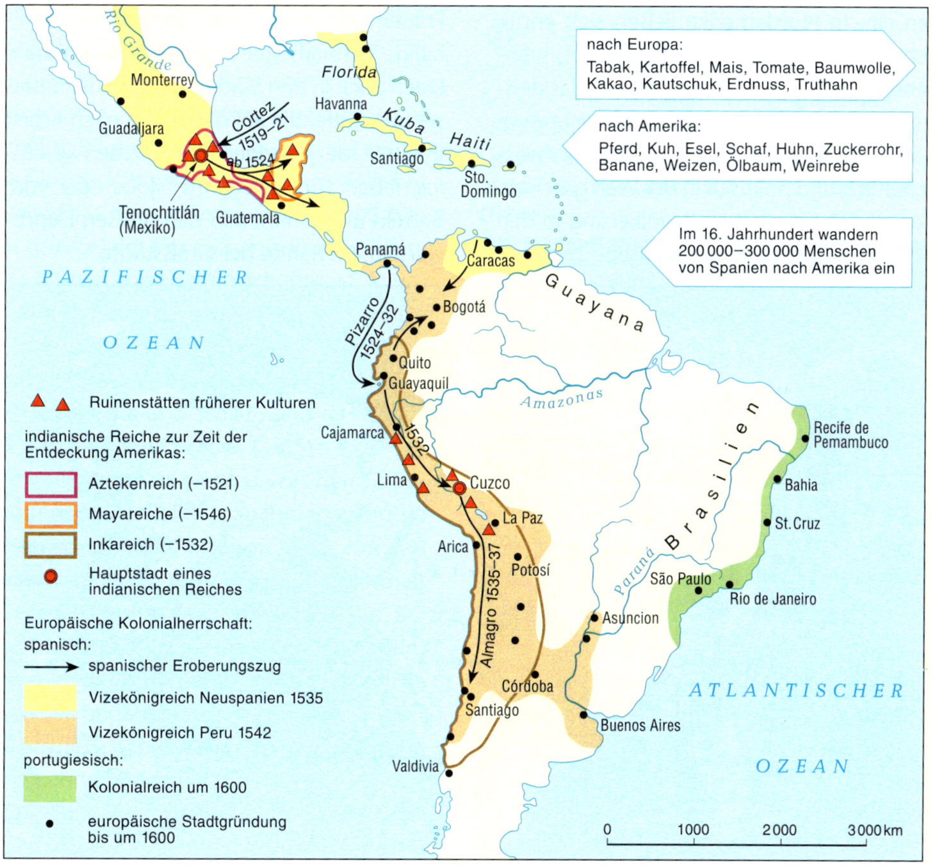

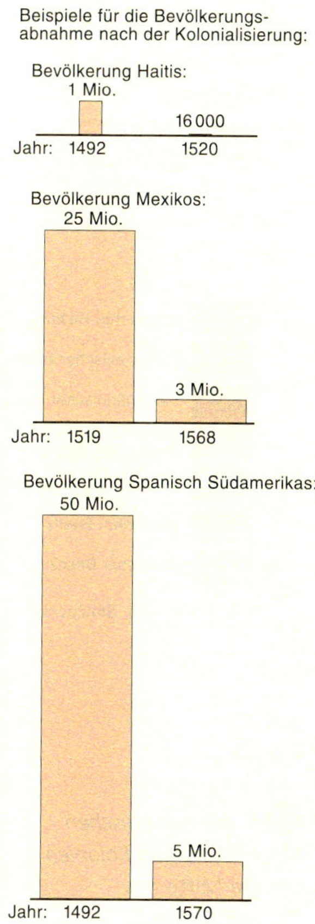

12 Methode
Eine Pro-Contra-Diskussion führen

D1 *Eine Gruppe von Schülerinnen bereitet ihre Argumente für die Diskussionsrunde vor.*

Feiern oder nicht feiern?
1992 fanden in Spanien und in Lateinamerika große Feiern statt. Der Grund: 500 Jahre zuvor hatte Christoph Kolumbus Amerika „entdeckt". Für die Spanier schien alles klar zu sein: Ein so großes Ereignis müsste gefeiert werden. Die Stadt Sevilla putzte sich besonders heraus, denn hier war Kolumbus am Ende seiner ersten Reise an Land gegangen. Politiker hielten Festreden und einer von ihnen nannte die Entdeckung Amerikas das wichtigste Ereignis der Weltgeschichte nach der Geburt Jesu Christi. Auch in vielen Ländern Lateinamerikas feierten die Menschen fröhliche Feste. Doch viele Indios sahen das Ereignis ganz anders. Sie protestierten gegen die Feierlichkeiten. Einige meinten sogar, Kolumbus sei eigentlich ein Verbrecher gewesen, der die Vernichtung vieler Indios zu verantworten habe.

Eine Pro-Contra-Diskussion führen
Ist die Entdeckung Amerikas ein Grund zum Feiern oder nicht? Wenn zwei gegensätzliche Meinungen aufeinander treffen, ist es oft nicht einfach, der einen oder anderen Seite zuzustimmen. Ein Streitgespräch, in dem beide Seiten ihre Standpunkte begründen, kann da weiterhelfen. Wir nennen das eine Pro-Contra-Diskussion.

Methodische Arbeitsschritte

1. Wählt einen Diskussionsleiter/eine Diskussionsleiterin.
2. Bildet zwei Gruppen, die jeweils entgegengesetzte Meinungen vertreten.
3. Gebt den Gruppen Zeit, um ihre Argumente zu sammeln.
4. Stimmt darüber ab, wer für die eine Meinung ist und wer für die andere. Haltet das Ergebnis fest.
5. Hört euch die Argumente der beiden Gruppen an und stellt ihnen anschließend Fragen.
6. Stimmt noch einmal zu den gegensätzlichen Meinungen ab.
7. Wertet die Diskussion aus:
   - Welche Argumente waren überzeugend, welche nicht?
   - Hat sich das Abstimmungsergebnis verändert und wenn ja, warum?

Q2 *Protestdemonstration in Buenos Aires, Argentinien, 1992*

1. *Bereitet eine Pro-Contra-Diskussion vor. Die Materialien auf dieser Seite können euch helfen Argumente zu finden.*
2. *Wie sieht der Verfasser von Q1 Christoph Kolumbus? Gib seine Argumente in eigenen Worten wieder.*
3. *Was könntest du ihm entgegnen? Was hat Kolumbus deiner Meinung nach geleistet?*
4. *Liste anhand der Materialien D1 und D2 die Annehmlichkeiten auf, die uns heute die Entdeckung Amerikas gebracht hat. Finde weitere Beispiele.*

Q1 *Zum 500-jährigen Jubiläum der Entdeckung Amerikas fanden in der „Alten" und der „Neuen" Welt zahlreiche Feiern statt – aber es gab auch kritische Stimmen. In der „Badischen Zeitung" erschien 1991 folgender Artikel:*

„Es gibt nichts zu feiern", sagte der Präsident der brasilianischen Indianerstiftung (Funai), Sidney Poßuelo. „Die westliche und christliche Zivilisation kann auf absolut nichts stolz sein, denn was sich nach der Entdeckung Amerikas ereignete, war eine unerbittliche und tragische Unterdrückung der indianischen Völker." (…) Als zwei Jahre nach Kolumbus der Portugiese Pedro Alvaro Cabral in Brasilien landete, lebten dort fünf Millionen Indianer. Heute sind es noch 230 000, die verstreut in 180 Gruppen vor allem im Amazonasgebiet siedeln. Die Weißen hätten den Namen Gottes benutzt, „nur um uns auszuplündern und in die Armut zu stürzen", sagte die Indianerführerin Ana Maria Guacho aus Ecuador. Für ihre nordamerikanische Cherokee-Kollegin Jane Elliot war Kolumbus schlicht „ein Mörder".

D2 *Reiseführer für die Karibik*

D1 *Was die Menschen in Lateinamerika und in Europa voneinander übernahmen:*

Von Europa nach Amerika	*Aus den Kolonien nach Europa*
– Nutztiere: Pferd, Esel, Rind, Schaf, Huhn – Getreide: Weizen – Pflanzen: Ölbaum, Weinstock, Bananen (aus Afrika) – Nutzpflanzen/Rohstoffe: Zuckerrohr, Kaffeebohnen – Technische Erfindungen: Wagenrad, Pflug, Segelschiff – Kulturelle Erfindungen: Alphabet, Saiteninstrumente – Christlicher Glauben	– Früchte: Ananas, Papaya, Avocado – Gemüse: Tomaten, Paprika, Kartoffeln, Bohnen – Getreide: Mais – Genussmittel: Kakao, Tabak, Vanille, Mate – Rohstoffe: Kautschuk

13 Abschluss
Auf großer Entdeckungsfahrt

Auf Entdeckungsreise gehen

In dieser Themeneinheit hast du viel über die Erfindungen und Entdeckungen gelesen, die ab der Mitte des 15. Jahrhunderts in Europa und der Welt gemacht wurden. Du kannst jetzt selbst noch einmal auf Entdeckungsreise gehen und dein Wissen über diese „neue Zeit“ unter Beweis stellen.

Spielanleitung

Teilt euch in Gruppen von 3–4 Spielern auf. Jede Gruppe braucht einen Würfel und pro Spieler eine Spielfigur. Wer die höchste Zahl würfelt, fängt an. Danach geht es reihum weiter. Die blauen Felder sind Fragefelder. Kannst du die gestellte Frage beantworten, darfst du noch einmal würfeln. Wenn deine Antwort falsch ist oder du sie nicht weißt, musst du 3 Felder zurückgehen und der nächste Spieler ist an der Reihe. (Die Lösungen könnt ihr auf den angegebenen Seiten nachlesen.)
Die violettfarbenen Felder sind Ereignisfelder – denn auf einer so weiten Reise kann viel passieren! Ziel ist die prächtige Stadt Tenochtitlan, aber du kommst nur mit der genau passenden Würfelzahl hinein.

Fragefelder

1. Welches Buch wurde 1455 in der Werkstatt des Johannes Gutenberg erstmals gedruckt? (S. 204)
2. Nikolaus Kopernikus fand heraus, dass sich … (S. 202)
3. Zur Zeit der Renaissance wurde die … wiederentdeckt und der … und die Künste wiedergeboren. (S. 198)
4. Im 15. Jahrhundert veränderte sich die Kriegstechnik grundlegend. – Wodurch? (S. 200)
5. Dieser Mann lebte um 1500 in Florenz. Er war Maler, Bildhauer, Architekt sowie Naturforscher und Erfinder. (S. 200)
6. Von diesem Land aus stachen viele europäische Entdecker in See. (S. 206)
7. Welches neue Gerät hielt die Seefahrer auf dem richtigen Kurs? (S. 207)
8. Auf welcher Seeroute gelangte Vasco da Gama 1499 als Erster nach Indien? (S. 206)
9. Diese indischen Kostbarkeiten versprachen den europäischen Kaufleuten großen Gewinn. (S. 207)
10. Hier, in dieser Stadt an der indischen Südküste, landeten die Portugiesen. (S. 206)
11. Die Magellanstraße verläuft nicht auf dem Land, sondern von … um … und durch … (S. 196 und S. 206)
12. Wie hieß der neue Schiffstyp, der besonders seetüchtig war? (S. 206)
13. Eines der Schiffe, mit denen Christoph Kolumbus 1492 in See stach, hieß …? (S. 209)
14. Von wem hatte Kolumbus das Geld für seine Entdeckungsfahrt erhalten? (S. 208)
15. Statt an der indischen Küste landete Christoph Kolumbus in Amerika – aber wo genau? (S. 196 und S. 208)
16. Auf dem südamerikanischen Kontinent bestanden hoch entwickelte Reiche, wie das der … und das der … (S. 217)
17. Wie hieß der König, der in der Stadt Tenochtitlan seinen Palast hatte? (S. 212)
18. Für diese Edelmetalle beuteten die Spanier und Portugiesen das Land und die Indios rücksichtslos aus. (S. 216)
19. Welche neuen Nahrungsmittel und Rohstoffe lernten die Europäer aus den Kolonien kennen? Nenne mindestens drei Dinge. (S. 217 und S. 221)
20. Nachdem der Spanier Cortés die Stadt Tenochtitlan erobert und zerstört hatte, benannte er sie in „…“ um. (S. 214)

Ereignisfelder

A In der Druckerwerkstatt: Beim Setzen sind dir die Metallbuchstaben durcheinander geraten – die gedruckte Seite ist voller Fehler! **1x aussetzen.**

B Du bekommst von einem arabischen Freund einen Jakobsstab geschenkt und kannst nun den Kurs deines Schiffes genau bestimmen. **Rücke 3 Felder vor.**

C Auf dem Schiff des Vasco da Gama: Als ihr die Südspitze Afrikas umsegelt, wirst du schrecklich seekrank und musst von Bord. **Gehe zurück auf Start.**

D An Bord von Christoph Kolumbus' Schiffen: Hinter Madeira geratet ihr in einen schweren Sturm – und werdet **um 5 Felder zurückgetrieben.**

E Bei den Azteken: Dir fällt es leicht, die Sprache der Azteken zu erlernen. Dadurch wirst du ein wertvoller Dolmetscher – und darfst **noch 1x würfeln.**

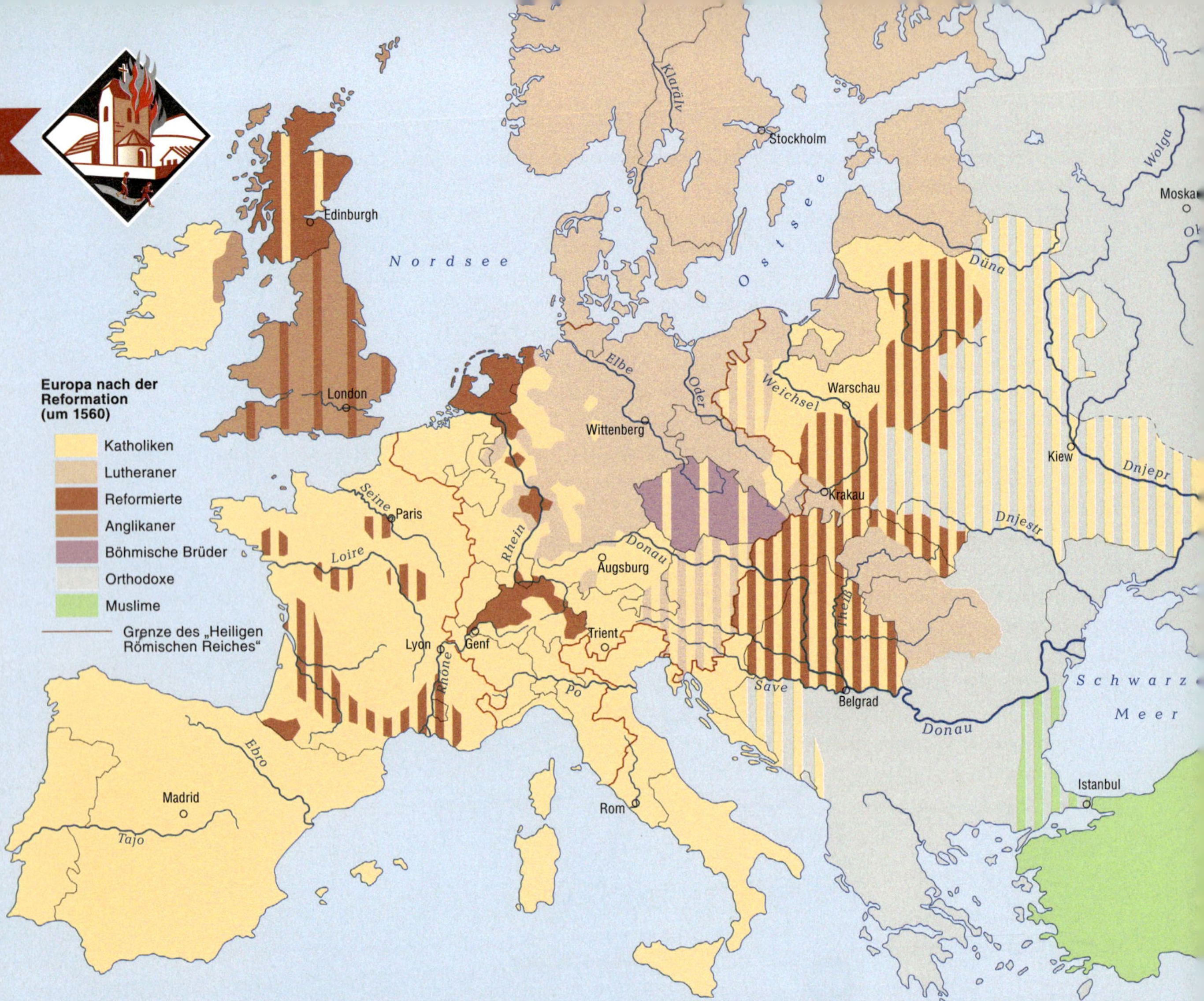

Schon als sich die ersten christlichen Gemeinden bildeten, stritten sich die Christen um die richtige Auslegung der Botschaft von Jesus Christus. Etwa eintausend Jahre später spaltete sich das christliche Europa in eine „römisch-katholische Kirche“ und eine „griechisch-orthodoxe Kirche“. Viele Jahrhunderte kämpfte die katholische Kirche um die Einheit ihrer Gläubigen und verfolgte Abtrünnige als Ketzer.

Im 15. Jahrhundert wurde die Kritik an der katholischen Kirche immer stärker. Als im Jahre 1517 der Mönch Martin Luther die Kirche zu Reformen aufrief, kam es zu einer weiteren Spaltung. In Westeuropa entstanden mehrere Glaubensrichtungen, die sich lange Zeit mit großem Hass bekämpften. Gleichzeitig wurde die europäische Christenheit durch die muslimischen Türken bedroht.

1054

Das Christentum spaltet sich in die römisch-katholische Kirche im Westen und die griechisch-orthodoxe Kirche im Osten.

um 1490

In Spanien werden Muslime und Juden durch die katholische Inquisition verfolgt.

1517

Martin Luther löst in Deutschland die Reformation aus.

Europa im Glauben gespalten

Der niederländische Maler Adriaen van de Venne zeigt auf seinem Gemälde „Die Menschenfischer" aus dem Jahr 1614, wie die Christenheit in Europa in zwei Lager gespalten ist. Auf der linken Seite des Flusses befinden sich die Protestanten, auf der rechten Seite die Katholiken. In der Mitte des Flusses versuchen protestantische Geistliche und katholische Priester Menschen in ihre Boote zu ziehen, um sie zu retten. Der Regenbogen, das Zeichen der Verbundenheit der Menschen mit Gott, wird von keinem beachtet.

1524–1525

Die Bauern in Süddeutschland führen Krieg gegen Grundherren und Fürsten.

1555

Im Augsburger Religionsfrieden wird die protestantische Konfession rechtlich anerkannt.

1618–1648

In Deutschland wird ein Dreißigjähriger Krieg zunächst um Glaubensfragen, dann um die Vorherrschaft in Europa geführt.

1685

In Frankreich beginnt die Hugenottenverfolgung. Friedrich Wilhelm I. von Brandenburg öffnet sein Land für protestantische Flüchtlinge.

1 Tief im christlichen Glauben verwurzelt

Q1 *Beistand eines Sterbenden um 1440.* Verwandte und Freunde begleiten den alten Mann in seiner Sterbestunde. Eine Nonne betet für den Sünder. Ein Arzt betrachtet den Urin des Kranken in einem Glas.

Not und Tod sind ständige Begleiter

In Deutschland muss heute niemand hungern. Wer krank wird, ist versichert und wird von Ärzten und Pflegepersonal versorgt. Menschen sterben überwiegend im Krankenhaus. Das war viele Jahrhunderte in Europa völlig anders. Missernten und Kriege brachten Hunger, Krankheit und Tod mit sich. Kinder erlebten in ihrer Familie, wie ihre Geschwister oder Eltern meist ohne ärztliche Hilfe starben. Vor Krankheiten und Seuchen wusste man sich nicht zu schützen. Die Kindersterblichkeit war sehr hoch. Frauen waren durch häufige Geburten geschwächt. Viele Menschen wurden nicht älter als dreißig Jahre. Der berühmte deutsche Maler Albrecht Dürer beschreibt in seinen Erinnerungen das schwere, aber gottesfürchtige Leben seiner Eltern (Q2).

Im Vertrauen auf Gott

Mehr noch als die irdische Not fürchteten die gläubigen Menschen den Zorn Gottes beim „Jüngsten Gericht". Denn dann entschied sich, wer das „Ewige Leben" im Himmel erreichen oder für alle Zeit die Qualen der Hölle erdulden musste. Jeder Christ lernte bei seinen Eltern und in der Kirche, was in der Bibel stand. Danach hatte Gott die Welt und die Menschen geschaffen. Aber die Menschen hatten sich als Sünder erwiesen und achteten nicht die Gebote Gottes. Gott sandte seinen Sohn zu den Menschen. Jesus Christus starb am Kreuz und gab den Menschen die Gewissheit auf Erlösung von ihren Sünden, aber nur wenn sie ein gottgefälliges Leben führten.

Schutz durch Kirche und Gemeinde

Die Menschen lebten in der Gemeinschaft der Gläubigen. Durch die Taufe wurde man in diese Gemeinschaft aufgenommen. Man ging regelmäßig und gemeinsam in die Kirche und beging die christlichen Feiertage. Priester spendeten bei Taufe oder Hochzeit den Segen Gottes. Sie begleiteten die Menschen beim Sterben und spendeten die Sakramente. Man konnte in der Kirche seine Sünden beichten und auf Vergebung hoffen. Die Pfarrer spendeten Trost bei schweren Schicksalsschlägen. Die Hauptsorge der Menschen betraf ihr Seelenheil: Würden sie das „Ewige Leben" erhalten oder in die Hölle kommen? Im Alltag wendeten sich die Gläubigen immer wieder an ihre Heiligen, von denen sie Schutz und Hilfe erhofften. Dazu unternahmen sie auch lange mühselige Reisen zu Wallfahrtsorten, wo besondere Heilige verehrt wurden. Einer der berühmtesten Wege führte bis nach Nordspanien. Die Wallfahrer fanden überall in Klöstern und Kirchen Unterkunft und Verpflegung. Sie wurden gepflegt, wenn sie erkrankt oder überfallen worden waren.

A-Z

Sakrament
Nach der Lehre der Kirche von Christus eingesetzte Zeichen, die den Gläubigen die Gnade Gottes verleihen. Seit dem 12. Jh. galten Taufe, Firmung, Priesterweihe sowie Altarsakrament, Ehe, Buße und Letzte Ölung als Symbole für die Heilsvermittlung durch die Kirche.

Q4 *„Weltgericht"* (Altarbild von Stefan Lochner um 1435). Beim „Jüngsten Gericht" entscheidet Christus, wer das „Ewige Leben" erreicht oder in die Hölle kommt.

Q2 *Albrecht Dürer über seine Eltern, 1525:*

Mein Vater hat sein Leben mit großer Mühe und schwerer harter Arbeit zugebracht. (…) Darnach begab sich aus Zufall, dass mein Vater krank ward an der Ruhr. (…) Und da er den Tod vor seinen Augen sahe, gab er sich willig drein mit großer Geduld, und befahl mir meine Mutter (zu versorgen) und befahl uns, gottlich zu leben. Er empfing die heiligen christlichen Sakrament und verschied christlich. (…)

Nun sollt ihr wissend, dass im Jahr 1513 mein arme Mutter, die ich zwei Johr nach meines Vaters Tod zu mir nahm, die do ganz arm was, in mein Pfleg nachdem sie 9 Johr was bei mir gewest, an ein Morgen früh jählings also tödlich krank ward, dass wir die Kammer aufbrachen. Also trug wir sie herab in ein Stuben, und man gab ihr beede Sakrament. Dann alle Welt meinte, sie sollt sterben.

Diese mein frumme Mutter hat 18 Kinder tragen und erzogen, hat oft die Pestilenz (Pest) gehabt, viel andrer schwerer merklicher Krankheit, hat große Armut gelitten, Verspottung, Verachtung, höhnische Wort, Schrecken und große Widerwärtigkeit.

Q3 *Die Gefräßigkeit als eine der sieben Todsünden* malte Hieronymus Bosch im Jahre 1489 auf eine Tischplatte.
Nach christlichem Glauben leben alle Menschen als Sünder. Wer sündigt, verstößt gegen die Gebote Gottes. Als schwerste Verfehlung galten die sieben Todsünden: Faulheit, Geiz, Gefräßigkeit, Neid, Stolz, Wollust und Zorn.

1. *Diskutiert über die Todsünden und deren Bedeutung für die Menschen im Mittelalter (Q3).*
2. *Überlegt, welche Folgen es gehabt hätte, wenn kein Priester an das Sterbebett gekommen wäre (Q1, Q4).*
3. *Beschreibe das Leben von Albrecht Dürers Eltern (Q2). Woran siehst du, dass sie ein gottesfürchtiges Leben führten?*

2 Die katholische Kirche in der Kritik

Pfründe
kommt aus dem Lateinischen und bedeutet Unterhalt für den Inhaber eines Kirchenamtes. Die Einnahmen eines Bischofs zum Beispiel stammten aus Landbesitz, Geldvermögen und Abgaben der Gläubigen.

Urbi et orbi

Seit etwa 1000 Jahren war Rom der Mittelpunkt der katholischen Christenheit. Der Papst an ihrer Spitze spendete den Gläubigen seinen Segen mit den lateinischen Worten „urbi et orbi". Damit waren die Stadt Rom und die ganze Welt gemeint. Der Papst war aber nicht nur das Oberhaupt der Christen, sondern auch weltlicher Herrscher über den Kirchenstaat. Päpste entstammten meist adligen Geschlechtern. Sie lebten in Prunk und gaben für die prächtige Ausgestaltung von Kirchen und Palästen viel Geld aus. Sie versuchten, mächtiger zu werden als andere Fürsten in Italien und führten sogar Kriege.

Die Einheit der Christenheit wahren

Schon in den ersten christlichen Gemeinden hatte sich Streit um Glaubensfragen ergeben. So stritt man sich, ob die Verehrung von Heiligenbildern zulässig sei und wie die Einheit von Vater, Sohn und Heiligem Geist zu verstehen sei. Später ging es um die Frage, ob Jesus Christus der Sohn Gottes ist. Immer wieder bildeten sich Gemeinschaften, die eigene Glaubensvorstellungen entwickelten. Die Kirche wollte die Einheit der Christenheit wahren, verurteilte Gläubige mit abweichenden Ansichten als „Ketzer" und ging schließlich auch mit Gewalt gegen sie vor. Wer sich den Geboten nicht unterwarf, wurde aus der Kirchengemeinschaft ausgestoßen. Das war für einen Christen die schlimmste Strafe, denn damit drohte ihm der Verlust des „Ewigen Lebens" nach seinem Tod.

Q1 *„Die sieben Werke der Barmherzigkeit"* (Ölgemälde um 1600 von Pieter Brueghel dem Jüngeren). Die sieben Werke der Barmherzigkeit heißen: Hungrige speisen, Durstige tränken, Nackte bekleiden, Fremde beherbergen, Gefangene erlösen, Kranke besuchen, Tote begraben.

Sie predigten Wasser und tranken Wein

Während die Gläubigen angehalten wurden, gute Taten zu vollbringen, trachtete die Kirche vor allem nach Spenden, Abgaben und sonstigen Einkommen. Adlige bezahlten viel Geld, um ein geistliches Amt zu bekommen. Bischöfe kümmerten sich nicht um die Ausbildung der Priester, sondern lieber um ihre Pfründen. Geistliche vernachlässigten ihre Gemeinden und hielten sich häufig nicht an das Zölibat (Ehelosigkeit). Es gab allerdings auch Priester und Mönche, die Missbräuche anprangerten oder bewusst in Armut lebten. Viele Gläubige jedoch waren über den Sittenverfall und den wachsenden Reichtum der Kirche besorgt. Aber in Angst um ihr Seelenheil spendeten sie dennoch. In der Zeit um 1500 entzündete sich die Kritik vor allem am Handel der Kirche mit Ablassbriefen. Seit dem 12. Jahrhundert bot die Kirche Schriftstücke an, in denen stand, welche Sünden für eine bestimmte gute Tat vergeben worden waren. Diese Schriftstücke wurden Ablassbriefe genannt. Weil aber nun die Päpste für den Neubau des Petersdoms in Rom sehr viel Geld benötigten, wurden Ablassbriefe auch ohne Nachweis für ein gutes Werk einfach verkauft, und das in ganz Europa.

Q2 *Der Bußprediger Savonarola wurde 1498 in Florenz verbrannt, weil er wagte, die Kirche zu kritisieren:*

In diesem unserem Gotteshaus gibt es nur eine Sache, die uns viel Freude macht, dass es nämlich ganz ausgemalt und mit Flitter bedeckt ist. So hat unsere Kirche nach außen bei der festlichen Begehung der kirchlichen Feiern viele schöne Zeremonien mit schönen Gewändern, mit zahlreichen Behängen, mit Leuchtern aus Gold und Silber und so vielen schönen Kelchen, dass es eine wahre Pracht ist. Da siehst du jene großen Prälaten (Inhaber hoher Kirchenämter) mit den schönen gold- und edelsteingeschmückten Kopfbedeckungen auf dem Haupt und mit silbernen Hirtenstäbchen. Du siehst sie mit jenen schönen Messgewändern und ihren Überwürfen aus Brokatstoff am Altar (...) Und diese Männer scheinen dir eine große Würde und Heiligkeit zu besitzen. Und du glaubst nicht, sie könnten irren, vielmehr habe man das, was sie sagen und tun, wie das Evangelium zu beobachten. So ist die heutige Kirche beschaffen. Die Menschen weiden sich an diesem Unsinn, freuen sich über diese Zeremonien und sagen, die Kirche Christi habe noch nie derart in Blüte gestanden und der Gottesdienst sei noch nie so festlich begangen worden wie gegenwärtig.

D1 *Beispiele für Ausgaben und Einnahmen von Papst Leo X. (1513–1521) in Gulden*

Für 1 Gulden bekam man 217 kg Weizen; 1 Pferd kostete 18 Gulden.

Krieg, um seinen Neffen Lorenzo in einer Stadt als Herzog einzusetzen	800 000
Hochzeit seines Bruders	150 000
Feste und Feiern in einem Jahr	96 000
Ausmalung eines Palastes	3 600
Kauf einer Bibliothek	2 652
Einnahmen 1517 • Verkauf von Ämtern • Abgaben, Gebühren	 400 000 100 000
Schulden bei seinem Tod	500 000

Q3 *Ein deutscher Romreisender sagt 1520:*

Drei Dinge erhalten Rom bei seiner Würde: des Papstes Ansehen, die Gebeine der Heiligen und der Handel mit dem Ablass. Drei Dinge bringen die, die nach Rom ziehen, mit heim: schlechte Gewissen, verdorbene Mägen und leere Beutel. Drei Gerichte essen die Armen dort: Kohl, Zwiebeln und Knoblauch. Drei andere dagegen die Reichen: Schweiß der Armen, Wucherzinsen und Raub von der Christenheil. Von drei Dingen hört man sehr ungern in Rom: von einem allgemeinen Cuncilium (Konzil), von einer Besserung des geistlichen Standes und dass den Deutschen die Augen aufgehen. Drei Dinge könnten Rom wieder in seinen alten besten Stand setzen: der deutschen Fürsten Ernst, des christlichen Volkes Ungeduld und ein Türkenheer vor den Toren.

D2 *Rangordnung der Geistlichen*

Papst, Stellvertreter Christi (Adel)	
Kardinäle, enge Mitarbeiter des Papstes; mögliche Nachfolger (Adel)	
Erzbischöfe leiten Kirchenprovinzen (Adel)	
Bischöfe leiten Diözesen oder Bistümer (Adel)	
Pfarrer leiten Pfarreien (Nichtadlige)	
Vikare, Kapläne sind Mitarbeiter der Pfarrer	
alle Getauften	

Q4 *Ablasshandel*
(Holzschnitt von Hans Holbein d. Ä., 16. Jh.). Der Papst überreicht eine schriftliche Erlaubnis für den Ablasshandel, im Vordergrund läuft das Geschäft.

1 *Auf dem Bild zum Ablasshandel (Q4) wird vielfach Kritik dargestellt. Versuche das Bild genau zu beschreiben.*
2 *Vergleiche, was die Kirche verlangt und was sie tut (Q1, Q2, D1 und VT).*
3 *Savonarola (Q2) äußert seine Kritik als Spott und Hohn. Versuche den Text so vorzulesen, dass die Kritik besonders deutlich wird.*
4 *Versuche, die Kritik des Romreisenden (Q3) in deinen Worten sachlich zu formulieren.*
5 *Der Romreisende sagt, dass man in Rom kein Cuncilium (Konzil) will. Suche das Wort in einem Lexikon.*

3 Reformer finden viele Anhänger

Q1 *Luther auf dem Reichstag in Worms 1521,* umgeben von geistlichen und weltlichen Würdenträgern. Der Herrscher auf dem Thron ist Kaiser Karl V.

vogelfrei
Wer vogelfrei war, stand nicht mehr unter dem Schutz des Gesetzes. Niemand durfte ihn aufnehmen und jeder durfte ihn töten.

reformieren
bedeutet erneuern, verändern oder auch umgestalten.

Calvinisten
Anhänger Calvins; später wurden sie auch Reformierte genannt.

Ruf nach Reformen

Als der junge Mönch Martin Luther eine Reise nach Rom unternahm, war er enttäuscht über die Zustände dort. Der Ablasshandel brachte ihn zu der Überzeugung, dass die Kirche sich reformieren müsse. Er äußerte seine Kritik in 95 Thesen, (Behauptungen) gegen den Ablasshandel. Dieses Schreiben schickte er an den Erzbischof von Mainz. Luther bekam aber keine Antwort, sondern wurde aufgefordert, seine Thesen zurückzunehmen. Daraufhin ließ Luther seine Schrift drucken und veröffentlichen. Wie ein Lauffeuer verbreiten sie sich im ganzen Reich. Der junge deutsche Kaiser Karl V. verlangte allerdings auf dem Reichstag in Worms 1521, dass Luther seine Lehren widerrufen solle. Karl war entschlossen, die Einheit der römisch-katholischen Kirche zu schützen. Als Luther sich weigerte, wurde er für vogelfrei erklärt. Der sächsische Kurfürst versteckte ihn auf der Wartburg. Dort übersetzte Luther die Bibel in eine für alle Deutschen verständliche Sprache. Sie wurde für Jahrhunderte zum Familienbuch in deutschen Haushalten.

Luthers Lehre

Luther lehrte, dass vor Gott alle Menschen gleich seien. Nur die Worte Gottes in der Bibel seien deshalb für den Gläubigen wichtig. Jeder könne die Bibel selbst lesen und eigene Schlussfolgerungen ziehen, ohne die Hilfe von Priestern und Päpsten. Wer fest im Glauben an Gott lebe, der könne der Gnade Gottes gewiss sein. Luther lehnte deshalb die besondere Stellung der Priester und des Papstes ab. Priester sollten nicht im Zölibat leben müssen. Da Luther aber sah, dass die Gläubigen eine kirchliche Ordnung benötigten, erklärte er die Fürsten zu Bischöfen. Luthers Lehre verbreitete sich in Deutschland und Skandinavien.

Calvins Lehre

Unter den vielen Reformatoren der Zeit waren der Schweizer Ulrich Zwingli und der Franzose Jean Calvin besonders einflussreich. Calvin (1509–1564) führte 1541 in der Stadt Genf eine Kirchenordnung ein. Er wollte keine Unterordnung der Kirche unter den Staat. In Genf wählte die Gemeinde ihre Pastoren und Kirchenältesten selber. Die Kirchenleitung achtete streng auf einen gottgefälligen Lebenswandel. Kartenspiel, Tanz und Singen weltlicher Lieder wurden mit Geldbußen geahndet, Versäumnis des Gottesdienstes sogar mit Gefängnis. Calvin lehrte, dass Heil oder Verdammnis dem Menschen vorherbestimmt sei. Wer sein Leben aber gottgefällig und nach den Worten der Bibel führe, könne auf Erwählung durch Gott hoffen. Da die Calvinisten wirtschaftlichen Erfolg für ein Zeichen der göttlichen Auserwähltheit hielten, galten Sparsamkeit und Fleiß bei ihnen als wichtige Tugenden.
Calvin fand Anhänger vor allem in Frankreich, der Schweiz, Holland und Schottland. Auswanderer nahmen den reformierten Glauben mit nach Amerika.

Q5 *Zweierlei Predigt* (Holzschnitt um 1529 von Georg Pencz). Der Holzschnitzer kritisiert die Predigt in der katholischen Kirche und setzt ihr einen Gottesdienst in einer evangelischen Gemeinde entgegen. Der evangelische Pfarrer liest aus einer Bibel vor.

Q2 *Aus der Erklärung Karls V. 1521:*
Ihr wisst, dass ich von den allerchristlichsten Kaisern der edlen deutschen Nation (...) abstamme, die alle treue Söhne der katholischen Kirche gewesen sind (...). Sie haben die heilige katholische Religion hinterlassen, damit ich in ihr lebe und sterbe (...). Deshalb bin ich entschlossen, alles zu halten, was meine Vorgänger und ich bis zum gegenwärtigen Augenblick gehalten haben (...). Denn es ist sicher, dass ein einzelner Bruder in seiner Meinung irrt, wenn diese gegen die der ganzen Christenheit steht, wie sie seit mehr als tausend Jahren und heute gelehrt wird, denn sonst hätte ja die ganze Christenheit heute und immer geirrt. Deshalb bin ich fest entschlossen, an diese Sache meine Reiche und Herrschaften, (...) mein Leben und meine Seele zu setzen.

Q3 *Calvin über die Erwählung, 1559:*
Weil wir nicht wissen, wer zu der Anzahl der Vorherbestimmten hinzugehört und wer nicht, so ziemt sich für uns eine solche Gesinnung, dass wir wünschen, alle möchten gerettet werden. So soll es kommen, dass wir uns befleißigen, jeden, der uns begegnet, zum Mitgenossen des Friedens zu machen (...). Soviel an uns liegt, sollen wir also allen einen heilsamen, strengen Tadel gleichsam wie Medizin zuteil werden lassen, damit sie nicht verloren gehen und andere nicht verderben. Gottes Entscheidung aber wird es vorbehalten sein, diesen Tadel an denen wirksam werden zu lassen, die er zuvor ersehen und vorherbestimmt hat.

Q4 *Luther auf dem Reichstag 1521:*
Deshalb bitte ich um der Barmherzigkeit Gottes willen Eure Allerdurchlauchtigste Majestät, Durchlauchtigste Fürsten oder wer immer es in aller Welt kann, er sei hoch oder niedrig, dass er Beweise bringe, mich Irrtümern überführe und mit der (Heiligen) Schrift besiege, denn ich bin sehr wohl bereit, wenn ich gründlich belehrt worden bin, jeden Irrtum zu widerrufen. (...)
Wenn ich nicht durch Schriftzeugnisse oder einen klaren Grund widerlegt werde – denn allein dem Papst oder den Konzilien glaube ich nicht; es steht fest, dass sie häufig geirrt (...) haben –, so bin ich durch die von mir angeführten Schriftworte überwunden. Und da mein Gewissen in den Worten Gottes gefangen ist, kann und will ich nichts widerrufen, weil es gefährlich und unmöglich ist, etwas gegen das Gewissen zu tun. Gott helfe mir. Amen.

1. *Die katholischen Kirche verkaufte Gläubigen mit Ablassbriefen das ewige Leben. Weshalb lehnte Luther das ab?*
2. *Beschreibe, welche Unterschiede der Künstler beim Gottesdienst in der evangelischen und der katholischen Kirche sieht (Q5).*
3. *Vergleiche: Wie argumentiert Luther und wie der Kaiser (Q4, Q2)?*
4. *Erläutere die Lehre Calvins (VT, Q3, Q6). Wie versuchen Anhänger danach zu leben?*

Q6 *Innenansicht einer reformierten Kirche, 1564.* Während in der katholischen Kirche der Altar im Mittelpunkt steht, ist es hier der Predigtstuhl. Reformierte Kirchen sind einfach ausgestattet, um den Gläubigen nicht vom Wort Gottes abzulenken.

4 Die Bauern – freie Christenmenschen?

D1 *Verbreitung der Bauernaufstände*

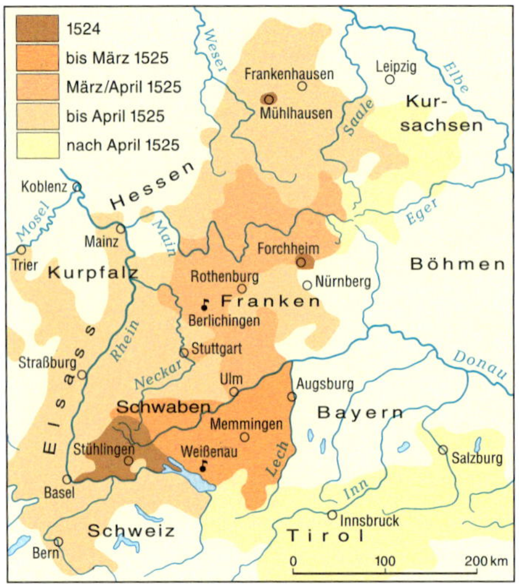

Lage der Bauern in Europa

Heute leben unter 5 % der deutschen Bevölkerung von der Landwirtschaft. Jahrhunderte lang waren es in ganz Europa über 90 %, die mit unterschiedlichen Rechten und Einkünften als Bauern lebten. Es gab freie und reiche Bauern. Die meisten lebten jedoch als Hörige oder Leibeigene und hatten z. B. an einen adligen Grundherren, an ein Kloster oder an den Fürsten Abgaben und Dienste zu leisten. Die wirtschaftliche Lage der Bauern war in Deutschland unterschiedlich. Während im Norden der älteste Sohn den Hof übernahm, galt im Süden die Aufteilung auf alle Söhne. Mit jeder Generation verringerte sich so das Einkommen. Deshalb gerieten Bauern in die Abhängigkeit, suchten in der Stadt ihr Auskommen oder wanderten in andere Länder aus.

In allen Ländern Europas gab es immer wieder Aufstände, wenn die Lage für die Bauern unerträglich wurde. Was aber in der Zeit der Reformation in Deutschland geschah, das war mehr als ein Bauernaufstand. Der große Bauernkrieg war eine Volksbewegung, der sich sogar Ritter und Stadtbewohner anschlossen.

Q1 *Ein Bauer überbringt in demütiger Haltung seine Abgaben* (Holzschnitt, 1479).

Allmende
Seit germanischer Zeit waren Wälder, Weiden und Ödland gemeinsamer Besitz einer Dorfgemeinde. Die Allmende wurde von den Gemeindemitgliedern genutzt und verwaltet.

Empörung der Bauern

Seit der Entdeckung Amerikas strömte viel Gold und Silber nach Europa. Dadurch verlor das Geld an Wert. Die Grundherrn verlangten von den Bauern höhere Abgaben und mehr Dienste. Darüber hinaus versuchten sie die alten Rechte der Bauern, wie die freie Nutzung von Wald, Wiesen und Gewässern, einzuschränken. Dabei war z. B. die Nutzung des Waldes für die Landbevölkerung überlebenswichtig. Die Herren verwiesen auf alte Urkunden. Die Bauern, die nicht lesen und schreiben konnten, fühlten sich wehrlos.

Mithilfe des Buchdrucks verbreiteten sich Luthers Lehren über das Land. Die in Holzschnitten dargestellte Kritik an Missständen konnten alle verstehen. So erfuhren die Bauern von der neuen Lehre, dass ein Christenmensch frei und niemandem untertan sei. Luther hatte damit die Freiheit im Glauben gemeint, aber die Bauern bezogen dies auf ihre soziale und politische Lage. Sie glaubten nun nicht mehr, dass ihre Situation gottgewollt sei, und waren entschlossen zu kämpfen. Sie sagten: „Als Adam grub und Eva spann, wo war denn da der Edelmann?"

Krieg und Strafgericht

Eine Gruppe Bauern in Schwaben ließ 1525 ihre Forderungen aufschreiben. Die „Zwölf Artikel" wurden mit einer Auflage von 25 000 Stück gedruckt und überall verbreitet. Andere Bauern übernahmen sie. Da die Herren nicht mit sich reden ließen, griffen die Bauern schließlich zur Gewalt. Luther wendete sich gegen die „mörderischen" Bauern. Fürsten mieteten sich Söldner. Die schlecht bewaffneten Bauern hatten keine Chance. Die Sieger hielten grausames Strafgericht. Für Jahrhunderte blieben die Bauern weiter in der Abhängigkeit ihrer Herren und von jeder Mitsprache im Land ausgeschlossen.

Q2 *Bauernheer auf dem Marsch* (Holzschnitt, 1548).

Q3 *Über aufständische Bauern, 1524:*

Die Bauern der Stühlinger Grafschaft empörten sich wider ihre Herren einiger beschwerlicher Ursachen halber, sie könnten solchen Frondienst und andere tägliche Beschwernisse nicht länger erdulden und wollten auch weiterhin nichts tun, als was sie nach altem Herkommen zu tun hätten. In denselben Tagen hatten die von Waldshut einen Pfarrer. Derselbe war ein Lehrer der göttlichen Schrift, der gegen jede Obrigkeit, geistliche und weltliche, predigte, dass man keinem mehr etwas zu tun schuldig wäre und allein unseren Herr Gott zu ehren hätte. Dadurch wurden die Bauern gegen die Obrigkeit erregt, und sie wollten keinen Herrn haben außer Gott dem Allmächtigen. Und wahrlich, so man die Sache recht bedenkt, so ist derselbe Doktor ein Anfänger und Aufrührer des ganzen Bauernkrieges gewesen, denn durch ihn ist solcher erbärmlicher Schaden und Übel ausgegossen worden und sind die von Waldshut durch sein Predigen an Ehre, Macht und Reichtum zu spürbarem (...) Verderben gekommen.

Q4 *Die „Zwölf Artikel" der Bauern von 1525 enthielten u. a. folgende Forderungen:*

1. Die ganze Gemeinde soll ihren Pfarrer selbst wählen.

2. Den Kornzehnten wollen wir gern geben, wie es sich gehört. Darüber hinaus wollen wir aber nichts geben, (...)

3. Es ergibt sich aus dem Evangelium, dass wir frei sind. Also sind wir keine Leibeigenen mehr. Die Schrift verlangt aber auch, dass wir gegen jeden demütig sind. Also wollen wir es auch gegen unsere erwählte und von Gott gesetzte Obrigkeit sein.

4. Wenn der Herr durch Urkunden seine Jagd- und Fischrechte beweisen kann, so wollen wir sie ihm nicht mit Gewalt nehmen. Wir dulden aber nicht, dass er uns das Wildbret und die Fische mutwillig wegfrisst.

5. Der Wald soll der Gemeinde gehören, wenn ihn der Herr nicht redlich gekauft hat. Jeder soll sich im Gemeindewald per Bedarf an Holz umsonst nehmen.

6. Man darf uns keine höheren Dienste auferlegen als unseren Eltern.

Q5 *Hinrichtung des Bauernführers Jacob Rohrbach* (Zeichnung 1550)

1 Beschreibe die Lage der Bauern. Worüber klagten sie (Q3, Q4, VT)?

2 Weise nach, dass sich die Bauern auf die Bibel beriefen (Q3, Q4).

3 Betrachte Q2 und finde Gründe für das Scheitern der Bauern. Nenne auch die Folgen (VT).

5 Wer herrscht, bestimmt den Glauben

Q 1 *Die Protestanten tragen auf dem Reichstag zu Augsburg 1530* vor Kaiser Karl V. ihr Glaubensbekenntnis vor (Gemälde von Georg Balthasar Sand).

A–Z

Protestanten
Auf dem Reichstag zu Speyer 1529 protestierten die evangelischen Reichsstände gegen ein Verbot der Lehre Luthers. Seither werden evangelische Christen auch „Protestanten" genannt.

Konfession
Gemeinschaft der in einem Bekenntnis verbundenen Gläubigen

Konzil
Versammlung von Kardinälen und Bischöfen in der katholischen Kirche

Deutsche Fürsten werden evangelisch

In weiten Teilen Deutschlands schlossen sich Fürsten, Bürger und Bauern den neuen Glaubensvorstellungen an. Nonnen und Mönche verließen ihre Klöster, Geistliche durften heiraten, der Gottesdienst wurde umgestaltet und in deutscher Sprache abgehalten. Evangelische Fürsten und Städte übernahmen den reichen Kloster- und Kirchenbesitz. Kaiser Karl V. hatte zwar die Lehren Luthers verboten, konnte aber dieses Verbot nicht durchsetzen, weil er häufig auf Kriegszügen außer Landes war. Auf dem Reichstag zu Augsburg 1530 überreichten die protestantischen Stände dem Kaiser eine Erklärung, das „Augsburger Bekenntnis", in dem sie die Lehre Luthers verteidigten.

Die Kirche versucht die Einheit zu retten

Ein katholischer Geistlicher schrieb an Ignatius von Loyola, den Gründer des Jesuitenordens: „Wenn wir den Katholiken nicht helfen, ist binnen zweier Jahre keiner mehr zu finden." Die Mitglieder des 1534 gegründeten Ordens verpflichteten sich, dem Papst bei der Ausbreitung des katholischen Glaubens unbedingten Gehorsam zu leisten. Sie gründeten Schulen, kümmerten sich um Arme und Schwache und standen als Ratgeber und Beichtväter vielen Fürsten zur Seite. Damit konnten sie das Ansehen der katholischen Kirche vielerorts festigen.
Katholiken und Protestanten drängten den Papst, die Kardinäle und Bischöfe in ganz Europa, ein Konzil zusammenzurufen, auf dem die strittigen Glaubensfragen besprochen werden sollten. Aber der Papst zögerte. Als 1545 das Konzil in der italienischen Stadt Trient zusammentrat, erschien kein Protestant. Zur Eröffnung sagten die Kardinäle: „Das ist der Glaube der Väter und aller Rechtgläubigen, Bannfluch über alle, die vom wahren Glauben abweichen." Nach langem Ringen wurden Beschlüsse gefasst, um die katholische Kirche zu erneuern. Aber die Spaltung war nicht mehr aufzuhalten.

Der Augsburger Religionsfrieden

Obwohl deutsche Katholiken und Protestanten nach einer Verständigung suchten, kam es zum Krieg. Dabei ging es nicht nur um die Einheit des Glaubens, sondern auch um die Machtverteilung zwischen Kaiser und Fürsten im Reich. Der Sieg des Kaisers über die Protestanten führte nicht zur Glaubenseinheit zurück. Denn evangelische und katholische Stände fürchteten nun die Übermacht des Kaisers und verbündeten sich gegen ihn. Karl V. musste fliehen. Im Jahr 1555 schlossen die streitenden Parteien einen Religionsfrieden. Darin wurde festgelegt, dass künftig jeder Landesherr bestimmen konnte, ob seine Untertanen katholisch oder protestantisch sein sollten. Damit war die protestantische Konfession im Deutschen Reich rechtlich anerkannt.

Q2 *Aus einem Brief Luthers an Kurfürst Johann von Sachsen, 1526:*

Da aber nun in Euer Kurfürstlichen Gnaden Fürstentum päpstlicher und geistlicher Zwang und Ordnung aus ist und alle Klöster und Stifte Euer Kurfürstlichen Gnaden als dem obersten Haupt in die Hände fallen, kommen zugleich damit auch Pflichten und Beschwernis, diese Dinge zu ordnen. (…) Derhalben (…) wird es vonnöten sein, aufs baldigste (…) vier Personen das Land visitieren zu lassen, zwei, die sich auf Zinsen und Güter, und zwei, die sich auf die Lehre und die Person verstehen, damit dieselben auf Euer Kurfürstlichen Gnaden Befehl die Schulen und Pfarren, wenn es nötig ist, zu errichten anordnen und versorgen.

Q3 *Johann Friedrich (der Großmütige), Kurfürst von Sachsen 1532–1547, im Kreise seiner Reformatoren* (Gemälde von Lukas Cranach d. Ä.)

Q4 *Aus den Beschlüssen des Konzils von Trient 1545–1563:*

- Die Kirchensprache ist in allen Ländern die lateinische Sprache.
- Nur die Kirche darf die Bibel auslegen.
- Die Priester sollen gut ausgebildet werden und sich ihren seelsorgerischen Aufgaben widmen.
- Das Zölibat muss eingehalten werden.
- Der Ablass darf nicht missbraucht werden.
- Die Bischöfe dürfen aus ihren Diözesen nur mit Erlaubnis abwesend sein. In ihrer Abwesenheit dürfen sie keine Einkünfte aus ihren Pfründen beziehen.

Q5 *Aus dem Augsburger Religionsfrieden 1555:*

Wegen der Lehre, der Religion und des Glaubens sollen der Kaiser (…) und die übrigen Fürsten und Stände niemanden im ganzen Reich auf irgendeine Weise verletzen noch zum Aufgeben seiner Religion, der Zeremonien und Gesetze (…) zwingen.

Bestimmungen:

1 Die Landesherren können wählen, ob sie den katholischen oder evangelischen Glauben annehmen wollen. Zwinglianer, Calvinisten und Täufer[1] bleiben ausgeschlossen.

2 Die Untertanen müssen den Glauben ihres Landesherrn annehmen (Wer herrscht, darf die Religion bestimmen). Wer widerstrebt, darf auswandern.

3 Die evangelischen Landesherren dürfen die Kirchengüter behalten, die sie vor 1552 eingezogen haben.

4 In den Reichsstädten, die konfessionell gemischt sind, dürfen Angehörige beider Konfessionen weiterhin nebeneinander leben.

5 „Geistlicher Vorbehalt“: Tritt ein geistlicher Fürst zum evangelischen Glauben über, muss er auf sein Amt verzichten.

[1] Anhänger einer weiteren Reformbewegung

1. *Was erfährst du aus Luthers Brief über die Kirchenorganisation in den protestantischen Gebieten (Q2)?*
2. *Welche Reformen der katholischen Kirche enthalten die Beschlüsse des Konzils (Q4)?*
3. *Suche auf der Karte katholische, protestantische und reformierte Gebiete (D1). Wo leben konfessionelle Minderheiten?*
4. *Erläutere die Lage der Gläubigen nach dem Augsburger Religionsfrieden (Q5).*
5. *Überlege, welche Auswirkungen der Religionsfrieden für die Reformierten hatte (Q5).*

D1 *Konfessionen in den deutschen Gebieten nach dem Augsburger Religionsfrieden 1555*

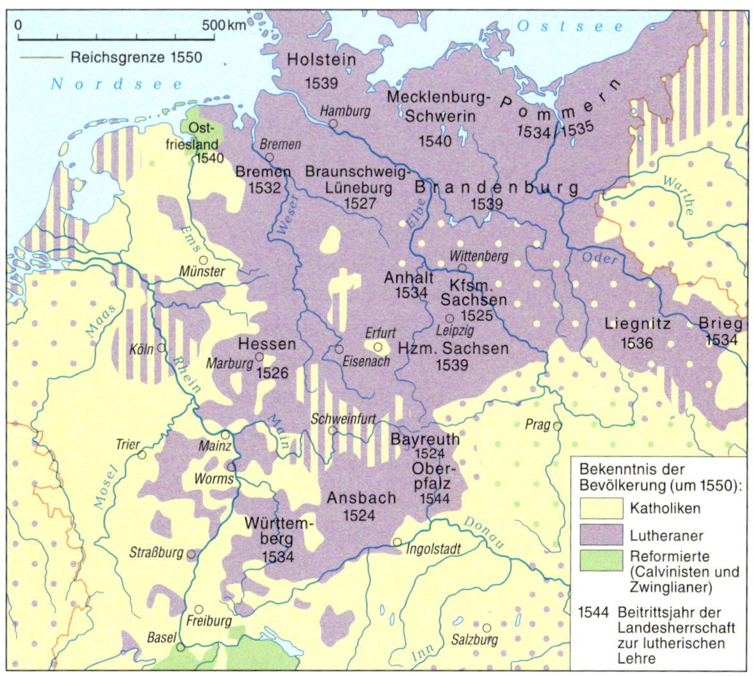

6 In Europa brennen Menschen

Q1 *Die Gegner der katholischen Lehre* wollten von der Heiligenverehrung nichts mehr wissen. In diesem Bild im Dom von Münster wurden den Geistlichen die Augen heraus geschnitten.

Inquisition
(aus dem Lateinischen = Untersuchung) Gerichtsverfahren der katholischen Kirche zum Überführen und Bestrafen von Ketzern

Mit Scheiterhaufen gegen Ketzer

Im Jahr 1215 wurde auf einem Konzil in Rom beschlossen, dass alle Menschen, die sich gegen die Lehren der Kirche wendeten, als Ketzer aus der Kirche ausgestoßen werden sollten. Das Wort „Ketzer" kommt von „Katharer" und bezeichnet Menschen, die die „reine Lehre" vertreten. Die Ketzer wurden einem weltlichen Gericht übergeben. Ihr Besitz fiel an die Obrigkeit. Wer nicht bereit war, von seinem „Irrglauben" abzulassen, dem drohte der Tod auf dem Scheiterhaufen. Durch diese Strafe verlor der Verurteilte auch das „Ewige Leben". Nach der Glaubensspaltung verfolgten sich Angehörige der unterschiedlichen Konfessionen gegenseitig als Ketzer. Luther galt bei den Katholiken als „Erzketzer". Als in den spanischen Niederlanden radikale Calvinisten katholische Kirchen verwüsteten, befahl der spanische König ein grausames Strafgericht. Calvinisten und Protestanten in Schottland, den Niederlanden und Deutschland ließen Katholiken als Ketzer verbrennen.

Hexenwahn

So entschieden die christlichen Konfessionen einander bekämpften, einig waren sie sich in der Verfolgung der Hexerei. Immer schon haben die Menschen an Zauberei und dämonische Mächte geglaubt. Im 16. und 17. Jahrhundert jedoch, als Glaubensstreitigkeiten, Missernten, Kriege, Pestepidemien und Hungersnöte die Menschen tief in ihrer Existenz erschütterten, nahmen Angst und Aberglaube überwältigende Ausmaße an. Die Menschen waren in ihrer Not davon überzeugt, dass Gott sie bestrafen und der Teufel die Erde zerstören wolle. In dieser Situation wurde nach Sündenböcken gesucht, die man bestrafen konnte. Manche Menschen hofften, dadurch das allgemeine Unheil abzuwenden.

Im Jahr 1484 rief der Papst in der so genannten „Hexenbulle" dazu auf, Hexen beiderlei Geschlechts zu bekämpfen. Diesen – meist Frauen – wurde unterstellt, dass sie sich mit dem Teufel eingelassen hätten. In den Hexenprozessen waren sie den unsinnigsten Beschuldigungen ausgesetzt: Sie hätten mit dem Teufel Hochzeit gehalten, Kinder und das Vieh verhext und krank gemacht, die Ernte durch Hagel verdorben und Gott abgeschworen. Eine Verurteilung durfte nur auf Grund von Geständnissen erfolgen. Deshalb wurden die Frauen durch Folter bedroht. Die Prozesse endeten in der Regel mit dem qualvollen Tod auf dem Scheiterhaufen. Im Deutschen Reich wurden nach Schätzungen mindestens 30 000 Menschen als Hexen hingerichtet.

Q2 *Ketzer werden öffentlich verbrannt* (Gemälde des Spaniers Pedro Berruguete, 1504).

Q3 *Im 11. Jahrhundert schrieb Gerhard von Csanád über die Ketzer:*

Es wimmelt jetzt geradezu von ihnen in der Kirche, ja sie okkupieren (besetzen) bereits den ganzen Erdkreis, und es gibt niemand, der den Albernheiten solcher Leute widerspricht. O, bei wie vielen spüre ich, dass sie Söhne des Teufels sind. Mit ihnen zu reden ertrage ich nicht. Von Eifer entflammt, haben sie allesamt heute nicht nur die gottesdienstlichen Riten, die Kirche und die Priester geschmäht, sondern selbst Jesus Christus, den Sohn Gottes, unsern Herrn.

Q4 *Aus der Hexenpredigt des henneburgischen Superintendenten Johannes Zehner, 1613:*

Bei Abholung seiner lieben Getreuen, der Gabelritterinnen und dergleichen zäuberischen Gesinds, richtet der Teufel in der Luft allerlei Feuerwerk und brausenden Sturmwind an, (...) wie man vergangener Tage dieser Orte am hellen Mittag erfahren (...). Wer dergleichen schreckliche Gräuel noch beschönen und verteidigen will, gibt zu verstehen, er gehöre auch unter diese des Teufels Bundesgenossen (...). Die Obrigkeiten dürfen den Advokaten nicht gestatten, der Zauberinnen Sachen also zu führen, dass sie möchten lebendig gelassen werden, um noch mehr Schaden und Unheils anzurichten. Denn alles Böse, so dergleichen Teufelsbräute üben, haben solche Regenten und ehrbare Advokaten dermaleinst vor Gottes Angesicht, vor dem Richterstuhle Christi zu verantworten (...).

Q5 *Der Kölner Ratsherr Hermann Weinberg schrieb 1589 in sein Tagebuch:*

Über die Zauberei kann ich nach meinem Verstande nicht urteilen. Ich höre auch, die Leute sind nicht darüber einig. Etliche glauben gar nicht daran, halten es für Fantasie, Träumerei, Tollheit, Dichtung, Nichtsnutzigkeit. Andere, Gelehrte und Ungelehrte, glauben daran, nehmen ihr Fundament aus der Heiligen Schrift und haben Bücher darüber geschrieben und gedruckt. Gott allein wird es wohl am besten wissen. (...) Es gibt gar böse Leute, die irgendein Weib Zauberin schelten, dadurch in den Mund des Volkes bringen, und das Volk hält dieses Weib dann für eine wirkliche Zauberin. Wenn man aus Hass oder aus Leichtfertigkeit seine Mitmenschen in so böses Gerücht bringt, wird man schwerlich solches vor Gott verantworten können.

1. *Woran kann man erkennen, dass sich Gerhard von Csanád vor den Ketzern fürchtet (Q3)?*
2. *Betrachte Q6. Was wurde den als Hexen angeklagten Menschen vorgeworfen?*
3. *Beschreibe die Haltung des Ratsherrn zur Hexenverfolgung (Q5).*
4. *Warum schreibt der Ratsherr seine Gedanken nur in sein Tagebuch (Q4, Q5)?*

Q6 *Holzschnitt von der Titelseite einer gelehrten Schrift* des Bischofs Peter Binsfeld, der die Hexenverfolgung verteidigt, 1591

7 Gegen Ungläubige

Q 1 *Der Löwenhof in der Alhambra (rote Burg).* Vom 13. Jahrhundert bis zu ihrer Vertreibung im Jahre 1492 war dieser noch heute von Tausenden staunender Touristen besuchte Palast der Sitz maurischer Herrscher in Spanien.

A-Z

Mauren
Ursprünglich römische Bezeichnung für die Bewohner Nordwest-Afrikas. Von den Christen Spaniens wurde der Begriff auf die von dort kommenden muslimischen Eroberer übertragen.

Sultan
Weltlicher Herrscher in der islamischen Welt

Mauren und Juden als Opfer

Etwa 800 Jahre lang war Spanien das Land der drei Religionen gewesen. Christen, Juden und Mauren lebten überwiegend friedlich miteinander. Doch im Jahre 1492, nachdem die christlichen spanischen Könige den letzten maurischen Herrscher vertrieben hatten, war es damit zu Ende. Um die Einheit des katholischen Glaubens im Land herzustellen und zu wahren, ließen die spanischen Könige Muslime und Juden als Ungläubige verfolgen. Wer zum Christentum übertrat, musste dennoch die Nachstellungen der Inquisition fürchten, denn man versuchte auch mithilfe der Folter nachzuweisen, dass er heimlich seiner alten Religion anhing. Wer sich zum Beispiel im Sterben zur Wand drehte, wurde als Verächter der christlichen Religion denunziert. Wer hartnäckig an seinem Glauben festhielt, der wurde öffentlich vor Tausenden von Zuschauern verbrannt. Schließlich wurden Juden und Mauren aus Spanien vertrieben. Sie mussten ihren Besitz zurücklassen und froh sein, wenn sie mit dem Leben davonkamen.

Osmanen bedrohen Europa

Um 1500 war das Reich des türkischen Sultans aus dem Geschlecht der Osmanen die stärkste Macht in der Welt des Islam. 1453 hatten die Türken Konstantinopel, die Hauptstadt des Oströmischen Reiches, erobert und ihr den Namen „Istanbul" gegeben. In wenigen Jahrzehnten eroberten sie den Balkan und drangen 1529 bis nach Wien, der Residenz des deutschen Kaisers, vor. Die Flotten der Osmanen beherrschten das Mittelmeer. Die Eroberung des christlichen Europas schien nur eine Frage der Zeit, zumal die Fürsten Europas untereinander zerstritten waren. Kaiser Karl V. führte Krieg gegen die Protestanten in Deutschland und den katholischen König von Frankreich. Seine Truppen kämpften sogar gegen den Papst und plünderten die Stadt Rom. Schließlich forderte der Papst die Fürsten zum gemeinsamen Widerstand gegen die Osmanen auf. Eine vereinte Flotte der Christen vernichtete in der Seeschlacht bei Lepanto 1571 die Flotte des Sultans. Das war die Wende in der Herrschaft über die Seewege im Mittelmeer. Dennoch gelang es den Türken 1683 erneut, bis vor die Tore Wiens vorzudringen. Der Kaiser floh. Europa schien dem Ansturm des Islam nicht gewachsen. Nach erbittertem Ringen wurden die Türken zurückgedrängt. Aber große Teile des Balkans blieben in türkischer Hand. Ein Teil Europas wurde weiterhin von Muslimen bewohnt.

Q2 *Aus dem Generaledikt über die Ausweisung der Juden aus Spanien, 31. März 1492:*

Don Ferdinand und Donna Isabel, durch die Gnade Gottes König und Königin von Kastilien usw. (...) Von den Inquisitoren und vielen Frommen, geistlichen und weltlichen, haben wir erfahren, welch großer Schaden den Christen aus dem Umgang und Verkehr mit den Juden erwachsen ist und noch erwächst. Auf alle mögliche Weise versuchen die Juden, die treuen Christen von unserem heiligen katholischen Glauben abzuwenden und zu trennen und zu ihrem verfluchten Glauben und Denken hinüberzuziehen. (...) (Daher) beschließen wir, alle Juden und Jüdinnen aus unseren Reichen zu verbannen (...) und gebieten allen Juden und Jüdinnen, (...) die in unseren Königreichen leben, wohnen und verweilen, unsere Länder bis zum Ende Juli dieses Jahres zu verlassen. Wenn sie dies aber nicht tun und befolgen, so sollen sie mit dem Tode und mit der Einziehung ihrer Güter bestraft werden, (...). Und wir verbieten, dass Personen unserer genannten Königreiche, welchen Standes und Ranges sie auch seien, auf ihren Ländern oder in ihren Häusern einen Juden oder eine Jüdin öffentlich oder heimlich empfangen, aufnehmen, beherbergen oder verteidigen bei Strafe des Verlustes aller Güter (...).

D1 *Erst im Jahr 1920 endete die Herrschaft des Osmanischen Reiches auf dem Balkan. 1922 wurde der letzte osmanische Sultan abgesetzt und ein Jahr später wurde die Türkische Republik ausgerufen. Eine Wissenschaftlerin schrieb 1993 über die Auswirkungen der türkischen Herrschaft auf dem Balkan in Makedonien:*

In Makedonien, das wie die übrigen osmanischen Gebiete vom westlich-christlichen Einfluss völlig abgetrennt wurde, setzte ein tief greifender Prozess der Islamisierung und Orientalisierung ein. Städte und Märkte erhielten einen orientalischen Charakter. In Skopje beispielsweise (...) zeugen noch heute eine Anzahl von Moscheen, ein türkisches Badehaus aus dem 15. Jahrhundert sowie eine Herberge aus dem 17. Jahrhundert von der einstigen türkischen Lebensweise. Auch in der Bevölkerung traten spürbare Veränderungen ein. Zahlreiche Türken zogen als neue Landbesitzer, als Bauern oder Händ-ler zu (...). Im Handel waren auch Juden sehr stark vertreten. Ihr ältestes Zentrum auf dem Balkan war Saloniki, das in osmanischer Zeit zeitweise die größte jüdische Gemeinde Europas war (...). Im Osmanischen Reich wurden anderswo vertriebene Juden wegen ihrer wirtschaftlichen Fähigkeiten mit offe-nen Armen aufgenommen.

1 Erläutere, wen die Christen als Ungläubige bezeichneten (VT).

2 Erkläre, warum die spanischen Könige Juden und Mauren bekämpften (VT, Q2).

3 Beschreibe, wie in Spanien die Juden verfolgt wurden (Q2).

4 Beschreibe mit der Karte (D2) die Ausbreitung und den Rückzug des Osmanischen Reiches.

5 Schreibe einen Lexikonartikel unter dem Stichwort: „Islamisierung des Balkans" (D1, D2, Q3).

Q3 *Altstadt von Sarajewo mit Moschee*

D2 *Das Osmanische Reich*

8 Glaubenseifer und Machtgier

Söldner
Jemand, der um Sold (lat. solidus = feste Goldmünze) einem beliebigen Feldherrn (auch eines fremden Landes) Kriegsdienste leistet. Im 16.–18. Jahrhundert war es üblich, Truppen gegen Löhnung (Besoldung) anzuwerben.

Vom Glaubenskrieg zum Machtkampf

Im Jahr 1618 widersetzten sich protestantische Adlige in Böhmen dem deutschen katholischen Kaiser, der in seinen Habsburger Erblanden nur die katholische Konfession gelten lassen wollte. Ein grausamer Krieg brach aus, der sich in Deutschland 30 Jahre lang hinzog. Zuerst bekämpften sich katholische und protestantische Fürsten sowie der Kaiser, und die katholische Seite war erfolgreich. Dann traten ausländische Mächte, 1625 Dänemark, 1630 Schweden und 1635 sogar das katholische Frankreich auf der Seite der Protestanten in den Krieg ein. Aus dem Glaubenskrieg war ein Kampf um die Vormacht in Europa geworden. Am Ende des Krieges lag Deutschland am Boden. Die deutsche Bevölkerung hatte sich von 17 Millionen (1618) auf 10 Millionen Menschen (1648) verringert.

D1 *Verlauf und Ergebnisse des Dreißigjährigen Krieges*

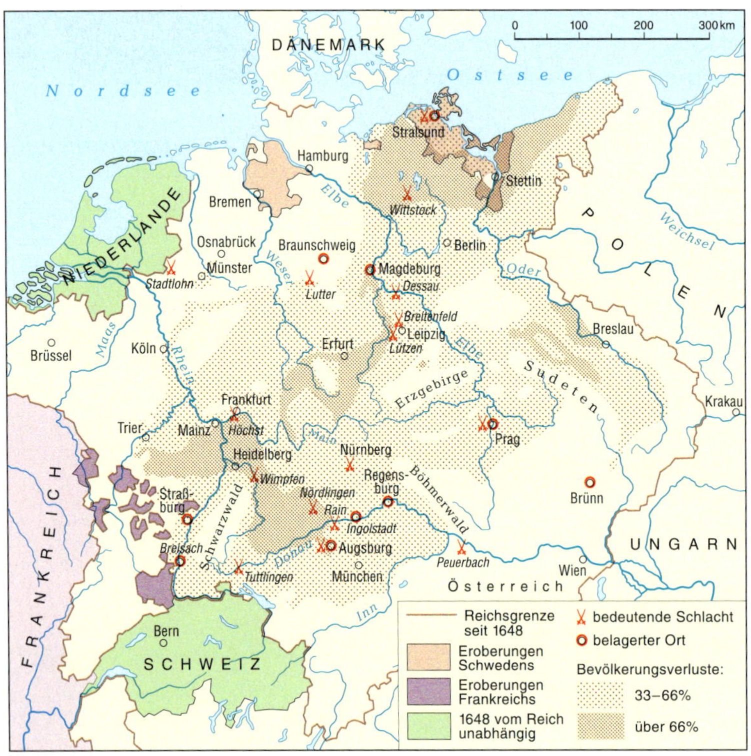

Völlige Verwüstung

Mit Erfindung der Feuerwaffen hatte sich die Kriegsführung geändert. Obwohl das „Kriegshandwerk" als unehrenhaft galt, verdingten sich viele, vor allem Erwerbslose, bei einem Feldherrn als Soldaten. Sie erhielten Sold. Davon kauften sie sich Nahrungsmittel, Kleidung und Waffen. Je länger sich der Krieg hinzog, desto leerer wurden die Kriegskassen. Ein Feldherr namens Wallenstein bot dem Kaiser seine Hilfe an und erklärte, „dass der Krieg sich künftig selbst ernähren werde". Wallenstein ließ seine Söldner im eroberten Land plündern und sparte so die ungeheuren Kriegskosten. Wenn die Einwohner rechtzeitig vom Anmarsch eines Heeres erfuhren, flohen sie in die Wälder. Indessen wurden Städte, Dörfer, Felder zerstört und Vieh und Vorräte weggeschleppt oder vernichtet. Es dauerte etwa 50 Jahre, bis Dörfer und Städte wieder aufgebaut waren.

Der Westfälische Frieden

Nach langen Verhandlungen wurde 1648 der Westfälische Frieden unterzeichnet. Darin wurde der Augsburger Religionsfrieden bestätigt, die Untertanen mussten jedoch nicht mehr die Konfession ihrer Fürsten annehmen. Dies war ein erster Schritt in Richtung Glaubensfreiheit. Die deutschen Fürsten erweiterten ihre Selbständigkeit (eigene Gesetzgebung, Rechtsprechung, Steuerhoheit) und erhielten das Recht, mit fremden Staaten Verträge zu schließen, solange dieser nicht gegen Kaiser und Reich gerichtet waren. Der Kaiser hingegen war bei seinen Entscheidungen an die Zustimmung des Reichstags gebunden; seine Stellung war sehr geschwächt. Die Niederlande und die Schweiz schieden aus dem Reichsverband aus. Das Reich war nun in ca. 370 weitgehend selbstständige Kleinstaaten zersplittert. Stärkste Macht in Europa war fortan Frankreich.

Q1 *Kardinal Richelieu, der damals Frankreich regierte, schrieb 1633:*

In der gegenwärtigen Lage muss es das erste Ziel sein, durch Geld zu versuchen, den Krieg in Deutschland und Holland fortzusetzen, ohne dass Frankreich genötigt wäre, offen daran teilzunehmen. Aber wenn es klar zu erkennen wäre, dass die Kriegsmüdigkeit einen Friedensschluss befürchten ließe, dann wäre zu überlegen, ob Frankreich, im Bündnis mit den deutschen und holländischen Protestanten, sich offen gegen das Haus Habsburg erklärt, unter folgenden Bedingungen: Die Religion soll den Protestanten an allen Orten erhalten bleiben, wo sie vor dem Krieg herrschte. Als Gegenleistung soll Frankreich alles erhalten, was die Protestanten diesseits des Rheins besetzt halten, nämlich Mainz, die Pfalz und das Elsass.

Q3 *Adlige in Prag stürzten aus Zorn darüber, dass der Kaiser ihre Rechte verletze und protestantische Kirchen zerstören lasse, die kaiserlichen Beamten aus dem Fenster in den morastigen Schlossgraben* (farbiger Kupferstich, 1635). Der „Prager Fenstersturz" gilt als Auslöser des Dreißigjährigen Krieges.

Q2 *Pommersche Gesandte berichteten:*

Wenn Offiziere und Soldaten über Land reisten, mussten die Einwohner des Landes, da noch ein Bissen Brot vorhanden, nicht allein solches ohne Bezahlung, sondern auch ihre Pferde oft hergeben, welche sie entweder überhaupt nicht oder auf den Grund verderbt wiederbekämen (…). Sonst wäre gar gemein, dass die Reiter und Soldaten die Dörfer fast alle Nacht plünderten, den Bauern ihre Wagen, Pflüge und andere zum Ackerbau gehörigen Instrumente entweder wegführten oder mutwillig verbrennten, die Leute prügelten, also dass dieselbigen bisweilen gar ums Leben kämen (…). Bei dem Rauben und Plündern würden allerhand neue Torturen vorgenommen, um zu erfahren, ob einer oder andere etwas vergraben, indem etlichen Stricke um die Hände gebunden und zusammengedreht, andere unter den Fußsohlen gemartert, anderen brennende Lunten auf die Hände gesetzt wurden (…). So waren die Leute der Mittel zu leben beraubt, dass sie sich eine geraume Zeit mit Trebern, Knospen von den Bäumen und anderen unnatürlichen Speisen aufgehalten und auch der Toten, auch ihrer eigenen Eltern Fleisch gefressen.

Q4 *Landsknechte überfallen ein Dorf* (Radierung, 1645).

1 *Erkläre, wie sich die Gründe für den Krieg änderten (VT, Q2, Q3).*

2 *Stelle fest, welche Gebiete in Deutschland von dem Krieg besonders betroffen waren (D1, D2).*

3 *Stell dir vor, du bist Kriegsberichtserstatter und berichtest vor Ort (VT, Q2, Q4).*

4 *Fasse die Ergebnisse des Krieges zusammen (D1, D2, VT).*

D2 *Zerstörungen im Dreißigjährigen Krieg*

Es wurden zerstört u. a.	*Städte*	*Dörfer*
in Pommern, Mecklenburg, Holstein	307	2041
in der Mark Brandenburg	60	5000
in Mähren, Böhmen, Österreich	125	1459
in Sachsen und Thüringen	196	1795
in Niedersachsen	445	2538
in Westfalen und im Rheinland	302	3052
in der Pfalz	106	807
in Franken	26	318
Summe	1567	17010

9 Glaubensflüchtlinge

Edikt
Erlass oder Anordnung eines Herrschers

Hugenotten fliehen aus Frankreich …

Um 1680 lebten ca. 2 Millionen Menschen protestantischen Glaubens in Frankreich. Sie hatten 1598 mit dem Edikt von Nantes Religionsfreiheit erhalten. Als Ludwig XIV. aber den katholischen Glauben zur Staatsreligion bestimmte und 1685 das Edikt von Nantes aufhob, begann für die Hugenotten eine schreckliche Zeit: Soldaten besetzten ihre Häuser und Dörfer, schlossen die Schulen und schikanierten, beraubten und misshandelten die Männer und Frauen. Wer sich nicht freiwillig zum katholischen Glauben bekannte, wurde mit Drohungen und Gewalt dazu gezwungen. Denjenigen, die ihren Glauben nicht aufgeben wollten, blieb nur, unter Gefahren ins Ausland zu fliehen. Ungefähr 200 000 Menschen wanderten aus Frankreich aus und suchten Aufnahme in protestantischen Ländern.

… nach Brandenburg-Preußen

Auch in einigen deutschen Ländern waren die Hugenotten willkommen. So erließ Kurfürst Friedrich Wilhelm I. von Brandenburg schon am 29. Oktober 1685 ein Edikt, in dem er den französischen Flüchtlingen Religionsfreiheit zusicherte, aber auch Steuervorteile, Baumaterial und andere Starthilfen in seinem Land versprach. Mit zweisprachigen Flugblättern wurden die Hugenotten in Frankreich darüber informiert.
In den folgenden Jahren kamen rund 20 000 Hugenotten nach Brandenburg, die in eigenen Kolonien angesiedelt wurden. Die Kolonisten erschlossen zum einen dünn besiedelte Landstriche, zum anderen brachten sie neuartige Fertigkeiten im Handwerk mit. Ihre Produkte fanden bald guten Absatz bei der einheimischen Bevölkerung. Manche Handwerker und Kaufleute sahen in den französischen Einwanderern aber auch eine unliebsame Konkurrenz. Hinzu kam, dass die preußischen Herrscher die Hugenotten dabei unterstützen, Kirchen, Schulen und Manufakturen einzurichten. Dies weckte den Neid bei der einheimischen Bevölkerung, genossen sie doch keinerlei Steuervorteile oder sonstige Vergünstigungen.

Q1 Über 20 000 Reformierte flohen 1731/32 aus dem katholischen Erzstift Salzburg. Die meisten „Salzburger" kamen nach Preußen, einige von ihnen auch nach Heidelberg.

Glaubensflüchtlinge in der Pfalz

Kurfürst Friedrich III., der Landesherr der Pfalz, war Calvinist und machte die Pfalz zu einem Zufluchtsort der reformierten Kirche. Seine „Christliche Polizeiordnung" zwang die Pfälzer zu einem strengen Lebenswandel nach den Vorschriften Calvins; der „Heidelberger Katechismus" (1563) wurde zum anerkannten Lehrbuch aller Reformierten.
Das zog die niederländischen und französischen Glaubensflüchtlinge in die Pfalz: In Frankenthal, Lambrecht, Otterberg und in Friedrichsfeld bei Seckenheim siedelten sie sich an. Die pfälzischen Kurfürsten sahen die Neuankömmlinge nicht ungern, denn viele waren tüchtige Kaufleute und Handwerker. So machten die Niederländer Frankenthal zu einem Zentrum für Tuchherstellung, Teppichknüpferei und Malkunst. Die Einheimischen sahen das mit gemischten Gefühlen: Fremde Sprache, fremde Sitten und Konkurrenz führten auch zu Konflikten.

Q2 *Auszug aus dem Edikt von Fontainebleau von 1685, mit welchem Ludwig XIV. das Edikt von Nantes aufhob:*

1. (…) Und infolgedessen wollen Wir und es gefällt Uns, dass alle Kirchen derer von der besagten Religion unverzüglich zerstört werden.

2. Wir verbieten Unseren besagten Untertanen von der vorgeblich reformierten Religion, sich noch ferner zu versammeln, um den Gottesdienst nach der besagten Religion an irgendeinem Orte oder in einem Privathause, unter welchem Vorwande es auch sein könnte, zu halten. (…)

9. Wir verbieten ganz ausdrücklich und wiederholt allen Unseren Untertanen von der genannten vorgeblich reformierten Religion, ihnen, ihren Frauen und Kindern aus Unserem Besagten Königreiche (…) auszuwandern oder ihre Güter und Besitztümer daraus zu entfernen, bei Strafe der Galeeren für die Männer und Einziehung von Leib und Gut für die Frauen.

Q3 *Friedrich II. war der Sohn des Kurfürsten Friedrich Wilhelm I. Über die Entwicklung Brandenburgs schrieb er:*

Brandenburg wurde in der Tat ein ganz neues Land. Es bildete sich aus dem Zusammenschluss der Kolonisten der verschiedenen Völker mit den alten Bewohnern. (…) Die ersten Ansiedler in der Mark waren Holländer. Sie erweckten das zünftige Handwerk zu neuem Leben. (…) Der Kurfürst gestattete sogar einigen jüdischen Familien sich in seinem Staate niederzulassen. Die Nachbarschaft Polens machte ihre Dienste wertvoll, um unsere Ausschusswaren dort abzusetzen. Zu jener Zeit trat ein Ereignis ein, das die Pläne des großen Kurfürsten beträchtlich förderte. Ludwig XIV. hob das Edikt von Nantes auf und mindestens 400 000 Franzosen verließen ihr Land. Die Reichsten wanderten nach England und Holland aus. Die Ärmsten, aber Fleißigsten kamen nach Brandenburg, etwa 20 000 an der Zahl. Sie verhalfen unsere verödeten Städte neu zu bevölkern und brachten uns alle die Manufakturen, die uns fehlten.

Q5 *Verfolgung der Hugenotten in Frankreich* (Kupferstich von 1693)

Q4 *Von der Verfolgung der Hugenotten berichtete ein Augenzeuge aus Metz:*

Dann gab der oberste Gerichtshof den Befehl, unsere Kirche zu zerstören, nebst allen Gebäuden, die zu ihr gehören. Sofort machte sich ein großer Volkshaufen daran, das gottlose Werk auszuführen. (…) Am Abend desselben Tages war schon keine Spur der Kirche mehr übrig. Während die Papisten (Katholiken) sich solchen Belustigungen hingaben und einige von uns diesem Schauspiel mit Tränen in den Augen zusahen, packten andere, was sie Wertvolles hatten, zusammen und machten sich mit ihren Frauen und Kindern unter dem Beistand des Heiligen Geistes auf den Weg nach Deutschland. Gott gab, dass sie das Ziel erreichten und dort eine Zuflucht fanden, deren sie sich noch heute erfreuen. Aber schon am folgenden Morgen hatte man auf Betreiben der katholischen Geistlichkeit überall Wachen aufgestellt. (…) Auch kam einige Tage danach der Befehl des Königs, wenn jemand ergriffen werde in Ausführung der Absicht, das Königreich zu verlassen, der soll zu den Galeeren verurteilt, den Frauen und Kindern aber sollte erst das Haupt kahl geschoren und dann sollten sie in ein Kloster gesteckt werden.

1. *Beschreibe die Folgen der Aufhebung des Edikts von Nantes 1685 (Q2, Q4, Q5).*
2. *Welche Überlegungen haben beim Herrscher von Brandenburg eine Rolle gespielt, als er die französischen Hugenotten in sein Land ließ (VT, Q3)?*
3. *Beschreibe, wie sich Brandenburg-Preußen durch die verschiedenen Einwanderer entwickelte (Q3). Welche Probleme traten aber auch auf?*

10 Projekt
Migration hinterlässt Spuren

Wenn Menschen auswandern, lassen sie einen großen Teil ihres bisherigen Lebens zurück: ihre Familie, ihr Haus oder ihren Hof, ihr Dorf oder ihre Stadt und alles, was ihnen vertraut ist. Sie nehmen aber auch einiges mit, nämlich ihre Erinnerungen und Geschichten, ihre Sprache, ihr Wissen sowie ihre Sitten, Traditionen und Bräuche. Dies alles bringen sie dorthin mit, wo sie einwandern und sich niederlassen.

Viele verschiedene Menschen haben in den vergangenen Jahrhunderten ihre Heimat verlassen, um woanders ein besseres Leben zu suchen. Ihre Hoffnungen sind dabei nicht immer erfüllt worden. Nicht überall wurden Immigranten freundlich aufgenommen, sie konnten die Sprache ihrer neuen Umgebung nicht und mussten sich an neue Sitten und Gebräuche anpassen.

In einem Projekt könnt ihr auf Spurensuche gehen und verschiedenen Ein- und Auswanderungen nachforschen. Lasst euch überraschen, wo ihr überall auf Spuren von Migration treffen werdet!

In meiner Familie

Vielleicht entdeckst du in deiner eigenen Familie Wanderungsbewegungen, wenn du folgenden Fragen nachgehst:

- Wo kommt meine Familie her? Hat sie schon immer in unserem jetzigen Wohnort gelebt, oder ist sie aus einer anderen Stadt, einer anderen Region oder einem anderen Land hierher gezogen?
- Wann war das und vor welchem zeitlichen Hintergrund?
- Welche Gründe hatte meine Familie bzw. hatten meine Vorfahren, ihre alte Heimat zu verlassen und sich hier niederzulassen?
- Gibt es vielleicht auch einen Verwandten, der bis nach Amerika ausgewandert ist, um dort sein Glück zu machen?

Die Migrationsgeschichte deiner Familie kannst du entweder in einer Zeittafel oder auch in einer Art Stammbaum darstellen.

Mein Geburtsort
Kaiserslautern

Geburtsort meines Vaters
Boppard

Geburtsort meiner Mutter
Bingen

Geburtsorte meiner Großeltern
Boppard uns St. Goar

Geburtsorte meiner Großeltern
Breslau (beide)

Geburtsorte meiner Urgroßeltern
Boppard uns St. Goar

Geburtsorte meiner Urgroßeltern
Breslau (Schlesien) und Elbing (Ostpreußen)

1985
Meine Eltern ziehen nach Kaiserslautern um.

1952
Großmutters Schwester zieht mit ihrem Mann in die USA.

1946
Großmutter kommt aus Schlesien nach Bingen.

1912
Großvaters Brüder gehen ins Ruhrgebiet nach Essen.

1901
Großmutters Familie zieht von Ostpreußen nach Schlesien.

In unserer Klasse

Sicherlich gibt es in eurer Klasse einige Schülerinnen und Schüler, die in den letzten Jahren aus einem anderen Land oder auch einer anderen Stadt neu in eure Klasse gekommen sind. Vielleicht stammen auch die Eltern von einigen von euch nicht aus Deutschland.

- Listet eure Geburtsorte und die Herkunftsländer eurer Familien auf.
- Tragt die Ergebnisse dann in einer Deutschland- oder auch in einer Weltkarte ein. Markiert euren jetzigen Wohn- und Schulort und zieht Verbindungslinien von den verschiedenen Herkunftsorten hierhin.
- Was fällt euch auf? Wer möchte etwas zu seiner Migrationslinie erzählen?

In unserem Ort

Der Französische Dom in Berlin

Auch in eurem Ort und eurer Region gibt es wahrscheinlich einige Spuren von Ein- und Auswanderungen. Am besten könnt ihr im Stadtarchiv folgenden Fragen nachgehen:

- Gab es Zeiten, in denen besonders viele Menschen aus unserem Ort ausgewandert sind, etwa nach Russland an die Wolga oder nach Amerika?
- Sind Flüchtlinge in unserem Ort aufgenommen bzw. angesiedelt worden – vielleicht Glaubensflüchtlinge aus Frankreich oder Kriegsflüchtlinge und Vertriebene nach dem Zweiten Weltkrieg?
- Gibt es Denkmäler, Schilder oder Plaketten, die an die Auswanderer erinnern?
- Gibt es Gebäude, Plätze oder Einrichtungen, die auf Einwanderer hinweisen, wie etwa eine reformierte Gemeinde oder eine islamische Moschee? Wurden Straßen oder Stadtviertel nach den zugewanderten Einwohnern benannt: Danziger Straße, Holländerviertel …?

Waldenserortschaft in Württemberg

In unserem täglichen Leben

Portmonee, Chaussee, Frikassee, Frisör – habt ihr schon mal darüber nachgedacht, aus welcher Sprache diese Wörter stammen? Richtig, sie kommen ursprünglich aus dem Französischen. Viele dieser Wörter, die zwar noch französisch klingen, aber von uns täglich benutzt werden, haben die Hugenotten mitgebracht, als sie sich im 17. und 18. Jahrhundert in den deutschen Ländern niederließen.

- Findet mehr Wörter, die in dieser Zeit zu uns gekommen sind. Zu welchen Arbeits- und Lebensbereichen gehören diese Wörter vor allem?
- Aus welchen Sprachen und auf welchen Wegen sind außerdem viele Wörter und Ausdrücke zu uns gekommen? Hat dieser Vorgang etwas mit Migration zu tun?
- Kommt ihr vielleicht sogar einigen Festen und Bräuchen auf die Spur, die durch Einwanderer aus Frankreich oder auch aus Pommern, Ostpreußen oder Schlesien zu uns gekommen sind?

Baiser – französisches Schaumgebäck

11 Abschluss
Wer war's?

Was gehört zu wem?
In diesem Kapitel habt ihr Menschen kennen gelernt, die in der Zeit der Glaubensspaltung in Europa eine Rolle spielten. Da sie berühmt waren, wurden von ihnen damals auch Bilder angefertigt, sodass wir uns vorstellen können, wie sie aussahen. Ein Bauer allerdings hatte kein Geld, um ein Gemälde von sich malen zu lassen. Auf dieser Doppelseite sind Bilder, Quellen und Hinweise zum Leben von fünf Personen ungeordnet zusammengestellt. Viel Freude beim Suchen, was zusammengehört.

Papst Leo X.
1475–1521

Martin Luther
1483–1546

Jacob Rohrbach
?–1525

Kaiser Karl V.
1500–1558

Jean Calvin
1509–1564

Einen Kurzvortrag vorbereiten
Wenn ihr die richtigen Teile zusammengefügt habt, besitzt ihr schon genug Material, um einen kleinen Vortrag zu einer Person zu halten. Viele Menschen haben Angst, vor anderen frei zu sprechen. Das ist unbegründet. Andererseits muss man in vielen Berufen vortragen können. Auch in der Schule kann man den Unterricht wesentlich mitgestalten, wenn man zu einem Thema einen Vortrag hält. Nach etwas Übung macht es sogar Spaß. Am besten legt man sich eine Karteikarte an, auf der man sich Notizen macht. Das Bild zur Person lässt sich auf Folie ziehen und an die Wand projizieren.

Karteikarte *Stichpunkte*

Person:	*Martin Luther*
	geboren in Eisenach
Beruf:	*...*
Schriften:	*...*
Quellentext:	*Über die Bauern*
	Räuber und Mörder verstehen
	die Freiheit falsch

Bausteine zum Leben der fünf Zeitzeugen

Aus dem Leben

Geboren als leibeigener Bauer. Lebte als wohlhabender Bauer in Böckingen bei Heilbronn. Die Bauern des Neckartals wählten ihn zu ihrem Hauptmann. Unter seiner Führung eroberten sie Stadt und Schloss Weinsberg. Nach der Niederlage der Bauern in der Schlacht bei Böblingen am 12. Mai 1525 wurde er hingerichtet.

Aus dem Leben

In Nordfrankreich geboren, studierte er an berühmten Universitäten. Wegen seiner reformerischen Schriften musste er in die Schweiz fliehen. In Genf schuf er eine strenge Kirchenordnung. Dort wurde er wegen seines radikalen Vorgehens vorübergehend vertrieben. Seine Schüler verbreiteten seine Lehren besonders im west-, nord-, und südosteuropäischen Raum.

Aus dem Leben

Seit 1513 war er Papst. Er interessierte sich vor allem für Politik und Krieg. Er förderte die Kunst und die Wissenschaften. Er kümmerte sich zuerst nicht um das „Mönchsgezänk", wie er sagte. Später verhängte er gegen Luther den Bann und schloss ihn damit aus der Gemeinschaft der Christen aus.

Schriftliches Zeugnis über einen Bauernführer aus der Zeit um 1550

(...) hat Aufruhr geraten. Des muss er werden gebraten. Bei Neckargartach an einer Weiden muss er des Feuers Flamm erleiden. Bis an sein Leben End. Sein Leib zu Pulver verbrennt.

Aussage aus dem Jahr 1535

Gott hat in seinem ewigen und unwandelbaren Ratschluss einmal festgestellt, welche [Menschen] er einst zum Heil annehmen und welche er andererseits dem Verderben anheim geben will. Dieser Ratschluss ist, das behaupten wir, hinsichtlich der Erwählten auf Gottes unverdientes Erbarmen begründet, ohne jede Rücksicht auf menschliche Würdigkeit.

Aussage aus dem Jahr 1521

Es reut mich, dass ich es so lange aufgeschoben habe, gegen diesen Luther und seine falsche Lehre vorzugehen. Ich bin entschlossen, ihn nicht weiter anzuhören, sondern ich will, dass er unverzüglich (...) nach Hause geschickt werde.

Aussage aus dem Jahr 1520

Obendrein, weil die genannten Irrtümer und viele andere in den Büchlein oder Schriften eines gewissen Martin Luther enthalten sind, verdammen, verwerfen und verstoßen wir zugleich die genannten Bücher, egal ob sie in lateinischer oder deutscher Sprache geschrieben sind.

Aussage aus dem Jahr 1525

Sie richten Aufruhr an, rauben und plündern. (...) Es hilft auch den Bauern nicht, dass sie vorgeben, alle Dinge seien frei und gemein erschaffen, und das wir alle gleich getauft sind. (...) Denn die Taufe macht nicht Leib und Gut frei, sondern die Seelen.

Aus dem Leben

Seine Eltern gaben ihm den Namen des heiligen Martin. Er studierte in Erfurt, wurde Mönch und schließlich Priester und Lehrer an der Universität in Wittenberg. Mit seiner Kritik an der Kirche fand er bei Adel und Volk in Deutschland große Zustimmung. Er unterwarf sich weder Kaiser, noch Papst. Sein Wirken führte zur Spaltung der katholischen Christen in zwei Konfessionen.

Aus dem Leben

Seit 1519 war er deutscher Kaiser. Er gewährte Luther freies Geleit zum Reichstag in Worms. Dort verlangte er, dass Luther seine Lehre widerrufen solle. Er versuchte den katholischen Glauben zu schützen. In den bald ausbrechenden Kämpfen zwischen den konfessionellen Parteien erlebte er Siege und Niederlagen.

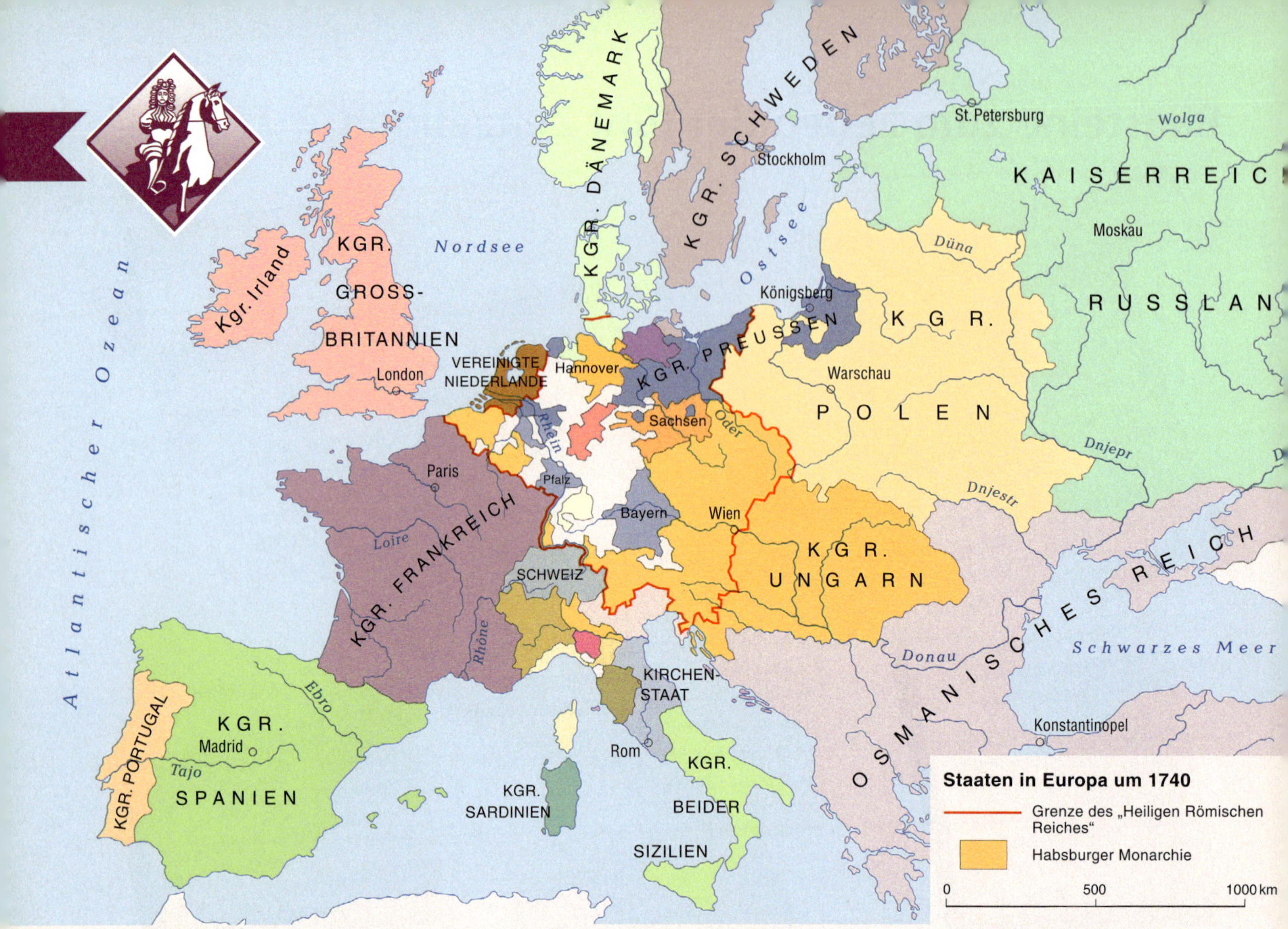

Frankreich ging aus dem Dreißigjährigen Krieg als führende Macht Europas hervor. Den französischen Königen gelang es, den Adel zu entmachten und das Königtum zu stärken. Mitte des 17. Jahrhunderts beschloss der junge König Ludwig XIV. künftig allein zu regieren. Er betrachtete sich als von Gott eingesetzt, als „König von Gottes Gnaden“. Er wollte alles allein bestimmen als oberster Richter, oberster Gesetzgeber und oberster Kriegsherr, d.h. absolut herrschen. Dazu schuf er einen modernen Staat, der überall in Europa nachgeahmt wurde. Seine großen Ausgaben für Hofhaltung und Heer ruinierten jedoch das Land.

Auch in Preußen gab es einen absoluten Herrscher, Friedrich den Großen. Er war jedoch der Meinung, dass eine Regierung vernünftig sein und das Wohl des Volkes zum Ziel haben muss.

Ganz anders verlief die Entwicklung in England. Dort gelang es dem Adel, die Macht des Herrschers einzuschränken. Die englischen Könige brauchten bei wichtigen Entscheidungen die Zustimmung des Parlaments.

1648–1653

Letzter Adelsaufstand in Frankreich gegen den jungen König Ludwig XIV. Die Anhänger des Königs siegen im blutigen Bürgerkrieg und die Stände unterwerfen sich dem König.

1661–1715

Ludwig XIV. regiert Frankreich als absoluter Herrscher und „Sonnenkönig“.

1689

Der König in England garantiert in der „Bill of Rights“ die Rechte des Parlaments.

Europa im Zeitalter absolutistischer Herrscher

Schloss von Versailles, (Gemälde von P.-D. Martin, 1722).
Nahe bei Paris ließ der König Ludwig XIV. von Frankreich ein Schloss errichten, an dem noch lange nach seinem Tod weiter gebaut wurde. Die riesige Schlossanlage umfasste Parkanlagen, eine Kirche, ein Theater, Gebäude für die königliche Familie, für Minister und Beamte. Adlige Offiziere schützten den König. In der Mittelachse des Schlosses lag das Schlafzimmer des Königs. Tag und Nacht war er im Mittelpunkt des Staates.

1703

Der russische Zar Peter der Große gründet St. Petersburg als neue Hauptstadt des Russischen Reiches und „Fenster zum Westen".

1740–1786

In Preußen regiert Friedrich II. als aufgeklärter Monarch.

1772/1793/1795

Österreich, Russland und Preußen teilen Polen unter sich auf. Nach drei Teilungen ist Polen als selbstständiger Staat von der Landkarte verschwunden.

1 Der absolute Herrscher

Q1 *Titelbild des Buches „Leviathan"* (Ausschnitt). Der Herrscher hält Schwert und Bischofsstab, die Symbole weltlicher und geistlicher Macht, in den Händen.

Herrscher von Geburt

Am Sonntag, dem 5. September 1638 bekam die Königin von Frankreich einen Sohn. Der Vater entstammte der Familie der Bourbonen, die erst das zweite Königsgeschlecht in der langen Geschichte Frankreichs war. Weil der Vater früh starb, führte die Mutter für ihren jungen Sohn die Herrschaft. Viele Adlige, die auf ihren Schlössern in den Provinzen lebten, sahen eine günstige Gelegenheit gekommen, um ihre eigene Macht zu stärken. Es kam zu einem Aufstand. Der junge Ludwig floh mit seiner Mutter und erlebte den schrecklichen Bürgerkrieg mit.

König von Gottes Gnaden

Im Jahr 1654 suchten Vertreter des Adels und der Geistlichkeit den Königssohn auf und sagten: „Wir suchen den Sohn des großen Königs Ludwig XIII., den Gott uns zum König gegeben hat." Sie führten ihn in die Krönungskirche. Dort wurde er gesalbt und mit einem Bischofsgewand bekleidet. Darüber wurde der Königsmantel gelegt. Der Bischof setzte ihm die Krone Karls des Großen aufs Haupt. Vor der Kirche stürzten sich die Menschen auf Münzen, die der König ausstreuen ließ. Ludwig XIV. legte Kranken seine Hände auf und sprach: „Der König berührt dich, Gott möge dich heilen." Die meisten Menschen waren davon überzeugt, dass ein König wie Gott die Kraft zur Heilung besaß.

Der König über den Gesetzen

Der junge König war entschlossen, so zu herrschen, dass sein Ruhm die Jahrhunderte überdauern sollte. Er glaubte, in Frankreich nur dann Glaubens- und Bürgerkrieg beenden zu können, wenn die Macht des Adels entschieden eingeschränkt würde. Deshalb tat er alles, um seine eigene Macht uneingeschränkt ausüben zu können. An seinen Sohn schrieb er: „Schließlich, mein Sohn, müssen wir das Wohl unserer Untertanen weit mehr im Auge haben als unser eigenes. Man kann sagen, dass sie ein Teil unserer eigenen Person sind; wir sind gleichsam das Haupt des Körpers, dessen Glieder sie sind. Wenn wir ihnen Gesetze geben, so geschieht dies nur zu ihrem eigenen Nutzen." Ludwig gab also selbst die Gesetze, nach denen er herrschen wollte. Deshalb betrachtete er sich, als über den Gesetzen stehend. Der König hatte sich allerdings auch an Gesetze zu halten, z. B. an göttliche Gesetze und an das Naturrecht, denn sonst wäre er ein Willkürherrscher. Als sein Finanzminister wegen Veruntreuung von Staatsgeldern von den Richtern verurteilt wurde, verschärfte Ludwig die Strafe. Er regierte als König, war Gesetzgeber und zugleich Richter. Er herrschte damit absolut. Er war der Souverän, der Inhaber aller Gewalt.

A-Z

Souverän
Inhaber der höchsten staatlichen Befehlsgewalt. Im Absolutismus ist es der Monarch, in der Demokratie das Volk.

Naturrecht
Natürliche Rechte des Menschen, unabhängig von staatlichen Gesetzen, z. B. das Recht auf Leben

Q2 *Der Herzog von Saint-Simon schreibt in seinen Erinnerungen nach 1691:*

Um acht Uhr früh weckte der erste Kammerdiener den König, worauf der Aufstehende Weihwasser nahm und ein Gebet sprach. Inzwischen waren die Prinzen des königlichen Hauses und danach einige Vertreter des höchsten Adels eingetreten. Es kamen die vier Minister, die Vorleser, Apotheker, Ärzte, einige Offiziere und Kammerdiener. Nachdem der König eine Perücke aufgesetzt hatte, erschienen die Kammerherren, die ihrem Herrn die Namen der bedeutenderen Einlass heischenden Persönlichkeiten ins Ohr flüsterten, und sofort traten die anwesenden Kirchenfürsten und Kardinäle, Gesandten, Marschälle und andere Großwürdenträger ein, denen der breite Schwarm der Höflinge folgte. Der König zog sein Nachthemd aus, (…) und verlangte sein Taghemd. Die Darreichung dieses Kleidungsstücks bildete den Höhepunkt der ganzen Zeremonie. Das Recht, dem König das Hemd zu reichen, stand Monsieur (dem Bruder des Königs) oder, wenn dieser abwesend war, den Söhnen und Enkeln des Königs zu. Wenn er angezogen war, betrat er das anliegende Gemach, wo er Ministerrat zu halten pflegte, und verkündete das Programm des Tages, das auf die Minute genau eingehalten wurde.

Q3 *In dem Buch „Politik nach Worten der Heiligen Schrift" von Bischof Bossuet aus dem Jahr 1682 heißt es:*

Die königliche Gewalt ist erstens heilig, zweitens väterlich, drittens unumschränkt. Die Fürsten handeln als Diener Gottes und als dessen Stellvertreter auf Erden. Gott nur kann über die Entscheidungen der Herrscher und über ihre Person richten. Die Untertanen sind dem Fürsten unbedingten Gehorsam schuldig. Es gibt nur eine Ausnahme nämlich, wenn er etwas gebietet, was gegen Gott ist. Der Fürst muss seine Gewalt dazu anwenden, die falschen Religionen in seinem Staate zu vernichten. Er ist der Beschützer der öffentlichen Ruhe, die auf die Religion gegründet ist, und die Religion ist die Stütze seines Thrones.

Q4 *Vertreter des Adels, der hohen Geistlichkeit und des Dritten Standes verneigen sich 1649 vor dem jungen König.*
Die adlige hohe Geistlichkeit bildete den Ersten, der weltliche Adel den Zweiten Stand. Adlig war man durch Geburt oder königliche Erhebung. 98 % der Franzosen gehörten als Bauern, Handwerker und Bürger zum Dritten Stand.

Q6 *Ludwig XIV. ließ 1646 diese Schaumünze prägen.* Der Text heißt übersetzt: „Alles andere überragend".

Q5 *König Ludwig XIV. schrieb einige Jahre nach seiner Regierungsübernahme:*

Wir bemerken kaum die wunderbare Ordnung der Welt, den so geregelten und nützlichen Kreislauf der Sonne, bis eines Tages Naturereignisse, irgendeine offenbare Unordnung in der Maschinerie der Welt, uns dazu zwingen, diesen Dingen unsere Beachtung zu schenken. Solange in einem Staate alles in Blüte steht, kann man die unermesslichen Wohltaten übersehen, die das Königtum hervorruft. Erst die außerordentlichen Ereignisse bringen den Menschen zu der Erkenntnis, was er regelmäßig an Vorteilen vom Staate hat.

1. *Vergleiche die Krönung Ludwigs XIV. (VT) mit dem Bild Q1. Was stimmt überein?*
2. *Betrachte das Bild Q1 genau und lies den VT. Woraus besteht der Körper des Königs?*
3. *Der König spricht über „Untertanen" (VT). Erläutere den Begriff mithilfe von VT, Q3, Q4.*
4. *Was will der König den Ständen mit seiner Schaumünze sagen (Q5, Q6)?*
5. *Welchen Sinn hatte die Aufstehzeremonie (Q2)?*

2 Methode
Herrscherbilder zum Sprechen bringen

Ein Bild sagt mehr als tausend Worte
Seit der Antike haben sich Herrscher – Kaiser, Könige und Fürsten – von Künstlern malen lassen. Zum einen wollten sie so ihr Bild für die Nachwelt erhalten. Zum anderen sollte in diesen Bildern auch ausgedrückt werden, wie sie sich selbst als Herrscher sahen.

Herrscherbilder können also eine sehr aufschlussreiche Quelle über einen Monarchen und seine Zeit sein. Allerdings müssen wir sie sehr genau betrachten und auf besondere Einzelheiten achten. Auch dürfen wir bei diesen Bildern nie vergessen, dass sie mit einer bestimmten Absicht angefertigt wurden.

Q 1 *Herrscherbild Ludwigs XIV.* Das Gemälde wurde in der Werkstatt des königlichen Hofmalers Hyacinthe Rigaud angefertigt. Es zeigt Ludwig XIV. 1701 im Alter von 63 Jahren in Lebensgröße. Das gesamte Bild ist 2,77 Meter hoch und 1,94 Meter breit. Das Bild war ursprünglich für den spanischen Hof bestimmt, wo der Enkel Ludwigs die spanische Thronfolge antreten sollte. Ludwig fand jedoch so großen Gefallen an dem Bild, dass er es behielt und seiner Kunstsammlung in Versailles einfügte.
① Lilien: Symbol der französischen Königsfamilie
② Hermelin: kostbarer Pelz
③ Die Farben Blau, Purpurrot und Gold galten als besonders wertvoll.
④ Ludwigs Haltung: Der „Tanzmeisterschritt" bezieht sich auf Ludwigs Lebensart und sein bevorzugtes Vergnügen.

Methodische Arbeitsschritte

1. Betrachte das Bild und notiere deinen ersten Eindruck.
2. Untersuche das Bild genau:
   – Wie ist der Herrscher auf dem Bild platziert?
   – Wie ist seine Haltung?
   – Welche Herrschaftszeichen finden sich und was bedeuten sie?
   – Welche Farben sind verwendet und wie wirken sie?
3. Finde heraus, wer das Bild gemalt hat und wer der Auftraggeber war.
4. Betrachte das Bild kritisch: Welche Wirkung soll es beim Betrachter erzielen? Wie sieht sich der dargestellte Herrscher selbst?

1 Betrachte das Herrscherbild Ludwigs XIV. anhand der methodischen Arbeitsschritte.

2 Stell dir vor, wie das Bild in Originalgröße auf den Betrachter wirkt.

3 Untersuche nun das Bild Ludwigs XIV. und seiner Familie (Q2) anhand der methodischen Arbeitsschritte. Erkennst du in den Personen weitere griechische Götter?

4 Inwiefern unterscheidet sich das Gemälde Q2 von Q1? Welchen Eindruck soll dieses Bild vom König vermitteln?

Q 2 *Die Familie Ludwigs XIV.* (Gemälde des französischen Malers Jean Nocret von 1669). Ludwig XIV. beauftragte den Maler, die Königsfamilie als griechische Götter darzustellen. Der König auf dem Thron ist Apoll, der Gott des Lichtes, der Jugend, der Dichtung und Musik, der Heilkunde und der Weissagung.

3 Frankreich wird ein „moderner" Staat

Q 1 *König Ludwig XIV. empfängt seine Minister.* Als Zeichen seines Ranges behält er seinen Hut auf. Unten auf dem zeitgenössischen Stich steht in lateinischer Sprache: „Nihil sine te" („Nichts ohne dich").

„Der Staat bin ich"

Diese Aussage wird König Ludwig XIV. zugesprochen. Sie spiegelt tatsächlich seine Vorstellung vom Staat. Ludwig übernahm von seinem Vater einen Obrigkeitsstaat, in dem eine kleine Führungsschicht von Adligen und der König alles zu bestimmen suchten. Der junge König machte den Adel von sich abhängig, indem er den Adligen Ämter im Staat gab, aus denen sie Einkünfte ziehen konnten.

Der König regiert selbst

Als der 23-jährige Ludwig XIV. nach dem Tode des Ersten Ministers darauf angesprochen wurde, an wen man sich jetzt wenden solle, sagte er: „Von jetzt an nur an mich." Das war für die damalige Zeit sehr ungewöhnlich, denn die meisten Fürsten überließen die harte Arbeit des Regierens anderen Personen. Ludwig XIV. arbeitete mit einem Kreis von Beratern zusammen, die er „Minister" nannte und mit denen er sich regelmäßig traf. Während sich heute der Staat um viele Dinge, vor allem auch um soziale Fragen kümmert, beschränkte sich ein Herrscher in der Zeit des Absolutismus vor allem auf die Bereiche Außenpolitik, Krieg, Finanzen und Justiz.

Bürokratie – Verwaltung durch Beamte

Ludwig XIV. wählte seine Minister weitgehend aus dem Dritten Stand. Söhne von Bürgern hielt er für ergebener, arbeitsamer und fleißiger als Vertreter des Adels. Sein wichtigster Minister war Colbert, Sohn eines reichen Tuchfabrikanten. Jeder Minister hatte außer seinen Fachbereichen auch noch eine Anzahl von Provinzen Frankreichs zu beaufsichtigen. Um die uneingeschränkte Macht des Königs im ganzen Land durchzusetzen, wurden in die Provinzen so genannte Intendanten geschickt, die mithilfe von Beamten das Land verwalteten. Zu Beginn der Regierungszeit Ludwigs XIV. gab es in Frankreich etwa 40 000 Beamte. Viele waren Steuereinnehmer, die einen großen Teil der Steuern als eigenes Einkommen abzweigten und beim Volk sehr verhasst waren. Mithilfe einer wachsenden Verwaltung glaubte der König, in jeden Winkel seines Landes hineinregieren zu können.

Ludwig griff auch in Kirchenangelegenheiten ein. 1680 erhob er den Katholizismus zur Staatsreligion. Menschen mit anderem Glauben wurden verfolgt und flüchteten.

Vater Staat

Ludwig XIV. verstand sich als treusorgender Vater seiner Untertanen. Er förderte eine allgemeine Schulpflicht. Er ließ Getreidemagazine anlegen, um die Versorgung mit Brotgetreide sicher zu stellen. Jeder Untertan hatte das Recht, dem König seine Sorgen vorzutragen. In vielen Ländern Europas, vor allem in Deutschland, wo viele Landesherrn dem Beispiel des französischen Königs folgten, setzte sich bei den Untertanen das Bild von einem Landesvater fest. In Russland verehrten die Bauern ihren Herrscher als „Väterchen Zar", der nur das Gute wollte. Alle Missstände führten viele nur auf eine unfähige, bestechliche Bürokratie zurück, nicht auf das System des Absolutismus.

A-Z

Staat

Unter Staat verstehen wir etwa seit der Neuzeit die Herrschaftsordnung eines Volkes auf einem bestimmten Staatsgebiet. Diese Ordnung ist in der Regel in einer Verfassung festgeschrieben und zeigt sich in den Gesetzen. Um Verfassung und Gesetzen zur Geltung zu verhelfen, gibt es im Staat eine Befehls- oder auch Zwangsgewalt.

Q 4 *Ludwig XIV. besucht die Akademie der Wissenschaften in Paris* (Ausschnitt aus einem Gemälde von Henri Testelin, einem Zeitgenossen Ludwigs XIV.). Ludwig hatte die Akademie 1666 gegründet. Sie sollte seinem Ruhm dienen. Er wollte andere Länder, wie Italien und England, in der Förderung von Kunst und Wissenschaft übertreffen. Rechts neben dem König (mit Hut) steht Colbert.

Q 2 *Ludwig XIV. beschrieb in seinen Erinnerungen, wie er die Leitung im Staat selbst übernahm:*

Ich wollte die oberste Leitung (...) ganz allein in meiner Hand zusammenfassen. Es (gibt) aber in allen Angelegenheiten bestimmte Einzelheiten, um die wir uns nicht kümmern können, da unsere Überlastung und auch unsere hohe Stellung uns das nicht gestatten. Ich fasste daher den Vorsatz, nach Auswahl meiner Minister mit jedem von ihnen dann und wann einmal ins Einzelne zu gehen, und zwar dann, wenn er es am wenigsten erwartete. Ich bin über alles unterrichtet, höre auch meine geringsten Untertanen an, weiß jederzeit über Stärke und Ausbildung meiner Truppen und über den Zustand meiner Festungen Bescheid, gebe unverzüglich meine Befehle zu ihrer Versorgung, verhandle mit den fremden Gesandten, empfange und lese Depeschen und entwerfe teilweise selber die Antworten. Ich regle Einnahmen und Ausgaben des Staates. Ich verteile Gnadenerweise nach meiner Wahl.

Q 3 *In der Ernennungsurkunde für einen Intendanten hieß es 1687:*

Wir haben Euch zum Intendanten der Justiz, der Polizei und der Finanzen in unserem Land Provence und den umliegenden Gebieten ernannt. In dieser Eigenschaft habt Ihr (...) an allen Sitzungen der königlichen Gerichte der besagten Provinz teilzunehmen und den Vorsitz zu führen, zu untersuchen, ob unsere Beamten ihre Pflicht in der Ausübung und Verrichtung ihres Amtes erfüllen, die Klagen unserer Untertanen anzuhören, (...) über alle Unruhen und geheimen Umtriebe zu berichten, wie auch über den unerlaubten Waffengebrauch und die unerlaubten Versammlungen. Auch sollt Ihr Euch über das Betragen und die Lebensweise der Soldaten in den Garnisonen der Dörfer des genannten Landes erkundigen. Ihr sollt Sorge tragen und die allgemeine Leitung ausüben bezüglich der Festsetzung, Erhebung und Eintreibung aller öffentlichen Steuern.

1 Ordne die Aufgaben des Intendanten (Q3) nach:
- *leiten*
- *anordnen*
- *überwachen*

2 Was unternahm der König, um seine Untertanen unter Kontrolle zu halten?

3 Was erwarten wir heute von unserem Staat? Dazu könnt ihr eine Umfrage unter Schülern und Eltern machen.

D 1 *Nach diesem System regierte Ludwig XIV.*

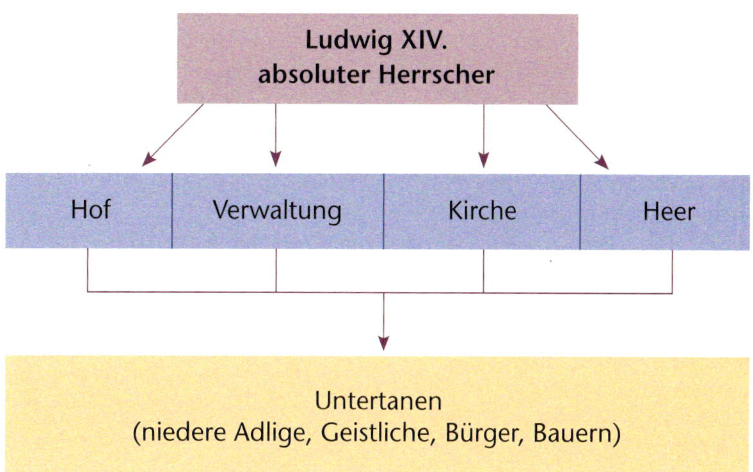

4 Von den Staatsfinanzen hängt alles ab

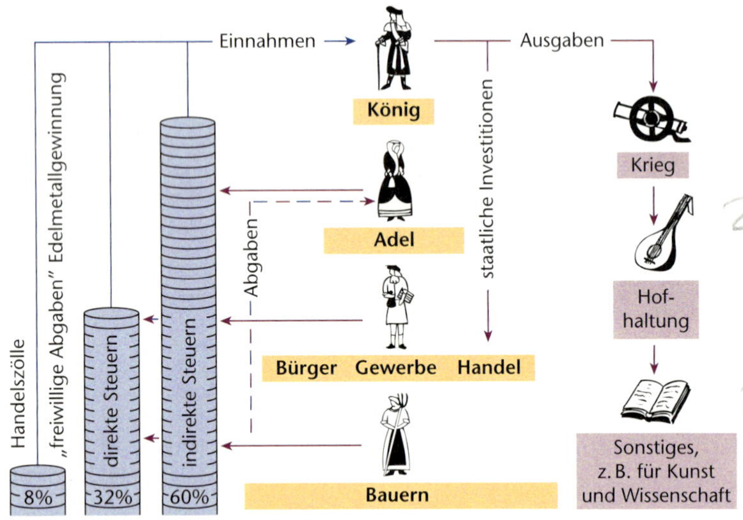

D 1 *Schaubild über den Staatshaushalt in der Regierungszeit Ludwigs XIV.*

A-Z

Manufaktur
ist eine Werkstatt mit zahlreichen Arbeitern, in der Produkte in Arbeitsteilung, Serienproduktion und unter geringem Einsatz von Maschinen hergestellt werden. Eine Manufaktur ist eine Frühform der späteren Fabrik.

Merkantilismus
nennt man die staatlich gelenkte Wirtschaftspolitik absolutistischer Staaten im 17./18. Jh. Ziel war es, möglichst viel Geld in die Staatskasse zu bekommen.

Staatsschulden in Frankreich

Die französischen Könige hatten schon immer das Geld mit vollen Händen für Hofhaltung und vor allem für die Kriegsführung ausgegeben. Als der junge König Ludwig XIV. im Jahr 1661 Jean-Baptiste Colbert zum Finanzminister berief, versuchte dieser sich einen Überblick über die Staatsfinanzen zu verschaffen. Es gab direkte Steuern, die jeder Bürger (außer Adel und Klerus) bezahlte, und indirekte Steuern, die beim Kauf von Waren oder als Zölle erhoben wurden. Colbert stellte fest, dass die Schuldenlast des Staates mehr als die Hälfte aller Staatseinnahmen betrug. Sogar geplante Einnahmen der folgenden Jahre waren teilweise bereits verpfändet, d.h. im voraus ausgegeben worden.

Erstellung eines Haushaltsplans

Um einen Überblick über Einnahmen, Ausgaben und vorhandenes Bargeld zu erhalten, ließ Colbert darüber genau Buch führen. Außerdem legte er im Oktober jeden Jahres dem König einen Haushaltsplan vor, in dem die voraussichtlichen Einnahmen und Ausgaben des kommenden Jahres standen. Im Französischen wird ein solcher Haushaltsplan „Etat" genannt. Aus diesem Wort ist unser heutiger Begriff „Staat" entstanden. Colbert versuchte seinem König klar zu machen, dass ein Staat nur dann eine gesicherte Zukunft hat, wenn Einnahmen und Ausgaben des Staatshaushalts ausgeglichen sind.

Merkantilistische Wirtschaftspolitik

Colbert war davon überzeugt, dass der Reichtum eines Landes davon abhing, wie viel Geld im Lande vorhanden war. Geld bestand damals aus Edelmetallen und war nur in beschränktem Maße in Europa im Umlauf. Wollte man die Geldmenge im eigenen Land steigern, musste man das Geld aus dem Ausland abschöpfen. Eine dafür übliche gewaltsame Methode war der Krieg. Colbert schlug einen friedlichen Weg vor. Der Staat sollte dafür sorgen, dass sich die Warenproduktion im Lande erhöhte. Wenn die erzeugten Produkte preisgünstig und von guter Qualität waren, dann würden sie in ganz Europa gekauft werden. Das Geld strömte dann nach Frankreich. Andererseits sollte durch hohe Zölle verhindert werden, dass ausländische Waren nach Frankreich gelangten und dadurch wieder Geld abfloss. Ausgenommen von den Zöllen waren jedoch wichtige Rohstoffe für die französische Produktion. Colbert förderte den Bau von Manufakturen zur billigen Herstellung von Luxus- und Konsumgütern. Er schrieb dabei auch vor, was produziert werden sollte (z.B. Porzellan, Glaswaren, Stoffe). Besorgt um die Qualität der französischen Waren ließ Colbert die Arbeitsabläufe nicht nur in den staatlichen Manufakturen, sondern auch in privaten Handwerksbetrieben durch Beamte beaufsichtigen. Damit sich der Handel entfalten konnte, betrieb der Staat den Bau von Straßen, Brücken und Kanälen.

Q1 *Jean-Baptiste Colbert (1619–1683) schrieb 1664 über die Grundsätze seiner Finanz- und Wirtschaftspolitik:*

Ich glaube, (…) dass es einzig und allein der Reichtum an Geld ist, der die Unterschiede an Größe und Macht zwischen den Staaten begründet. Was dies betrifft, so ist es sicher, dass jährlich aus dem Königreich einheimische Erzeugnisse (Wein, Branntwein, Weinessig, Eisen, Obst, Papier, Leinwand, Eisenwaren, Seide, Kurzwaren) für den Verbrauch im Ausland im Wert von 12 bis 18 Millionen Livres hinausgehen. Das sind die Goldminen unseres Königreiches, um deren Erhaltung wir uns sorgfältig bemühen müssen. (…) Außer den Vorteilen, die die Einfuhr einer größeren Menge Bargeld in das Königreich mit sich bringt, wird sicherlich durch die Manufakturen eine Million zur Zeit arbeitsloser Menschen ihren Lebensunterhalt gewinnen. Eine ebenso beträchtliche Anzahl wird in der Schifffahrt und in den Seehäfen Verdienst finden.

Dies sind die Ziele, nach denen der König meines Erachtens aus guter Gesinnung und Liebe zu seinem Volk streben sollte.

Q3 *Der Botschafter von Venedig über Colberts Wirtschaftspolitik:*

Herr Colbert möchte das ganze Land allen anderen an Wohlstand, Handelsgütern, Kunstfertigkeiten und allen möglichen Gütern überlegen machen, sodass es nichts von anderen bedarf, sondern alles an die anderen Länder liefern kann (…). Er versäumt nichts, um Gewerbe anderer Länder in Frankreich heimisch zu machen (…) Aus Holland hat man Techniken der Tuchproduktion übernommen, ebenso auch die Herstellung von Käse, Butter und anderer Spezialitäten (…) Aus Deutschland hat man die Produktion von Hüten, Weißblech und vieler anderer Erzeugnisse geholt, aus unserem Land die Spitzenklöppelei und die Spiegelherstellung. Was es an besten Waren in aller Welt gibt, das wird zur Zeit in Frankreich hergestellt, und so groß ist das Ansehen dieser Waren, dass von überall Bestellungen kommen (…) Um eine Belastung der Handelsbeziehungen zu vermeiden, muss man Geld in das Königreich senden. Das geschieht zur vollen Zufriedenheit Herrn Colberts, der nichts anderes im Sinn hat, als die anderen Staaten auszuplündern, um Frankreich reich zu machen.

1. *Beschreibe die Einnahmen und Ausgaben des Königs (VT, D1).*
2. *Weshalb schlug der Minister Colbert einen Etat vor (VT)?*
3. *Zeichnet in Partnerarbeit ein Schaubild zur merkantilistischen Wirtschaftspolitik. Stellt Frankreich in die Mitte und zeichnet Waren- und Geldströme ein (VT).*
4. *Beurteile die merkantilistische Wirtschaftspolitik. Berücksichtige dabei die Argumente Colberts und des Botschafters von Venedig (Q1, Q3).*

Q2 *Straßenbau in Frankreich* (Gemälde von Claude J. Vernet, 1775). Beamte des Königs kontrollieren den Fortgang der Straßenbauarbeiten. Der Bau von Straßen war kostspielig und trug erheblich zur Staatsverschuldung bei. Die Arbeiten erfolgten mit Hand. Die Landbevölkerung wurde zu unbezahlter Arbeit verpflichtet. Durch den Bau von Straßen und Kanälen für den preisgünstigen Transport von Massengütern entstand jedoch in Europa eine Infrastruktur, die den Wirtschaftsaufschwung förderte.

5 Krieg zum Ruhm des Herrschers

Q 1 *Rekrutenaushebung 1705 in Authon, Frankreich.*
Die Soldaten werden durch ein Losverfahren rekrutiert. Soldaten wurden mit Geld geworben. Wenn durch die vielen Kriege aber die Menschenverluste sehr hoch waren, wurden Bauernsöhne zum Kriegsdienst eingezogen.

Ein „stehendes Heer" verleiht Macht

Hauptbeschäftigung des Adels in Europa war der Kampf um Einfluss und Macht. Man mietete sich dazu Söldner und entließ sie wieder, wenn die Kampfhandlungen abgeschlossen waren. Fürsten, die absolut herrschen wollten, erkannten, dass sie ein Heer benötigten, das ihnen ständig zur Verfügung stand. Durch ein „stehendes Heer" konnten sie Widerstand im eigenen Land ausschalten und gegenüber anderen Staaten ihre Macht demonstrieren. Die Soldaten wurden in Kasernen sorgfältig ausgebildet und mit Waffen und Uniformen ausgerüstet. Ein solches Heer belastete allerdings die Staatsfinanzen mit hohen Ausgaben. Die Kosten mussten die Untertanen tragen.

Krieg ist ein Mittel der Politik

Im Zeitalter des Absolutismus führten die Fürsten durchweg Krieg, um Ruhm und Ansehen zu gewinnen. Jeder Todesfall in einem Herrscherhaus führte dazu, dass in den Hauptstädten darüber nachgedacht wurde, welchen politischen Nutzen man daraus ziehen konnte, um Land zu erwerben und die Grenzen zu erweitern. Botschafter verhandelten im Auftrag ihrer Regierung über vermeintliche Erbansprüche, schlossen Bündnisse oder überbrachten eine Kriegserklärung. Siegreiche Schlachten wurden auf riesigen Gemälden und Denkmälern verewigt. Für die Lasten der Bevölkerung interessierte sich niemand.

Jeder Vorwand ist recht

König Ludwig XIV. führte während seiner Herrschaftszeit unentwegt Krieg. Jeder Vorwand und jedes Mittel war ihm dafür recht. Da er eine spanische Prinzessin geheiratet hatte, ließ er nach dem Tod des spanischen Königs seine Armee in die spanischen Niederlande einmarschieren. Weil Holland wirtschaftlich eine starke Konkurrenz darstellte, beschloss Ludwig, militärisch vorzugehen. Sechs Jahre dauerte der französisch-holländische Krieg. Im Jahre 1680 begann Ludwig eine „friedliche Eroberung" des Elsass. Er begründete das mit alten Urkunden, aus denen er ableiten ließ, welcher Ort jemals im Laufe der Geschichte zu Frankreich gehört habe. Damit der deutsche Kaiser dagegen nicht eingreifen konnte, unterstützte Ludwig, der sich als Beschützer der katholischen Christenheit bezeichnete, die muslimischen Türken bei ihrem Vorstoß 1683 auf die kaiserliche Residenzstadt Wien. Er erhob Erbansprüche auf die Pfalz, um ein Aufmarschgebiet am Rhein zu gewinnen. 1689 fielen seine Truppen in die Pfalz ein. Ludwigs Ziel war die Vorherrschaft Frankreichs über Europa und die Abrundung seines Staatsgebietes nach Westen und Norden (Rheingrenze). Gegen Ludwigs Ansprüche verbündeten sich immer wieder verschiedene europäische Staaten. Frankreichs Grenzen dehnten sich dennoch aus.

A-Z

Stehendes Heer
Im Gegensatz zu einem Söldnerheer, das nach Beendigung von Kampfhandlungen entlassen wird, bleiben die Offiziere und Soldaten dem Herrscher immer zur Verfügung.

Q2 *Montecuccoli, der Feldherr des deutschen Kaisers, schrieb im Jahre 1670 ein Buch über die „Kriegskunst". Darin listet er auf, was besonders wichtig war, um einen Krieg zu gewinnen:*

1 Man muss stärker als der Feind sein und eine bessere Armee haben.

5 Man muss (...) die Dinge zu Hause und im eigenen Land in Ruhe und Frieden zurücklassen.

7 Man muss den Feind aus den Festungen vertreiben.

8 Man muss den Feind von der Lebensmittelzufuhr abschneiden, die Magazine ausheben (...) ihn nach und nach vernichten, indem man die Lebensmittel für Mensch und Tier sowie den Tross zerschlägt (...) (Man muss) die umliegenden Ländereien zerstören, die Güter, die Mühlen. (Man muss) ihn durch ansteckende Seuchen verderben.

Q3 *König Ludwig XIV. als siegreicher Kriegsherr.* In der Hand hält er den Feldherrnstab. In Wirklichkeit ließ der König seine Generale Krieg führen. Auf der Rüstung sind Lilien, das Zeichen der Königsfamilie, zu sehen.

Q4 *Ludwig XIV. erklärt Holland den Krieg:*
Das Missfallen Seiner Majestät über das Betragen, das die Generalstaaten der Vereinigten Niederlande seit einiger Zeit ihm gegenüber an den Tag gelegt haben, hat sich so gesteigert, dass Seine Majestät ohne Minderung Seines Ruhmes nicht länger seine Empörung über eine Handlungsweise verbergen kann, die so wenig den großen Wohltaten entspricht, mit denen seine Majestät und dessen königliche Vorgänger sie so freigebig überhäuft haben. Seine Majestät erklärt daher hiermit, dass er sich entschlossen hat, die Generalstaaten der Vereinigten Niederlande zu Meer und zu Lande mit Krieg zu überziehen (...).

Q5 *Vauban, ein Ratgeber des Königs, drückte die Vorstellungen seiner Zeit über den Krieg folgendermaßen aus:*
Alle Staaten in Vergangenheit und Gegenwart kommen von ihm. Die Fürsten, die ihn vernachlässigen, herrschen nicht in Sicherheit und sind (...) gewöhnlich (...) wenig geachtet. (...) Anfangs kannte (der Krieg) nur die hemmungslose Wut und Brutalität. (...) (Es) entwickelte sich bald eine Wissenschaft, der die größten Männer mit allen ihren Fähigkeiten dienten. Während er zuvor roh und wild war, wurde er darauf nach und nach verfeinert und bestimmten Regeln unterworfen.

Q6 *Der französische General Graf von Mélac vor dem brennenden Heidelberg* (Kupferstich auf einem zeitgenössischen deutschen Flugblatt). Im Pfälzischen Erbfolgekrieg 1689 zerstörten die Franzosen alle Burgen, viele Schlösser und Städte. Sie plünderten die Bevölkerung aus.

1. *Vergleiche die Aussagen von Vauban und Montecuccoli mit der Kriegsführung der Franzosen in der Pfalz (Q2, Q5, Q6).*
2. *Unter welchen Vorwänden führte Ludwig XIV. Krieg (VT, Q4)? Welche Interessen verfolgte er (VT, Q5)?*
3. *Vergleiche Ludwigs Motiv, Holland anzugreifen, mit der offiziellen Kriegserklärung (VT, Q4).*

D1 *Grenadier (Soldat zu Fuß) in Uniform.* Die Ausrüstung bezahlte der Staat.

6 Das Volk trägt alle Lasten

Q 1 *„Der Bauer"* (Kupferstich um 1700). Die Inschrift lautet: „Geboren für die Mühsal". Das Haus betritt ein Steuereinnehmer. Unten steht: „Der Bauer arbeitet das ganze Jahr, um den Steuereinnehmer bezahlen zu können." Die Bauern mussten außerdem Dienste und Abgaben an den Grundherrn sowie an die Kirche leisten.

D 1 *Löhne und Preise in Frankreich (2. Hälfte 17. Jh.) in Sous (20 Sous = 1 Livre):*

An einem Arbeitstag von 10 bis 14 Stunden verdiente ein

Maurer	12–16 Sous
Zimmermann	14–18 Sous
Grubenarbeiter	15–16 Sous
Stepper	20–25 Sous
Leineweber	12–15 Sous
Schlosser (in Paris)	30 Sous
Landarbeiter	8–19 Sous

Preis für

Weißbrot (450 g)	1–2 Sous
1 Pinte (= 0,6 l) Wein	2–3 Sous
1 Pfund Butter	5–8 Sous
1 Pfund Ochsenfleisch	2–3 Sous
1 Paar junge Hühner	30 Sous
1 Paar Holzschuhe	2 Sous
1 Pfund Kerzen	6–10 Sous

Bevölkerung in Frankreich

Mit ca. 20 Millionen Einwohnern war Frankreich eines der bevölkerungsreichsten Länder in Europa. Die Einwohnerzahlen anderer bedeutender Staaten lagen zum Teil weit darunter (Großbritannien ca. 10 Mio., Preußen ca. 3,5 Mio.). Ausländische Besucher sprachen davon, dass man in Frankreich erstaunlich gut leben könne. Die meisten Bauern konnten sich durch die Erträge ihrer fruchtbaren Böden selber versorgen. Handwerker leisteten sich Fleischgerichte. Selbst Arbeiter, die zwar in elenden Behausungen lebten, litten selten Hunger. Die Wirtschaftspolitik unter dem neuen König schien Fortschritt zu bedeuten. Neue Handelsflotten brachten aus den Kolonien exotische Waren wie Kaffee und Kakao, die bei den Wohlhabenden in Mode kamen. Durch den Ausbau der Industrie, vor allem für Luxuswaren wie Porzellan, Parfüm oder Modeartikel, den Bau von Straßen, Kanälen, Häfen und Werften, durch die Förderung von Kunst und Wissenschaft entstanden Arbeitsplätze.

Untragbare Steuerlast

Die Finanzpolitik Colberts erwies sich anfangs als erfolgreich. In der Zeit zwischen 1661 und 1671 verdoppelten sich die Staatseinkünfte. Die Hofhaltung des Königs, vor allem aber die vielen Kriege, ruinierten jedoch bald die Finanzen. Trotz ständiger Warnungen seines Finanzministers gab der König das Geld bedenkenlos aus. Im Jahr 1678 zum Beispiel betrugen die Einnahmen 99,5 Millionen Livres. Dagegen standen folgende Ausgaben (in Livre): Militär: 98 Mio., Hofhaltung: 29 Mio., Sonstiges: 2,5 Mio. Die Staatsverschuldung wuchs ständig. Deshalb erfand man immer neue Steuerarten. Da aber die wohlhabenden Schichten es verstanden, sich der Steuerabgaben zu entziehen und bei den meisten Bauern wenig zu versteuern war, blieben die Einnahmen gering. Gegen diese Misswirtschaft blieb der Bevölkerung nur ohnmächtiger Protest, denn ein Recht zur Mitbestimmung im Staat besaß sie nicht.

Missgunst des Klimas

Wissenschaftler haben herausgefunden, dass zur Regierungszeit Ludwigs XIV. eine Klimaverschlechterung eintrat. Weil damals die durchschnittliche Jahrestemperatur um ca. 1 Grad Celsius sank, spricht man von einer „kleinen Eiszeit". Die Winter dauerten länger, die Sommer waren kühler und regenreicher. Es kam zu Missernten. Die Regierung kaufte Getreide in anderen Ländern. Aber die Schiffe konnten wegen der Vereisung der Gewässer die Notleidenden nicht erreichen. Hunger und Krankheiten machten sogar wohlhabende Bauern zu Bettlern. Der Winter 1709 war so hart, dass sogar die Tiere erfroren. Räuberbanden verzweifelter Menschen durchzogen das Land. Klöster und Schlösser wurden überfallen. Die Bevölkerung schrumpfte um zwei Millionen Menschen.

Q4 *Der Marineminister besichtigt eine Werft in Marseille.*
Der Staat ließ Kriegs- und Handelsschiffe bauen. Frankreich wetteiferte mit Holland und England um den Erwerb von Kolonien. Alle drei Länder verdienten viel Geld, vor allem am Sklavenhandel. Während in England die im Handel zu Wohlstand gelangten Bürger nach politischer Mitbestimmung strebten, blieben sie im absolutistischen Frankreich von der Politik ausgeschlossen.

Q2 *Vauban kritisierte 1707 die Zustände in Frankreich. Sein Buch wurde verboten:*
Ich bin zu der Wahrnehmung gelangt, dass in der letzten Zeit fast ein Zehntel der Bevölkerung (…) sich durch Betteln erhält, dass von den übrigen neun Zehnteln fünf nicht in der Lage sind, das erste Zehntel durch Almosen zu unterstützen. Von den verbleibenden vier Zehnteln sind drei außerordentlich schlecht gestellt und von Schulden und Prozessen bedrängt. In dem zehnten Zehntel, zu dem ich alle Angehörigen des Schwert- und Amtsadels, Geistliche wie Laien, (…) die Großkaufleute, die wohlhabendsten und von ihren Renten lebenden Bürger rechne, gibt es keine hunderttausend Familien, mit denen man rechnen könnte, und keine zehntausend Familien, von denen man sagen könnte, dass es ihnen wirklich gut geht. (…) (Das niedere Volk) ist denn auch die am meisten ruinierte und elendeste Schicht im Königreich (...). Denn das Volk ist es, das alle Lasten trägt, das immer am meisten gelitten hat und noch leidet. (…) (Das) liegt nicht etwa an Ungunst des Klimas, Bevölkerungsmangel oder Unfruchtbarkeit des Bodens. Das Klima ist ausgezeichnet, die Einwohner sind arbeitsam, geschickt, fleißig und zahlreich. Es liegt an den Kriegen (…) und an der fehlerhaften Wirtschaftspolitik, auf die wir uns nicht genügend verstehen.

Q3 *Bereits im Jahre 1661 schreibt der Finanzminister Colbert an den König:*
Eure Majestät haben Ihre Belustigungen und den Krieg zu Lande in einer Weise vermengt, dass eins vom anderen kaum noch zu trennen ist. (…) Ich höre, dass alle Kasenüberschüsse aus dem vorigen und aus diesem Jahr für Paraden, Truppenverpflegung und andere (ähnliche) Ausgaben (…) verbraucht worden sind (…) Wem Eure Majestät Ihre und der Königin Spielverluste, die Feste, Gastmähler und außerordentlichen Bankette in Betracht ziehen, werden Sie finden, dass dieser Posten nochmals über 300 000 Livres beträgt.

1. *Beschreibe die Lage der Bevölkerung unter Ludwig XIV. (VT, Q1, Q2, Q4, D1, D2).*
2. *Erkläre, warum sich die Lage der Bevölkerung verschlechterte (VT, Q3).*
3. *Vauban bestreitet, dass das Klima am Niedergang schuld sei (Q2). Nimm Stellung dazu.*

D2 *Bevölkerungsentwicklung in einem Ort in Frankreich.* Hauptursachen der Sterblichkeit waren Krankheiten wie Pest, Ruhr, Typhus, Pocken und Grippe. Krisenzeiten entstanden durch Missernten und Kriege. Weil in diesen Zeiten auch junge Menschen starben, ging die Geburtenhäufigkeit zurück. Kinder wurden sofort nach der Geburt getauft, da viele Babys starben.

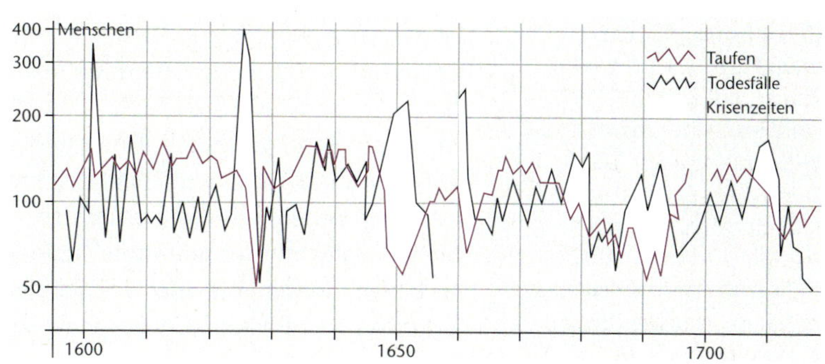

7 Methode
Gruppenarbeit

Gruppenarbeit ist eine spannende Sache. In Gruppen könnt ihr größere Themen selbstständig erarbeiten. Ihr könnt zum Beispiel auf Spurensuche gehen, eine Ausstellung oder eine Zeitschrift zu einem Thema, z. B. über den Absolutismus in Deutschland, gestalten. Jeder in der Gruppe sollte für einen bestimmten Bereich Verantwortung übernehmen. Dann bildet ihr ein Team. Das Ergebnis der Gruppenarbeit hängt davon ab, wie gut das Team zusammenarbeitet.

Methodische Arbeitsschritte

Vorbereitung in der Klasse

1. Legt genau fest, was ihr gemeinsam erarbeiten und mit welchen Schritten ihr zum Ziel kommen wollt.
2. Besprecht, wie die Ergebnisse in der Klasse präsentiert werden sollen.
3. Klärt, wie viel Zeit ihr für die Gruppenarbeit habt.
4. Teilt euch in Gruppen auf. Achtet darauf, dass nicht immer dieselben Schüler eine Gruppe bilden. Ihr könntet z. B. Zufallsgruppen auslosen.
5. Schiebt die Tische in eurem Klassenraum zu Gruppentischen zusammen, sodass alle Gruppen ungestört arbeiten können.

Durchführung in der Gruppe

6. Entscheidet zunächst, wer später als Gruppensprecher der Klasse eure Ergebnisse vorstellen soll.
7. Teilt die Arbeit dann untereinander auf. Ein schriftlicher Arbeitsplan kann hierbei hilfreich sein. Wichtig ist, dass niemand ausgeschlossen wird und jedes Gruppenmitglied eine Aufgabe übernimmt.

Präsentation der Ergebnisse

8. Die Gruppensprecher stellen die Ergebnisse vor. Wenn beim Vortrag etwas fehlt, können die anderen Gruppenmitglieder ergänzen.
9. Vergleicht die Ergebnisse der einzelnen Gruppen miteinander und fasst sie zusammen.
10. Sprecht zum Schluss darüber, wie euch die Gruppenarbeit gefallen hat: Was hat gut geklappt, was muss geändert werden? Waren alle gleichberechtigt? Müssen noch weitere Regeln vereinbart werden?

Ein Thema für die Gruppenarbeit:
Lauter kleine „Sonnenkönige" – Absolutismus in Deutschland

Seit dem Dreißigjährigen Krieg war Deutschland ein bunter Flickenteppich von über 300 selbstständigen Staaten. Die meisten davon wurden von absolutistischen Herrschern regiert. Eine Ausnahme bildeten die freien Städte, die sich selbst verwalteten. Die deutschen Könige und Fürsten ahmten Regierungs- und Lebensweise des französischen „Sonnenkönigs" nach. An den Höfen sprach man Französisch. Unter hohem Kostenaufwand hielten sie sich stehende Heere und ließen sich von berühmten Architekten prächtig ausgestattete Residenzen bauen. So genügte zum Beispiel dem Kurfürsten Karl Philipp von der Pfalz sein Schloss in Heidelberg nicht mehr. Er verlegte seine Hauptstadt 1720 nach Mannheim und ließ sich dort ein Schloss bauen, das in seiner Größe nur von Versailles übertroffen wurde. Da die Kleinfürsten kaum militärische Macht besaßen, versuchten sie dies durch eine prunkvolle Hofhaltung und prächtige Feste auszugleichen. Die Untertanen mussten für das Luxusbedürfnis und die Verschwendungssucht ihrer Herrscher aufkommen. Heute können viele Schlösser besichtigt werden. Sie vermitteln eine Vorstellung vom Leben des Adels im Zeitalter des Absolutismus. Begebt euch auf Spurensuche in eurer Region.

A-Z

Barock
(von portugiesisch „barucca" = unregelmäßig geformte Perle) Bezeichnung für den prächtigen Kunst- und Baustil zur Zeit des Absolutismus mit runden Formen, üppigen Verzierungen, Licht- und Farbenpracht. Barockbauten sind die Schlösser in Saarbrücken, Zweibrücken, Mannheim und Karlsruhe.

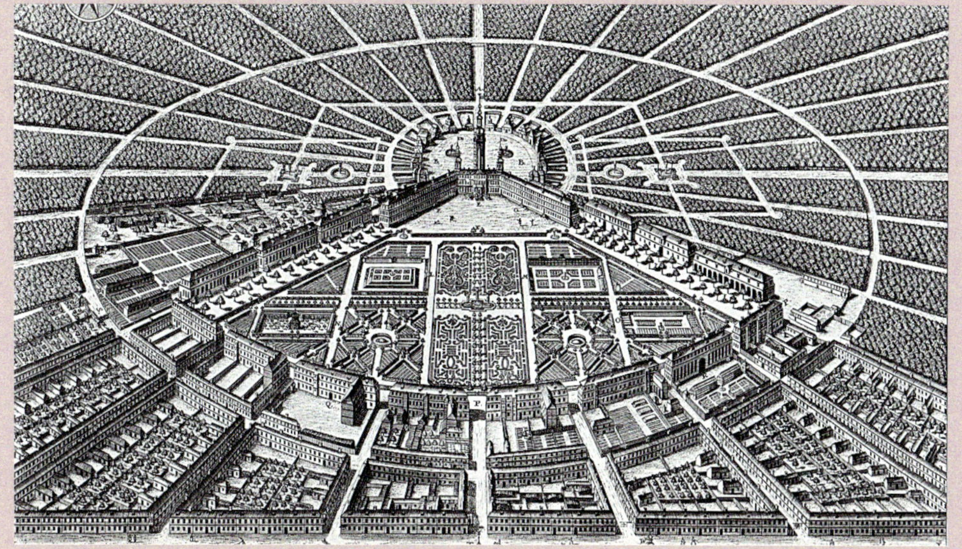

Q 1 *Stadtanlage von Karlsruhe, 1739.* Der Markgraf von Baden-Durlach legte 1715 den Grundstein zum Schlossturm seiner neuen Hauptstadt Karlsruhe. Ein Lustgarten vor dem dreiflügeligen Schloss sperrte den Zugang für die Untertanen.

Eine Gruppe möchte über einen absolutistischen Herrscher einen Artikel schreiben.

So könnte sie die Aufgaben im Team verteilen:

Redaktionsleiter
- regelt und kontrolliert die Aufgabenverteilung im Team
- füllt den Terminplan aus und sorgt für die Einhaltung von Terminen
- ist verantwortlich für die pünktliche Abgabe der Teamarbeit
- setzt die Einhaltung der Gesprächsregeln während der Teamarbeit durch

Redakteur
- entwickelt mit dem Team das Layout für Textseiten
- sammelt Texte und Legenden, die alle Teammitglieder anfertigen
- macht Verbesserungsvorschläge, achtet auf die Produktqualität, hilft beim Schreiben auf dem PC

Medienspezialist
- sammelt die Fotos, Bilder usw., die von dem Team vorgeschlagen werden
- macht Vorschläge für die Gestaltung der einzelnen Medien
- macht Verbesserungsvorschläge, hilft zum Beispiel beim Einscannen von Bildern u. a.

Referent
- sammelt in einem Ordner alle Ergebnisse und alle Unterlagen
- stellt der Klasse vor, was das Team geplant hat
- stellt am Schluss die Arbeitsergebnisse des Teams vor, sorgt für eine Veröffentlichung der Teamarbeit

1 *Beschreibe die Stadtanlage von Karlsruhe (Q1) und die Anlage des Schlosses Saarbrücken (Q2). Woran erinnern sie dich?*

2 *Nehmt ein Schloss aus dem 18. Jh. zum Ausgangspunkt eurer Nachforschungen. Bereitet eine Schlossbesichtigung vor.*

3 *Erkundet, aus welchen ehemaligen Herrschaftsgebieten das Bundesland besteht, in dem ihr lebt.*

4 *Sucht euch einen absolutistischen Fürsten aus und sammelt Informationen über ihn und seine Regierungszeit.*

Q 2 *Schloss Saarbrücken,* erbaut von Friedrich Joachim Stengel 1737–1749.

8 Projekt
Auf den Spuren eines „Sonnenkönigs“

Q 1 *Kurfürstliches Schloss Koblenz* (Kupferstich)

Klassizismus
bezeichnet einen Stil, der sich Mitte des 18. Jahrhunderts in Europa durchsetzte. Er griff auf die klaren Formen des klassischen Altertums zurück. Der Stil fand in der Baukunst, Malerei und Plastik Eingang.

Ein Schloss im Stil des Klassizismus

Kurfürst Clemens Wenzeslaus kümmerte sich im Sinne eines absoluten Herrschers um Handel und Gewerbe. So ließ er Manufakturen einrichten oder im Rhein Felsen sprengen, die der Schifffahrt hinderlich waren. Bereits kurze Zeit nach seiner Ankunft in Koblenz fasste er den Plan, eine neue Residenz auf dem linken Rheinufer zu errichten. Er ließ Architekten aus Frankreich Entwürfe anfertigen und entschloss sich, das Schloss im modernen Stil des Klassizismus zu bauen. Im Jahre 1777 bewilligten die Landstände im Kurfürstentum die Summe für den Bau des Schlosses. Als es 1792 fertig gestellt war, betrugen die Kosten mit nahezu einer Million Gulden fast das Dreifache. Zu dieser Zeit brach die absolutistische Herrschaft des Königs in Frankreich zusammen. Viele Adlige flohen in die Residenz des Kurfürsten. Nur zwei Jahre später musste auch der Kurfürst vor den anrückenden französischen Soldaten flüchten. Heute dient das Schloss als Sitz von Behörden.

Q 2 *Clemens Wenzeslaus, Kurfürst von Trier, 1739–1812.* (Gemälde von Heinrich Foelix)

Erzbischof und Kurfürst

Clemens Wenzeslaus war mit achtundzwanzig Jahren durch Wahl Erzbischof und Kurfürst von Trier geworden. Zuvor hatte er das Amt eines Bischofs in Freising und Regensburg innegehabt. Er führte die Titel eines Herzogs von Sachsen und Prinzen von Polen. Seine Mutter war die älteste Tochter des deutschen Kaisers Josephs I. und seine Schwester die Mutter von König Ludwig XVI. von Frankreich. Diese nahe Verwandtschaft mit dem französischen Königshaus beeinflusste die Hofhaltung des Kurfürsten, der seine Residenz in Koblenz hatte. Nach seiner Wahl im Jahr 1768 fuhr der Kurfürst per Schiff von Trier über die Mosel an den Rhein. In Koblenz wurde er unter dem Läuten der Glocken und mit Kanonendonner festlich empfangen. Dann setzte er über auf die rechte Rheinseite zu seinem Schloss, das sich dort im Schutz der Festung Ehrenbreitstein an dem Ufer des Flusses erstreckte.

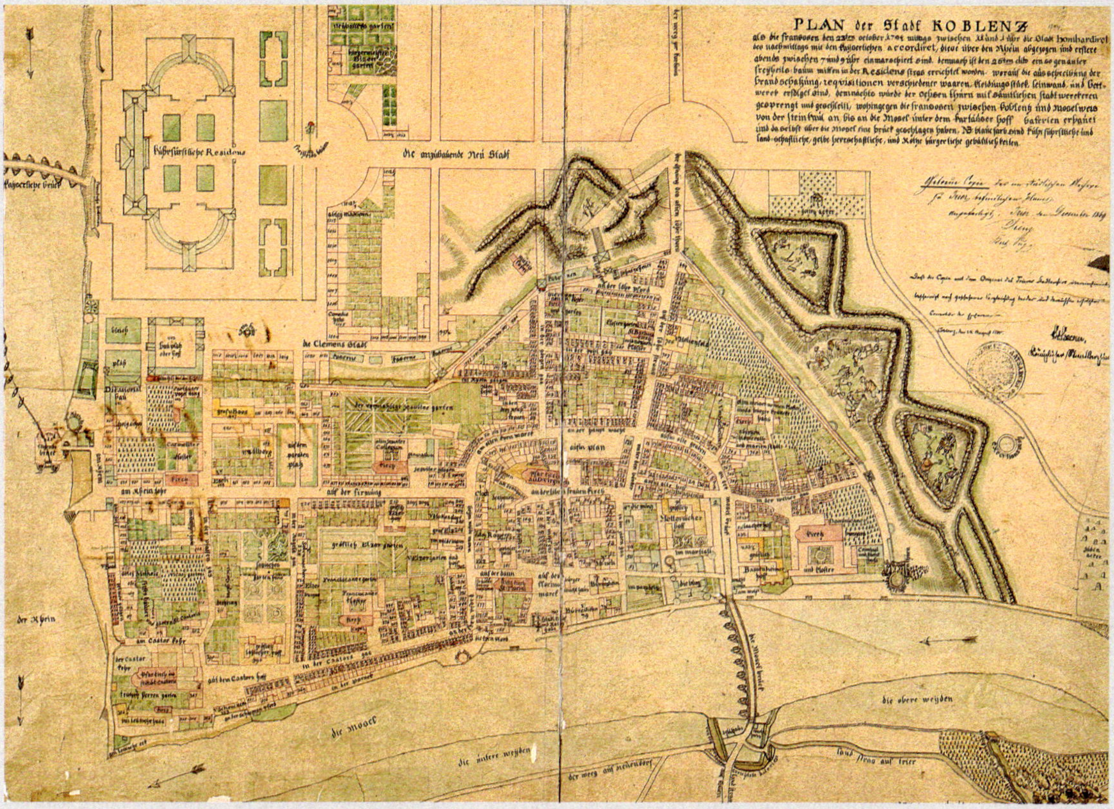

3 *Plan der Stadt Koblenz, 1794.* Die meisten „Sonnenkönige" bauten ihre Schlösser nach dem Vorbild von Versailles. Wie Ludwig XIV. von Frankreich errichteten sie ihre Residenzen in der Regel außerhalb von Städten.

Wir gestalten ein Kapitel für eine Broschüre

Eine Broschüre muss so gestaltet sein, dass sich der Leser dafür interessiert. Die Texte müssen verständlich geschrieben sein. Das Bildmaterial muss Interesse wecken und durch Unterschriften (Legenden) erklärt werden. Wichtig sind einprägsame Überschriften. Jede Gruppe aus jeweils vier Teammitgliedern plant und gestaltet ein Kapitel.

Titel der Broschüre: „Sonnenkönige" in Deutschland

Hrsg. von der Klasse 8a der Realschule …

Vorschlag zum Aufbau eines Kapitels				
Kapitel 2	***Seite 1***	***Seite 2***	***Seite 3***	***Seite 4***
Überschrift „Sonnenkönig" Clemens Wenzeslaus Kurfürst von Trier	**Text Überschrift** Wechselvolle Regierungszeit	**Text Überschrift** Die Bautätigkeit des Kurfürsten …	**Text Überschrift** …	**Text Überschrift** …
Autorenteam: Susanne Michael Henrik Christine	**Bildmaterial Legende** z. B. Karte: Das Kurfürstentum Trier zur Zeit des Absolutismus	**Bildmaterial** …	**Bildmaterial** …	**Bildmaterial** …

1. *Plant einen Besuch im Mittelrheinmuseum in Koblenz.*
2. *Bildet Gruppen mit je vier Mitgliedern.*
3. *Wählt einen „Sonnenkönig" aus, mit dem ihr euch beschäftigen wollt.*
4. *Verteilt Themen und Aufgaben im Team und stellt einen Zeitplan auf.*
5. *Sammelt Informationen und Material und verfasst Texte.*
6. *Plant das Layout für eure Seiten.*
7. *Stellt euer Kapitel am Computer her, kopiert es und verteilt es an die Klasse.*
8. *Stellt eure Kapitel in der Klasse zu einem Heft zusammen. Gestaltet dafür ein Titelblatt.*

9 England – König und Parlament

Q1 *London im 18. Jahrhundert.* Links von der Themse im Hintergrund das alte Parlamentsgebäude. Nach einem Brand wurde das heutige Gebäude erbaut.

Parlament
(lat. „Besprechung")
In England kontrollierte seit 1215 eine Versammlung hoher Adliger den König. Später wurde sie auf alle Stände erweitert und Parlament genannt. Heute haben viele Staaten ein Parlament aus gewählten Volksvertretern, das die Regierung bestellt und kontrolliert und die Gesetzgebung ausübt.

Großer Freiheitsbrief

Im Britischen Museum in London kann man die berühmte „Magna Charta Libertatum", die „Große Urkunde der Freiheiten" betrachten. Darin wurde 1215 festgelegt, dass der König nicht über den Gesetzen steht, sondern ihnen untertan ist. Ursprünglich sollte die Urkunde eine kleine Gruppe Adliger vor königlicher Willkür schützen. Daher wurden die Vorrechte der freien Männer schriftlich festgelegt: Niemand durfte künftig verfolgt und verhaftet werden, es sei denn nach einem gesetzlichen Urteilsspruch durch ein ständisches Gericht oder nach dem Landesrecht. Außerdem musste der König zugestehen, dass nur ein „Gemeiner Rat", dem die einflussreichsten Fürsten und Bischöfe angehörten, Steuern im Königreich beschließen konnte. Wenige Jahre später wurde dieser Rat als „Parliamentum" bezeichnet. Im Laufe der Zeit wurden auch Vertreter des ländlichen Kleinadels und Vertreter der Städte in das Parlament aufgenommen. Allmählich spaltete sich das Parlament in das „House of Lords" (Oberhaus), dem die Vertreter des hohen Adels angehörten, und das „House of Commons" (Unterhaus) für die Vertreter der Land- und Stadtgemeinden.

Bedeutung der Gesetzgebung

Im Verlauf der englischen Geschichte erkämpfte sich das Parlament immer mehr Rechte. Wichtig war die Frage, wer dem Land Gesetze geben durfte. Von Gesetzen hängt ab, wie das Zusammenleben der Menschen geregelt ist. Gesetze sind wie Spielregeln, ohne die ein Chaos entsteht. Im Jahr 1322 beschloss das Parlament, dass Gesetze nur bei Mitwirkung des Parlaments Gültigkeit haben sollten. Erst 1414 erhielt das Parlament das Recht, selbst Gesetze vorzuschlagen.

Parlament gegen König

Der junge König Karl I. (1625–1649) versuchte den Einfluss des Parlaments einzuschränken. Damit begann ein langjähriger Kampf zwischen Parlament und König, der mit der öffentlichen Hinrichtung Karls endete. England wurde für kurze Zeit eine Republik und erlebte eine Militärdiktatur. Nach dieser Erfahrung wünschten viele Engländer die Monarchie zurück. So berief das Parlament einen Sohn des Hingerichteten auf den Thron. Aber Karl II., der am Hof Ludwigs XIV. aufgewachsen war, versuchte in England den Absolutismus nachzuahmen. Noch unbeliebter machte sich sein Nachfolger, Jakob II., indem er den Katholizismus förderte, bis er schließlich ins Ausland fliehen musste. Das Parlament bot nun dem protestantischen Prinzen Wilhelm von Oranien aus den Niederlanden die Krone an. Er war mit einer englischen Prinzessin verheiratet. Vor seiner Krönung 1689 musste Wilhelm in der „Bill of Rights" die Rechte des Parlaments garantieren. Die Engländer bezeichnen diesen unblutigen Herrscherwechsel als „Glorreiche Revolution". Der Absolutismus war endgültig abgewendet. England war eine konstitutionelle Monarchie, in der die Macht des Königs durch die Rechte des Parlaments eingeschränkt war.

Q2 *Das Parlament beschloss 1649 nach der Hinrichtung Karls I. die Abschaffung des Königtums. Dabei ging es weniger um die Freiheit des Volkes, als vielmehr um die Interessen des Adels und der reichen Bürger:*

Die Erfahrung lehrt, dass in dieser Nation Amt und Macht eines Königs in einer einzigen Person unnötig, lästig, der Freiheit, Sicherheit und gemeinem Wohl gefährlich ist. Wir haben gelernt, dass von der königlichen Gewalt meistens Gebrauch gemacht wurden ist, um die Untertanen zu unterdrücken und auszusaugen. Da nun gewöhnlich und natürlicherweise jede Person in solcher Machtstellung zu ihrem Vorteil die gerechte Freiheit und Unabhängigkeit des Volkes beeinträchtigt und die Herrschaft des eigenen Willens und die Gewalt über die Gesetze ausdehnt, so sei darum durch dieses gegenwärtige Parlament Folgendes beschlossen: In dieser Nation soll in Zukunft das Amt eines Königs nicht mehr bestehen noch durch irgendeine Person ausgeübt werden.

Q3 *Wilhelm von Oranien und seine Frau unterschrieben 1689 die „Bill of Rights":*

– Gesetze oder die Ausführung von Gesetzen durch königliche Autorität ohne Zustimmung des Parlaments aufzuheben, ist gesetzwidrig. (…)

– Steuern für die Krone (…) ohne Erlaubnis des Parlaments für längere Zeit oder in anderer Weise, als erlaubt und bewilligt wurde, zu erheben, ist gesetzwidrig. (…)

– Es ist gegen das Gesetz, es sei denn mit Zustimmung des Parlaments, eine stehende Armee im Königreich in Friedenszeiten aufzustellen oder zu halten (…)

– Die Wahl von Parlamentsmitgliedern soll frei sein.

– Die Freiheit der Rede und der Debatten und Verhandlungen im Parlament darf von keinem Gerichtshof oder sonst wie außerhalb des Parlaments angefochten oder infrage gestellt werden (…).

– Um allen Beschwerden abzuhelfen sowie zur Besserung, Stärkung und Erhaltung der Gesetze sollen Parlamentssitzungen häufig gehalten werden (…).

Q4 *Das englische Unterhaus* (Gemälde 1710). Zwei Parteien sitzen sich gegenüber. In der Mitte sitzt der Speaker. Er leitet die Sitzungen. Zwischen den Parteien verlaufen zwei rote Streifen auf dem Boden, sodass sich zwei Schwerter nicht berühren können, d.h. im Parlament kämpft man mit Argumenten, nicht mit Waffen.

Q5 *Vertreter des Parlaments überreichten 1689 Wilhelm von Oranien und seiner englischen Frau Maria die Königskronen.*

1. *Beschreibe, wie das Parlament die Macht des Königs in England einschränkte (VT, Q3).*
2. *Versuche herauszufinden, welche Aufgaben das Parlament heute in Deutschland hat. Tipp: Das deutsche Parlament heißt „Bundestag" und besitzt eine Seite im Internet.*
3. *Vergleiche die Krönung Wilhelms von Oranien mit der von Ludwig XIV. (Q5, VT S. 250).*
4. *Womit begründete das Parlament die Abschaffung des Königtums (Q2)?*

10 Preußen – aufgeklärter Absolutismus

Q 1 *Gassenlaufen* (Kupferstich 1774)
Die Flucht von Soldaten (Desertion) wurde grausam bestraft. Beim gefürchteten Gassen- oder Spießrutenlaufen wurde der Verurteilte mehrmals durch eine „Gasse" seiner Kameraden getrieben, die ihm mit Ruten den Rücken blutig schlugen. Die Bestrafung konnte tödlich ausgehen.

A-Z

Aufklärung
Geistige Bewegung im 17./18. Jh., die u.a. forderte, das Zusammenleben der Menschen, die staatliche Ordnung, nach Einsichten zu regeln, die man aus der Vernunft und Wissenschaft gewann.

Militär- und Beamtenstaat

Deutschland bestand um 1700 aus über 300 Ländern. Einer der größten Staaten war Preußen mit der Hauptstadt Berlin. Preußen gibt es heute nicht mehr, aber seine Spuren sind noch in vielen Bundesländern zu finden.

König Friedrich Wilhelm I. regierte in den Jahren 1713–1740 als absoluter Monarch und strenger Landesvater. Er besuchte regelmäßig seine Provinzen. Die Leute versteckten sich vor ihm. „Ihr sollt mich lieben", rief er dann zornig. Der König sparte an allem und führte ein einfaches Leben. Sein Staat war ein armes Agrarland. Um es militärisch zu sichern, hielt er sich ein Heer von 83000 Soldaten und besaß damit die viertstärkste Armee Europas. Der „Soldatenkönig" beschäftigte den Adel im Militärdienst und in der Verwaltung. Er verlangte Pflichterfüllung, Arbeitsamkeit, Sparsamkeit und unbedingten Gehorsam. Diese Tugenden wurden typisch für preußische Beamte und Militärs. Der König versuchte durch merkantilistische Politik, die Wirtschaft seines Landes zu fördern, vor allem aber die hohen Ausgaben für sein stehendes Heer zu finanzieren. Seine Tuchmanufakturen stellten Uniformen für halb Europa her.

Aufgeklärter Absolutismus

Friedrich II. (1740–1786) hatte sehr unter der strengen Erziehung seines Vaters, des Soldatenkönigs, gelitten. Er sprach besser französisch als deutsch und interessierte sich für Musik und Philosophie. Besonders beschäftigten ihn die neuen Ideen aus Frankreich, Herrschaft nach dem Prinzip der Vernunft und zum Wohl des Volkes auszuüben. Er lud Voltaire, den berühmtesten Philosophen seiner Zeit, an seinen Hof. Voltaire kritisierte den Absolutismus und verkündete, dass ein Herrscher sich von den Wissenschaften leiten und vernünftig, das heißt in der Sprache der Zeit „aufgeklärt", herrschen solle. Friedrich II. folgte diesem Gedanken und sah sich selbst als „Ersten Diener seines Staates". Durch vernünftige Gesetze sollte das Verhältnis zwischen den Bürgern geregelt werden. Gerichte sollten vom König unabhängig sein. „Im Gericht sollen die Gesetze sprechen und der Fürst schweigen", forderte Friedrich. Er selbst hielt sich allerdings nicht immer daran. In Preußen konnte jeder seine Religion frei ausüben. Auch Kritik am König war erlaubt, solange man ihm gehorchte. Der König kümmerte sich um alles, denn er meinte: „Der Fürst muss für die Allgemeinheit sehen, denken und handeln." Mitzubestimmen hatte das Volk nicht. Außenpolitisch machte Friedrich Preußen zu einer Großmacht und führte viele Jahre Krieg. Bald erhielt er den Beinamen der „Große".

Q 2 *Als junger Kronprinz schrieb Friedrich II. in seinen „Betrachtungen über den gegenwärtigen Zustand in Europa":*

Der Irrtum der meisten Fürsten besteht in dem Glauben, Gott habe die Menschen, deren Wohlfahrt ihnen anvertraut ist, aus ganz besonderer Sorge für ihre Größe, ihr Glück und ihren Stolz geschaffen, und ihre Untertanen seien nur zu Werkzeugen und Dienern ihrer zügellosen Leidenschaften bestimmt. (...) Wollten sich die Fürsten von diesen Irrtümern losmachen, wollten sie über den Zweck ihrer Einsetzung nachdenken, so würden sie sehen, dass ihr Rang und ihre Erhebung nur das Werk der Völker sind. Anstatt unaufhörlich Pläne zu Eroberungen zu machen, würden sich diese Götter der Erde alle Mühe geben, das Glück ihres Volkes zu sichern. (...) Mögen sie inne werden, dass der wahre Ruhm eines Fürsten (...) darin besteht, die Pflichten seines Amtes zu erfüllen und in allem den Absichten zu entsprechen, (...) von denen ihm die höchste Gewalt übertragen ist.

Q 3 *Friedrich II. im Gespräch mit dem französischen Philosophen Voltaire* (Kupferstich nach einem Gemälde von P. C. Baquey 1759–1829).
Beachte: Der Philosoph sitzt, der König steht.

Q 4 *Friedrich II. überwacht die Kartoffelernte* (Gemälde von R. Warthmüller, 1886). Die ersten Kartoffeln wurden 1621 in Deutschland angepflanzt. Aber erst Friedrich II. förderte den Kartoffelanbau. Er machte die Kartoffel zu einem Hauptnahrungsmittel und verhinderte damit Hungerkatastrophen.

Q 5 *An den französischen Gelehrten d´Alembert schrieb Friedrich II. später:*

Denken wir uns eine beliebige Monarchie mit zehn Millionen Einwohnern. (...) Prüfen wir nun, wie viele davon geistig träge (...) sind, so wird die Rechnung ungefähr ergeben, dass von einem so genannten zivilisierten Volke kaum 1000 Personen gebildet sind. Deshalb ist es „verlorene Mühe", die Menschheit aufklären zu wollen, ja, oft ist es ein gefährliches Unterfangen.

Q 6 *Freiherr vom Stein, preußischer Minister und Reformer 1804–1808, beurteilte die Regierungsweise Friedrichs II.:*

Die Verwaltung des Inneren seiner Staaten war wohltätig, milde. Sie beförderte den inneren Wohlstand, Geisteskultur, Denkfreiheit. Sie war sparsam in der Verwendung des öffentlichen Einkommens und wirkte als Beispiel für die übrigen deutschen Staaten, besonders für Österreich. Nur war alles auf Selbstregierung berechnet. Alle Kräfte erwarteten den bewegenden Stoß von oben, nirgends war Selbstständigkeit. Solange an der Spitze des Ganzen ein großer Mann stand, der es mit Geist, Kraft und Einheit leitete, brachte das Maschinenspiel gute und glänzende Resultate.

1 *Vergleiche Friedrich II. von Preußen mit Ludwig XIV. von Frankreich. Achte dabei auch auf ihr Regierungsmotto, ihr Verhältnis zu den Gesetzen, ihre politischen Ziele.*
2 *Welche Irrtümer hält der junge Friedrich II. den Fürsten vor? Wie sieht er die Rolle des Volkes (Q2)?*
3 *Überlege, ob Friedrich sich später selbst an seine Jugendideale gehalten hat (VT, Q5, Q3).*
4 *Wie kann man den Satz verstehen, dass es gefährlich sei, Menschen zu bilden bzw. aufzuklären (Q5)?*

11 Russland – neue Großmacht in Europa

1 *Denkmal Peters des Großen, St. Petersburg.* Die Inschrift lautet: „Peter dem Ersten von Katharina der Zweiten 1783". Das Denkmal symbolisiert das aufstrebende Russland. Petersburger Hochzeitspaare legen traditionsgemäß Rosen an das Denkmal.

Zar
(von lat. „Caesar", dt. Kaiser)
Seit Mitte des 15. Jh. kämpften die russischen Herrscher um die internationale Anerkennung ihres Zarentitels. Als Zaren beanspruchten sie Gleichrangigkeit mit dem römischen Kaiser. Die Durchsetzung des Kaisertitels gelang Peter dem Großen 1721 nach seinem Sieg über die Schweden.

Großmacht
Ein Staat, der nach Größe, wirtschaftlicher und militärischer Stärke in der Lage ist, andere Länder in der Politik entscheidend zu beeinflussen.

Peter I. öffnet ein „Fenster nach Westen"
Russland, das größte europäische Land, war im übrigen Europa bis zum 18. Jahrhundert nahezu unbekannt. Seit 1240 hatte es 250 Jahre lang unter der Herrschaft der mongolischen Tataren gestanden. Die russische Sprache und Sitten, die kyrillische Schrift und der orthodoxe Glaube waren den Westeuropäern fremd. Russland hatte keinen eisfreien Zugang zu den Weltmeeren, denn die Schweden blockierten den Zugang zur Ostsee, Tataren und Türken den Zugang zum Schwarzen Meer. Das wollte Zar Peter I. (1689–1725) ändern. Als erster russischer Herrscher unternahm er inkognito eine mehrmonatige Bildungsreise nach Westeuropa. In England und Holland studierte er den Schiffsbau und arbeitete auf einer Werft. Nach Russland zurückgekehrt begann er sein Land nach westlichem Vorbild zu reformieren. Er führte in Russland gegen den Widerstand großer Teile der Bevölkerung westliche Sitten und Kleidung ein und gründete Bildungseinrichtungen. Aus dem Ausland warb er Fachleute an, darunter viele Deutsche. Er schuf ein stehendes Heer und eine moderne Flotte und erkämpfte sich gegen Schweden 1721 den Zugang zur Ostsee. Um seinen Anspruch auf Mitsprache in Europa zu demonstrieren, ließ er nach westlichem Vorbild seine neue Hauptstadt St. Petersburg bauen, ein „Fenster nach Westen". In Westeuropa mussten die Herrscher nun mit der neuen Großmacht rechnen.

Landesmutter – Zarin Katharina II.
Katharina II. (1762–1792) war eine deutsche Prinzessin und kam durch Heirat auf den russischen Thron. Sie war umfassend gebildet, vertrat moderne aufklärerische Ideen und wollte die Politik Peters I. fortsetzen. Ihr Versuch, das Los der leibeigenen Bauern zu verbessern, scheiterte jedoch am Widerstand des Adels, auf dessen Unterstützung sie angewiesen war. Schließlich musste sie sich eines gewaltigen Bauernaufstandes erwehren.
Um die menschenleeren Gebiete an den Grenzen des Reiches zu besiedeln, warb Katharina Siedler aus dem Ausland an. Aus Deutschland kamen etwa 30 000 Handwerker und Bauern, denen die Zarin Land, Steuerfreiheit, Religionsfreiheit und die Befreiung vom Militärdienst versprochen hatte. Sie wurden in der Nähe von St. Petersburg, am Schwarzen Meer, im Kaukasus, vor allem aber an der Wolga angesiedelt.
Außenpolitisch war Katharina sehr erfolgreich. In mehreren Kriegen gegen die Türkei dehnte sie die Grenzen Russlands bis ans Schwarze Meer aus. Sie erwarb einen großen Teil Polens, sodass Russland nun direkt an Preußen und Österreich grenzte. Von nun an spielten die Zaren in der europäischen Politik eine entscheidende Rolle. So reiste der deutsche Kaiser Joseph II. nach Russland, um mit Katharina persönlich zu sprechen. Wie Zar Peter erhielt sie den Ehrennahmen „die Große".

Q2 *Ein Historiker beschreibt die Umstände des Baus von St. Petersburg 1703:*

Die Stadt wurde in einen Sumpf hineingebaut; es fehlten alle Voraussetzungen dafür. Infolgedessen waren die immer von neuem verlangten und gebrachten Opfer an Menschen unvorstellbar. (...) Um die dafür erforderlichen Menschenmassen zu beschaffen, ließ Peter regelrechte Aushebungen durchführen; hinzu kamen zur Zwangsarbeit verurteilte Verbrecher. Die Ausfälle an Krankheit waren im ungesunden Sumpfgebiet enorm; infolge von Überschwemmungen ertranken Tausende (...). Es fehlte an der nötigen Kleidung und noch mehr an unerlässlichem Werkzeug. Die zur Arbeit in die Newasümpfe deportierten Bauern haben die Entwässerungskanäle zum Teil mit den Händen gegraben und die Erde in Kleiderzipfeln abgetragen. (...) Große Schwierigkeiten bereitete natürlich die Errichtung von Bauten. Um festen Grund zu schaffen, mussten erst unzählige aus Balken gezimmerte und mit Steinen gefüllte Kästen in den Boden abgesenkt werden. (...) Peter wünschte eine steinerne Stadt. (...) Um die benötigten Steinbaumeister dafür zu gewinnen, verbot der Zar im ganzen übrigen Reich für mehrere Jahre die Errichtung von Gebäuden aus Stein.

Q3 *Peter I. ließ Adligen die traditionellen Bärte abschneiden* (Holzschnitt, 17. Jh.).

Q4 *St. Petersburg, Blick über den Fluss Newa zum Winterpalais, dem Stadtschloss der Zaren.*

St. Petersburg war Peters Lieblingsschöpfung, sein „Paradies". Die Stadt war der erste russische Marinestützpunkt an der Ostsee und seit ihrer Gründung 1703 Residenz der russischen Zaren.

Q5 *Katharina teilt ihrem leitenden Minister, dem Fürsten Wjasemskij, in einem Brief mit, wie sie über Russland herrschen will:*

Sie werden täglich mit mir in Berührung kommen und finden, dass ich keine anderen Ziele habe als das Glück und den Ruhm des Vaterlandes und keinen anderen Wunsch als die Wohlfahrt meiner Untertanen, welchen Standes sie auch sein mögen. Alle meine Gedanken sind darauf gerichtet, innerhalb und außerhalb des Reiches Zufriedenheit und Ruhe zu erhalten. Ich liebe die Wahrheit, Sie können sie furchtlos aussprechen. Sie können auch ohne Sorge mit mir streiten, wenn es nur dem Wohle der Sache dient.

Q6 *Katharina begründet gegenüber Fürst Wjasemskij die Notwendigkeit der absoluten Herrschaft in Russland:*

Das russische Reich ist so groß, dass eine jede andere Form der Regierung als die eines selbstherrschenden Kaisers nachteilig für dasselbe wäre; denn jede andere Form ist langsamer in der Ausführung und enthält so viele Leidenschaften, welche die Macht und die Kräfte zersplittern, wie es bei einem Alleinherrscher nie der Fall ist, der das allgemeine Wohl als sein eigenes betrachtet und die Mittel besitzt, Nachteile jeder Art abzuschaffen.

1. *Beschreibe, worin sich Russland vom westlichen Europa unterscheidet.*
2. *Erläutere, warum Peter I. sein Land reformieren wollte (VT).*
3. *Überlege, warum sich die Bevölkerung Russlands gegen die Reformen Peters auflehnte (VT, Q2, Q3).*
4. *Woran kann man erkennen, dass Russland eine Großmacht geworden war (VT, Lexikon)?*
5. *Erläutere, wie Katharina die absolute Herrschaft in Russland begründet (Q6).*
6. *Vergleiche die Herrscherin Katharina mit Ludwig XIV. und Friedrich II. Welchem Herrscher ist sie ähnlicher? Begründe deine Meinung.*

12 Großmächte und ihre Interessen

Q 1 *Zeitgenössische Darstellung der Aufteilung Polens* unter Österreich, Russland und Preußen. Von links nach rechts: Kaiser Joseph II. (Mitregent und Mitkaiser Maria Theresias) – Zarin Katharina II. – König Friedrich II.

Die Landkarte Europas im Wandel

Im 18. Jahrhundert bildeten sich mit Frankreich, Großbritannien, Preußen, Österreich und Russland fünf Großmächte heraus, die künftig die Geschicke Europas bestimmten. Sie schlossen Bündnisse oder führten Kriege gegeneinander, um ihre Interessen durchzusetzen. Frankreich hatte seine Grenzen auf Kosten Spaniens und Deutschlands ausgedehnt. England bildete mit Schottland 1707 die Union Großbritannien. Der Inselstaat sah seine Zukunft vor allem in der Erwerbung von Kolonien in Übersee.

Österreich war es gelungen, den Ansturm der Türken abzuwehren. Seit 1687 war Österreich mit Ungarn in einer Doppelmonarchie verbunden und versuchte seine Herrschaft über den Balkan auszuweiten. Das Heilige Römische Reich Deutscher Nation bestand aus über 300 unabhängigen Staaten. Von diesen hatten sich Preußen und Österreich in mehreren Kriegen zu Großmächten entwickelt. Russland fand als neue Großmacht den Anschluss an Westeuropa.

Hegemonie
Vormachtstellung eines Staates gegenüber anderen Ländern

Außenpolitik
ist die Gestaltung der Beziehungen eines Staates zu anderen Staaten. Im Absolutismus entschied der Monarch über die Außenpolitik. In seinem Auftrag verhandelten Botschafter mit anderen Herrschern. Der Monarch entschied allein über Krieg und Frieden.

Preußen und Österreich als Rivalen

Als die junge Kaiserin Maria Theresia 1740 den Thron bestieg, hielt Friedrich II., selbst gerade erst König geworden, den Zeitpunkt für günstig, Preußen auf Kosten Österreichs zu vergrößern. Er eroberte das habsburgische Schlesien und versetzte damit Europa in Staunen. Maria Theresia wollte diesen Verlust nicht hinnehmen. Doch auch im Bündnis mit Frankreich, Russland, Sachsen, Schweden und weiteren deutschen Fürsten vermochte die Kaiserin nicht, Preußen, das von Großbritannien unterstützt wurde, zu besiegen. Am Ende des Siebenjährigen Krieges 1763 war Preußen als fünfte Großmacht in Europa anerkannt.

Polen als Beute der Großmächte

Im Jahr 1768 kam es zum russisch-türkischen Krieg. Katharina II. wollte die Türken vom Balkan vertreiben und Konstantinopel von der muslimischen Herrschaft befreien. Das empfand Österreich als Bedrohung und verbündete sich mit der Türkei gegen Russland. Um die Situation zu entschärfen, lenkte Friedrich II. das Interesse der beiden Großmächte auf Polen. Polen erstreckte sich damals von der Ostsee bis fast zum Schwarzen Meer. Das Land wurde beherrscht von einem einflussreichen Adel, der seine Könige wählte. Durch interne Streitigkeiten war das Land jedoch politisch schwach und zeitweise unregierbar. In dieser Situation verbündeten sich 1772 die aufgeklärtesten Monarchen Europas, Zarin Katharina II., Kaiserin Maria Theresia und König Friedrich II., angeblich um „die polnischen Verhältnisse zu ordnen". Die Polen kämpften vergebens um ihre Freiheit. Die drei Großmächte teilten das Land unter sich auf. Ende des 18. Jahrhunderts war Polen von der Landkarte verschwunden. Das Land verlor für lange Zeit seine Unabhängigkeit. Aber der Wille zum eigenen Staat blieb ungebrochen.

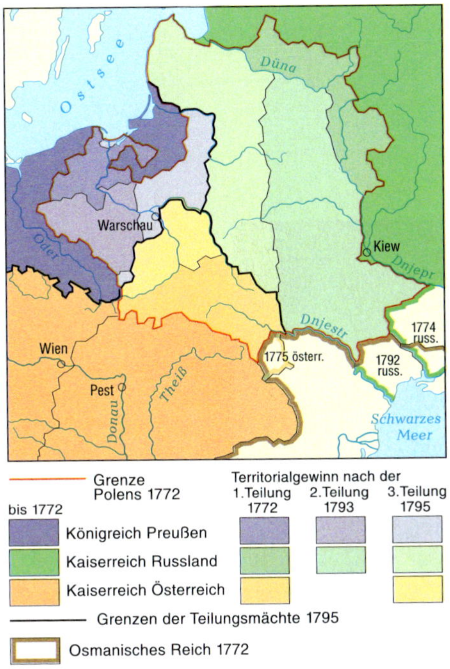

D1 *Die Aufteilung Polens 1772–1795*

Q2 *Zur Teilung Polens 1772 äußerten sich*

a) Zarin Katharina II. von Russland:

In ihrem gemeinsamen Vorgehen gegen Polen haben sich die drei Höfe weniger von der Eroberungslust leiten lassen als von großen praktischen Gesichtspunkten. Sie wollten Ordnung und Ruhe, wie der Wohlstand und die Sicherheit ihrer eigenen Grenzen sie erforderten. Die so herbeigezwungene Teilung hat zu einer wohl abgewogenen Vergrößerung der drei Mächte geführt.

b) König Friedrich II. von Preußen:

Man stand vor der Wahl, Russland im Laufe seiner gewaltigen Eroberungen aufzuhalten, oder, was klüger war, daraus auf geschickte Weise Nutzen zu ziehen.

c) Kaiserin Maria Theresia von Österreich:

Ich bekenne, dass es mich Opfer kostet, mich über eine Sache zu entscheiden, von deren Gerechtigkeit ich keineswegs versichert bin, selbst wenn sie nutzbringend wäre, (…) Unsere Monarchie kann verzichten auf eine Vergrößerung dieser Art.

D2 *Das Königreich Preußen bis 1795*

Q3 *Friedrich II. über Eroberungsziele, 1752:*

Von allen Ländern Europas (die als Eroberungen in Betracht kämen) passen zu Preußen am besten Sachsen, Polnisch-Preußen und Schwedisch-Pommern, weil alle drei zu seiner Abrundung beitragen. Sachsen wäre am nützlichsten. Sein Erwerb würde am meisten die Grenze zurückverlegen und Berlin, den Sitz der Regierung decken. (…) Die Provinz, die uns nächst Sachsen am gelegensten wäre, ist Polnisch-Preußen. Es trennt Preußen von Pommern und hindert die Hilfeleistung für jenes (…).

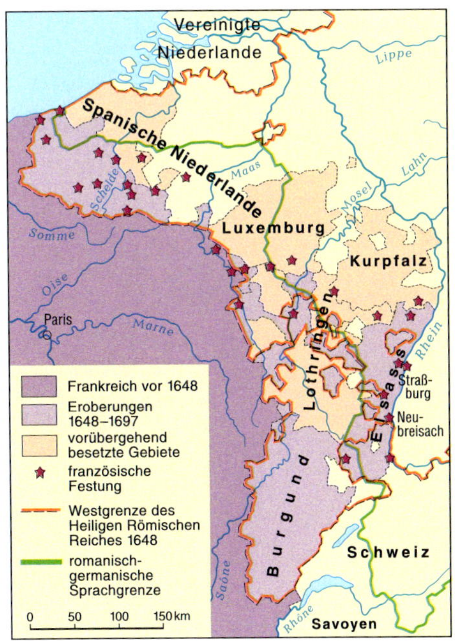

1. *Friedrich spottete über Maria Theresia, die Kaiserin von Österreich: „Sie weinte, aber sie nahm." Vergleiche die Stellungnahmen der drei Herrscher über die Aufteilung Polens.*
2. *Versuche zu erklären, weshalb Polen keine Chance hatte, sich der Aufteilung zu widersetzen.*
3. *Beschreibe, welche Ziele die preußischen Herrscher mit ihrer Eroberungspolitik verfolgten (D2, Q3).*
4. *Betrachte D3. Weshalb hatte Ludwig XIV. keinen vollen Erfolg?*

D3 *Die französische Ostgrenze 1648–1713. Ludwig XIV. strebte die Hegemonie Frankreichs in Europa an. Dazu führte er gegen seine Nachbarn im Norden und Osten zahlreiche Kriege. Sein Ziel war, Frankreichs Grenze bis an den Rhein auszudehnen.*

13 Abschluss
Kartenspiele

Das Bild zeigt eine Manufaktur zur Herstellung von Spielkarten. Die Arbeit erfolgt in einer arbeitsteiligen Produktion mit insgesamt sieben verschiedenene Arbeitsgängen:

1 Zeichnen
2 Färben
3 Drucken
4 Trocknen
5 Schneiden
6 Glätten
7 Sortieren

Herstellung von Spielkarten in Manufakturen

Zu den Lustbarkeiten an den Höfen der Fürsten gehörte die Leidenschaft für das Kartenspiel. Um den Bedarf nach Spielkarten decken zu können, begann man in Frankreich, die Karten in Manufakturen herzustellen. Manufakturen sind Werkstätten, in denen Produkte arbeitsteilig hergestellt werden. Dabei wird der Arbeitsvorgang zerlegt, sodass eine Person nur eine spezielle Arbeit verrichtet. Dadurch werden Qualität und Schnelligkeit der Herstellung erhöht und damit größere Stückzahlen angefertigt.
In Manufakturen wurden auch Maschinen eingesetzt, sodass diese Werkstätten schon den späteren Fabriken ähnlich waren. Spielkarten aus Frankreich waren ein gefragtes Exportgut. Bis heute haben sich die französischen Spielkarten in vielen Ländern durchgesetzt.

Lernen mit Lernkarten

Wer mitreden und mitdenken will, muss auch Fach- und Sachwissen abrufen können. Es gibt viele Spiele, mit denen sich Wissen gut einprägen lässt. Dazu gehören Spielkarten. Solche Spiel- und Lernkarten lassen sich leicht anfertigen. Zuerst sucht man Sachbereiche und legt die Anzahl der Karten fest.

Beispiel: Sachbereich Wirtschaft/vier Karten (Quartett). Dann schneidet man sich Karten aus, gestaltet und beschriftet sie.

Vorderseite: Darstellung eines Fach- oder Sachbegriffs

Rückseite: Beschreibung des Sachbegriffs

Vorderseite

Rückseite

Spielvorbereitung

Stellt in Gruppenarbeit Spielkarten her. Jede Gruppe erstellt ein Quartett aus vier Begriffen zu einem der Sachbereiche (Staat, Finanzen, Wirtschaft, Politik und Bevölkerung). Man kann die Bereiche bzw. Begriffe auch erweitern oder durch andere ersetzen. Die Begriffe werden auf der Rückseite beschrieben.

Spielanleitung

Vereinbart in der Klasse Spielregeln, z. B.: Jeder Schüler stellt im Plenum einen Begriff vor. Wer die richtige Beschreibung zu diesem Begriff geben kann, erhält die Karte. Wer ein Quartett zusammengebracht oder die meisten Begriffe gefunden hat, ist Sieger.

Methodenglossar

Einen Stammbaum erstellen (S. 14)

1. Zeichne auf einem DIN-A3-Blatt deinen Familienstammbaum. (Ganz vorne im Buch findest du auch eine Vorlage zum Kopieren.) Das oberste Feld ist für dich selbst, die zwei Felder darunter sind für deine Eltern gedacht.
2. Sammle folgende Angaben von jedem Familienmitglied den Vor- und Nachnamen, das Geburts- (*) und gegebenenfalls das Todesdatum (†), den Geburtsort, die Kinderzahl und den Beruf. Die Daten kannst du erfragen oder im Familienbuch nachschlagen.
3. Trage die Angaben in die einzelnen Felder ein. Der Stammbaum wird für den Betrachter noch interessanter, wenn du Fotos deiner Verwandten oder andere Erinnerungsstücke neben das entsprechende Feld klebst.

Vomfund zur Rekonstruktion (S. 40)

1. Beschreibe den ursprünglichen Fund. Wie viel war von dem Gegenstand oder Gebäude erhalten und in welchem Zustand war der Fund?
2. Vergleiche die Rekonstruktion mit dem Fund. Was wurde originalgetreu wiedergegeben? An welchen Stellen hat der Archäologe etwas hinzugefügt?
3. Betrachte die Rekonstruktion kritisch. Was konnte der Archäologe wissen, wo musste er dagegen Vermutungen anstellen? Hat er vielleicht auch an manchen Stellen seine Fantasie spielen lassen?

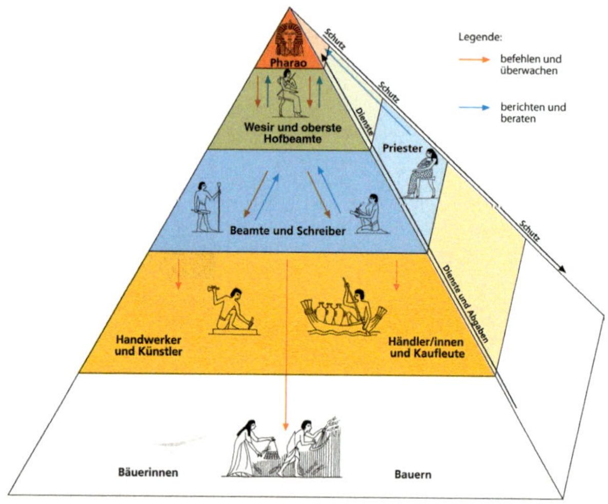

Ein Schaubild verstehen (S. 58)

1. Stell fest, welches Thema das Schaubild behandelt. Die Legende verrät es dir.
2. Untersuche, warum einzelne Teile des Schaubildes in verschiedenenfarben dargestellt sind.
3. An welchen Stellen werden Pfeile und Linien verwendet? Was sagen sie über die Beziehungen zwischen den Personen aus?
4. Warum eignet sich die gewählte Form des Schaubildes besonders gut, um das Thema darzustellen? Kannst du dir noch eine andere Form vorstellen?

Schriftliche Quellen auswerten (S. 74)

Fragen zum Text

1. Worum geht es in dem Text? Welche Orte, Personen oder Gruppen werden genannt?
2. Gibt es Wörter oder Sätze, die du nicht verstehst? Schlage in einem Wörterbuch nach oder frage deine Lehrerin bzw. deinen Lehrer.
3. Unterteile den Text in einzelne Abschnitte und verfasse für jeden Abschnitt eine kurze Überschrift.

Fragen zum Verfasser

4. Wer hat den Text verfasst?
5. Kannst du erkennen, an wen sich der Verfasser mit seinem Text wendet?
6. Schreibt der Verfasser über Dinge, die er selbst erlebt hat, oder woher hat er seine Kenntnisse?
7. Mit welcher Absicht mag der Verfasser den Text geschrieben haben?

Geschichtskarten lesen und auswerten (S. 100)

1. Über welches Thema gibt die Karte Auskunft? Beachte dafür die Überschrift und die Legende.
2. Welcher Raum wird gezeigt? Welche Orte werden hervorgehoben? Vergleiche mit dem Geografie-Atlas, um welches heutige Gebiet es sich handelt.
3. Über welche geschichtliche Zeit informiert die Karte? Bezieht sie sich auf ein bestimmtes Jahr, auf einen kurzen oder langen Zeitabschnitt? Werden unterschiedliche Zeitstufen dargestellt?
4. Beachte die Legende. Was bedeuten die Zeichen, Farben, Linien und Pfeile in der Karte?

Bilder als Geschichtsquelle (S. 144)

1. Betrachte das Bild in Ruhe und mache dir erste Gedanken.
   - Was zeigt das Bild?
   - Was fällt dir auf?
   - Welche Teile des Bildes sind besonders interessant?
   - Was verstehst du nicht?
2. Beschreibe das Bild genau.
   - Um welche Art von Bild handelt es sich?
   - Was ist dargestellt? Welche Situation bzw. Situationen sind auf dem Bild festgehalten?
   - Welche Farben und Formen tauchen in dem Bild besonders oft auf?
3. Versuche das Bild zu deuten. Vielleicht benötigst du hierfür zusätzliche Informationen.
   - Wer hat das Bild gemalt?
   - Was möchte der Künstler dem Betrachter mit diesem Bild mitteilen?
   - Warum hat der Maler gerade diese Personen und Ereignisse für sein Bild ausgewählt?
   - Ist die Darstellung naturgetreu?
   - Hat der Künstler in der Zeit gelebt, die er auf dem Bild dargestellt hat?

Schriftliche Quellen vergleichen (S. 166)

1. Stelle möglichst genau fest, was in den Quellen steht und wer sie geschrieben hat. (Du kannst das Verfahren von Seite 84 dafür anwenden.)
2. Stelle fest, womit sich die Texte/Autoren gemeinsam befassen bzw. was beide erklären wollen.
3. Liste stichwortartig auf, worin sie übereinstimmen.
4. Liste nun für jeden Text/Autor getrennt auf, was er
   a) zusätzlich und
   b) ganz anders als der andere berichtet. So erkennst du, wo sich die Berichte ergänzen und wo sie sich widersprechen.
5. Überlege bei den Widersprüchen, welcher Text/Autor dir glaubwürdiger erscheint.
6. Fasse die Ergebnisse deines Vergleichs in einem Bericht darüber zusammen, was sich damals wahrscheinlich zugetragen hat.

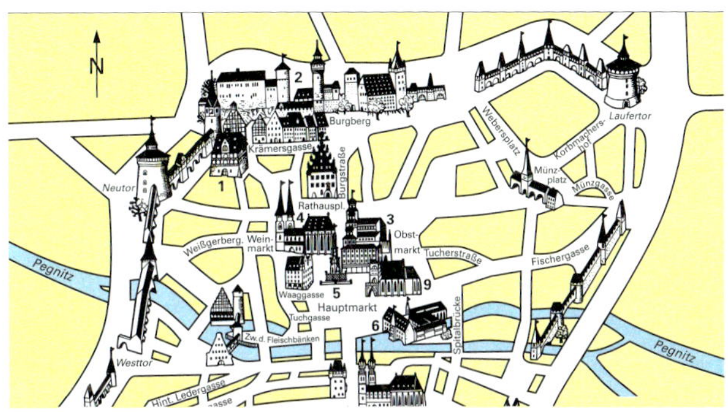

Stadtpläne erzählen aus der Geschichte (S. 178)

1. Wo liegt der älteste Siedlungskern?
2. Wie entwickelte sich die Stadt in den folgenden Jahrhunderten?
3. Welche besonderen Gebäude und Sehenswürdigkeiten erkennst du?
4. Wann wurden diese Gebäude gebaut und welche Funktion hatten sie?
5. Was sagen die Namen von Straßen, Plätzen und Vierteln über ihre (frühere) Bedeutung aus?
6. Wie verlief wohl das wirtschaftliche, kirchliche und gesellschaftliche Leben in der Stadt?

Historische Karten untersuchen (S. 210)

1. Aus welcher Zeit stammt die Karte?
2. Welche Kontinente und Länder sind dargestellt?
3. Gibt es Einzelheiten, die besonders hervorgehoben sind?
4. Über welche Kenntnisse verfügte der Zeichner, was war ihm dagegen noch nicht bekannt?
5. Zu welchem Zweck wurde die Karte angefertigt?
6. Welche geografischen, politischen oder religiösen Vorstellungen der damaligen Zeit lassen sich aus der Karte ablesen?

Herrscherbilder zum Sprechen bringen (S. 252)

1. Betrachte das Bild und notiere deinen ersten Eindruck.
2. Untersuche das Bild genau.
   - Wie ist der Herrscher auf dem Bild platziert?
   - Wie ist seine Haltung?
   - Welche Herrschaftszeichen finden sich und was bedeuten sie?
   - Welche Farben sind verwendet und wie wirken sie?
3. Finde heraus, wer das Bild gemalt hat und wer der Auftraggeber war.
4. Betrachte das Bild kritisch. Welche Wirkung soll es beim Betrachter erzielen? Wie sieht sich der dargestellte Herrscher selbst?

Eine Pro-Contra-Disskussion führen (S. 220)

1. Wählt einen Diskussionsleiter/-eine Diskussionsleiterin.
2. Bildet zwei Gruppen, die jeweils entgegengesetzte Meinungen vertreten.
3. Gebt den Gruppen Zeit um ihre Argumente zu sammeln.
4. Stimmt darüber ab, wer für die eine Meinung ist und wer für die andere. Haltet das Ergebnis fest.
5. Hört euch die Argumente der beiden Gruppen an und stellt ihnen anschließend fragen.
6. Stimmt noch einmal zu den gegensätzlichen Meinungen ab.
7. Wertet die Diskussion aus.
   - Welche Argumente waren überzeugend, welche nicht?
   - Hat sich das Abstimmungsergebnis verändert und wenn ja, warum?

Gruppenarbeit (S. 262)

Vorbereitung in der Klasse

1. Legt genau fest, was ihr gemeinsam erarbeiten und mit welchen Schritten ihr zum Ziel kommen wollt.
2. Besprecht, wie die Ergebnisse in der Klasse präsentiert werden sollen.
3. Klärt, wie viel Zeit ihr für die Gruppenarbeit habt.
4. Teilt euch in Gruppen auf. Achtet darauf, dass nicht immer dieselben Schüler eine Gruppe bilden. Ihr könntet z. B. Zufallsgruppen auslosen.
5. Schiebt die Tische in eurem Klassenraum zu Gruppentischen zusammen, sodass alle Gruppen ungestört arbeiten können.

Durchführung in der Gruppe

6. Entscheidet zunächst, wer später als Gruppensprecher der Klasse eure Ergebnisse vorstellen soll.
7. Teilt die Arbeit dann untereinander auf. Ein schriftlicher Arbeitsplan kann hierbei hilfreich sein. Wichtig ist, dass niemand ausgeschlossen wird und jedes Gruppenmitglied eine Aufgabe übernimmt.

Präsentation der Ergebnisse

8. Die Gruppensprecher stellen die Ergebnisse vor. Wenn beim Vortrag etwas fehlt, können die anderen Gruppenmitglieder ergänzen.
9. Vergleicht die Ergebnisse der einzelnen Gruppen miteinander und fasst sie zusammen.
10. Sprecht zum Schluss darüber, wie euch die Gruppenarbeit gefallen hat. Was hat gut geklappt, was muss geändert werden? Waren alle gleichberechtigt? Müssen noch weitere Regeln vereinbart werden?

Verzeichnis der Namen, Sachen und Begriffe

Verwendete Abkürzungen
ägypt. = ägyptisch; arab. = arabisch; asiat. = asiatisch; athen. = athenisch; austral. = australisch; babylon. = babylonisch; brit. = britisch; christl. = christlich; dt. = deutsch; engl. = englisch; europ. = europäisch; fränk. = fränkisch; frz. =französisch; germ. = germanisch; göttl. = göttlich; griech. = griechisch; holl. = holländisch; ital. = italienisch; Jh. = Jahrhundert; kirchl. = kirchlich; kyrill. = kyrillisch; makedon. = makedonisch; niederl. = niederländisch; pers. = persisch; port. = portugiesisch; preuß. = preußisch; röm. = römisch; russ. = russisch; sächs. = sächsisch; sagenh. = sagenhaft(er); span. = spanisch

Hinweise
▷ Verweis auf ein Stichwort
~ ersetzt das Stichwort bei Wiederholung
Halbfett gesetzt sind historische Grundbegriffe, die im Mini-Lexikon des Buches erläutert werden. Die halbfette Seitenzahl gibt den Fundort an.
Bei Herrschern und kirchlichen Amtsträgern werden wenn möglich die Regierungs-/Amtsdaten, bei allen anderen Personen die Lebensdaten angegeben.

Verzeichnis der Textquellen

Eine Reise durch die Zeit
S. 13: Q1 O. Rinne (Hg.), Der neue Entwurf der Welt. Ursprungsmythen Bd. 1, Darmstadt 1985, S. 40ff.
Q2 G. Sachse, Die schönsten Sagen der Griechen, München 1999, S. 11 f.;
Q3 E. Schwarz (Hg.), Die heilige Büffelfrau. Indianische Schöpfungsmythen, München 1998
S. 17: 5 H.-U. Cain u. F. Pirson (Hg.), Pompeji wiederbelebt! Entdecken, Nachleben und Rekonstruktion eines antiken Wohnhauses, Leipzig 2001, S. 8
S. 21: D2–D7 v. Verf. zusammengestellt

Vom Leben der frühen Menschen
S. 33: D3 D. Lornsen, Rokal der Steinzeitjäger, Leipzig 2003, S. 10
S. 35: D3 Frauen – Zeiten – Spuren, hg. v. B. Auffermann u. G.-Ch. Weniger, Mettmann 1998, S. 181, S. 267f.
S. 39: D1 K. Spindler, Der Mann aus dem Eis, in: Archäologie in Deutschland 1/1992, S. 37
S. 45: Q3 Tacitus, Germania, in: Lesebuch der Antike, ausgewählt von L. Voit, Gütersloh o. J., S. 276 (bearb. v. Verf.)

Ägypten – frühe Hochkultur am Nil
S. 51: Q4 Herodot, Historien II, 4, 5, 19, übers. v. J. Feix, München 1977, S. 203ff.
Q5 J. Assmann (Hg.), Ägyptische Hymnen und Gebete, Zürich 1975, S. 500ff. (gekürzt)
S. 53: Q3 zsg. nach: W. Lautemann (Hg.), Geschichte in Quellen, Bd. I, München 1978, S. 29 f.
Q5 E. Brunner-Traut, Das Alte Ägypten, Stuttgart 1987, S. 72 f.
S. 57: Q2 nach: W. Lautemann (Hg.), Geschichte in Quellen, Bd. I, München 1978, S. 29 f.
Q3 A. Eggebrecht, Das Alte Ägypten, München 1984
S. 61: Q2 Herodot, Historien II, S. 125, in: W. Lautemann (Hg.), Geschichte in Quellen, Bd. 1, München 1965, S. 15 (bearb. v. Verf.)
Q3 Herodot, Historien II, S. 124 f., in: W. Lautemann (Hg.), Geschichte in Quellen, Bd. 1, München 1965, S. 15 (bearb. v. Verf.)
S. 63: Q3 A. Eggebrecht, Das Alte Ägypten, München 1984, S. 302
S. 65: D2 V. Koenig, Pyramiden und Pharaonen, Nürnberg 1992
Q2 A. Eggebrecht, Das Alte Ägypten, München 1984, S. 219
S. 67: Q2/Q3 W. Lautemann (Hg.), Geschichte in Quellen, Bd. 1, München 1978, S. 64 f. (bearb. v. Verf.)

Die Welt der Griechen
S. 73: D2 zsg. v. Verf.
S. 74: Q2 Isokrates, Panegyrikon 43; nach: Erinnern und Urteilen, Bd. 6, Stuttgart 1991
Q3 Lukian, Anarchasis II, übers. v. E. Steindl , Zürich 1963 (bearb. v. Verf.)
S. 75: Q5 Pausanias, Beschreibung Griechenlands, 5,24,9, in: Geschichte in Quellen, Bd. 1, München 1975, S. 123
S. 77: D1 zsg. v. Verf.
S. 79: Q2 Herodot, Historien 4, 150 ff., München 1977 (bearb. v. Verf.)
S. 81: Q1 Plutarch, Aristides 7, in: W. Lautemann (Hg.), Geschichte in Quellen, Bd. I, München 1965, S. 165 (bearb. v. Verf.)
S. 85: Q1 Xenophon, Hauswirtschaftslehre 7, 3ff., übers. von E. Bux, Stuttgart 1965, S. 258 f. (bearb. v. Verf.)
S. 87: Q1 Herodot, Historien VIII, Stuttgart 1971, S. 74 ff.
S. 89: D1 W. Will, Alexander der Große. Geschichte Makedoniens, Bd. 2, Stuttgart 1986, S. 192
Q2 Arrian, Anabasis 5, 26, 1 ff., in: W. Lautemann (Hg.), Geschichte in Quellen, Bd. I, München 1965, S. 339 (bearb. v. Verf.)
S. 91: Q1 Xenophon 1,1,10f, in: Geschichte in Quellen, Band 1, München 1975, S. 291
Q2 Vitruv, De architectura 9, 9–10, übers. v. Curt Fensterbusch, Darmstadt 1964 (bearb. v. Verf.)

Den Römern auf der Spur
S. 99: D2 zsg. v. Verf.
Q1 Livius, Römische Geschichte, Stuttgart o. J.
Q2 Appian (von Alexandria), Römische Geschichte. Teil 2: Die Bürgerkriege, übers. v. O. Veh, Stuttgart 1989
S. 105: Q2 Plutarch, Tiberius Gracchus, 9, nach: W. Ax, Plutarch. Römische Heldenleben, Coriolan, Die Gracchen, Sulla, Pompeius, Caesar, Cicero, Stuttgart 1953, S. 47 (bearb. v. Verf.)
Q3 Appian, Bürgerkriege 1, 7, nach: M. Crawford, Die römische Republik, München 1994, S. 120 (bearb. v. Verf.)
S. 107: D3 zsg. v. Verf.
Q1 Appian (von Alexandria), Römische Geschichte. Teil 2: Die Bürgerkriege 1, 71 und 73, übers. v. O. Veh, Stuttgart 1989 (bearb. v. Verf.)
S. 109: Q3 Cicero, Philippica 2, 116, nach: Geschichte und Geschehen 7, Stuttgart 1986, S. 115 (bearb. v. Verf.)
Q4 Sueton, Caesar 76ff., Geschichte und Geschehen A1, Stuttgart 1995, S. 151 (bearb. v. Verf.)
S. 111: Q2 Augustus, Tatenbericht, 1–3,5 und 34, nach: M. Giebel (Hg.), Augustus, Tatenbericht. Res gestae. Stuttgart 1975, S. 4ff., 8, 37 f. (bearb. v. Verf.)
Q4 Tacitus, Annalen 1, 10 und 2, Darmstadt 1997 (bearb. v. Verf.)
S. 113: Q2 Juvenal, Satiren 3,60–64, 74–78 (übers. v. Verf.)
Q3 W. Lautemann (Hg.), Geschichte in Quellen, Bd. 1, München 1965, S. 652 (bearb. v. Verf.)
S. 115: Q3 Plutarch, Marcus Porcius Cato Censorius 20f., bearb. v. S. Häfner, Bamberg 1954
Q2 Valerius Maximus, Denkwürdige Taten und Worte 4,4 Pr, U. Blank-Sangmeister (Hg.), Reclam 1991
S. 117: Q3 Seneca, Moralische Brief 47, nach: Geschichte und Geschehen 7, Stuttgart 1986, S. 104
Q4 Diodoros, Griechische Weltgeschichte 5, Stuttgart o. J., 36 ff.
Q5 W. Ax (Hg.), Cicero. Mensch und Politiker, Stuttgart 1953
S. 117: Q3/Q4 Redaktion d. Time-Life-Bücher, Pompeji: Der Tag der Apokalypse, Amsterdam 1992, S. 34 u. S. 23
S. 123: Q1 Lampridius, c. 56, in: Damals und Heute F7, Stuttgart 1979, S. 66
S. 125: D2 zsg. v. Verf.
S. 127: Q2 Tacitus, Germania, nach: W. Lautermann (Hg.), Geschichte in Quellen, München 1989, S. 877ff. (bearb. v. Verf.)
Q4 Synesii de Regnu ad Arcadium Imperatorem, 22, bearb. v. Verf., oder: Synesios: Über das Königtum, 22, bearb. v. Verf., Grundlage: Geschichte in Quellen, Band 1, München 1975, S. 789
S. 129: Q1 Martialis: Epegrammata, S. 591, übersetzt in: A. u. R. Schmid, Die Römer zwischen Main und Rhein, Bielefeld 1980, S. 154
S. 131: Q1 Salvianus, Von der Weltregierung Gottes 4, 12ff, nach: W. Lautermann (Hg.), Geschichte in Quellen, München 1989, S. 803 f. (bearb. v. Verf.)
S. 135: Q2 Plinius, Briefe 10,97, zit. in: Bertelsmann Lexikothek: Panorama der Weltgeschichte I, Gütersloh 1984, S. 328
Q3 Tertullian, Apolog. 40,1 f., zit. nach: C. Becker, Geschichte in Quellen I, München 1965
S. 137: D1 zsg. v. Verf.
Q2 Eusebius, Kirchengeschichte 0,5, hg. v. H. Kraft, Darmstadt 1967

Vom Leben im Mittelalter
S. 143: Q2/Q3 Geschichte in Quellen, Bd. 2, München 1970, S. 26f. u. S. 56 f.
S. 147: Q2a/b Geschichte in Quellen, Bd. 2, München 1970, S. 70 u. S. 71
Q3 Deutschlands Geschichtsquellen im Mittelalter, zit. nach: P. Riché, Die Karolinger, München, S. 152
Q4 Einhardi Vita Karoli Magni. zit. nach: R. Rau (Bearb.), Quellen zur karolingischen Reichsgeschichte, Bd. 1, Darmstadt 1955, S. 173ff.
S. 151: Q2 zit. nach: Geschichte in Quellen, Bd. 2. München 1970, S. 76f.
Q3 übers. nach: J.-P. Migne, Patrologia latina 140, Sp. 908
Q4 zit. nach: G. Franz (Hg.), Bauernschaft und Bauernstand, Limburg/Lahn 1975
S. 153: Q2 Quellen zur Geschichte der sächsischen Kaiserzeit, hg. v. A. Bauer, R. Rau, Frhr. v. Stein-Ausgabe 8, Darmstadt 1971, S. 84–89
S. 155: Q1 zit. nach: A. Borst, Lebensformen im Mittelalter, Berlin 1997, S. 180f.
S. 157: Q2 zit. nach: U. Haupt (Hg.), Zeitschrift für deutsches Altertum, Bd. VI, 1848, S. 489 ff.
Q3 U. v. Lichtenstein, zit. nach: M. Wein, Ich kam, sah u. schrieb, München 1964, S. 134
S. 159: Q2 Beschlüsse der Synode von Reims 1049, c. 1–60
Q3 Dictatus papae, nach: W. Lautemann (Hg.), Geschichte in Quellen, Bd. II, München 1978, S. 291f.
Q4 Briefe Heinrichs IV, Nr. 12, nach: Quellen zur Geschichte Kaiser Heinrichs IV., F.-J. Schmale, Darmstadt 1968, S. 64ff.
S. 161: Q2 Ibn Khaldun, Buch der Beispiele. Die Einführung al–Muqadimma, Leipzig 1992, S. 249 f. (bearb. v. Verf.)
Q3 Sigrid Hunke, Allahs Sonne über dem Abendland, Frankfurt/M. 1990, S. 338
S. 163: Q2 H. v. Bosau, Slawenchronik, neu übertragen u. erläutert v. H.z Stroob, Darmstadt 1963, S. 67, 69 (bearb. v. Verf.)
Q3 T. v. Merseburg, Chronik. Übertragen und übersetzt von W. Trillmich, in: Ausgewählte Quellen zu Deutschen Geschichte des Mittelalters. Bd. IX, Darmstadt 1957, S. VI, 35–37
Q4 I. Szlachtowski/R. Koepke (Hg.), Chronicae Polonorum, in: Monumenta Germaniae Historica SS IX, Hannover 1851, S. 428f. (deutsch v. Verf.)
S. 165: Q1 R. Pernoud, Die Kreuzzüge in Augenzeugenberichten, Düsseldorf 1961, S. 101 f.
Q2 Radulfus Niger, De re militari via peregrinationis Ierosolimitanae, eingel. und. ed. v. L. Schmugge, Berlin/New York 1977, S. 179 ff.
Q3 F. Gabrieli, Die Kreuzzüge aus arabischer Sicht, München 1976, S. 409
S. 167: Q1 R. Pernoud, Die Kreuzzüge in Augenzeugenberichten, München 1975, S. 85 ff., 90 (bearb. v. Verf.)
Q2 F. Gabrieli, Die Kreuzzüge aus arabischer Sicht, München 1976, S. 45 ff. (bearb. v. Verf.)
S. 169: Q1 W. Hug, Das Freiburger Münster, March-Buchheim , o. J., S. 24
S. 171: Q2/Q3 G. Franz, Quellen zur Geschichte des deutschen Bauernstandes im Mittelalter, Darmstadt 1967, S. 81ff. (bearb. v. Verf.) u. S. 73
S. 173: Q2 zit. nach: K. Brunner, Landherr, Bauer, Ackerknecht, Wien u. a. 1985, S. 75 f.
S. 177: Q2 zit. nach: D. Starke, Herrschaft und Genossenschaft im Mittelalter, Stuttgart 1971, S. 86 ff. (bearb. v. Verf.)
S. 181: Q3 zit. nach: MGH LL, Constitutiones II, Nr. 439
S. 183: Q2 zit. nach: J. Deeters/J. Helmrath (Hg.), Quellen zur Geschichte der Stadt Köln, Bd. 2, Köln 1996, S. 69 f.
Q3 A. Jegel, Alt-Nürnberger Handwerksrecht und seine Beziehung zu anderen, Nürnberg 1965, S. 27
S. 185: Q1 zit. nach: P. Dollinger, Die Hanse, Stuttgart 1998, S. 538f.
S. 187: Q2 zit. nach: Geschichte in Quellen, Bd. II, München 1970, S. 733
Q3 Chronik der deutschen Städte 9, Straßburger Chronik, S. 657 ff.
Q4 Chronik d. deutschen Städte XII, Bd. 1, Kölner Chronik, Göttingen 1961, S. 237f.
S. 189: Q1 H. Sievert, Die Kieler Burspraken, in: Mitteilungen der Gesellschaft für Kieler Stadtgeschichte Nr. 1953, S. 157 ff. (bearb. v. Verf.)
Q2 R. v. Fritz P. Knapp, Stuttgart 1977, S. 69
S. 190: Q2 G. Boccaccio, Das Dekameron, in: K. Bergdolt (Hg.), Die Pest 1348 in Italien, Heidelberg 1989, S. 39 ff.

Q4 M. Vogt-Lüerssen, Der Alltag im Mittelalter, Mainz-Kostheim 2001, Kapitel X.6.2

S. 191: Q5 W. L. Braekman und G. Dogaer, Spätniederländische Pestvorschriften, in: G. Baader und C. Keil (Hg.), Medizin im mittelalterlichen Abendland, Darmstadt 1982, S. 460 ff.

Q6 W. Kleinknecht/H. Krieger, Materialien f. den Geschichtsunterricht. Bd. 3, Frankfurt a. M. 1982, S. 309 f.

Q8a Das hannöversche Stadtrecht, Hannover 1846, S. 441

Q8b W. Lautemann/M. Schlenke (Hg.), Geschichte in Quellen. Mittelalter, München 1978, S. 724

S. 193: Q2 zsg. u. vereinfacht v. Verf.

Q3 zit. nach: S. Streller (Hg.), Hutten, Müntzer, Luther. Werke in zwei Bänden, Bd. 2, Berlin/Weimar 1982, S. 197 f. (bearb. v. Verf.)

Aufbruch in eine neue Zeit

S. 199: Q2 G. F. Pico Della Mirandola, Über die Würde des Menschen, Fribourg/Frankfurt a. M./Wien 1949, S. 52f. (sprachlich leicht verändert)

Q3 F. Rabelais, Gargantua u. Pantagruel, Bd. 1, Frankfurt/M. 1974, S. 218.

S. 201: Q3 J. Huizinga, Europäischer Humanismus: Erasmus, Hamburg 1958, S. 77

Q6 Leonardo da Vinci, Philosophische Tagebücher, hg. v. G. Zamboni, Hambrug 1958, S. 85 f.

S. 203: Q2 zit. nach: A. Mudry (Hg.), Galileo Galilei. Schriften, Briefe, Dokumente, Bd. 1, München 1987, S. 280 f., 286

Q3 zit. nach: A. Fölsing, Galileo Galilei. Prozess ohne Ende. Eine Biographie, Reinbek 1996, S. 299 f.

S. 205: Q2 J. Leuschner, Die Kirche des Mittelalters, Stuttgart 1962, S. 46 f.

Q4 zit. nach: N. Mout (Hg.), Die Kultur des Humanismus, München 1998, S. 101 f.

S. 207: Q2 E. Schmitt, Die Anfänge der europäischen Expansion, Idstein 1991, S. 119 ff.

Q3 Das Europäische Geschichtsbuch, Stuttgart 1998, S. 194

S. 209: Q3 E. G. Jakob (Hg.), Christoph Columbus, Bremen o. J., S. 55ff., zit. nach: H. Pleticha, Christoph Kolumbus, Gütersloh 1987, S. 184 ff.

Q4 zit. nach: E. Schmitt (Hg.), Dokumente zur Geschichte der europäischen Expansion, Bd. 2, München 1984, S. 112 ff., 119

S. 213: Q2 zit. nach: E. Schmitt (Hg.), Dokumente zur Geschichte der europäischen Expansion, Bd. 2, München 1984, S. 330

Q3 G. Guggenbühl/H. C. Huber, Quellen zur Geschichte der Neueren Zeit, Zürich 1976, S. 35 ff.

S. 215: Q2 R. Konetzke, Entdecker und Eroberer Amerikas, Frankfurt/Main 1963, S. 122 f.

Q3 Petery Martyr von Anghiera, Acht Dekaden über die neue Welt, übers. v. H. Klingelhöfer, Bd. 2, Darmstadt 1975, S. 53 f.

Q5 M. León-Portilla/R. Heuer (Hg.), Rückkehr der Götter, München 1965, S. 32 f.

S. 217: Q3 zit. nach: Indios in den Anden, Misereor, Aachen 1986, S. 29

Q4 A. Bollinger, Spielball der Mächtigen, Stuttgart 1972, S. 34

S. 219: Q1 P. Hadwiger u. a., Kaffee, Wuppertal/St. Gallen 1983, S. 38 und R. Grießhammer/C. Burg, Wen macht die Banane krumm, Reinbek 1989, S. 56 f

S. 221: Q1 zit. nach: Badische Zeitung v. 30. 7. 1991

Europa im Glauben gespalten

S. 227: Q1 K. Mittelstädt, Albrecht Dürer Berlin 1986, S. 23

S. 229: Q2 R. Romano, Fischer Weltgeschichte, Bd. 12, Frankfurt 1967, S. 231 f.

Q3 G. Guggenbühl, Quellen zur Geschichte der neueren Zeit, Bd. 3, Zürich 1956, S. 35

S. 231: Q2 Geschichte in Quellen, Bd. 3, München 1966, S. 126

Q3 W. Raupp, Mission in Quellentexten, Erlangen 1990, S. 30f.

Q4 H. Junghans (Hg.), Die Reformation in Augenzeugenberichten, München, 1973, S. 110 und Hg. K. Bornkamm/G. Ebeling, Martin Luther, Ausgewählte Schriften. Bd. 1., Frankfurt A. M. 1982, S. 269

S. 233: Q3 H. Junghans (Hg.), Die Reformation in Augenzeugenberichten, München 1973, S. 283

Q4 Geschichte in Quellen, Bd. 3, München 1966, S. 145 ff.

S. 235: Q2 H. Junghans (Hg.), Die Reformation in Augenzeugenberichten, München 1980, S. 371 f.

Q4 zsg. v. Verf.

Q5 H. G. Rönnefarth, Konferenzen und Verträge, Bd. 3, Würzburg 1958, S. 23 f. (bearb. v. Verf.)

S. 237: Q3 G. v. Csanád, Malcolm Lambert, Ketzerei im Mittelalter, München 1981, S. 502

Q4 W. Behringer (Hg.), Hexen und Hexenprozesse, München 1988, S. 243

Q5 W. G. Soldan/H. Heppe, Hexenprozesse, Bd. 2, Darmstadt 1972, S. 4 f.

S. 239: Q3 Don Ferdinand und Donna Isabel, König und Königin von Kastilien, in: F. Baer, Die Juden im christlichen Spanien, Berlin 1936, Nr. 78

D1 M. Weithmann (Hg.), Der ruhelose Balkan, München 1994, S. 222 f.

S. 241: Q1/Q2 H. Jessen (Hg.), Der Dreißigjährige Krieg in Augenzeugenberichten, München 1980, S. 335 (bearb. v. Verf.) u. S. 281 ff.

S. 243: Q2 F. Dickmann, Geschichte in Quellen, München 1976, S. 454 f.

Q3 M. Schlenke, Preußen. Versuch einer Bilanz, Bd. II., Reinbek 1981, S. 136 f.

Q4 zit. nach: H. Schulze/J. U. Paul (Hg.), Europäische Geschichte, München 1994, S. 849

Europa im Zeitalter absolutistischer Herrscher

S. 251: Q1 Th. Steudel, Der Fürstenstaat, Leipzig 1933, S. 1 ff.

Q3 G. Guggenbühl, Quellen zur Geschichte der neueren Zeit, Bd. 3, Zürich 1956, S. 186

Q5 Ludwig XIV., Memoiren, Basel 1931, S. 107

S. 255: Q2 W. Lautemann (Hg.), Geschichte in Quellen. Renaissance, Glaubenskämpfe, Absolutismus, München 1966, S. 426 f.

Q3 R. Krebs, Der europäische Absolutismus, Stuttgart 1975, S. 62

S. 257: Q1 W. Lautemann (Hg.), Geschichte in Quellen. Renaissance, Glaubenskämpfe, Absolutismus, München 1966, S. 447 f.

Q3 zit. nach: E. Lavisse, L'histoire de France, Bd. 4, Paris 1906, S. 229 f.

S. 259: Q2 W. Hahlweg (Hg.), Klassiker der Kriegskunst, Darmstadt 1960, S. 146

Q4 W. Lautemann (Hg.), Geschichte in Quellen. Renaissance, Glaubenskämpfe, Absolutismus, München 1966, S. 514 f.

Q5 W. Hahlweg (Hg.), Klassiker der Kriegskunst, Darmstadt 1960, S. 154 f.

S. 261: Q2/Q3 W. Lautemann (Hg.), Geschichte in Quellen. Renaissance, Glaubenskämpfe, Absolutismus, München 1966, S. 460 f. u. S. 444

S. 267: Q2 G. Guggenbühl, Quellen zur Geschichte der neueren Zeit, Bd. 3, Zürich 1956, S. 199 f.

Q3 W. Lautemann (Hg.), Geschichte in Quellen. Renaissance, Glaubenskämpfe, Absolutismus, München 1966, S. 495 (bearb. v. Verf.)

S. 269: Q2 G. Mendelssohn-Bartholdy (Hg.), Der König. Friedrich der Große in seinen Briefen und Erlassen, sowie in zeitgenössischen Briefen, Berichten und Anekdoten, Berlin 1912, S. 86 f.

Q5 Ch. Graf v. Krockow, Friedrich der Große, Bergisch Gladbach 1987, S. 119

Q6 Freiherr vom Stein, Briefwechsel, Denkschriften und Aufzeichnungen, Bd. 3, Berlin o. J., S. 617

S. 271: Q2 H. v. Rimscha, Geschichte Russlands, Darmstadt 1970, S. 296 f.

Q5/Q6 M. Lavater-Sloman, Katharina, Zürich 1975, S. 267

S. 273: Q2a Aus einem Brief an Josef II von 1774, Gek. u. übers. bei A. Ritter v. Arneth (Hg.), Josef II. u. Katharina von Rußland. Ihr Briefwechsel, Wien 1869, S. 3 (bearb. v. Verf.)

Q2b Die Werke Friedrichs des Großen, Bd. 5, Berlin 1913, S. 36 (bearb. v. Verf.)

Q2c zit. nach: E. Büssem/M. Neher (Hg.), Arbeitsbuch Geschichte, Neuzeit 1, Quellen (UTB) München, S. 333 u. 335

Q3 W. Lautemann/M. Schlenke (Hg.), Geschichte in Quellen. Mittelalter, München 1976, S. 684

Verzeichnis der Bildquellen

Cover AKG, Berlin

S. 10/11, Zeitstrahl Klett-Archiv, Stuttgart (Katja und Steffi Kassler, Leipzig)

S. 11, The Time Machine © 2002 Warner Bros.

S. 12, Erdzeituhr Klett-Archiv, Stuttgart (Katja und Steffi Kassler, Leipzig)

S. 13, Q4 AKG, Berlin

S. 14, D1 Klett-Archiv, Stuttgart (Henry Zeidler, Leipzig)

Q1 Klett-Archiv, Stuttgart (Helmut, Heimbach, Duisburg)

S. 15, D2 Klett-Archiv, Stuttgart (Katja und Steffi Kassler, Leipzig)

S. 16 1 Landesdenkmalamt, Gaienhofen-Hemmenhofen

2 Federseemuseum, Bad Buchau

S. 17 3 Scala, Antella (Firenze)

4 AKG, Berlin

6 Klett-Archiv, Stuttgart (Dr. Helge Schröder, Hamburg)

S. 18, Q1 Klett-Archiv, Stuttgart

S. 19, Q2 Germanisches Nationalmuseum, Nürnberg

Q3 BPK, Berlin

Q4 AKG, Berlin (Erich Lessing)

S. 20/21, Zeitstrahl Klett-Archiv, Stuttgart (Katja und Steffi Kassler, Leipzig)

S. 23, Das Amulett des Pharao Arena, Würzburg 2001

Quintus geht nach Rom Deutscher Taschenbuch Verlag, München 1987, © für das Umschlagbild: Bernhard Förth

Die Sonne bleibt nicht stehen Arena, Würzburg 2000

Tochter des Nils Beltz & Gelberg, Weinheim 2002

Gib mir meine Legionen wieder Löwe Verlag, Bindlach 1992

Bis zum 13. Mond Beltz & Gelberg, Weinheim 2003

Kreuzzug ins Ungewisse Arena, Würzburg 2003
Mein Glaube ist mir wichtig Beltz & Gelberg, Weinheim 2002
Rokal, der Steinzeitjäger Thienemann Verlag, Stuttgart/Wien 1987
S. 24/25, **Quiz** Klett-Archiv, Stuttgart (Katja und Steffi Kassler, Leipzig)
S. 26, **Vormensch** Hessisches Landesmuseum, Darmstadt
Frühmensch/Neadnertaler Hessisches Landesmuseum, Darmstadt
S. 27, **Jetztmensch** Klett-Archiv, Stuttgart (Lutz-Erich Müller,Leipzig)
Jungsteinzeit Klett-Archiv, Stuttgart (Rudolf Hungreder, Leinfelden)
Bronzezeitzeit Staatliche Museen, Kassel
Eisenzeit Römisch-Germanische Kommission, Frankfurt/M.
S. 28, Q1 Focus/Science Photo Library(John Reader)
S. 29, D2 Thomas Stephan, Munderkingen
Q2 FOCUS, Hamburg (John Reader)
S. 30, D1 Klett-Archiv, Stuttgart
S. 31, D4, D5 Neanderthal Museum, Mettmann
Q1 **Blattspitzen und Klinge** Hilde Jensen, Institut für Ur- und Frühgeschichte und Archäologie des Mittelalters, Eberhard-Karls Universität Tübingen
Q1 **Faustkeil** Interfoto, München
S. 32, D1 Dr. Eckart Pott, Stuttgart
S. 34, Q1 Dr. Rudolf Kuper, Köln-Ehrenfeld
S. 35, D2 Klett-Archiv, Stuttgart (Rudolf Hungreder, Leinfelden)
S. 36, D1 Archäologisches Freilichtmuseum, Oerlinghausen
S. 37, D2 Archäologisches Freilichtmuseum, Oerlinghausen
D3 Württembergisches Landesmuseum, Stuttgart (P. Frankenstein/H. Zwietasch)
D4 RMN, Paris
D6 Werner Janssen, Meppen
S. 38, Q1 Landesgendarmeriekommando für Tirol, Innsbruck (Anton Koler, Sölden)
S. 39, D2 © Südtiroler Archäologiemuseum, Bozen (Italien), www.iceman.it
Q2 © Südtiroler Archäologiemuseum, Bozen, Italien, www.iceman.it, Foto: Augustin Ochsenreiter
S. 41, **Pfahlfeld** Landesdenkmalamt, Gaienhofen-Hemmenhofen
Haus: Pfahlbaumuseum, Schöbel, Unteruhldingen
Leinen-Gewebe Landesdenkmalamt Baden-Württemberg, Esslingen
Frau am Webstuhl Hachette Illustrated
S. 42, **Zeichnungen** Klett-Archiv, Stuttgart (Matthias Isecke-Vogelsang, Süsel)
S. 43, **Schüsseln** Klett-Archiv, Stuttgart (Lutz-Erich Müller, Leipzig)
Q1 Landesamt für Archäologie Sachsen-Anhalt, Halle
Steinzeitbrot Klett-Archiv, Stuttgart (Matthias Geuther, Rötha)
S. 44, D1 Klett-Archiv, Stuttgart (Rudolf Hungreder, Leinfelden)
S. 45, Q1 Württembergisches Landesmuseum, Stuttgart (P. Frankenstein/H. Zwietasch)
Q2 Archäologische Staatssammlung, München
Q4 Westfälisches Museum für Archäologie, Münster
Q5 Stiftung Schleswig-Holsteinische Ladesmuseen Schloß Gottdorf, Schleswig (Jutta Carstensen)
Kupferschmuck AKG, Berlin (Erich Lessing)
S. 46/47, **Spiel** Klett-Archiv, Stuttgart (Veronika Richter, Clara Vale/GB)
S. 48, **Niltal** Corbis, Düsseldorf
Schreiberfigur Photo Archive Ancient Art/Jürg, Berlin
Pyramide MEV, Augsburg
S. 49, **Tutanchamun** Fotex, Hamburg (Boris Lehner)
Hatschepsut Photo Archive Ancient Art/Jürg, Berlin (Jürgen Liepe)
Kleopatra AKG, Berlin
S. 50, Q2 Corbis, Düsseldorf
S. 51, Q3 BPK, Berlin
S. 52, Q1 BPK, Berlin
S. 53, D1 Klett-Archiv, Stuttgart
Q2 RMN, Paris
S. 54, Q1 **oben** Klett-Archiv, Stuttgart
Q1 **unten** AKG, Berlin
Scheibe Klett-Archiv, Stuttgart (Katja und Steffi Kassler, Leipzig)
S. 55, Q2 **oben/unten** AKG, Berlin
Q2 **rechts** BPK, Berlin
Scheibe Klett-Archiv, Stuttgart (Katja und Steffi Kassler, Leipzig)
S. 56, Q1 BPK, Berlin
S. 57, D1 Klett-Archiv, Stuttgart (Lutz-Erich Müller, Leipzig)
Q4 Photo Archive Ancient Art/Jürg, Berlin (Jürgen Liepe)
S. 58, D1 Klett-Archiv, Stuttgart
S. 59, D2 Römer- und Pelizaeus-Museum, Hildesheim
D3 Photo Archive Ancient Art/Jürg, Berlin (Jürgen Liepe)
D4 Edizioni Arte e Moneta SA, Savosa (Lugano)
D5 Photo Archive Ancient Art/Jürg, Berlin
D6 Römer- und Pelizaeus-Museum, Hildesheim
D7 Edizioni Arte e Moneta SA, Savosa (Lugano)
S. 60, Q1 MEV, Augsburg
S. 61, D1 **Zeichnungen** Klett-Archiv, Stuttgart (Rudolf Hungreder, Leinfelden)
S. 62, Q1 British Museum, London
S. 63, Q2 Art Archive/British Museum, London
Q4 British Museum, London
S. 64, Q1 aus: Arne Eggebrecht, Das Alte Ägypten, München 1984, S. 207
S. 64, Q1 aus: Audi-Magazin, 3/99, S. 30
S. 67, D2 BPK, Berlin
S. 68, **Anubis** Photo Archive Ancient Art/Jürg, Berlin
Sarg Photo Archive Ancient Art/Jürg, Berlin (Jürgen Liepe)
S. 69, **Hieroglyphen** BPK, Berlin (Margarete Büsing)
Holzfiguren Edizioni Arte e Moneta SA, Savosa (Lugano)
Sargkammer Corbis, Düsseldorf (Hulton-Deutsch Collection)
S. 70, **Troja** AKG, Berlin
Vase Badisches Landesmuseum, Karlsruhe
Schale British Museum, London
S. 71, **Scherbe** American School of Classical Studies at Athens Agora Excavations
Krieger BPK, Berlin
Gemälde BPK, Berlin
Alexandria Klett-Archiv, Stuttgart (Katja und Steffi Kassler, Leipzig)
S. 72, Q1 British Museum, London
S. 73, Q2 Picture-Alliance, Frankfurt (dpa/Jeff Haynes)
Q3 Picture-Alliance, Frankfurt (dpa/Louisa Gouliamaki)
Q4 Badisches Landesmuseum, Karlsruhe
Q5 Scala, Antella (Firenze)
S. 74, Q1 BPK, Berlin (Ingrid Geske)
S. 75, Q6 BPK, Berlin
S. 77, **Götter** Klett-Archiv, Stuttgart
S. 79, Q2 British Museum, London
Q3 Ancient Art & Architecture Collection, Middx. Pinner
S. 80, D1 Klett-Archiv, Stuttgart
S. 81, D2 Klett-Archiv, Stuttgart
Q2 American School of Classical Studies at Athens, Agora Excavations
S. 82, Q1 Klett-Archiv, Stuttgart (Klaus Leinen, Beilingen)
Q2 Klett-Archiv, Stuttgart (Klaus Leinen, Beilingen)
S. 83, Q5 Klett-Archiv, Stuttgart (Klaus Leinen, Beilingen)
Q6 Klett-Archiv, Stuttgart (Klaus Leinen, Beilingen)
Q7 Klett-Archiv, Stuttgart (Klaus Leinen, Beilingen)
S. 85, Q1 Klett-Archiv, Stuttgart
Q4 BPK, Berlin
S. 87, D2 AKG, Berlin (Peter Connolly)
D3 Cambridge University Press
S. 88, Q1 BPK, Berlin
S. 90, D1 Klett-Archiv, Stuttgart
S. 91, D2 Klett-Archiv, Stuttgart
Q3 © Copyright The Trustees of The British Museum
S. 93 **Sportler** BPK, Berlin
Münze Ancient Art & Architecture Collecti, Middx. Pinner
Comic Klett-Archiv, Stuttgart
Akropolis Corbis, Düsseldorf
Gemälde BPK, Berlin
Kartenausschnitt Klett-Archiv, Stuttgart
S. 94 **Wölfin** BPK, Berlin
Rednerstatue Scala, Antella (Firenze)
Schiff Klett-Archiv, Stuttgart (Rudolf Hungreder, Leinfelden)
Augustus Scala, Antella (Firenze)
S. 95 **Limes** Klett-Archiv, Stuttgart
Völkerwanderung Hachette Illustrated
S. 96 Q1 BPK, Berlin
S. 97 D1 Klett-Archiv, Stuttgart (Rudolf Hungreder, Leinfelden)
D2 Scala, Antella (Firenze)
S. 98 D1 Klett-Archiv, Stuttgart (Rudolf Hungreder, Leinfelden)
S. 102 Q1 Scala, Antella (Firenze)
S. 103 D1 Klett-Archiv, Stuttgart
S. 104, D1 Editions Gallimard, Paris
S. 105, D2 Scala, Antella (Firenze)
S. 106 D1 Klett-Archiv, Stuttgart (Rudolf Hungreder, Leinfelden)
S. 107 D2 Klett-Archiv, Stuttgart (Rudolf Hungreder, Leinfelden)
S. 108, Q1 Staatliche Münzsammlung, München
Q2 Bildarchiv Steffens, Mainz (Dietmar Riemann)
S. 109, D1 Klett-Archiv, Stuttgart (Rudolf Hungreder, Leinfelden)
S. 110, Q1 Scala, Antella (Firenze)
S. 112, Q1 AKG, Berlin
S. 114, Q1 British Museum, London
S. 115, D1 Klett-Archiv, Stuttgart (Katja und Steffi Kassler, Leipzig)
Q2 RMN/Louvre
S. 116, Q1 AKG, Berlin
S. 117, D1 Klett-Archiv, Stuttgart (Katja und Steffi Kassler, Leipzig)
Q2 British Museum, London
S. 118, Q1 Gemeinnützige Stiftung Leonard von Matt, Buochs/Schweiz
S. 119, D2 Rheinisches Landesmuseum, Trier
Q5 Scala, Antella (Firenze)
S. 120, D1 Klett-Archiv, Stuttgart
S. 121, D3 Römerkastell Saalburg, Bad Homburg
S. 123, D1 Klett-Archiv, Stuttgart
Q2 Römerkastell Saalburg, Bad Homburg
S. 124, D1 Rheinisches Landesmuseum, Trier
Q1 Rheinisches Landesmuseum, Trier
S. 125, D3 Spee-Buchverlag, Trier
Q2Klett-Archiv, Stuttgart
S. 136, D1 Stiftung Schleswig-Holsteinische Landesmuseen Schloss Gottorf, Schleswig
S. 137, D2 Archäologisches Freilichtmuseum, Oerlinghausen
Q1 aus: bsv Geschichte 1N, S. 139, München 1984
Q3 aus: Herwig Wolfram, Das Reich und die Germanen – Zwischen Antike und Mittelalter
S. 128, D1 AKG, Berlin (Peter Connolly)
S. 129, D2 Museum Wiesbaden, Wiesbaden
D3 Klett-Archiv, Stuttgart
Q2 Landesmuseum Mainz, Mainz (Ursula Rudischer)
S. 130, D1 Hachette Illustrated
S. 132/133, D1 aus: Trier. Stadt und Leben in römischer Zeit, S. 13, Trier 1991, Zeichnung von Lambert Dahm 1990
Q1 Landesmedienzentrum Rheinland-Pfalz, Koblenz (H. P. Merten)
Q2 Rheinisches Landesmuseum, Trier
Q3 AKG, Berlin
Q4 aus: Heinz Cüppers (Hg.), Die Römer in

Rheinland-Pfalz, Stuttgart 1990, Umschlagbild
Q5 Landesmedienzentrum Rheinland-Pfalz, Koblenz (H. P. Merten)
S. 134, D1 Klett-Archiv, Stuttgart
S. 135, Q1 Scala, Antella (Firenze)
S. 136, Q1 Staatliche Münzsammlung, München
S. 137, Q3 Scala, Antella (Firenze)
Q4 Scala, Antella (Firenze)
S. 138/139 Spiel Klett-Archiv, Stuttgart (Katja und Steffi Kassler, Leipzig)
S. 140, um 500 Bridgeman Art Library, London
800 AKG, Berlin (Erich Lessing)
8./9. Jahrhundert BPK, Berlin
936 AKG, Berlin
S. 141, Burg Sonja Halliday, Buckinghamshire
Rittersleute AKG, Berlin
um 1000 AKG, Berlin
1150–1350 AKG, Berlin
1347/48 Bridgeman Art Library, London (Walters Art Museum, Baltimore)
1356 AKG, Berlin
S. 142, Q1 Bridgeman Art Library, London
S. 143, Q4 Stiftsbibliothek St. Gallen, St. Gallen
S. 144, Q1 AKG, Berlin
S. 146, Q1 British Museum, London
S. 148, D1 Klett-Archiv, Stuttgart
S. 149, Q1 AKG, Berlin (Erich Lessing)
Q2 Bildarchiv Steffens, Mainz
S. 150, D1 Klett-Archiv, Stuttgart
S. 151, Q3 BPK, Berlin
S. 152, Q1 Evangelische Domgemeinde, Magdeburg
S. 153, Q3 AKG, Berlin
S. 154, D1 Dorling Kindersley Ltd., London
S. 155, Q2 F. G. Zeitz KG, Königssee
S. 156, Q1 Bibliothèque nationale de France, Paris
S. 157, Q5 AKG, Berlin
S. 158 Q1 BPK, Berlin
S. 159 Q5 AKG, Berlin
S. 160 Q1 AKG, Berlin
S. 162 Q1 AKG, Berlin
S. 165 D2 Transglobe Agency, Hamburg (Collection Viollet)
S. 167, Kreuzritter/Muslim Klett-Archiv, Stuttgart (Lutz-Erich Müller, Leipzig)
Q3 Terry Jones/Alan Ereira, Die Kreuzzüge, München 1995, S. 58
S. 168 Q1 Bildarchiv Steffens, Mainz (Bernhard Strauß)
Q2 ullstein bild, Berlin
S. 169 D1 Klett-Archiv, Stuttgart (Lutz-Erich Müller, Leipzig)
Q4 Leemage, Paris (Philippe Fix)
S. 170, Q1 AKG, Berlin
S. 171, D1 Klett-Archiv, Stuttgart
S. 172, D1 aus: „Das Dorf der Salierzeit" von Norbert Wand, Thorbecke Verlag, Sigmaringen 1994, Illustration: Fanny Hartmann
S. 173, Q1 AKG, Berlin
Q3 Bayerische Staatsbibliothek, München
S. 174, Q1 AKG, Berlin
S. 175, D3 Klett-Archiv, Stuttgart
S. 176, Q1 AKG, Berlin
S. 177, D2 Klett-Archiv, Stuttgart
S. 178, D1 Klett-Archiv, Stuttgart
S. 179, D2 Klett-Archiv, Stuttgart
S. 180, Q1 AKG, Berlin
S. 181, Q3 BPK, Berlin
Q4 dpa, Stuttgart
S. 182, Q1 AKG, Berlin
S. 183, Q5 Scala, Antella (Firenze)
Q4 Germanisches Nationalmuseum, Nürnberg
S. 184, Q1 AKG, Berlin
S. 185, D2 AKG, Berlin
S. 186, Q1 Superbild, Unterhaching / München
S. 187, Q5 BPK, Berlin/Bayerisches Nationalmuseum, München
S. 189, Q4 Bridgeman Art Library, London (Giraudon)
S. 190, Q1 Bridgeman Art Library, London (Walters Art Museum, Baltimore)
Q2 Interfoto, München
S. 191, Q7 Interfoto, München (Sammlung Rauch)
Q9 BPK, Berlin
S. 192, Q1 AKG, Berlin
S. 193, Q4 AKG, Berlin
S. 194/195 Zeichnungen Klett Archiv Stuttgart (Katja und Steffi Kassler, Leipzig)
S. 196, um 1450 Lutz-Erich Müller, Leipzig
1452–1519 AKG, Berlin
1492 AKG, Berlin
1519–1521 AKG, Berlin
S. 197, Erde AKG, Berlin
1519–1533 Corbis, Düsseldorf
um 1520 AKG, Berlin
1543 ullstein bild, Berlin (Archiv Gerstenberg)
S. 198, Q1 AKG, Berlin
S. 199, Q4 Scala, Antella (Firenze)
S. 200, Q2 Brillenmuseum Wilke, Hamburg
S. 201, Q4 AKG, Berlin
Q5 Dorling Kindersley Ltd., London
Q7 ÖNB, Wien
S. 202, Q1 AKG, Berlin
S. 203, Q4 FOCUS, Hamburg
Q5 ullstein bild, Berlin (Archiv Gerstenberg)
S. 204, Q1 AKG, Berlin
S. 205, D1 Klett-Archiv, Stuttgart (Lutz-Erich Müller, Leipzig)
S. 206, Q1 AKG, Berlin
S. 207, D1 Mauritius, Mittenwald (Rosenfeld)
S. 208, Q1 AKG, Berlin
Q2 AKG, Berlin;
S. 210, Q1 AKG, Berlin
S. 211, Q2 Scala, Antella (Firenze)/(Biblioteca Nazionale)
S. 212, Q1 AKG, Berlin
S. 213, D1 AISA Archivo Iconográfico, S. A., Esplugues de Ll. Barcelona
S. 214, Q1 AKG, Berlin
S. 215, Q4 Corbis, Düsseldorf
S. 216, Q1 BPK, Berlin
Q2 Archivo Fotografico Oronoz, Madrid
S. 219, Q2 terre des hommes Deutschland e.V., Osnabrück
Q3 7. Station „Bodenlos" aus: Der Misereor-Kreuzweg und das Misereor-Hungertuch aus Lateinamerika von A.P.Esquivel © MVG Medienproduktion, Aachen 1992
S. 220, D1 Klett-Archiv, Stuttgart (Klaus-Ulrich Meier, Petersberg)
S. 221, Q2 AP, Frankfurt am Main
Buchseite ADAC Reiseführer Dominikanische Republik, ADAC Verlag, München 2003
Cover Reiseführer (beide) MairDumont, Ostfildern
S. 222/223, Karte mit Spielfeldern Klett Archiv Stuttgart (Katja und Steffi Kassler, Leipzig)
S. 224, 1054 Corbis, Düsseldorf (Dallas and John Heaton)
um 1490 AKG, Berlin
1517 BPK, Berlin
S. 225, Gemälde RIJKSMUSEUM Amsterdam
1524–1525 Panorama Museum, Bad Frankenhausen/© VG Bild-Kunst, Bonn 2002
1555 Kunstsammlungen der Veste Coburg
1618–1648 BPK, Berlin
1685 Wolfgang G. Schröter, Markkleeberg
S. 227 Q3 AKG, Berlin
Q4 AKG, Berlin
S. 228 Q1 Bridgeman Art Library, London
S. 229 Q4 AKG, Berlin
S. 230 Q3 ullstein bild, Berlin (Granger Collection)
S. 231 Q5 BPK, Berlin
S. 232 Q1 ullstein bild, Berlin (Gerstenberg)
S. 234 Q1 Kunstsammlungen der Veste Coburg
S. 236 Q1 Stadtmuseum Münster (Tomasz Samek)
S. 237 Q2 AKG, Berlin
Q6 ullstein bild, Berlin
S. 238 Q1 project photos, Augsburg
S. 239 Q3 Mauritius, Mittenwald (Thonig)
S. 241 Q3 AKG, Berlin
Q4 BPK, Berlin
S. 242 Q1 BPK, Berlin
S. 243 Q5 Wolfgang G. Schröter, Markkleeberg
S. 245, Schüler Picture-Alliance, Frankfurt
Dom Picture-Alliance, Frankfurt (dpa/Jens Kalaene)
Waldenserortschaft Deutsche Waldenservereinigung e.V., Ötisheim-Schönenberg
Geldbörse MEV, Augsburg (LF)
Baiser plainpicture, Hamburg (C. Flohr)
S. 246 Papst Leo AKG, Berlin
Luther BPK, Berlin
Karl V. AKG, Berlin
Calvin AKG, Berlin
S. 248 1648–1653 Interfoto, München (Archiv Friedrich)
1661–1715 Bibliothèque nationale de France, Paris
1689 BPK, Berlin
S. 249 Gemälde AKG, Berlin
1703 Klett-Archiv, Stuttgart (Arno Höfer, Koblenz)
1740–1786 BPK, Berlin
1772/1793/1795 Jürgens Photo, Berlin
S. 250 Q1 AKG, Berlin
S. 251 Q4 Interfoto, München (Archiv Friedrich)
Q6 Bibliothèque nationale de France, Paris
S. 252 Q1 Bridgeman Giraudon, Paris
S. 253 Q2 AKG, Berlin
S. 254 Q1 AKG, Berlin
S. 255 D1 Klett-Archiv, Stuttgart (Sandy Schygulla, Leipzig)
Q4 AKG, Berlin(Erich Lessing)
S. 256 D1 Klett-Archiv, Stuttgart (Sandy Schygulla, Leipzig)
S. 257 Q3 AKG, Berlin (Erich Lessing)
S. 258 Q1 Bridgeman Art Library London (Lauros/ Giraudon),
S. 259 Q6 AKG, Berlin
S. 260 Q1 Bridgeman Art Library, London
S. 261 Q4 BPK, Berlin
D2 Klett-Archiv, Stuttgart (Sandy Schygulla, Leipzig)
S. 263 Q1 Stadtarchiv Karlsruhe (Sign.8/PBS XVI 48)
Q2 Stiftung Saarländischer Kulturbesitz/Saarland Museum, alte Sammlung, Saarbrücken
S. 264 Q1 Mittelrhein-Museum der Stadt Koblen, Koblenz
Q2 Mittelrhein-Museum der Stadt Koblen, Koblenz
S. 265 Q3 Landeshauptarchiv Koblenz, Koblenz
S. 266 Q1 aus: Weltreiche, Bd. 5, hg. v. Prof. Dr. Hermann Schreiber, Braunschweig 1981, S. 137
S. 267 Q4 ullstein bild, Berlin (Granger Collection)
Q5 BPK, Berlin
S. 268 Q1 AKG, Berlin
S. 269 Q3 AKG, Berlin
Q4 BPK, Berlin
S. 270 Q1 Klett-Archiv, Stuttgart (Arno Höfer, Koblenz)
S. 271 Q3 AKG, Berlin
Q4 Corbis, Düsseldorf (Dallas and John Heaton)
S. 272 Q1 Jürgens Photo, Berlin
S. 274 Manufaktur AKG, Berlin
Porzellan Bridgeman Giraudon, Paris
S. 275 König Bridgeman Giraudon, Paris
Paar AKG (Musée du Louvre), Berlin
Porzellan Bridgeman Giraudon, Paris
S. 276 Familienfoto Klett-Archiv, Stuttgart (Helmut Heimbach, Duisburg)
Schaubild Klett-Archiv, Stuttgart
S. 277 Missionar AKG, Berlin
Bischof Terry Jones/Alan Ereira, Die Kreuzzüge, München 1995, S. 58
S. 278, Karte AKG, Berlin
Ludwig Bridgeman Giraudon, Paris
Schülerinnen Klett-Archiv, Stuttgart (Klaus-Ulrich Meier, Petersberg)

Nicht in allen Fällen war es uns möglich, den Rechteinhaber der Abbildungen ausfindig zu machen. Berechtigte Ansprüche werden selbstverständlich im Rahmen der üblichen Bedingungen abgegolten.

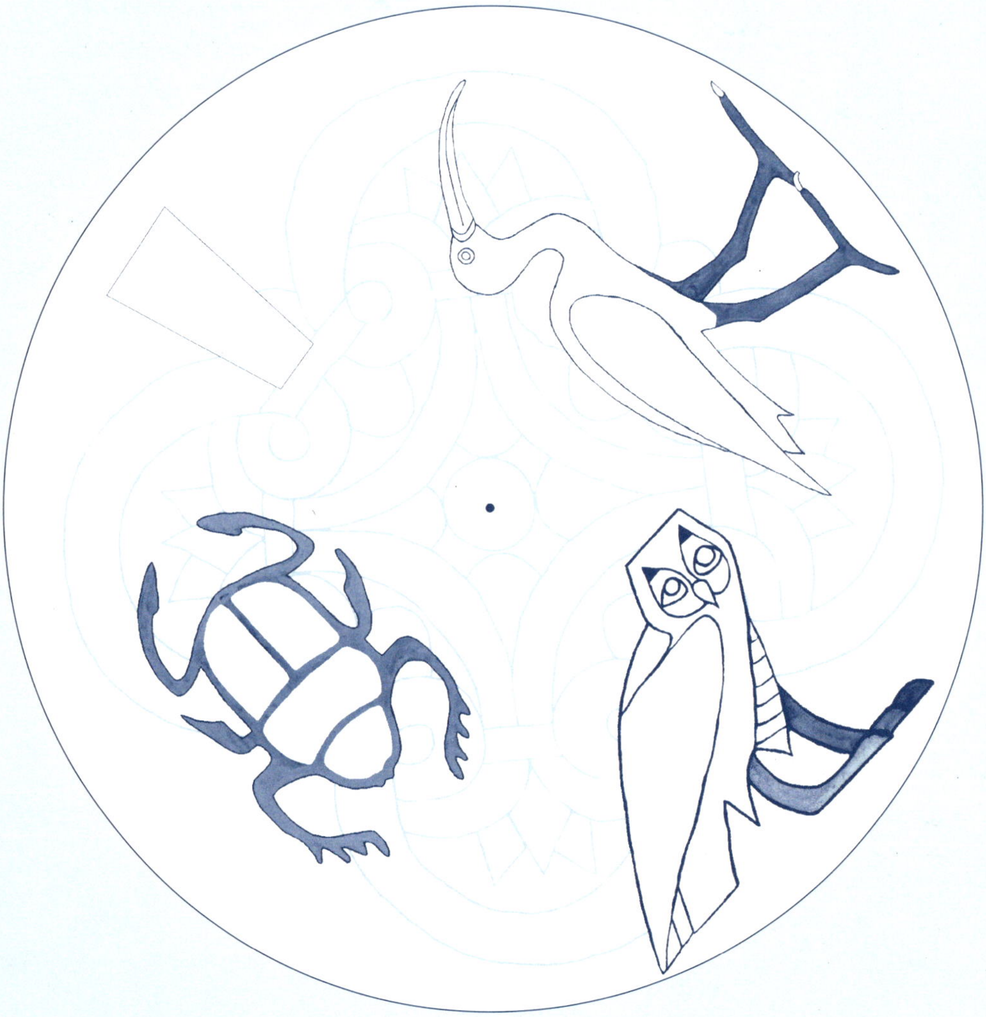